DR. OETKER BLECHKUCHEN VON A–Z

DR. OETKER
BLECHKUCHEN VON A–Z

Abkürzungen

EL	=	Esslöffel
TL	=	Teelöffel
Msp.	=	Messerspitze
Pck.	=	Packung/Päckchen
g	=	Gramm
kg	=	Kilogramm
ml	=	Milliliter
l	=	Liter
evtl.	=	eventuell
geh.	=	gehäuft
gestr.	=	gestrichen
TK	=	Tiefkühlprodukt
°C	=	Grad Celcius
Ø	=	Durchmesser

Kalorien-/Nährwertangaben

E	=	Eiweiß
F	=	Fett
Kh	=	Kohlenhydrate
kcal	=	Kilokalorie
kJ	=	Kilojoule

Hinweise zu den Rezepten

Lesen Sie bitte vor der Zubereitung – besser noch vor dem Einkaufen – das Rezept einmal vollständig durch. Oft werden Arbeitsabläufe oder -zusammenhänge dann klarer.

Zutatenliste

Die Zutaten sind in der Reihenfolge ihrer Bearbeitung aufgeführt.

Arbeitsschritte

Die Arbeitsschritte sind einzeln hervorgehoben, in der Reihenfolge, in der sie von uns ausprobiert wurden.

Backofeneinstellung

Die in den Rezepten angegebenen Backtemperaturen und -zeiten sind Richtwerte, die je nach individueller Hitzeleistung des Backofens über- oder unterschritten werden können.
Bitte beachten Sie deshalb bei der Einstellung des Backofens die Gebrauchsanweisung des Herstellers und machen Sie nach Beendigung der angegebenen Backzeit eine Garprobe.

Zubereitungszeiten

Die Zubereitungszeit beinhaltet nur die Zeit für die eigentliche Zubereitung, die Backzeiten sind gesondert ausgewiesen. Längere Wartezeiten, wie z. B. Kühlzeiten sind ebenfalls nicht mit einbezogen.

Vorwort

Kuchen frisch vom Blech und das sortiert von A–Z! Was der Bäcker von nebenan kann, können Sie ab sofort zu Hause auch. Die leckeren quadratischen Kuchenstücke vom Blech sind ideal, um Familie und Gäste satt zu bekommen.

Saftig, knusprig, cremig, fruchtig oder nussig – altbewährte Klassiker oder neue Kreationen – mit den praxiserprobten Rezepten von Dr. Oetker zaubern Sie im Handumdrehen himmlische Kuchenträume auf den Tisch.

Die Rezepte sind einfach und schnell zubereitet. Viele Schüttel- und Tassenrezepte erleichtern Ihnen das Zubereiten und ohne Mühe gelingen Ihnen Aprikosen-Mohn-Kuchen, Kissenkuchen oder ein Schoko-Birnen-Kuchen. Ihre Familie und Gäste werden begeistert sein.

After-Eight-Rolle | Mit Alkohol

Insgesamt:
E: 56 g, F: 285 g, Kh: 496 g, kJ: 21875, kcal: 5225

Für den Biskuitteig:

3 Eier (Größe M)
3 EL heißes Wasser
150 g Zucker
1 Pck. Dr. Oetker Vanillin-Zucker
100 g Weizenmehl
25 g Speisestärke
25 g Kakaopulver
1 TL Dr. Oetker Backin

Für die Mintfüllung:

750 g Schlagsahne
6 Blatt weiße Gelatine
100 ml Pfefferminzlikör
evtl. grüne Speisefarbe
1 Pck. (200 g) After-Eight®(Minztäfelchen)

Zubereitungszeit: etwa 35 Minuten

1. Für den Teig Eier und Wasser in eine Rührschüssel geben und mit Handrührgerät mit Rührbesen auf höchster Stufe in 1 Minute schaumig schlagen. Zucker und Vanillin-Zucker mischen, in 1 Minute einstreuen und noch etwa 2 Minuten schlagen. Mehl mit Speisestärke, Kakao und Backpulver mischen, portionsweise auf die Eiercreme sieben und auf niedrigster Stufe kurz unterrühren.

2. Den Teig auf ein Backblech (30 x 40 cm, mit Backpapier belegt) streichen und das Papier an der offenen Seite des Bleches unmittelbar vor dem Teig zur Falte knicken, so dass ein Rand entsteht. Das Backblech in den vorgeheizten Backofen schieben.

Ober-/Unterhitze: etwa 200 °C
Heißluft: etwa 180 °C
Backzeit: etwa 10 Minuten.

3. Die Biskuitplatte sofort nach dem Backen auf ein Stück Backpapier stürzen und das mitgebackene Papier schnell abziehen, die Platte mit Backpapier von der kürzeren Seite aufrollen und erkalten lassen.

4. Für die Füllung Sahne steif schlagen. Gelatine nach Packungsanleitung in kaltem Wasser einweichen und leicht ausdrücken, in einem kleinen Topf bei schwacher Hitze auflösen (nicht kochen) und mit dem Pfefferminzlikör verrühren, nach Belieben 1–2 Tropfen Speisefarbe unterrühren. Sahne unterheben. Minztäfelchen (etwa 8 Stück zum Garnieren zurücklassen) grob hacken und unter zwei Drittel der Masse heben. Die Biskuitplatte abrollen und mit der Sahnemasse bestreichen, dann ohne Backpapier fest aufrollen. Von der restlichen Masse 3 Esslöffel in einen Spritzbeutel mit Lochtülle füllen und die Rolle mit der übrigen Masse bestreichen.

5. Die Rolle mit der Sahnemasse aus dem Spritzbeutel verzieren und mit den zurückgelassenen Minztäfelchen garnieren. Die Rolle etwa 3 Stunden kalt stellen.

Tipp: Die Minztäfelchen vor dem Hacken einige Minuten in das Tiefkühlfach legen.

® Société des Produits Nestlé S. A.

Alexander-Kuchen | Mit Alkohol

Insgesamt:
E: 110 g, F: 479 g, Kh: 640 g, kJ: 32922, kcal: 7867

Für den Schüttelteig:
200 g Butter oder Margarine
200 g Weizenmehl
30 g Kakaopulver
3 gestr. TL Dr. Oetker Backin
200 g Zucker
4 Eier (Größe M)
100 g Zartbitter-Raspelschokolade

Für den Belag:
6 Blatt weiße Gelatine
3 Eigelb (Größe M)
150 g Zucker
1 EL Kakaopulver
150 ml Cognac
150 ml Milch
400 g Schlagsahne

Zum Garnieren und Verzieren:
100 g Zartbitter-Kuvertüre
200 g Schlagsahne
1 Pck. Dr. Oetker Vanillin-Zucker

Zubereitungszeit: 50 Minuten

1. Für den Teig Butter oder Margarine zerlassen und abkühlen lassen. Mehl mit Kakao und Backpulver mischen, in eine verschließbare Schüssel (etwa 3 l) sieben und mit Zucker vermischen. Eier und flüssige Butter oder Margarine hinzufügen und mit dem Deckel fest verschließen. Die Schüssel mehrmals kräftig schütteln (insgesamt 15–30 Sekunden), so dass alle Zutaten gut vermischt sind.

2. Raspelschokolade hinzufügen und alles mit einem Schneebesen oder Rührlöffel nochmals sorgfältig durchrühren, damit trockene Zutaten vom Rand mit untergerührt werden.

3. Den Teig auf ein Backblech (30 x 40 cm, gefettet) geben und glatt streichen. Das Backblech in den vorgeheizten Backofen schieben.

Ober-/Unterhitze: etwa 180 °C
Heißluft: etwa 160 °C
Backzeit: etwa 20 Minuten.

4. Das Backblech auf einen Kuchenrost stellen und den Kuchen darauf erkalten lassen.

5. Für den Belag Gelatine nach Packungsanleitung einweichen. Eigelb mit Zucker, Kakao, Cognac und Milch in eine Schüssel geben und im heißen Wasserbad etwa 5 Minuten dick-schaumig aufschlagen. Gelatine ausdrücken und unter Rühren in der warmen Eigelbmasse auflösen. Die Masse unter Rühren etwas abkühlen lassen und dann kalt stellen.

6. Sobald die Masse erkaltet ist, sie nochmals durchrühren. Sahne steif schlagen und unterheben. Die Creme auf dem Kuchen glatt streichen, mit einem Teelöffel Spitzen hochziehen und den Kuchen 1–2 Stunden kalt stellen.

7. Zum Garnieren Kuvertüre in kleine Stücke brechen und in einem kleinen Topf im Wasserbad bei schwacher Hitze unter Rühren schmelzen lassen. Mit Hilfe eines Papiertütchens oder eines Gefrierbeutels Ornamente auf Backpapier spritzen und diese fest werden lassen.

8. Zum Verzieren Sahne mit Vanillin-Zucker steif schlagen und mit Teelöffeln Sahnehäufchen auf die Kuchenoberfläche setzen. Anschließend die Ornamente ablösen und an die Sahnehäufchen legen.

Amarena-Schokoladen-Kuchen

Mit Alkohol

Insgesamt:
E: 88 g, F: 433 g, Kh: 557 g, kJ: 27954, kcal: 6673

Für den All-in-Teig:
150 g Weizenmehl
2 Pck. Gala-Schokoladen Pudding-Pulver
3 gestr. TL Dr. Oetker Backin
150 g Zucker
4 Eier (Größe M)
200 g weiche Butter oder Margarine
50 ml Amarena-Likör

Für den Belag:
100 g Schokolade mit Kirsch-Joghurt-Füllung
250 g Mascarpone (italienischer Frischkäse)
1–2 EL gesiebter Puderzucker
50 ml Amarena-Likör
1 Becher (500 g) Sahne-Schokoladen-Pudding (Kühlregal)

Zum Garnieren und Beträufeln:
50 g Schokolade mit Kirsch-Joghurt-Füllung
50 g dunkle Kuchenglasur

Zubereitungszeit: 45 Minuten, ohne Kühlzeit

1. Für den Teig Mehl mit Pudding-Pulver und Backpulver mischen und in eine Rührschüssel sieben. Zucker, Eier, Butter oder Margarine und Likör hinzufügen. Die Zutaten mit Handrührgerät mit Rührbesen zunächst kurz auf niedrigster, dann auf höchster Stufe in etwa 2 Minuten zu einem glatten Teig verarbeiten. Den Teig auf ein Backblech (30 x 40 cm, gefettet) geben und glatt streichen. Das Backblech in den vorgeheizten Backofen schieben.

Ober-/Unterhitze: etwa 180 °C
Heißluft: etwa 160 °C
Backzeit: etwa 20 Minuten.

2. Das Backblech auf einen Kuchenrost stellen und den Gebäckboden erkalten lassen.

3. Für den Belag Schokolade fein hacken. Mascarpone, Puderzucker und Likör in eine hohe Rührschüssel geben und mit Handrührgerät mit Rührbesen auf höchster Stufe zu einer Creme aufschlagen. Pudding nach und nach unterrühren. Schokoladenstückchen unterheben. Die Creme wellenartig auf den Gebäckboden streichen. Den Kuchen mindestens 30 Minuten kalt stellen, in rechteckige Stücke schneiden.

4. Zum Garnieren und Beträufeln Schokolade mit einem Sparschäler in feine Streifen hobeln und auf den Kuchenstücken verteilen. Kuchenglasur nach Packungsanleitung auflösen und die Kuchenstücke damit beträufeln. Glasur fest werden lassen.

Tipp: Wenn Sie keinen fertigen Pudding für den Belag verwenden möchten, können Sie selbst aus 1 Päckchen Gala Pudding-Pulver Schokolade, 400 ml Milch und 2 Esslöffeln Zucker nach Packungsanleitung einen Pudding zubereiten. Den erkalteten Pudding dann wie unter Punkt 3 beschrieben unterrühren.

Amarettini-Aprikosen-Strudel I

Beliebt

Insgesamt:
E: 47 g, F: 117 g, Kh: 426 g, kJ: 12430, kcal: 2962

Für den Blätterteig:
1 Pck.
(450 g) TK-Blätterteig

Für die Füllung:
500 g Aprikosen oder
1 Dose Aprikosenhälften (Abtropfgewicht 500 g)
100 g Marzipan-Rohmasse
150 g Aprikosenkonfitüre
100 g Amarettini (ital. Mandelplätzchen)

Zum Bestreichen:
1 Eigelb
1–2 EL Milch

Zum Verzieren und Garnieren:
30 g Puderzucker
1 EL Zitronensaft
einige Amarettini

Zubereitungszeit: 40 Minuten, ohne Auftauzeit

1. Für den Teig Blätterteigplatten nach Packungsanleitung zugedeckt nebeneinander auftauen lassen. Anschließend die Platten aufeinanderlegen und auf der leicht bemehlten Arbeitsfläche zu einem Rechteck (35 x 45 cm) ausrollen. Rechteck mit einem Tuch zudecken.

2. Für die Füllung Aprikosen waschen, halbieren, entsteinen und in Scheiben schneiden oder Dosenfrüchte sehr gut abtropfen lassen und in Scheiben schneiden.

3. Marzipan sehr klein schneiden und gut mit der Konfitüre verrühren, evtl. pürieren. Die Marzipanmasse auf die Teigplatte streichen, dabei am Rand rundherum etwa 2 cm frei lassen. Aprikosenscheiben darauf verteilen.

4. Amarettini grob zerdrücken und darüber streuen. Die Teigränder über die Füllung schlagen und den Teig von der längeren Seite aus aufrollen.

5. Den Strudel auf ein mit Backpapier belegtes Backblech legen. Eigelb mit Milch verrühren, die Rolle damit bestreichen und das Backblech in den vorgeheizten Backofen schieben.

Ober-/Unterhitze: etwa 200 °C
Heißluft: etwa 180 °C
Backzeit: etwa 40 Minuten.

6. Nach dem Backen den Strudel mit dem Backblech auf einen Kuchenrost stellen und leicht abkühlen lassen. Puderzucker mit Zitronensaft verrühren, den Strudel damit besprenkeln und mit Amarettini garnieren.

Tipp: Den Strudel lauwarm mit Vanillesauce, Vanilleeis und Schlagsahne servieren.

Ambrosiaschnitten | Für Gäste

Insgesamt:
E: 92 g, F: 308 g, Kh: 429 g, kJ: 21051, kcal: 5033

Für den Schüttelteig:
100 g Butter oder Margarine
150 g Weizenmehl
2 gestr. TL Dr. Oetker Backin
150 g Zucker
3 Eier (Größe M)
100 ml Milch
50 g abgezogene, gemahlene Mandeln

Für die Füllung:
8 Blatt weiße Gelatine
500 g Naturjoghurt
250 ml (¼ l) schwarzer Johannisbeernektar
2–3 EL Zitronensaft
75 g Zucker
250 g Schlagsahne

Zum Bestreichen und Garnieren:
250 g Schlagsahne
1 Pck. Dr. Oetker Sahnesteif
1 Pck. Dr. Oetker Vanillin-Zucker
einige Johannisbeerrispen

Zubereitungszeit: 35 Minuten

1. Für den Teig Butter oder Margarine zerlassen und abkühlen lassen. Mehl mit Backpulver mischen, in eine verschließbare Schüssel (etwa 3 l) sieben und mit Zucker mischen. Eier, Butter oder Margarine und Milch hinzufügen und die Schüssel mit dem Deckel fest verschließen.

2. Schüssel mehrmals kräftig schütteln (insgesamt 15–30 Sekunden), so dass alle Zutaten gut vermischt sind. Mandeln hinzugeben und alles mit einem Schneebesen oder Rührlöffel nochmals sorgfältig durchrühren, damit trockene Zutaten vom Rand mit untergerührt werden.

3. Den Teig auf ein Backblech (30 x 40 cm, gefettet, mit Backpapier belegt) geben und glatt streichen. Das Backblech in den vorgeheizten Backofen schieben.

Ober-/Unterhitze: etwa 180 °C
Heißluft: etwa 160 °C
Backzeit: etwa 15 Minuten.

4. Die Gebäckplatte auf die Arbeitsfläche stürzen, mitgebackenes Backpapier abziehen und das Gebäck erkalten lassen.

5. Für die Füllung Gelatine nach Packungsanleitung einweichen. Joghurt mit Johannisbeernektar, Zitronensaft und Zucker verrühren. Gelatine leicht ausdrücken und in einem kleinen Topf bei schwacher Hitze unter Rühren auflösen. 3 Esslöffel Joghurtcreme mit der Gelatine verrühren, dann die Mischung mit der restlichen Joghurtcreme gut verrühren und die Creme kalt stellen.

6. Wenn die Creme beginnt dicklich zu werden, Sahne steif schlagen und unterheben. Die Gebäckplatte senkrecht halbieren. Einen Boden auf eine Kuchenplatte legen und einen Backrahmen darumstellen. Joghurtcreme darauf verteilen, mit dem zweiten Boden bedecken, leicht andrücken und den Kuchen 2–3 Stunden kalt stellen.

7. Zum Bestreichen Sahne mit Sahnesteif und Vanillin-Zucker steif schlagen. Oberfläche damit bestreichen und mit einem Tortenkamm oder einer Gabel verzieren. Backrahmen entfernen, Kuchen in Schnitten einteilen und mit Johannisbeerrispen belegen.

Ameisenkuchen vom Blech I

Mit Alkohol – beliebt

Insgesamt:
E: 109 g, F: 420 g, Kh: 814 g, kJ: 33910, kcal: 8100

Für den Schüttelteig:

300 g Butter oder Margarine
300 g Weizenmehl
3 gestr. TL Dr. Oetker Backin
300 g Zucker
2 Pck. Dr. Oetker Vanillin-Zucker
4 Eier (Größe M)
300 ml Eierlikör
150 g Zartbitter-Schokostreusel

Für den Guss:

200 g weiße Kuvertüre
1 EL Speiseöl

Zum Bestreuen:

Vollmilch- oder Zartbitter-Schokoladenstreusel

Zubereitungszeit: 20 Minuten, ohne Abkühlzeit

1. Für den Teig Butter oder Margarine zerlassen und abkühlen lassen. Mehl mit Backpulver mischen, in eine verschließbare Schüssel (etwa 3 l) sieben und mit Zucker und Vanillin-Zucker mischen. Eier, Eierlikör und flüssige Butter oder Margarine hinzufügen und die Schüssel mit dem Deckel fest verschließen.

2. Schüssel mehrmals kräftig schütteln (insgesamt 15–30 Sekunden), so dass alle Zutaten gut vermischt sind. Schokostreusel hinzugeben und alles mit einem Schneebesen oder Rührlöffel nochmals sorgfältig durchrühren, damit trockene Zutaten vom Rand mit untergerührt werden.

3. Den Teig auf ein Backblech (30 x 40 cm, gefettet, bemehlt) geben und verstreichen. Das Backblech in den vorgeheizten Backofen schieben.

Ober-/Unterhitze: etwa 180 °C
Heißluft: etwa 160 °C
Backzeit: etwa 20 Minuten.

4. Das Backblech auf einen Kuchenrost stellen und den Kuchen darauf erkalten lassen.

5. Für den Guss Kuvertüre klein hacken und mit Öl in einem kleinen Topf im Wasserbad bei schwacher Hitze geschmeidig rühren.

6. Den Kuchen mit zwei Dritteln von der Kuvertüre bestreichen und mit Schokoladenstreuseln bestreuen. Restliche Kuvertüre auf ein Stück Backpapier gießen, verstreichen und fest werden lassen.

7. Die Kuvertüre auf dem Backpapier zu Locken schaben und den Kuchen mit Kuvertürelocken garnieren.

Tipp: Sie können den Ameisenkuchen auch in einer Springform (Ø 26 cm, gefettet, mit Backpapier belegt) backen. Dazu die Zutatenmenge halbieren und den Kuchen bei der oben angegebenen Backtemperatur etwa 30 Minuten backen.

Amrumer Wattwurmkuchen I

Beliebt – mit Alkohol

Insgesamt:
E: 86 g, F: 471 g, Kh: 778 g, kJ: 33434, kcal: 7982

Für den Rührteig:
250 g Butter oder Margarine
200 g Zucker
1 Pck. Dr. Oetker Vanillin-Zucker
1 Prise Salz
4 Eier (Größe M)
250 g Weizenmehl
50 g Speisestärke
3 gestr. TL Dr. Oetker Backin
2 EL Rum

Für den dunklen Teig:
2 EL Kakaopulver
1 EL Rum
Semmelbrösel

Für die Füllung:
2 Gläser Sauerkirschen (Abtropfgewicht je 370 g)
850 ml Kirschsaft aus den Gläsern (mit Wasser aufgefüllt)
2 Pck. Dr. Oetker Pudding-Pulver Vanille-Geschmack

Für den Belag:
50 g Zartbitter-Schokolade
50 g Schlagsahne
gut 1 EL Rum
600 g Schlagsahne
2 Pck. Dr. Oetker Sahnesteif

Zubereitungszeit: 35 Minuten

1. Für den Teig Butter oder Margarine mit Handrührgerät mit Rührbesen auf höchster Stufe geschmeidig rühren. Nach und nach Zucker, Vanillin-Zucker und Salz unterrühren. So lange rühren, bis eine gebundene Masse entstanden ist. Eier nach und nach unterrühren (jedes Ei etwa ½ Minute).

2. Mehl mit Speisestärke und Backpulver mischen, sieben und in 2 Portionen abwechselnd mit dem Rum auf mittlerer Stufe unterrühren. Gut zwei Drittel des Teiges auf ein Backblech (30 x 40 cm, gefettet, mit Semmelbröseln bestreut) geben und verstreichen.

3. Für den dunklen Teig Kakao und Rum unter den Rest des Teiges rühren. Den dunklen Teig in einen Spritzbeutel mit Lochtülle füllen und etwa 5 cm lange „Wattwürmer" auf den hellen Teig spritzen. Das Backblech in den vorgeheizten Backofen schieben.

Ober-/Unterhitze: etwa 180 °C
Heißluft: etwa 160 °C
Backzeit: 25–30 Minuten.

4. Das Backblech auf einen Kuchenrost stellen und den Kuchen darauf erkalten lassen.

5. Für die Füllung Sauerkirschen in einem Sieb abtropfen lassen, den Saft dabei auffangen. 850 ml davon abmessen (mit Wasser auffüllen). Den Saft mit Pudding-Pulver in einem Topf verrühren und unter Rühren aufkochen lassen. Dann die Sauerkirschen unterrühren. Die Kirschmasse auf dem Boden verteilen und erkalten lassen.

6. Für den Belag Schokolade grob zerkleinern, 50 g Sahne erwärmen und den Topf von der Kochstelle nehmen. Schokolade hinzufügen und alles zu einer glatten Masse verrühren. Rum dazugeben und die Masse erkalten lassen.

7. 600 g Sahne mit Sahnesteif steif schlagen und auf den Sauerkirschen verstreichen. Mit Hilfe eines Teelöffels kleine Vertiefungen in die Sahne eindrücken. Die Schokoladenmasse mit Hilfe eines Teelöffels in den Sahnevertiefungen verteilen.

Ananasblechkuchen mit Kokosstreuseln | Einfach

Insgesamt:
E: 104 g, F: 381 g, Kh: 712 g, kJ: 28935, kcal: 6913

Zum Vorbereiten:
1 Dose Ananasscheiben (Abtropfgewicht 490 g)

Für die Streusel:
125 g weiche Butter
150 g Weizenmehl, 80 g Zucker
1 Prise Salz
120 g Kokosraspel

Für den Schüttelteig:
200 g Butter oder Margarine
350 g Weizenmehl
1 Pck. Dr. Oetker Backin
175 g Zucker
1 Pck. Dr. Oetker Vanillin-Zucker
5 Eier (Größe M)
150 ml Ananassaft aus der Dose

Zubereitungszeit: 35 Minuten

1. Zum Vorbereiten Ananas zum Abtropfen in ein Sieb geben, den Saft dabei auffangen. Anschließend die Ananas in kleine Stücke schneiden.

2. Für die Streusel Butter, Mehl, Zucker, Salz und Kokosraspel in eine Schüssel geben und mit den Händen krümelig verkneten. Die Streusel beiseite stellen.

3. Für den Teig Butter oder Margarine zerlassen und abkühlen lassen. Mehl mit Backpulver mischen, in eine verschließbare Schüssel (etwa 3 l) sieben und mit Zucker und Vanillin-Zucker mischen. Eier, Butter oder Margarine und Ananassaft hinzufügen und die Schüssel mit dem Deckel fest verschließen.

4. Schüssel mehrmals kräftig schütteln (insgesamt 15–30 Sekunden), so dass alle Zutaten gut vermischt sind. Alles mit einem Schneebesen oder Rührlöffel nochmals sorgfältig durchrühren, damit trockene Zutaten vom Rand mit untergerührt werden.

5. Den Teig auf ein Backblech (30 x 40 cm, gefettet, gemehlt) geben und glatt streichen. Ananasstücke auf dem Teig verteilen und Streusel darüber streuen. Das Backblech in den vorgeheizten Backofen schieben.

Ober-/Unterhitze: etwa 200 °C
Heißluft: etwa 180 °C
Backzeit: etwa 30 Minuten.

6. Das Backblech auf einen Kuchenrost stellen und den Kuchen erkalten lassen.

Ananas-Sirup-Kuchen | Raffiniert

Insgesamt:
E: 68 g, F: 190 g, Kh: 644 g, kJ: 19763, kcal: 4720

Zum Vorbereiten:
2 Dosen Ananasscheiben (Abtropfgewicht je 490 g)

Für den Rührteig:
200 g Butter oder Margarine
100 g Zucker
2 EL (60 g) Zuckerrübensirup (Rübenkraut)
1 Prise Salz
1 Pck. Dr. Oetker Finesse Geriebene Zitronenschale
3 Eier (Größe M)
350 g Weizenmehl
3 gestr. TL Dr. Oetker Backin
½ gestr. TL gemahlener Ingwer
150 ml Ananassaft aus der Dose

Für den hellen Guss:
70 g Puderzucker
1 EL Zitronensaft

Für den dunklen Guss:
30 g Puderzucker
1 TL Zitronensaft
1 EL (30 g) Zuckerrübensirup (Rübenkraut)

Zubereitungszeit: 50 Minuten

1. Zum Vorbereiten Ananasscheiben in einem Sieb abtropfen lassen, den Saft dabei auffangen und 150 ml davon abmessen.

2. Für den Rührteig Butter oder Margarine mit Handrührgerät mit Rührbesen auf höchster Stufe geschmeidig rühren. Nach und nach Zucker, Sirup, Salz und Zitronenschale unterrühren. So lange rühren, bis eine gebundene Masse entstanden ist.

3. Eier nach und nach unterrühren (jedes Ei etwa ½ Minute). Mehl mit Backpulver und Ingwer mischen, sieben und in 2 Portionen abwechselnd mit dem Ananassaft auf mittlerer Stufe kurz unterrühren.

4. Den Teig auf ein Backblech (30 x 40 cm, gefettet) geben und verstreichen. Ananasscheiben darauf verteilen. Das Backblech in den vorgeheizten Backofen schieben.

Ober-/Unterhitze: etwa 180 °C
Heißluft: etwa 160 °C
Backzeit: 30–35 Minuten.

5. Das Backblech auf einen Kuchenrost stellen. Den Kuchen darauf erkalten lassen.

6. Für den hellen Guss Puderzucker und Zitronensaft verrühren und in einen kleinen Gefrierbeutel füllen. Für den dunklen Guss Puderzucker mit Zitronensaft und Sirup verrühren und ebenfalls in einen kleinen Gefrierbeutel füllen.

7. Beide Beutel verschließen und jeweils eine kleine Ecke abschneiden. Den hellen und dunklen Guss kurz vor dem Servieren spiralförmig auf die Ananasscheiben spritzen.

Tipp: Wenn der Kuchen etwas länger steht, die Ananasscheiben evtl. nur mit etwas heißer Ananaskonfitüre bestreichen. Bei längerem Stehen ziehen die Ananasscheiben Saft und der Guss auf den Ringen kann sich auflösen.

Apfel-Aprikosen-Tassenkuchen I

Tassenkuchen (1 Tasse = 150 ml)

Insgesamt:
E: 105 g, F: 260 g, Kh: 665 g, kJ: 23415, kcal: 5595

Für den Schüttelteig:

3 Tassen (je 110 g)	*Weizenmehl*
3 gestr. TL	*Dr. Oetker Backin*
1 Tasse (150 g)	*Zucker*
4	*Eier (Größe M)*
1 Pck.	*Dr. Oetker Finesse Geriebene Zitronenschale*
1 Tasse (150 ml)	*Apfelsaft*
1 Tasse (150 ml)	*Speiseöl*

Für die Füllung:

200 ml	*Apfelschorle oder Apfelsaft*
1 Pck.	*Tortenguss, klar*
1 TL	*Zucker*
1 Glas	*Apfel-Aprikosen-Dessert (Einwaage 710 g)*

Für den Belag:

1 Pck.	*Quarkfein Vanille-Geschmack (Dessertpulver)*
200 g	*Schlagsahne*
250 g	*Magerquark*

Zum Bestreuen:

25 g	*gebräunte Kokosraspel*

Zubereitungszeit: 50 Minuten, ohne Kühlzeit

1. Für den Teig Mehl mit Backpulver mischen, in eine verschließbare Schüssel (etwa 3 l) sieben und mit Zucker vermengen. Eier, Zitronenschale, Apfelsaft und Speiseöl hinzufügen. Die Schüssel mit dem Deckel fest verschließen.

2. Schüssel mehrmals kräftig schütteln (insgesamt 15–30 Sekunden), so dass alle Zutaten gut vermischt sind. Alles mit einem Schneebesen oder Rührlöffel nochmals sorgfältig durchrühren, damit trockene Zutaten vom Rand mit untergerührt werden.

3. Den Teig auf ein Backblech (30 x 40 cm, gefettet, gemehlt) geben und glatt streichen. Das Backblech in den vorgeheizten Backofen schieben.

Ober-/Unterhitze: etwa 180 °C
Heißluft: etwa 160 °C
Backzeit: etwa 25 Minuten.

4. Das Backblech auf einen Kuchenrost stellen und den Kuchen erkalten lassen.

5. Für die Füllung Apfelschorle oder Apfelsaft mit Tortengusspulver und Zucker nach Packungsanleitung zubereiten. Apfel-Aprikosen-Dessert sofort unterrühren. Die Fruchtmasse auf dem Kuchen verteilen. Kuchen etwa 1 Stunde kalt stellen.

6. Für den Belag Quarkfein mit Sahne und Quark nach Packungsanleitung zubereiten. Apfel-Aprikosen-Kuchen in Stücke schneiden und jeweils mit einem Teelöffel kleine Häufchen von der Quarkmasse auf die Kuchenstücke geben. Kuchenstücke mit Kokosraspeln bestreuen und etwa 30 Minuten kalt stellen.

Apfel-Birnen-Blechkuchen

Insgesamt:
E: 55 g, F: 71 g, Kh: 527 g, kJ: 12580, kcal: 3008

Für den Hefeteig:

200 ml Milch
40 g Butter oder Margarine
375 g Weizenmehl
1 Pck. Dr. Oetker Trockenbackhefe
1 Prise Salz
50 g Zucker
1 Pck. Dr. Oetker Finesse Geriebene Zitronenschale

Für den Belag:

750 g Äpfel (z.B. Cox Orange, Jonagold)
750 g Birnen (z.B. Williams Christ)

Zum Bestreuen:

25 g Haselnusskerne

Zum Bestreichen:

75 g Apfel- oder Quittengelee oder Aprikosenkonfitüre
1 EL Wasser

Zubereitungszeit: 60 Minuten, ohne Teiggehzeit

1. Für den Teig Milch leicht erwärmen und Butter oder Margarine darin zerlassen. Milch etwas abkühlen lassen. Mehl in eine Rührschüssel sieben und sorgfältig mit Trockenbackhefe vermischen. Salz, Zucker, Zitronenschale und die warme Milch-Fett-Mischung hinzufügen.

2. Die Zutaten mit Handrührgerät mit Knethaken zunächst kurz auf niedrigster, dann auf höchster Stufe in etwa 5 Minuten zu einem glatten Teig verarbeiten. Den Teig zugedeckt so lange an einem warmen Ort gehen lassen, bis er sich sichtbar vergrößert hat.

3. Den Teig mit etwas Mehl bestäuben, aus der Schüssel nehmen, auf einer leicht bemehlten Arbeitsfläche kurz durchkneten und auf einem Backblech (30 x 40 cm, gefettet) ausrollen.

4. Für den Belag Äpfel und Birnen schälen, halbieren, entkernen und in Spalten schneiden. Die Apfel- und Birnenspalten dachziegelartig auf den Teig legen und leicht andrücken. Haselnusskerne darauf streuen und den Teig zugedeckt nochmals so lange an einem warmen Ort gehen lassen, bis er sich sichtbar vergrößert hat. Das Backblech in den vorgeheizten Backofen schieben.

Ober-/Unterhitze: etwa 180 °C
Heißluft: etwa 160 °C
Backzeit: etwa 35 Minuten.

5. Das Backblech auf einen Kuchenrost stellen. Den Kuchen etwas abkühlen lassen.

6. Zum Bestreichen Apfel- oder Quittengelee oder Aprikosenkonfitüre mit Wasser in einem kleinen Topf unter Rühren aufkochen lassen. Den Kuchen damit bestreichen. Kuchen vollständig erkalten lassen und in Stücke schneiden.

Apfelkuchen, geschüttelt | Einfach

Insgesamt:
E: 99 g, F: 235 g, Kh: 648 g, kJ: 22350, kcal: 5335

Für den Schüttelteig:
200 g Butter oder Margarine
300 g Weizenmehl
1 Pck. Dr. Oetker Backin
150 g Puderzucker
150 g Zwiebackbrösel
5 Eier (Größe M)
250 ml (¼ l) Apfelsaft, naturtrüb

Für den Belag:
1,5 kg Äpfel (z.B. Boskop)
30 g abgezogene, gestiftelte Mandeln

Zum Bestäuben:
Puderzucker

Zubereitungszeit: 45 Minuten

1. Für den Teig Butter oder Margarine zerlassen und abkühlen lassen. Mehl mit Backpulver und Puderzucker mischen, in eine verschließbare Schüssel (etwa 3 l) sieben und mit Zwiebackbröseln mischen. Eier, Butter oder Margarine und Apfelsaft hinzufügen und die Schüssel mit dem Deckel fest verschließen.

2. Schüssel mehrmals kräftig schütteln (insgesamt 15–30 Sekunden), so dass alle Zutaten gut vermischt sind. Alles mit einem Schneebesen oder Rührlöffel nochmals sorgfältig durchrühren, damit trockene Zutaten vom Rand mit untergerührt werden. Den Teig auf ein Backblech (30 x 40 cm, gefettet) geben und verstreichen.

3. Für den Belag Äpfel schälen, vierteln, entkernen, in Spalten schneiden und dachziegelartig auf dem Teig verteilen. Äpfel mit Mandeln bestreuen. Das Backblech in den vorgeheizten Backofen schieben.

Ober-/Unterhitze: 180–200 °C
Heißluft: 160–180 °C
Backzeit: etwa 35 Minuten.

4. Das Backblech auf einen Kuchenrost stellen und den Kuchen erkalten lassen. Anschließend den Kuchen mit Puderzucker bestäuben.

Tipp: Die Äpfel vor dem Backen mit Streuseln bestreuen.

Apfelkuchen, glasiert | Beliebt

Insgesamt:
E: 61 g, F: 254 g, Kh: 656 g, kJ: 22419, kcal: 5349

Für den Knetteig:
225 g Weizenmehl
60 g Zucker
1 Pck. Dr. Oetker Vanillin-Zucker
150 g Butter oder Margarine

Für den Rührteig:
125 g Butter oder Margarine
125 g Zucker
1 Pck. Dr. Oetker Vanillin-Zucker
3 Eier (Größe M)
75 g Weizenmehl
50 g Speisestärke
1 gestr. TL Dr. Oetker Backin

Für den Belag:
1 ½ kg Äpfel

Zum Aprikotieren:
4 EL Aprikosenkonfitüre
1–2 EL Wasser

Zubereitungszeit: 50 Minuten, ohne Abkühlzeit

1. Für den Knetteig Mehl in eine Rührschüssel sieben. Restliche Zutaten hinzufügen. Die Zutaten mit Handrührgerät mit Knethaken zunächst kurz auf niedrigster, dann auf höchster Stufe gut durcharbeiten.

2. Anschließend den Teig auf der leicht bemehlten Arbeitsfläche kurz zu einer Rolle verkneten. Sollte er kleben, ihn in Folie gewickelt eine Zeit lang kalt stellen.

3. Den Teig auf einem Backblech (30 x 40 cm, gefettet) ausrollen. Einen Backrahmen darumstellen. Den Teigboden mehrmals mit einer Gabel einstechen. Das Backblech in den vorgeheizten Backofen schieben und den Boden vorbacken.

Ober-/Unterhitze: etwa 200 °C
Heißluft: etwa 180 °C
Backzeit: etwa 15 Minuten.

4. Das Backblech auf einen Kuchenrost stellen und den Boden etwas abkühlen lassen.

5. Für den Rührteig Butter oder Margarine mit Handrührgerät mit Rührbesen auf höchster Stufe geschmeidig rühren. Nach und nach Zucker und Vanillin-Zucker unterrühren. So lange rühren, bis eine gebundene Masse entstanden ist.

6. Eier nach und nach unterrühren (jedes Ei etwa ½ Minute). Mehl mit Speisestärke und Backpulver mischen, sieben und in 2 Portionen auf mittlerer Stufe unterrühren. Den Teig gleichmäßig auf dem Knetteigboden verstreichen.

7. Für den Belag Äpfel schälen, achteln, entkernen und mehrmals der Länge nach einritzen. Apfelstücke auf den Rührteig legen. Das Backblech wieder in den heißen Backofen schieben und den Kuchen fertig backen.

Ober-/Unterhitze: etwa 180 °C
Heißluft: etwa 160 °C
Backzeit: 55–60 Minuten.

8. Das Backblech auf einen Kuchenrost stellen und den Kuchen etwas abkühlen lassen.

9. Zum Aprikotieren Konfitüre durch ein Sieb streichen, in einem kleinen Topf mit Wasser unter Rühren aufkochen lassen. Den warmen Kuchen damit bestreichen. Kuchen erkalten lassen und den Backrahmen entfernen.

Apfelkuchen, sehr fein | Klassisch

Insgesamt:
E: 101 g, F: 327 g, Kh: 789 g, kJ: 27260, kcal: 6513

Für den Rührteig:
250 g weiche Butter oder Margarine
250 g Zucker
1 Pck. Dr. Oetker Vanillin-Zucker
1 Prise Salz
1 Pck. Dr. Oetker Finesse Geriebene Zitronenschale
6 Eier (Größe M)
400 g Weizenmehl
4 TL Dr. Oetker Backin
2–4 EL Milch

Für den Belag:
1,5 kg Äpfel
50 g zerlassene Butter
50 g Rosinen
40 g abgezogene, gestiftelte Mandeln

Zum Aprikotieren:
3–4 EL Aprikosenkonfitüre
2 EL Wasser

Zubereitungszeit: 65 Minuten

1. Für den Teig Butter oder Margarine mit Handrührgerät mit Rührbesen auf höchster Stufe geschmeidig rühren. Nach und nach Zucker, Vanillin-Zucker, Salz und Zitronenschale hinzufügen und so lange rühren, bis eine gebundene Masse entstanden ist. Eier nach und nach unterrühren (jedes Ei etwa ½ Minute).

2. Mehl mit Backpulver mischen, sieben und abwechselnd mit der Milch in 2 Portionen kurz auf mittlerer Stufe unterrühren (nur so viel Milch verwenden, dass der Teig schwer reißend von einem Löffel fällt).

3. Den Teig auf ein Backblech (30 x 40 cm, gefettet) geben und glatt streichen.

4. Für den Belag Äpfel schälen, vierteln, entkernen und mehrmals der Länge nach einritzen. Apfelviertel auf den Teig legen und mit Butter bestreichen. Rosinen und Mandeln darauf streuen. Das Backblech in den vorgeheizten Backofen schieben.

Ober-/Unterhitze: etwa 180 °C
Heißluft: etwa 160 °C
Backzeit: 40–50 Minuten.

5. Das Backblech auf einen Kuchenrost stellen.

6. Zum Aprikotieren Konfitüre durch ein Sieb streichen, mit Wasser in einem kleinen Topf unter Rühren zum Kochen bringen und den heißen Kuchen sofort damit bestreichen. Den Kuchen erkalten lassen.

Variante: Statt der Äpfel 2 Gläser gut abgetropfte Sauerkirschen (Abtropfgewicht je 370 g) verwenden, dann den Kuchen nur mit abgezogenen, gehobelten Mandeln bestreuen.

Tipp: Reichen Sie mit Zimt gewürzte Schlagsahne zum Kuchen.

Apfel-Möhren-Kuchen | Beliebt

Insgesamt:
E: 71 g, F: 183 g, Kh: 497 g, kJ: 17215, kcal: 4110

Für den Schüttelteig:
300 g Weizenmehl
4 gestr. TL Dr. Oetker Backin
125 g Zucker
1 Pck. Dr. Oetker Vanillin-Zucker
1 Pck. Dr. Oetker Finesse Geriebene Zitronenschale
3 Eier (Größe M)
125 ml (1/8 l) Möhrensaft mit Honig und Zitronensaft
125 ml (1/8 l) Speiseöl

Für den Belag:
750 g mittelgroße Äpfel
einige abgezogene, ganze Mandeln
2 EL Rum-Rosinen
1 EL Erdbeerkonfitüre

Zum Bestreuen und Bestäuben:
50 g abgezogene, gehobelte Mandeln
25 g Puderzucker

Zubereitungszeit: 40 Minuten

1. Für den Teig Mehl mit Backpulver mischen, in eine verschließbare Schüssel (etwa 3 l) sieben und mit Zucker, Vanillin-Zucker und Zitronenschale vermengen. Eier, Möhrensaft und Speiseöl hinzufügen. Die Schüssel mit dem Deckel fest verschließen.

2. Die Schüssel mehrmals (insgesamt 15–30 Sekunden) kräftig schütteln, so dass alle Zutaten gut vermischt sind. Alles mit einem Schneebesen oder Rührlöffel nochmals sorgfältig durchrühren, damit trockene Zutaten vom Rand mit untergerührt werden. Den Teig auf ein Backblech (30 x 40 cm, gefettet, gemehlt) geben und glatt streichen.

3. Für den Belag Äpfel schälen, mit einem Apfelausstecher das Kerngehäuse entfernen. Die Äpfel in etwa 1 cm dicke Scheiben schneiden. Apfelscheiben auf den Teig legen. Die Löcher der Apfelscheiben abwechselnd mit je 1 Mandel und den Rosinen oder mit Konfitüre füllen. Die gehobelten Mandeln auf den Teig streuen.

4. Die Apfelscheiben mit Puderzucker bestäuben. Das Backblech in den vorgeheizten Backofen schieben.

Ober-/Unterhitze: etwa 180 °C
Heißluft: etwa 160 °C
Backzeit: etwa 25 Minuten.

5. Das Backblech auf einen Kuchenrost stellen und den Kuchen darauf erkalten lassen.

Tipp: Wenn Kinder mitessen, so können Sie statt Rum-Rosinen einfach ungetränkte Rosinen verwenden.

Apfelmus-Streuselkuchen | Einfach

Insgesamt:
E: 64 g, F: 230 g, Kh: 757 g, kJ: 22461, kcal: 5360

Für den Streuselteig:

500 g	*Weizenmehl*
1 Pck.	*Dr. Oetker Backin*
200 g	*Zucker*
1 Pck.	*Dr. Oetker Vanillin-Zucker*
1 gestr. TL	*gemahlener Zimt*
1	*Ei (Größe M)*
250 g	*Butter oder Margarine*

Für die Füllung:

3 Gläser	*Apfelmus (Einwaage je 370 g)*
100 g	*Rosinen*

Zubereitungszeit: 30 Minuten

1. Für den Teig Mehl mit Backpulver mischen und in eine Rührschüssel sieben. Zucker, Vanillin-Zucker, Zimt, Ei und Butter oder Margarine hinzufügen. Die Zutaten mit Handrührgerät mit Rührbesen zunächst kurz auf niedrigster, dann auf höchster Stufe zu Streuseln verarbeiten.

2. Gut die Hälfte der Streusel auf ein Backblech (30 x 40 cm, gefettet) geben und zu einem Boden andrücken.

3. Für die Füllung Apfelmus mit Rosinen verrühren und auf dem Teig verteilen. Restliche Streusel darauf streuen. Das Backblech in den vorgeheizten Backofen schieben.

Ober-/Unterhitze: etwa 180 °C
Heißluft: etwa 160 °C
Backzeit: etwa 50 Minuten.

4. Das Backblech auf einen Kuchenrost stellen. Den Kuchen erkalten lassen und in Stücke schneiden.

Apfel-Nuss-Schnitten | Becherkuchen

Insgesamt:
E: 140 g, F: 542 g, Kh: 538 g, kJ: 33092, kcal: 7908

Zum Vorbereiten:
1 Becher
(200 g) Schlagsahne
½ Becher
(75 g) nicht abgezogene Mandeln
3 EL Pistazienkerne

Für den Rührteig:
1 Pck.
(250 g) weiche Butter oder Margarine
½ Becher
(100 g) Zucker
1 Prise Salz
3–4 Tropfen Bittermandel-Aroma
5 Eier (Größe M)
2 Becher
(250 g) Weizenmehl
1 Pck. Dr. Oetker Backin
½ Becher
(100 ml) Milch
½ Becher
(75 g) gemahlene Haselnusskerne
½ Becher
(75 g) Rosinen

Für den Belag:
2 Pck. Dr. Oetker Sahnesteif
2 Becher
(je 250 g) Schmand
1 Glas Apfelkompott mit Stücken (Einwaage 360 g)
3 EL Zucker

Zum Bestreuen:
einige Pistazienkerne
einige nicht abgezogene Mandeln

Zubereitungszeit: 45 Minuten, ohne Abkühlzeit

1. Zum Vorbereiten Sahne in einen hohen Rührbecher geben und zugedeckt kalt stellen. Den Becher auswaschen, abtrocknen und zum Abmessen verwenden. Mandeln und Pistazienkerne grob hacken und beiseite stellen.

2. Für den Teig Butter oder Margarine mit Handrührgerät mit Rührbesen auf höchster Stufe geschmeidig rühren. Nach und nach Zucker, Salz und Aroma unterrühren. So lange rühren, bis eine gebundene Masse entstanden ist.

3. Eier nach und nach unterrühren (jedes Ei etwa ½ Minute). Mehl mit Backpulver mischen, sieben und in 2 Portionen abwechselnd mit der Milch und den Haselnusskernen auf mittlerer Stufe kurz unterrühren. Zuletzt die beiseite gestellten Pistazienkerne und Rosinen kurz unterrühren.

4. Den Teig auf ein Backblech (30 x 40 cm, gefettet) geben und glatt streichen. Das Backblech in den vorgeheizten Backofen schieben.

Ober-/Unterhitze: etwa 180 °C
Heißluft: etwa 160 °C
Backzeit: etwa 30 Minuten.

5. Das Backblech auf einen Kuchenrost stellen. Die Gebäckplatte erkalten lassen.

6. Für den Belag die kalt gestellte Sahne mit Sahnesteif steif schlagen. Schmand mit Kompott und Zucker verrühren und die Sahne unterheben. Die Schmand-Sahne-Creme auf der Gebäckplatte verteilen. Pistazienkerne und Mandeln fein hacken und auf die Schmand-Sahne-Creme streuen. Den Kuchen in Stücke schneiden.

Apfel-Pflaumen-Kuchen mit Grießcreme | Fruchtig

Insgesamt:
E: 99 g, F: 180 g, Kh: 655 g, kJ: 19566, kcal: 4679

Für den Hefeteig:
200 ml Milch
50 g Butter oder Margarine
375 g Weizenmehl
1 Pck. Dr. Oetker Trockenbackhefe
50 g Zucker
1 Pck. Dr. Oetker Vanillin-Zucker
1 Ei (Größe M)

Zum Bestreuen:
100 g Marzipan-Rohmasse

Für die Grießcreme:
1 Becher (500 g) Grieß-Pudding (aus dem Kühlregal)
1 Eigelb (Größe M)
1 geh. TL Dr. Oetker Pudding-Pulver Vanille-Geschmack oder Speisestärke
1 Eiweiß (Größe M)

Für den Belag und zum Bestreichen:
1 kg Zwetschen oder Pflaumen
4 mittelgroße Äpfel (z.B. Elstar)
30 g Butter

Zum Aprikotieren:
4 EL Aprikosenkonfitüre
1 EL Wasser

Zubereitungszeit: 65 Minuten, ohne Teiggehzeit

1. Für den Teig Milch erwärmen und Butter oder Margarine darin zerlassen. Milch etwas abkühlen lassen. Mehl in eine Rührschüssel sieben und sorgfältig mit Trockenbackhefe vermischen. Zucker, Vanillin-Zucker, Ei und die warme Milch-Fett-Mischung hinzufügen.

2. Die Zutaten mit Handrührgerät mit Knethaken zunächst kurz auf niedrigster, dann auf höchster Stufe

in etwa 5 Minuten zu einem glatten Teig verarbeiten. Den Teig zugedeckt so lange an einem warmen Ort gehen lassen, bis er sich sichtbar vergrößert hat.

3. Den Teig leicht mit Mehl bestäuben, aus der Schüssel nehmen und auf einer leicht bemehlten Arbeitsfläche nochmals kurz durchkneten. Teig auf einem Backblech (30 x 40 cm, gefettet) ausrollen und einen Backrahmen darumstellen. Marzipan auf einer Haushaltsreibe grob reiben und auf dem Teig verteilen.

4. Für die Creme Grießpudding in eine Rührschüssel geben. Eigelb und Pudding-Pulver oder Speisestärke unterrühren. Eiweiß steif schlagen und unterheben. Die Creme auf den Teig geben und glatt streichen.

5. Für den Belag Zwetschen oder Pflaumen waschen, abtrocknen, halbieren und entsteinen. Äpfel schälen, vierteln, entkernen und in dicke Spalten schneiden. Apfelspalten und Pflaumenhälften in abwechselnden Reihen dachziegelartig auf den Teig legen und danach mit zerlassener Butter bestreichen.

6. Das Backblech in den vorgeheizten Backofen schieben.

Ober-/Unterhitze: etwa 180 °C
Heißluft: etwa 160 °C
Backzeit: 40–45 Minuten.

7. Das Backblech auf einen Kuchenrost stellen. Zum Aprikotieren Konfitüre mit Wasser in einem kleinen Topf unter Rühren aufkochen lassen. Anschließend Apfelspalten und Pflaumenhälften damit bestreichen und den Kuchen erkalten lassen. Backrahmen lösen und entfernen.

Apfel-Pommes-Kuchen, rot-weiß I

Für Kinder – raffiniert

Insgesamt:
E: 92 g, F: 190 g, Kh: 694 g, kJ: 20382, kcal: 4868

Für den Hefeteig:
200 ml Milch
50 g Butter oder Margarine
375 g Weizenmehl
1 Pck. Dr. Oetker Trockenbackhefe
50 g Zucker
1 Pck. Dr. Oetker Vanillin-Zucker
1 Prise Salz
1 Ei (Größe M)

Für den Belag:
1 Pck. Dr. Oetker Pudding-Pulver Vanille-Geschmack
50 g Zucker
500 ml (½ l) Milch
250 g Schmand (Sauerrahm)
1,5 kg kleine Äpfel

Außerdem:
250 g Schmand (Sauerrahm)
½ Glas Wild-Preiselbeeren (Einwaage 210 g)

Zubereitungszeit: 35 Minuten, ohne Teiggehzeit

1. Für den Teig Milch erwärmen und die Butter darin zerlassen. Milch etwas abkühlen lassen. Mehl in eine Rührschüssel sieben und sorgfältig mit Trockenbackhefe vermischen. Zucker, Vanillin-Zucker, Salz, Ei und die warme Milch-Fett-Mischung hinzufügen.

2. Die Zutaten mit Handrührgerät mit Knethaken zunächst kurz auf niedrigster, dann auf höchster Stufe in etwa 5 Minuten zu einem glatten Teig verarbeiten. Den Teig zugedeckt so lange an einem warmen Ort gehen lassen, bis er sich sichtbar vergrößert hat.

3. Für den Belag aus Pudding-Pulver, Zucker und Milch nach Packungsanleitung einen Pudding zubereiten. Den Schmand unter den noch warmen Pudding rühren und den Pudding etwas abkühlen lassen.

4. Äpfel schälen, vierteln und entkernen. Apfelviertel gerade schneiden und Stifte (Pommes-frites-Größe) daraus schneiden. Die abgeschnittenen Apfelreste sehr klein schneiden und unter den Pudding rühren.

5. Den Teig mit etwas Mehl bestäuben, aus der Schüssel nehmen und auf einer leicht bemehlten Arbeitsfläche nochmals kurz durchkneten. Teig auf einem Backblech (30 x 40 cm, gefettet) ausrollen.

6. Apfel-Pudding-Masse darauf geben und glatt streichen. Einen Backrahmen darumstellen. Apfelstifte darauf verteilen. Den belegten Teig zugedeckt nochmals so lange an einem warmen Ort gehen lassen, bis er sich sichtbar vergrößert hat. Das Backblech in den vorgeheizten Backofen schieben.

Ober-/Unterhitze: etwa 180 °C
Heißluft: etwa 160 °C
Backzeit: etwa 40 Minuten.

7. Das Backblech auf einen Kuchenrost stellen und den Kuchen etwas abkühlen lassen. Abwechselnd Schmand und Preiselbeeren mit Hilfe eines Teelöffels als Kleckse auf den Kuchen geben. Backrahmen lösen und entfernen. Kuchen erkalten lassen und in Stücke schneiden.

Apfelschnitten, fein | Fettarm

Insgesamt:
E: 33 g, F: 52 g, Kh: 524 g, kJ: 12215, kcal: 2920

Für den Belag:

1,2 kg	*säuerliche Äpfel (z.B. Boskoop)*
	Saft von
1	*Zitrone*
1 Pck.	*Dr. Oetker Pudding-Pulver Vanille-Geschmack*
150 ml	*Apfelsaft*
250 ml (¼ l)	*trockener Weißwein*
25 g	*Zucker*

Für die Streusel:

80 g	*Halbfettbutter (39 % Fett)*
½ Pck.	*Dr. Oetker Finesse Geriebene Zitronenschale*
80 g	*Zucker*
1	*Prise Salz*
1	*Ei (Größe M)*
200 g	*Weizenmehl, 70 g Speisestärke*
1 leicht geh. TL	*Dr. Oetker Backin*

Zum Bestreuen:

3–4 EL	*Hagelzucker*

Zubereitungszeit: 90 Minuten

1. Für den Belag Äpfel schälen, halbieren, entkernen und grob raspeln. Apfelraspel mit Zitronensaft beträufeln und in einem Sieb gut abtropfen lassen.

2. Pudding-Pulver mit 6 Esslöffeln von dem Apfelsaft anrühren. Restlichen Apfelsaft und Wein in einem Topf mit Zucker zum Kochen bringen. Angerührtes Pudding-Pulver unter Rühren in die von der Kochstelle genommene Apfelsaft-Wein-Flüssigkeit geben und unter Rühren gut aufkochen lassen. Topf von der Kochstelle nehmen und sofort die Apfelraspel unterheben. Pudding-Apfel-Masse beiseite stellen.

3. Für die Streusel Butter mit Handrührgerät mit Rührbesen auf höchster Stufe verrühren. Zitronenschale, Zucker und Salz hinzugeben. Das Ei in etwa ½ Minute unterrühren. Mehl mit Speisestärke und Backpulver mischen, sieben und in 2 Portionen auf mittlerer Stufe unterrühren, so dass Streusel entstehen.

4. Die Streusel auf einem Backblech (30 x 40 cm, gefettet) verteilen und gut zu einem Boden andrücken. Die beiseite gestellte Pudding-Apfel-Masse darauf verteilen. Das Backblech in den vorgeheizten Backofen schieben.

Ober-/Unterhitze: etwa 180 °C
Heißluft: etwa 160 °C
Backzeit: etwa 30 Minuten.

5. Das Backblech auf einen Kuchenrost stellen. Den Kuchen darauf erkalten lassen. Dann den Kuchen mit Hagelzucker bestreuen und in Schnitten schneiden.

Apfelschnitten, saftig | Für Kinder

Insgesamt:
E: 84 g, F: 342 g, Kh: 656 g, kJ: 26119, kcal: 6243

Für die Streusel:
150 g Zwieback
100 g Kokosraspel
30 g Zucker
150 g Butter oder Margarine

Für den Biskuitteig:
4 Eier (Größe M)
3 EL heißes Wasser
120 g Zucker
1 Pck. Dr. Oetker Vanillin-Zucker
150 g Weizenmehl
2 gestr. TL Dr. Oetker Backin

Für den Belag:
3 Gläser Apfelkompott (Einwaage je 370 g)

Zum Bestreichen:
400 g Schlagsahne
2 EL gesiebter Puderzucker
1 Pck. Dr. Oetker Sahnesteif

Zum Garnieren und Bestreuen:
1 großer roter Apfel
25 g Zucker
50 g Kokosraspel

Zubereitungszeit: 50 Minuten, ohne Abkühlzeit

1. Für die Streusel Zwieback in Stücke brechen und in einen Gefrierbeutel füllen. Beutel fest verschließen. Zwiebackstücke mit einer Teigrolle fein zerbröseln.

2. Zwiebackbrösel, Kokosraspel, Zucker und Butter oder Margarine in eine Rührschüssel geben. Die Zutaten mit Handrührgerät mit Rührbesen auf niedrigster Stufe zu feinen Streuseln verarbeiten. Die Streusel auf ein Backblech (30 x 40 cm, gefettet) geben und andrücken.

3. Für den Biskuitteig Eier und Wasser mit Handrührgerät mit Rührbesen auf höchster Stufe in 1 Minute schaumig schlagen. Zucker und Vanillin-Zucker mischen, in 1 Minute unter Rühren einstreuen, dann noch 2 Minuten weiterschlagen.

4. Mehl und Backpulver mischen, auf die Eiercreme sieben und kurz auf niedrigster Stufe unterrühren. Den Biskuitteig vorsichtig auf den Streuselteig geben und glatt streichen. Das Backblech in den vorgeheizten Backofen schieben.

Ober-/Unterhitze: etwa 200 °C
Heißluft: etwa 180 °C
Backzeit: etwa 20 Minuten.

5. Das Backblech auf einen Kuchenrost stellen. Den Kuchen sofort mit einem Holzstäbchen dicht an dicht einstechen. Einen Backrahmen um den Kuchen stellen.

6. Apfelkompott auf den heißen Kuchen geben und glatt streichen. Den Kuchen erkalten lassen.

7. Sahne mit Puderzucker und Sahnesteif steif schlagen. Die Sahne auf das Apfelkompott geben und glatt streichen.

8. Apfel waschen, vierteln, entkernen und in dünne Spalten schneiden. Zucker in einer großen Pfanne hellbraun karamellisieren lassen. Apfelspalten portionsweise hineingeben und jeweils etwa 2 Minuten von beiden Seiten leicht garen und erkalten lassen.

9. Kokosraspel in einer Pfanne ohne Fett bei schwacher Hitze goldbraun rösten und auf einem Teller erkalten lassen. Danach Apfelspalten auf den Kuchen legen und mit Kokosraspeln bestreuen.

Apfel-Schoko-Schnitten mit Cornflakes | Raffiniert

Insgesamt:
E: 73 g, F: 168 g, Kh: 479 g, kJ: 18686, kcal: 4463

Zum Vorbereiten:
800 g Äpfel
2 l Wasser
2 EL Zitronensaft

Für den Schüttelteig:
125 g Butter oder Margarine
250 g Weizenmehl
3 gestr. TL Dr. Oetker Backin
150 g Zucker
1 Pck. Dr. Oetker Vanillin-Zucker
1 EL Kakaopulver
4 Eier (Größe M)
100 ml Milch
30 g Zartbitter-Raspelschokolade

Für den Guss:
2 Pck. Tortenguss, klar
50 g Zucker
500 ml (½ l) Cidre (Apfelwein) oder Apfelsaft

Für den Belag:
50 g Halbbitter-Kuvertüre
40 g Cornflakes

Zubereitungszeit: 50 Minuten

1. Zum Vorbereiten Äpfel schälen, vierteln und entkernen. Äpfel in dünne Spalten schneiden. Wasser und Zitronensaft verrühren. Apfelspalten hineingeben und beiseite stellen.

2. Für den Teig Butter oder Margarine zerlassen und abkühlen lassen. Mehl mit Backpulver mischen, in eine verschließbare Schüssel (etwa 3 l) sieben und mit Zucker, Vanillin-Zucker und Kakao mischen. Eier, Butter oder Margarine und Milch hinzufügen und die Schüssel mit dem Deckel fest verschließen.

3. Schüssel mehrmals kräftig schütteln (insgesamt 15–30 Sekunden), so dass alle Zutaten gut vermischt sind. Raspelschokolade hinzugeben und alles mit einem Schneebesen oder Rührlöffel nochmals sorgfältig durchrühren, damit trockene Zutaten vom Rand mit untergerührt werden.

4. Den Teig auf ein Backblech (30 x 40 cm, gefettet, gemehlt) geben und glatt streichen. Apfelspalten in einem Sieb gut abtropfen lassen, dicht nebeneinander auf dem Teig verteilen und leicht in den Teig drücken. Das Backblech in den vorgeheizten Backofen schieben.

Ober-/Unterhitze: etwa 180 °C
Heißluft: etwa 160 °C
Backzeit: etwa 25 Minuten.

5. Das Backblech auf einen Kuchenrost stellen und den Kuchen darauf erkalten lassen.

6. Für den Guss Tortengusspulver mit Zucker und Cidre oder Apfelsaft nach Packungsanleitung zubereiten. Guss auf dem Kuchen verteilen und fest werden lassen.

7. Für den Belag Kuvertüre hacken und in einem kleinen Topf im Wasserbad bei schwacher Hitze unter Rühren schmelzen lassen. Cornflakes auf Backpapier etwas verteilen, mit Kuvertüre besprenkeln und fest werden lassen. Schoko-Flakes über den Kuchen streuen.

Apfelweinkuchen vom Blech

Raffiniert

Insgesamt:
E: 60 g, F: 160 g, Kh: 1100 g, kJ: 28180, kcal: 6720

Für den Knetteig:

300 g Weizenmehl
50 g Speisestärke
1 gestr. TL Dr. Oetker Backin
150 g Zucker
1 Pck. Dr. Oetker Vanillin-Zucker
1 Prise Salz
2 Eier (Größe M)
150 g Butter oder Margarine

Für die Apfelfüllung:

2 kg säuerliche Äpfel (z.B. Elstar)
Saft von
1 Zitrone
3 Pck. Dr. Oetker Pudding-Pulver Vanille-Geschmack
150 g Zucker
2 Pck. Dr. Oetker Vanillin-Zucker
500 ml (½ l) Weißwein
500 ml (½ l) klarer Apfelsaft

Für den Weinguss:

3 Pck. Tortenguss, klar, 100 g Zucker
375 ml (3/8 l) Weißwein
300 ml klarer Apfelsaft

Zubereitungszeit: etwa 60 Minuten

1. Für den Teig Mehl mit Speisestärke und Backpulver mischen und in eine Rührschüssel sieben. Übrige Zutaten für den Teig hinzufügen und alles mit Handrührgerät mit Knethaken zunächst kurz auf niedrigster, dann auf höchster Stufe zu einem Teig verarbeiten und anschließend mit den Händen kurz zu einer Rolle formen.

2. Den Knetteig auf einem Backblech (30 x 40 cm, gefettet) ausrollen, mit einer Gabel mehrmals einstechen und einen Backrahmen darumstellen. Das Backblech in den vorgeheizten Backofen schieben und den Boden vorbacken.

Ober-/Unterhitze: etwa 200 °C
Heißluft: etwa 180 °C
Backzeit: etwa 15 Minuten.

3. Für die Füllung in der Zwischenzeit die Äpfel waschen, schälen, vierteln, entkernen, in kleine Würfel schneiden und mit Zitronensaft beträufeln. Pudding-Pulver mit Zucker, Vanillin-Zucker, Wein und Apfelsaft nach Packungsanleitung, aber mit den hier angegebenen Zutaten zubereiten.

4. Die Apfelwürfel sofort unterrühren. Die Füllung auf dem vorgebackenen Boden verteilen und glatt streichen. Das Backblech wieder in den Backofen schieben und **bei gleicher Backofeneinstellung in 40 Minuten fertig backen.**

5. Das Backblech auf einen Kuchenrost stellen und den Kuchen darauf erkalten lassen.

6. Für den Weinguss Tortengusspulver mit Zucker, Wein und Apfelsaft nach Packungsanleitung, aber mit den hier angegebenen Zutaten zubereiten. Den Guss auf dem erkalteten Apfelkuchen verteilen und fest werden lassen. Den Backrahmen mit Hilfe eines Messers vorsichtig lösen und entfernen.

Aprikosen-Biskuit-Schnitten |

Fruchtig

Insgesamt:
E: 79 g, F: 130 g, Kh: 477 g, kJ: 14703, kcal: 3513

Für den Biskuitteig:
4 Eier (Größe M)
4 EL heißes Wasser
125 g Zucker
1 Pck. Dr. Oetker Vanillin-Zucker
75 g Weizenmehl
50 g Speisestärke
1 Msp. Dr. Oetker Backin

Für die Füllung:
8 Blatt weiße Gelatine
1 Dose Aprikosenhälften (Abtropfgewicht 480 g)
300 g Naturjoghurt
75 g Zucker
1 EL Aprikosenlikör oder Zitronensaft
25 g gehackte Pistazienkerne
200 g Schlagsahne

Zum Bestreichen:
4 EL Aprikosenkonfitüre
1 EL Wasser

Zum Bestreuen:
gehackte Pistazienkerne

Zubereitungszeit: 50 Minuten, ohne Kühlzeit

1. Für den Teig Eier und Wasser mit Handrührgerät mit Rührbesen auf höchster Stufe in 1 Minute schaumig schlagen. Zucker und Vanillin-Zucker mischen, in 1 Minute unter Rühren einstreuen, dann noch 2 Minuten weiterschlagen.

2. Mehl mit Speisestärke und Backpulver mischen, auf die Eiercreme sieben und kurz auf niedrigster Stufe unterrühren.

3. Teig auf ein Backblech (30 x 40 cm, gefettet, mit Backpapier belegt) geben und verstreichen. Das Backblech in den vorgeheizten Backofen schieben.

Ober-/Unterhitze: etwa 200 °C
Heißluft: etwa 180 °C
Backzeit: etwa 15 Minuten.

4. Die Biskuitplatte sofort nach dem Backen auf mit Zucker bestreutes Backpapier stürzen, mitgebackenes Backpapier mit kaltem Wasser bestreichen und vorsichtig, aber schnell abziehen. Die Biskuitplatte erkalten lassen und anschließend längs halbieren.

5. Für die Füllung Gelatine nach Packungsanleitung einweichen. Aprikosenhälften in einem Sieb abtropfen lassen. Die Hälfte der Aprikosenhälften pürieren, die restlichen Aprikosenhälften in kleine Würfel schneiden.

6. Joghurt mit Zucker, Likör oder Zitronensaft und Pistazienkernen verrühren. Die leicht ausgedrückte Gelatine in einem kleinen Topf unter Rühren auflösen. Aufgelöste Gelatine mit etwas von der Joghurtmasse verrühren, dann unter die restliche Joghurtmasse rühren. Aprikosenpüree unterheben und die Masse kalt stellen.

7. Wenn die Joghurt-Aprikosen-Masse beginnt dicklich zu werden, Sahne steif schlagen. Aprikosenwürfel und Sahne unter die Masse heben. Die Joghurt-Aprikosen-Creme auf eine Gebäckhälfte streichen, die zweite Gebäckhälfte darauf legen und leicht andrücken. Den Kuchen etwa 2 Stunden kalt stellen.

8. Zum Bestreichen Konfitüre durch ein Sieb streichen und mit Wasser in einem kleinen Topf unter Rühren gut aufkochen lassen. Die Kuchenoberfläche damit bestreichen und mit Pistazienkernen bestreuen.

Aprikosen-Cashew-Schnitten |

Mit Alkohol

Insgesamt:
E: 101 g, F: 360 g, Kh: 650 g, kJ: 27511, kcal: 6570

Zum Vorbereiten:

1 Dose Aprikosenhälften (Abtropfgewicht 480 g)
100 g Cashewkerne

Für den Rührteig:

250 g weiche Butter oder Margarine
175 g Zucker
1 Pck. Dr. Oetker Vanillin-Zucker
1 Prise Salz
5 Eier (Größe M)
350 g Weizenmehl
2 gestr. TL Dr. Oetker Backin

Zum Beträufeln:

100 ml Aprikosenlikör, z. B. Apricot-Brandy

Für die Creme:

1 Pck. Dr. Oetker Mousse à la Vanille
200 g Schlagsahne
50 ml Aprikosenlikör, z. B. Apricot-Brandy

Zubereitungszeit: 30 Minuten, ohne Abkühlzeit

1. Zum Vorbereiten Aprikosenhälften auf einem Sieb abtropfen lassen und in kleine Würfel schneiden. Von den Cashewkernen 24 ganze Kerne abnehmen und beiseite legen. Restliche Cashewkerne klein hacken.

2. Für den Teig Butter oder Margarine in einer Rührschüssel mit Handrührgerät mit Rührbesen geschmeidig rühren. Nach und nach Zucker, Vanillin-Zucker und Salz unterrühren und so lange rühren, bis eine gebundene Masse entstanden ist. Eier nach und nach unterrühren (jedes Ei etwa ½ Minute).

3. Mehl mit Backpulver mischen, sieben und in 2 Portionen auf mittlerer Stufe unterrühren. Den Teig auf ein Backblech (30 x 40 cm, gefettet) geben und glatt streichen. Aprikosenwürfel darauf verteilen und mit den Cashewkernstückchen bestreuen. Das Backblech in den vorgeheizten Backofen schieben.

Ober-/Unterhitze: etwa 180 °C
(mittlere Einschubleiste)
Heißluft: etwa 160 °C
Backzeit: etwa 30 Minuten.

4. Das Backblech auf einen Kuchenrost stellen. Den Kuchen sofort mit Likör beträufeln und erkalten lassen. Den Kuchen in 24 gleich große Stücke einteilen.

5. Für die Creme Mousse mit 200 g Sahne und 50 ml Likör nach Packungsanleitung zubereiten. Die Creme in einen Spritzbeutel mit Lochtülle (Ø 12 mm) geben. Auf jedes Kuchenstück eine Cremekuppel spritzen und je einen Cashewkern auf die Creme legen.

Tipp: Für Kinder können Sie die Schnitten statt mit Likör auch mit Aprikosensaft aus der Dose beträufeln und die Creme ebenfalls mit Saft zubereiten.

Aprikosen-Götterspeise-Kuchen I

Etwas aufwändiger

Insgesamt:
E: 101 g, F: 371 g, Kh: 741 g, kJ: 28220, kcal: 6734

Zum Vorbereiten:

1 Dose Aprikosenhälften (Abtropfgewicht 480 g)

Für den All-in-Teig:

250 g Weizenmehl
3 gestr. TL Dr. Oetker Backin
250 g Zucker
1 Pck. Dr. Oetker Vanillin-Zucker
1 Prise Salz
4 Eier (Größe M)
250 g weiche Butter oder Margarine
4 EL Aprikosensaft (aus der Dose)

Für den Belag:

1 Beutel aus 1 Pck. Götterspeise Zitronen-Geschmack
1 Beutel aus 1 Pck. Götterspeise Waldmeister-Geschmack
900 ml Wasser
200 g Zucker
400 g Schlagsahne

Zubereitungszeit: 45 Minuten, ohne Kühlzeit

1. Zum Vorbereiten Aprikosenhälften auf einem Sieb abtropfen lassen, den Saft dabei auffangen und 4 Esslöffel davon abmessen. Aprikosenhälften klein schneiden.

2. Für den Teig Mehl mit Backpulver mischen und in eine Rührschüssel sieben. Zucker, Vanillin-Zucker, Salz, Eier, Butter oder Margarine und Aprikosensaft hinzufügen und die Zutaten mit Handrührgerät mit Rührbesen zunächst kurz auf niedrigster, dann auf höchster Stufe in etwa 2 Minuten zu einem glatten Teig verarbeiten. Aprikosenwürfel unterheben.

3. Den Teig auf ein Backblech (30 x 40 cm, gefettet) geben und glatt streichen. Das Backblech in den vorgeheizten Backofen schieben.

Ober-/Unterhitze: etwa 180 °C (mittlere Einschubleiste)
Heißluft: etwa 160 °C
Backzeit: etwa 35 Minuten.

4. Das Backblech auf einen Kuchenrost stellen und den Gebäckboden erkalten lassen.

5. Für den Belag Götterspeise getrennt nach Packungsanleitung, aber nur mit jeweils 450 ml Wasser und 100 g Zucker zubereiten. Sahne steif schlagen und halbieren. Wenn die Götterspeisenflüssigkeit anfängt dicklich zu werden, eine Sahnehälfte unter die gelbe, die restliche Sahne unter die grüne Götterspeise vorsichtig rühren.

6. Die gelbe und grüne Creme auf dem Gebäckboden verteilen und den Kuchen mindestens 1 Stunde kalt stellen.

Tipp: Je nach Geschmack können Sie auch Götterspeise Himbeer-Geschmack verwenden.

Aprikosen-Milchreis-Kuchen I

Für Kinder

Insgesamt:
E: 150 g, F: 261 g, Kh: 687 g, kJ: 24139, kcal: 5755

Zum Vorbereiten für den Belag:
2 Dosen Aprikosenhälften (Abtropfgewicht je 480 g)

Für den Knetteig:
300 g Weizenmehl
1 Msp. Dr. Oetker Backin
75 g Zucker
1 Pck. Dr. Oetker Vanillin-Zucker
1 Ei (Größe M)
175 g Butter
2 EL Wasser

Für den Belag:
375 ml (3/8 l) Milch
1 Pck. Süße Mahlzeit Milchreis nach klassischer Art
abgeriebene Schale und Saft von
1 Bio-Zitrone (unbehandelt)
500 g Speisequark (40 %)
4 Eigelb (Größe M)
1 Pck. Saucenpulver Vanille-Geschmack (zum Kochen)
4 Eiweiß (Größe M)

Zum Aprikotieren:
3 EL Aprikosenkonfitüre

Zum Bestäuben:
Puderzucker

Zubereitungszeit: 40 Minuten, ohne Kühlzeit

1. Zum Vorbereiten Aprikosenhälften auf einem Sieb gut abtropfen lassen.

2. Für den Teig Mehl mit Backpulver mischen und in eine Rührschüssel sieben. Restliche Zutaten hinzufügen und alles mit Handrührgerät mit Knethaken zunächst kurz auf niedrigster, dann auf höchster Stufe gut durcharbeiten. Anschließend auf der bemehlten Arbeitsfläche zu einem glatten Teig verkneten. Den Teig in Folie gewickelt etwa 30 Minuten kalt stellen.

3. Für den Belag aus Milch und Milchreis nach Packungsanleitung (aber mit der hier angegebenen Milchmenge) einen Milchreis zubereiten und erkalten lassen.

4. Zitronensaft und -schale, Quark, Eigelb und Saucenpulver unter den erkalteten Milchreis rühren. Eiweiß steif schlagen und unterheben.

5. Den Teig auf einem Backblech (30 x 40 cm, gefettet) ausrollen und einen Backrahmen darumstellen. Die Quark-Milchreis-Masse auf dem Teig verteilen und die Aprikosenhälften mit der Wölbung nach oben darauf legen. Das Backblech in den vorgeheizten Backofen schieben.

Ober-/Unterhitze: etwa 180 °C
Heißluft: etwa 160 °C
Backzeit: etwa 30 Minuten.

6. Das Backblech auf einen Kuchenrost stellen und den Kuchen erkalten lassen. Backrahmen lösen und entfernen.

7. Zum Aprikotieren Konfitüre in einem kleinen Topf unter Rühren erwärmen. Den Kuchen damit bestreichen, erkalten lassen und mit Puderzucker bestäuben.

Tipp: Nach Belieben den Kuchen vor dem Backen mit Preiselbeeren oder Cranberries bestreuen. Wenn kein Backrahmen vorhanden ist, kann der Kuchen auch in einer Fettfangschale gebacken werden.

Aprikosen-Mohn-Kuchen I

Becherkuchen

Insgesamt:
E: 161 g, F: 133 g, Kh: 724 g, kJ: 20157, kcal: 4813

Zum Vorbereiten:
1 Becher
(250 g) Magerquark

Für den Quark-Öl-Teig:
2 ½ Becher
(350 g) Weizenmehl
1 Pck. Dr. Oetker Backin
6 EL Milch
6 EL Speiseöl
½ Becher
(100 g) Zucker
1 Pck. Dr. Oetker Vanillin-Zucker
1 Prise Salz

Für den Belag:
2 Pck.
(je 150 g) Aprikosen-Fruchtquark
4 EL (30 g) Weizenmehl
1 Ei (Größe M)
1 Pck.
(250 g) Mohn-Back
1 Becher
(250 g) Aprikosenkonfitüre

Zum Bestreichen:
1 Eigelb
2 EL Schlagsahne

Zubereitungszeit: 60 Minuten

1. Zum Vorbereiten Quark in eine Schüssel geben. Den Becher ausspülen, abtrocknen und zum Abmessen verwenden.

2. Für den Teig Mehl mit Backpulver mischen und zum Quark in die Rührschüssel sieben. Milch, Speiseöl, Zucker, Vanillin-Zucker und Salz hinzufügen. Die Zutaten mit Handrührgerät mit Knethaken auf höchster Stufe in etwa 1 Minute zu einem Teig verarbeiten (nicht zu lange, Teig klebt sonst).

3. Anschließend ein Viertel des Teiges beiseite legen. Restlichen Teig auf der leicht bemehlten Arbeitsfläche zu einer Rolle formen. Die Teigrolle auf einem Backblech (30 x 40 cm, gefettet) ausrollen, dabei am Rand etwas hochdrücken.

4. Für den Belag Fruchtquark mit Mehl und Ei gut verrühren. Abwechselnd Aprikosenquark, Mohn-Back und Konfitüre als Kleckse auf den Teigboden geben.

5. Den restlichen Teig auf der leicht bemehlten Arbeitsfläche zu einem Rechteck (38 x 15 cm) ausrollen und mit einem Kuchengitterroller darüber rollen. Das Teiggitter auseinander ziehen und auf den Belag legen.

6. Zum Bestreichen Eigelb mit Sahne verschlagen. Das Teiggitter damit bestreichen. Das Backblech in den vorgeheizten Backofen schieben.

Ober-/Unterhitze: etwa 180 °C
Heißluft: etwa 160 °C
Backzeit: etwa 25 Minuten.

7. Das Backblech auf einen Kuchenrost stellen und den Kuchen darauf erkalten lassen.

Tipp: Wenn Sie keinen Kuchengitterroller haben, so schneiden Sie das ausgerollte Rechteck in feine Streifen und legen Sie diese diagonal über den Kuchen.

Aprikosen-Schmand-Kuchen I

Für Gäste

Insgesamt:
E: 125 g, F: 318 g, Kh: 737 g, kJ: 26428, kcal: 6305

Zum Vorbereiten:
1 Dose Aprikosenhälften (Abtropfgewicht 480 g)
100 g Marzipan-Rohmasse

Für den Quark-Öl-Teig:
300 g Weizenmehl
1 Pck. Dr. Oetker Backin
150 g Magerquark
100 ml Milch
100 ml Speiseöl
75 g Zucker
1 Pck. Dr. Oetker Vanillin-Zucker
1 Prise Salz

Für den Belag:
2 Pck. Dr. Oetker Pudding-Pulver Vanille-Geschmack
80 g Zucker
750 ml (¾ l) Milch
500 g Schmand (Sauerrahm)
75 g abgezogene, gestiftelte Mandeln

Für den Guss:
100 g gesiebter Puderzucker
1 EL Zitronensaft

Zubereitungszeit: 40 Minuten, ohne Abkühlzeit

1. Zum Vorbereiten Aprikosenhälften auf einem Sieb gut abtropfen lassen. Marzipan-Rohmasse auf einer Haushaltsreibe fein raspeln.

2. Für den Teig Mehl mit Backpulver mischen und in eine Rührschüssel sieben. Quark, Milch, Speiseöl, Zucker, Vanillin-Zucker, Salz und Marzipanraspel hinzufügen und die Zutaten mit Handrührgerät mit Knethaken zunächst kurz auf niedrigster, dann auf höchster Stufe in etwa 1 Minute zu einem Teig verarbeiten (nicht zu lange, Teig klebt sonst).

3. Anschließend auf der leicht bemehlten Arbeitsfläche zu einer Rolle formen. Den Teig auf einem Backblech (30 x 40 cm, gefettet) ausrollen und einen Backrahmen darumstellen.

4. Für den Belag aus Pudding-Pulver, Zucker und Milch nach Packungsanleitung – aber mit den hier angegebenen Zutaten – einen Pudding zubereiten, etwas abkühlen lassen und Schmand unterheben. Die Pudding-Schmand-Masse auf den Teig geben und glatt streichen.

5. Aprikosenhälften auf der Pudding-Schmand-Masse verteilen und Mandeln darauf streuen. Das Backblech in den vorgeheizten Backofen schieben.

Ober-/Unterhitze: etwa 180 °C
Heißluft: etwa 160 °C
Backzeit: etwa 40 Minuten.

6. Das Backblech auf einen Kuchenrost stellen und den Kuchen erkalten lassen. Den Backrahmen vorsichtig lösen und entfernen.

7. Für den Guss Puderzucker mit Zitronensaft verrühren, so dass eine dickflüssige Masse entsteht. Den Guss mit einem Teelöffel auf den Kuchen sprenkeln, fest werden lassen und den Kuchen in Stücke schneiden.

A-und-O-Kuchen | Schnell

Insgesamt:
E: 75 g, F: 266 g, Kh: 582 g, kJ: 22298, kcal: 5328

Für den All-in-Teig:
300 g Weizenmehl
50 g Speisestärke
1 Pck. Dr. Oetker Backin
250 g Zucker
2 Pck. Dr. Oetker Vanillin-Zucker
1 Prise Salz
6 Eier (Größe M)
250 g weiche Butter oder Margarine
2 EL Milch

Zum Tränken:
75 ml Apfelsaft
50 ml Calvados
75 ml Orangensaft
50 ml Orangenlikör

Zum Garnieren:
1 Apfel
etwas Zitronensaft
1 Orange

Zubereitungszeit: 20 Minuten

1. Für den Teig Mehl mit Speisestärke und Backpulver mischen und in eine Rührschüssel sieben. Restliche Zutaten hinzufügen und alles mit Handrührgerät mit Rührbesen zunächst kurz auf niedrigster, dann auf höchster Stufe etwa 2 Minuten zu einem glatten Teig verarbeiten.

2. Teig auf ein gefettetes Backblech (30 x 40 cm) geben, glatt streichen und das Backblech in den vorgeheizten Backofen schieben.

Ober-/Unterhitze: etwa 180 °C
Heißluft: etwa 160 °C
Backzeit: etwa 25 Minuten.

3. Sofort nach dem Backen die Kuchenmitte mit einem Messer markieren. Apfelsaft und Calvados mischen und eine Kuchenseite mit Hilfe eines Backpinsels damit tränken. Orangensaft und Orangenlikör ebenfalls mischen und die andere Kuchenseite damit tränken.

4. Vor dem Servieren die Stücke mit geviertelten Apfel- und Orangenscheiben garnieren, dabei die Apfelscheiben mit Zitronensaft bestreichen.

Badischer Käsekuchen | Klassisch

Insgesamt:
E: 215 g, F: 406 g, Kh: 782 g, kJ: 32161, kcal: 7679

Für den Knetteig:

225 g Weizenmehl
60 g Zucker
1 Pck. Dr. Oetker Vanillin-Zucker
150 g Butter oder Margarine

Für den Quarkbelag:

1 kg Magerquark
60 g Speisestärke
250 g Zucker
4 Eier (Größe M)
1 Pck. Dr. Oetker Finesse Bourbon-Vanille-Aroma
1 Pck. Dr. Oetker Finesse Geriebene Zitronenschale
3 EL Zitronensaft
500 g Schlagsahne

Für die Streusel:

150 g Weizenmehl
75 g Zucker
1 Pck. Dr. Oetker Vanillin-Zucker
100 g Butter

Zubereitungszeit: 50 Minuten, ohne Abkühlzeit

1. Für den Teig Mehl in eine Rührschüssel sieben. Restliche Zutaten hinzufügen und mit Handrührgerät mit Knethaken zunächst kurz auf niedrigster, dann auf höchster Stufe gut durcharbeiten. Anschließend den Teig auf der leicht bemehlten Arbeitsfläche kurz verkneten. Sollte er kleben, ihn in Folie gewickelt eine Zeit lang kalt stellen.

2. Den Teig auf einem Backblech (30 x 40 cm, gefettet) ausrollen. Teigboden mehrmals mit einer Gabel einstechen. Das Backblech in den vorgeheizten Backofen schieben und den Boden vorbacken.

Ober-/Unterhitze: etwa 200 °C
Heißluft: etwa 180 °C
Backzeit: etwa 15 Minuten.

3. Für den Quarkbelag Quark mit Speisestärke, Zucker, Eiern, Aroma, Zitronenschale und -saft gut verrühren. Sahne steif schlagen und unterheben.

4. Das Backblech auf einen Kuchenrost stellen. Den Gebäckboden etwas abkühlen lassen. Einen Backrahmen darumstellen. Die Quark-Sahne-Masse auf den vorgebackenen Gebäckboden geben und glatt streichen.

5. Für die Streusel Mehl in eine Rührschüssel sieben, mit Zucker und Vanillin-Zucker mischen und Butter hinzufügen. Die Zutaten mit Handrührgerät mit Rührbesen zu Streuseln von gewünschter Größe verarbeiten und auf die Quark-Sahne-Masse streuen. Das Backblech wieder in den heißen Backofen schieben und den Kuchen fertig backen.

Ober-/Unterhitze: etwa 180 °C
Heißluft: etwa 160 °C
Backzeit: 55–60 Minuten.

6. Das Backblech auf einen Kuchenrost stellen und den Kuchen darauf erkalten lassen. Dann Backrahmen entfernen und den Kuchen in Stücke schneiden.

Baileys-Kuchen | Mit Alkohol

Insgesamt:
E: 105 g, F: 507 g, Kh: 643 g, kJ: 33465, kcal: 7991

Für den Rührteig:
200 g weiche Butter oder Margarine
200 g Zucker
1 Pck. Dr. Oetker Bourbon-Vanille-Zucker
6 Eigelb (Größe M)
280 g Weizenmehl
1 TL Dr. Oetker Backin
1 TL Kakaopulver
100 g Zartbitter-Raspelschokolade
6 Eiweiß (Größe M)

Zum Beträufeln:
4–5 EL Baileys (Irish-Cream-Likör)

Für den Belag:
800 g Schlagsahne
40 g Zucker
2 Pck. Dr. Oetker Sahnesteif
50 ml Baileys (Irish-Cream-Likör)

Zum Verzieren und Garnieren:
100 ml Baileys (Irish-Cream-Likör)
50 g Zartbitter-Raspelschokolade

Zubereitungszeit: 50 Min., ohne Kühlzeit

1. Für den Teig Butter oder Margarine mit Handrührgerät mit Rührbesen auf höchster Stufe geschmeidig rühren. Nach und nach Zucker und Vanille-Zucker unterrühren. So lange rühren, bis eine gebundene Masse entstanden ist.

2. Eigelb nach und nach unterrühren (jedes Eigelb knapp ½ Minute). Mehl mit Backpulver und Kakaopulver mischen, portionsweise mit der Raspelschokolade auf mittlerer Stufe unterrühren. Eiweiß steif schlagen und vorsichtig unterheben.

3. Den Teig auf ein Backblech (30 x 40 cm, gefettet) geben und glatt streichen. Das Backblech in den vorgeheizten Backofen schieben.

Ober-/Unterhitze: etwa 180 °C
Heißluft: etwa 160 °C
Backzeit: etwa 30 Minuten.

4. Backblech auf einen Kuchenrost stellen und den Gebäckboden erkalten lassen. Gebäckboden mehrmals mit einer Gabel einstechen und mit Baileys beträufeln.

5. Für den Belag Sahne mit Zucker und Sahnesteif steif schlagen, Baileys vorsichtig unterheben. Die Sahnemasse auf den Gebäckboden geben und glatt streichen. Mit einem Teelöffel kleine Vertiefungen in die Sahne drücken und diese mit Baileys füllen. Mit Raspelschokolade bestreuen. Kuchen kalt stellen und gut gekühlt servieren.

Tipp: Fruchtiger schmeckt der Kuchen, wenn der Gebäckboden mit 250 g Wildpreiselbeeren bestrichen wird. Einige Preiselbeeren zum Garnieren verwenden. Anstelle von Baileys kann auch sehr gut Eierlikör verwendet werden.

Baileyskuchen mit Mirabellen I

Beliebt

Insgesamt:
E: 100 g, F: 353 g, Kh: 657 g, kJ: 28296, kcal: 6758

Zum Vorbereiten:

1 Glas Mirabellen (Abtropfgewicht 370 g)

Für den Teig:

5 Eier (Größe M)
200 g gesiebter Puderzucker
1 Pck. Dr. Oetker Vanillin-Zucker
250 ml (¼ l) Baileys (Irish-Cream-Likör)
250 ml (¼ l) Speiseöl
400 g Weizenmehl
1 Pck. Dr. Oetker Backin
100 g abgezogene, gemahlene Mandeln
25 g gesiebtes Kakaopulver
2 TL Puderzucker

Zubereitungszeit: 35 Minuten

1. Zum Vorbereiten Mirabellen in ein Sieb geben und abtropfen lassen. Mirabellen entsteinen und dabei halbieren.

2. Für den Teig Eier mit Puderzucker und Vanillin-Zucker mit Handrührgerät mit Rührbesen in 1 Minute schaumig rühren. Baileys und Öl unterrühren. Mehl mit Backpulver mischen, sieben, auf mittlerer Stufe unterrühren.

3. Zwei Drittel des Teiges auf ein gefettetes und mit Mandeln bestreutes Backblech (30 x 40 cm) streichen. Unter den Rest des Teiges den Kakao rühren. Den Teig mit einem Esslöffel in diagonalen Streifen auf den hellen Teig geben oder mit einem Spritzbeutel mit Lochtülle aufspritzen.

4. Die Mirabellen mit der Wölbung nach oben auf den dunklen Streifen verteilen. Das Backblech in den vorgeheizten Backofen schieben.

Ober-/Unterhitze: etwa 180 °C
Heißluft: etwa 160 °C
Backzeit: etwa 25 Minuten.

5. Das Backblech auf einen Kuchenrost stellen und den Kuchen erkalten lassen. Anschließend den Kuchen mit Puderzucker bestäuben.

Tipp: Statt Mirabellen können auch Sauerkirschen verwendet werden.

Balatonschnitten (Rotweinschnitten) | Mit Alkohol

Insgesamt:
E: 87 g, F: 381 g, Kh: 684 g, kJ: 27731, kcal: 6620

Zum Vorbereiten:
100 g Zartbitter-Schokolade
250 g Butter oder Margarine

Für den Schüttelteig:
250 g Weizenmehl
10 g Kakaopulver
1 Pck. Dr. Oetker Backin
250 g Zucker
2 Pck. Dr. Oetker Vanillin-Zucker
4 Eier (Größe M)
100 ml Rotwein, z. B. Balaton
150 g Schokoladentropfen

Zum Tränken:
125 ml (1/8 l) Rotwein, z. B. Balaton

Für den Guss:
200 g Zartbitter-Schokolade
1 EL Speiseöl

Zubereitungszeit: 20 Minuten, ohne Abkühlzeit

1. Zum Vorbereiten Schokolade in Stücke brechen, in einem kleinen Topf im Wasserbad bei schwacher Hitze geschmeidig rühren und etwas abkühlen lassen. Butter oder Margarine zerlassen und abkühlen lassen.

2. Für den Teig Mehl mit Kakao und Backpulver mischen, in eine verschließbare Schüssel (etwa 3 l) sieben und mit Zucker und Vanillin-Zucker mischen. Eier, Rotwein, flüssige Butter oder Margarine und flüssige Schokolade hinzufügen und die Schüssel mit dem Deckel fest verschließen. Schüssel mehrmals kräftig schütteln (insgesamt 15–30 Sekunden), so dass alle Zutaten gut vermischt sind.

3. Schokoladentropfen hinzufügen und alles mit einem Schneebesen oder Rührlöffel nochmals sorgfältig durchrühren, damit trockene Zutaten vom Rand mit untergerührt werden. Den Teig auf ein Backblech (30 x 40 cm, gefettet) geben und glatt streichen. Das Backblech in den vorgeheizten Backofen schieben.

Ober-/Unterhitze: etwa 180 °C
Heißluft: etwa 160 °C
Backzeit: 20–25 Minuten.

4. Das Backblech auf einen Kuchenrost stellen, den Kuchen sofort gleichmäßig mit dem Rotwein tränken und erkalten lassen.

5. Für den Guss Schokolade in Stücke brechen und mit dem Öl in einem kleinen Topf im Wasserbad bei schwacher Hitze geschmeidig rühren. Den Guss auf dem Kuchen verteilen und mit einem Tortenkamm verzieren. Den Guss fest werden lassen.

Bananen-Keks-Kuchen | Für Kinder

Insgesamt:
E: 138 g, F: 255 g, Kh: 877 g, kJ: 26707, kcal: 6363

Für den Schüttelteig:
250 g Weizenmehl
3 gestr. TL Dr. Oetker Backin
200 g Zucker
1 Pck. Dr. Oetker Vanillin-Zucker
3 Eier (Größe M)
250 ml (¼ l) Bananenmilch (Mixgetränk aus dem Kühlregal)

Für die Füllung:
400 g Sauerkirschen
2 Pck. Dr. Oetker Pudding-Pulver Vanille-Geschmack
750 ml (¾ l) Bananenmilch
2 Eigelb (Größe M)
2 Eiweiß (Größe M)
3 Bananen
2 EL Zitronensaft

Für den Belag:
400 g Schlagsahne
2 Pck. Dr. Oetker Vanillin-Zucker
2 Pck. Dr. Oetker Sahnesteif

Zum Garnieren:
2 Pck. Butterkeks mit Zartbitter-Schokolade
Schaumzuckerbananen

Zubereitungszeit: 45 Minuten, ohne Kühlzeit

1. Für den Teig Mehl mit Backpulver mischen, in eine verschließbare Schüssel (etwa 3 l) sieben und mit Zucker und Vanillin-Zucker mischen. Eier und Bananenmilch hinzufügen und die Schüssel mit dem Deckel fest verschließen. Schüssel mehrmals kräftig schütteln (insgesamt 15–30 Sekunden), so dass alle Zutaten gut vermischt sind.

2. Alles mit einem Schneebesen oder Rührlöffel nochmals sorgfältig durchrühren, damit trockene Zutaten vom Rand mit untergerührt werden.

3. Einen Backrahmen (30 x 40 cm) auf ein gefettetes Backblech stellen. Den Teig einfüllen, glatt streichen und das Backblech in den vorgeheizten Backofen schieben.

Ober-/Unterhitze: etwa 200 °C
Heißluft: etwa 180 °C
Backzeit: etwa 20 Minuten.

4. Das Gebäck mit dem Backrahmen auf dem Backblech auf einem Kuchenrost erkalten lassen.

5. Für die Füllung Kirschen waschen, entstielen und entsteinen. Pudding-Pulver mit etwas Bananenmilch und dem Eigelb anrühren. Restliche Milch zum Kochen bringen, angerührtes Pudding-Pulver einrühren, unter Rühren gut aufkochen lassen und den Topf von der Kochstelle nehmen. Eiweiß steif schlagen, sofort unter den heißen Pudding rühren und den Pudding etwas abkühlen lassen.

6. Bananen in Scheiben schneiden, mit Zitronensaft beträufeln und mit den vorbereiteten Kirschen auf dem Gebäckboden verteilen. Den Pudding darauf verteilen, verstreichen und erkalten lassen.

7. Für den Belag Sahne mit Vanillin-Zucker und Sahnesteif steif schlagen und auf dem Pudding glatt streichen. Zum Garnieren die Oberfläche so mit den Keksen belegen, dass mit der Sahne ein diagonales Schachbrettmuster entsteht. Kurz vor dem Servieren den Kuchen mit Schaumzuckerbananen garnieren.

Bananenkuchen mit Chips | Raffiniert

Insgesamt:
E: 81 g, F: 412 g, Kh: 529 g, kJ: 26120, kcal: 6261

Für den All-in-Teig:
270 g Weizenmehl
3 gestr. EL
(15 g) Kakaopulver
3 gestr. TL Dr. Oetker Backin
150 g Zucker
1 Pck. Dr. Oetker Bourbon-Vanille-Zucker
1 Prise Salz
4 Eier (Größe M)
4 EL brauner Rum
250 g weiche Butter oder Margarine
3 frische Bananen

Für den Belag:
500 g Crème fraîche
30 g gesiebter Puderzucker
2 Pck. Dr. Oetker Sahnesteif

1–2 EL Zimt-Zucker
etwa 50 g Bananen-Chips

Zubereitungszeit: 30 Minuten, ohne Abkühlzeit

1. Für den Teig Mehl mit Kakao und Backpulver mischen, in eine Rührschüssel sieben. Zucker, Vanille-Zucker, Salz, Eier, Rum und Butter oder Margarine hinzufügen. Die Zutaten mit Handrührgerät mit Rührbesen zunächst kurz auf niedrigster, dann auf höchster Stufe in etwa 2 Minuten zu einem Teig verarbeiten. Bananen schälen, in kleine Stücke schneiden und kurz unterrühren.

2. Den Teig auf ein Backblech (30 x 40 cm, gefettet) geben und glatt streichen. Das Backblech in den vorgeheizten Backofen schieben.

Ober-/Unterhitze: etwa 200 °C
Heißluft: etwa 180 °C
Backzeit: etwa 20 Minuten.

3. Das Backblech auf einen Kuchenrost stellen und den Kuchen darauf erkalten lassen.

4. Für den Belag Crème fraîche in eine Schüssel geben, Puderzucker mit Sahnesteif mischen, hinzufügen und alles mit Handrührgerät mit Rührbesen auf höchster Stufe steif schlagen.

5. Den Kuchen in Stücke teilen. Mit zwei Teelöffeln jeweils einen Klecks Crème fraîche auf die Kuchenstücke geben.

6. Vor dem Servieren Zimt-Zucker auf die Crème-fraîche-Kleckse streuen und die Stücke mit Bananen-Chips garnieren.

Tipp: Den Rum können Sie durch Bananennektar ersetzen.

Bananen-Quark-Kuchen | Für Kinder

Insgesamt:
E: 81 g, F: 412 g, Kh: 529 g, kJ: 26120, kcal: 6261

Für den All-in-Teig:

300 g	*Weizenmehl*
2 gestr. TL	*Dr. Oetker Backin*
200 g	*Zucker*
3	*Eier (Größe M)*
250 g	*weiche Butter oder Margarine*
1 Becher (250 g)	*Magerquark*
125 ml (1/8 l)	*Bananennektar*
100 g	*gemahlene Haselnusskerne*

Für den Belag:

12 Blatt	*weiße Gelatine*
3 Becher (je 250 g)	*Magerquark*
250 ml (¼ l)	*Bananennektar*
100 g	*Zucker*
3	*Bananen*
4 EL	*Zitronensaft*
250 g	*Schlagsahne*

Zum Garnieren:

2	*Bananen*
2 EL	*Zitronensaft*
12 dünne	*Schokotaler*

Zubereitungszeit: 40 Minuten, ohne Kühlzeit

1. Für den Teig Mehl mit Backpulver mischen und in eine Rührschüssel sieben. Zucker, Eier, Butter oder Margarine, Quark, Nektar und Haselnusskerne hinzufügen. Die Zutaten mit Handrührgerät mit Rührbesen zunächst kurz auf niedrigster, dann auf höchster Stufe in etwa 1 Minute zu einem Teig verarbeiten.

2. Den Teig auf ein Backblech (30 x 40 cm, gefettet) geben und glatt streichen. Das Backblech in den vorgeheizten Backofen schieben.

Ober-/Unterhitze: etwa 180 °C
Heißluft: etwa 160 °C
Backzeit: etwa 25 Minuten.

3. Das Backblech auf einen Kuchenrost stellen, den Gebäckboden erkalten lassen. Einen Backrahmen darumstellen.

4. Für den Belag Gelatine nach Packungsanleitung einweichen. Quark mit Nektar und Zucker gut verrühren. Gelatine leicht ausdrücken und in einem kleinen Topf unter Rühren auflösen. Gelatine mit etwas von der Quarkmasse verrühren, die Mischung unter die restliche Quarkmasse rühren. Bananen schälen, der Länge nach halbieren und in halbe Scheiben schneiden. Bananenscheiben mit Zitronensaft beträufeln und vorsichtig unter die Quarkmasse heben.

5. Sahne steif schlagen und unterheben. Die Quark-Sahne-Masse auf den Gebäckboden geben und glatt streichen. Den Kuchen 1–2 Stunden kalt stellen. Backrahmen entfernen und den Kuchen in etwa 24 Stücke schneiden.

6. Zum Garnieren Bananen schälen, schräg in Scheiben schneiden und in Zitronensaft schwenken. Kuchenstücke mit den Bananenscheiben garnieren. Schokotaler mit einem Messer mit angewärmter Klinge halbieren. Die Schokotalerhälften auf die Kuchenstücke setzen.

Bananen-Schokoladen-Schnitten |

Tassenkuchen (1 Tasse = 100 ml)

Insgesamt:
E: 87 g, F: 181 g, Kh: 659 g, kJ: 19941, kcal: 4765

Für den Schüttelteig:
3 mittelgroße Bananen
½ Pck.
(125 g) Butter oder Margarine
1 Tafel
(100 g) Zartbitter-Schokolade
3 Tassen
(je 100 g) Weizenmehl
3 gestr. TL Dr. Oetker Backin
2 Tassen
(je 150 g) Zucker
1 Prise Salz
4 Eier (Größe M)
1 Tasse
(100 ml) Milch
1 Tasse
(75 g) gehackte Walnusskerne

Zum Bestäuben:
1 EL Kakaopulver

Zum Garnieren:
2 Bananen
Walnusskernhälften

Zubereitungszeit: 35 Minuten, ohne Abkühlzeit

1. Für den Teig Bananen mit einer Gabel fein zerdrücken. Butter oder Margarine zerlassen und abkühlen lassen. Schokolade hacken. Mehl mit Backpulver mischen, in eine verschließbare Schüssel (etwa 3 l) sieben und mit Zucker und Salz mischen. Eier, Bananenmus, Butter oder Margarine und Milch hinzufügen. Die Schüssel mit dem Deckel fest verschließen.

2. Schüssel mehrmals kräftig schütteln (insgesamt 15–30 Sekunden), so dass alle Zutaten gut vermischt sind. Schokolade und Walnusskerne hinzugeben. Alles mit einem Schneebesen oder Rührlöffel noch einmal sorgfältig durchrühren, damit trockene Zutaten vom Rand mit untergerührt werden.

3. Einen Backrahmen in der Größe von 18 x 30 cm auf ein gefettetes Backblech stellen. Den Teig in den Backrahmen geben und glatt streichen. Das Backblech in den vorgeheizten Backofen schieben.

Ober/Unterhitze: etwa 180 °C
Heißluft: etwa 160 °C
Backzeit: 30–35 Minuten.

4. Das Backblech auf einen Kuchenrost stellen und den Kuchen darauf erkalten lassen. Anschließend Backrahmen lösen und entfernen.

5. Den Kuchen in 12 Stücke schneiden und mit Kakao bestäuben. Bananen in Scheiben schneiden. Den Kuchen mit den Bananenscheiben und Walnusskernhälften garnieren.

Tipp: Der Kuchen kann auch in einer Springform (Ø 26 cm, Boden gefettet) zubereitet werden. Sie können die Schnitten einfrieren. Dann die Schnitten erst nach dem Auftauen mit Kakao bestäuben und mit Bananenscheiben garnieren. Wenn Sie ein ganzes Backblech zubereiten möchten, müssen Sie die 1 ½-fache Teigmenge zubereiten. Die Schnitten vor dem Garnieren mit 50 g aufgelöster Schokolade besprenkeln.

Bananen-Walnuss-Dreiecke I

Mit Alkohol

Insgesamt:
E: 92 g, F: 346 g, Kh: 598 g, kJ: 24609, kcal: 5876

Zum Vorbereiten:
70 g Walnusskerne
50 g Bananenchips

Für den Rührteig:
200 g weiche Butter oder Margarine
150 g brauner Zucker
1 Pck. Dr. Oetker Bourbon-Vanille-Zucker
1 Pck. Dr. Oetker Finesse Jamaica-Rum-Aroma
1 Prise Salz
1 Msp. gemahlener Zimt
4 Eier (Größe M)
300 g Weizenmehl
50 g Speisestärke
2 gestr. TL Dr. Oetker Backin
3 EL Milch
2 reife Bananen (etwa 200 g)

Zum Bestreichen:
1 Pck. Dr. Oetker Finesse Jamaica-Rum-Aroma
5 EL warmes Wasser

Für den Guss:
150 g Zartbitter-Schokolade
1 TL Speiseöl, z. B. Sonnenblumenöl

50 g Bananenchips
30 g Walnusskernhälften

Zubereitungszeit: 20 Minuten, ohne Abkühlzeit

1. Zum Vorbereiten Walnusskerne grob hacken. Bananenchips in einen Gefrierbeutel geben, Beutel verschließen und Bananenchips mit einer Teigrolle grob zerbröseln.

2. Für den Teig Butter oder Margarine in einer Rührschüssel mit Handrührgerät mit Rührbesen auf höchster Stufe geschmeidig rühren. Nach und nach Zucker, Vanille-Zucker, Aroma, Salz und Zimt unterrühren und so lange rühren, bis eine gebundene Masse entstanden ist. Eier nach und nach unterrühren (jedes Ei etwa ½ Minute).

3. Mehl mit Speisestärke und Backpulver mischen, sieben und mit der Milch in 2 Portionen auf mittlerer Stufe unterrühren. Bananen schälen, längs halbieren und in Stücke schneiden, mit den gehackten Walnusskernen und Chipsbröseln kurz auf mittlerer Stufe unterrühren.

4. Den Teig auf ein Backblech (30 x 40 cm, gefettet) geben und glatt streichen. Vor den Teig einen mehrfach geknickten Streifen Alufolie legen. Das Backblech in den vorgeheizten Backofen schieben.

Ober-/Unterhitze: etwa 180 °C
(mittlere Einschubleiste)
Heißluft: etwa 160 °C
Backzeit: etwa 15 Minuten.

5. Das Backblech auf einen Kuchenrost stellen.

6. Zum Bestreichen Aroma mit Wasser verrühren und mit einem Pinsel auf den noch warmen Kuchen streichen. Den Kuchen erkalten lassen.

7. Für den Guss Schokolade in Stücke brechen, mit Speiseöl in einem kleinen Topf im Wasserbad bei schwacher Hitze schmelzen. Den Kuchen mit der Schokolade überziehen, etwas fest werden lassen. Den Kuchen in Dreiecke schneiden und mit Bananenchips und Walnusskernhälften garnieren. Guss fest werden lassen.

Beeren-Pudding-Kuchen | Beliebt

Insgesamt:
E: 134 g, F: 178 g, Kh: 600 g, kJ: 19143, kcal: 4567

Für den Hefeteig:
180 ml Milch
50 g Butter oder Margarine
375 g Weizenmehl
1 Pck. Dr. Oetker Trockenbackhefe
50 g Zucker
1 Pck. Dr. Oetker Vanillin-Zucker
1 Prise Salz
1 Ei (Größe M)

Für den Belag:
2 Pck. Gala Bourbon-Vanille-Pudding-Pulver
100 g Zucker
750 ml (¾ l) Milch
250 g Speisequark (40 % Fett)
1 Pck. Dr. Oetker Finesse Geriebene Zitronenschale
500 g Beerenfrüchte (z.B. Himbeeren, Johannisbeeren, Brombeeren)
100 g abgezogene, gehobelte Mandeln
2 EL Zucker

Zubereitungszeit: 40 Minuten, ohne Teiggehzeit

1. Für den Teig Milch in einem Topf leicht erwärmen und Butter oder Margarine darin zerlassen. Mehl in eine Rührschüssel sieben und mit der Hefe sorgfältig vermischen. Übrige Zutaten und die warme Milch-Fett-Mischung hinzufügen und alles mit Handrührgerät mit Knethaken zunächst kurz auf niedrigster, dann auf höchster Stufe in etwa 5 Minuten zu einem glatten Teig verarbeiten. Teig zugedeckt an einem warmen Ort so lange gehen lassen, bis er sich sichtbar vergrößert hat.

2. Teig leicht mit Mehl bestäuben und auf der Arbeitsfläche nochmals gut durchkneten. Eine Fettpfanne (30 x 40 cm) fetten und den Teig darin ausrollen.

3. Für den Belag Pudding nach Packungsanleitung, aber mit nur 100 g Zucker und 750 ml (¾ l) Milch zubereiten. Anschließend Quark und Zitronenschale unterrühren und den Quark-Pudding gleichmäßig auf dem Teig verstreichen. Beerenfrüchte verlesen, evtl. waschen, abtropfen lassen und mit Mandeln und Zucker auf dem Quark-Pudding verteilen (einige Beeren zum Garnieren zurücklassen). Den Teig nochmals so lange gehen lassen, bis er sich sichtbar vergrößert hat und die Fettpfanne in den vorgeheizten Backofen schieben.

Ober-/Unterhitze: etwa 200 °C
Heißluft: etwa 180 °C
Backzeit: etwa 20 Minuten.

4. Den Kuchen mit der Fettpfanne auf einen Kuchenrost stellen und erkalten lassen. Die zurückgelassenen Beeren auf den Kuchen streuen und den Kuchen servieren.

Tipp: Der Kuchen schmeckt frisch besonders gut. Sie können auch TK-Früchte verwenden. Lassen Sie diese auf Küchenpapier auftauen. Nach Wunsch können Sie einen Zitronenguss aus 100 g gesiebtem Puderzucker und 2–3 Esslöffeln Zitronensaft anrühren. Guss in einen Gefrierbeutel füllen, eine kleine Ecke abschneiden und über den Kuchen sprenkeln.

Beeren-Schmand-Kuchen | Einfach

Insgesamt:
E: 82 g, F: 368 g, Kh: 695 g, kJ: 27233, kcal: 6440

Für den Streuselteig:

500 g	*Weizenmehl, 200 g Zucker*
1 Pck.	*Dr. Oetker Vanillin-Zucker*
1 gestr. TL	*gemahlener Zimt*
1 Prise	*Salz*
1	*Ei (Größe M)*
250 g	*Butter oder Margarine*

Für den Guss:

500 g	*Schmand (Sauerrahm)*
3	*Eier (Größe M)*
70 g	*Zucker*
1 Pck.	*Dr. Oetker Finesse Geriebene Zitronenschale*

Für den Belag:

450 g	*gemischte, frische Beerenfrüchte (z.B. Johannisbeeren, Heidelbeeren, Brombeeren oder TK-Beerenfrüchte)*

Zubereitungszeit: 45 Minuten, ohne Abkühlzeit

1. Für den Teig Mehl in eine Schüssel sieben und mit Zucker, Vanillin-Zucker, Zimt und Salz mischen. Ei und Butter oder Margarine hinzufügen und alles mit Handrührgerät mit Rührbesen zunächst kurz auf niedrigster, dann auf höchster Stufe zu Streuseln verarbeiten.

2. Zwei Drittel der Teigstreusel auf ein Backblech (30 x 40 cm, gefettet) geben und zu einem Boden andrücken. Das Backblech in den vorgeheizten Backofen schieben.

Ober-/Unterhitze: etwa 180 °C
Heißluft: etwa 160 °C
Backzeit: etwa 15 Minuten.

3. Das Backblech auf einen Kuchenrost stellen und den Boden darauf abkühlen lassen.

4. Für den Guss Schmand mit Eiern, Zucker und Zitronenschale verrühren. Den Schmandguss auf den abgekühlten Streuselboden streichen.

5. Für den Belag Beerenfrüchte verlesen, evtl. abspülen, abtropfen lassen und evtl. entstielen. Beerenfrüchte (TK-Früchte gefroren) auf dem Schmandguss verteilen und die restlichen Teigstreusel darüber streuen. Den Kuchen wieder in den heißen Backofen schieben und bei gleicher Backofeneinstellung **in etwa 25 Minuten fertig backen.**

6. Das Backblech auf einen Kuchenrost stellen. Den Kuchen darauf erkalten lassen und in Stücke schneiden.

Tipp: Der Kuchen lässt sich sehr gut einfrieren. Dann den Kuchen aufgetaut im vorgeheizten Backofen bei etwa 160 °C (Ober-/ Unterhitze) oder etwa 140 °C (Heißluft) in etwa 5 Minuten wieder aufbacken. Den Kuchen vor dem Servieren mit Puderzucker bestäuben.

Bellini-Rolle | Raffiniert

Insgesamt:
E: 75 g, F: 164 g, Kh: 335 g, kJ: 13769, kcal: 3283

Für den Biskuitteig:

4	*Eier (Größe M)*
1	*Eigelb (Größe M)*
75 g	*Zucker*
1 Pck.	*Dr. Oetker Finesse Bourbon-Vanille-Aroma*
75 g	*Weizenmehl*
15 g	*Speisestärke*
½ gestr. TL	*Dr. Oetker Backin*
50 g	*abgezogene, gehobelte Mandeln*

Für die Füllung:

2 Blatt	*weiße Gelatine*
1 kleine Dose	*Pfirsichhälften (Abtropfgewicht 250 g)*
2 EL	*Pfirsichlikör oder Pfirsichsaft aus der Dose*
1 Pck.	*Aranca Zitronen-Geschmack (Dessertpulver)*
200 ml	*Sekt oder Prosecco*
150 g	*Naturjoghurt*
250 g	*Schlagsahne*
1 Pck.	*Dr. Oetker Sahnesteif*

Zum Garnieren und Verzieren:

1	*reifer Pfirsich*
	Zitronensaft
50 g	*weiße Kuvertüre*
1 TL	*Speiseöl*

Zubereitungszeit: 40 Minuten, ohne Kühlzeit

1. Für den Teig Eier und Eigelb mit Handrührgerät mit Rührbesen auf höchster Stufe in 1 Minute schaumig schlagen. Zucker in 1 Minute unter Rühren einstreuen, dann noch 2 Minuten weiterschlagen. Aroma kurz unterrühren.

2. Mehl mit Speisestärke und Backpulver mischen, auf die Eiercreme sieben und kurz auf niedrigster Stufe unterrühren. Den Teig auf ein Backblech (30 x 40 cm, gefettet, mit Backpapier belegt) geben und glatt streichen. Die Oberfläche mit Mandeln bestreuen und das Backblech in den vorgeheizten Backofen schieben.

Ober-/Unterhitze: etwa 200 °C
Heißluft: etwa 180 °C
Backzeit: etwa 10 Minuten.

3. Nach dem Backen den Gebäckrand mit einem Messer lösen und Platte auf ein mit wenig Zucker bestreutes Backpapier stürzen. Mitgebackenes Backpapier abziehen und die Platte erkalten lassen.

4. Für die Füllung Gelatine nach Packungsanleitung einweichen. Pfirsiche in einem Sieb abtropfen lassen, etwas Saft dabei auffangen und die Pfirsiche mit Likör oder Saft pürieren. Gelatine leicht ausdrücken, in einem kleinen Topf bei schwacher Hitze unter Rühren auflösen und in das Püree rühren. Die Masse kalt stellen.

5. Aranca nach Packungsanleitung, aber mit Sekt oder Prosecco zubereiten und Joghurt unterrühren. Sahne mit Sahnesteif steif schlagen und unterheben. Die Creme auf die erkaltete Gebäckplatte streichen, Pfirsichpüree darauf klecksen und mit einem Löffel etwas in die Creme einarbeiten. Die Platte von der längeren Seite aus aufrollen und die Rolle etwa 2 Stunden kalt stellen.

6. Zum Garnieren Pfirsich waschen, abtrocknen, halbieren und den Stein entfernen. Die Hälften in schmale Spalten schneiden, auf die Rolle legen und mit etwas Zitronensaft bestreichen. Zum Verzieren Kuvertüre grob hacken, mit Öl in einem Topf im Wasserbad bei schwacher Hitze geschmeidig rühren und in einen kleinen Gefrierbeutel oder ein Papiertütchen füllen. Eine kleine Ecke abschneiden und die Rolle mit Kuvertüre besprenkeln.

Bienenstich | Klassisch – beliebt

Insgesamt:
E: 120 g, F: 460 g, Kh: 660 g, kJ: 30280, kcal: 7220

Für den Hefeteig:
200 ml Milch
50 g Butter oder Margarine
375 g Weizenmehl
1 Pck. Dr. Oetker Trockenbackhefe
50 g Zucker
1 Pck. Dr. Oetker Vanillin-Zucker
1 Prise Salz
1 Ei (Größe M)

Für den Belag:
200 g Butter
100 g Zucker
1 Pck. Dr. Oetker Vanillin-Zucker
1–2 EL Honig
4 EL Schlagsahne
200 g abgezogene, gehobelte Mandeln

Für die Füllung:
2 Pck. Dr. Oetker Pudding-Pulver Vanille-Geschmack
750 ml (¾ l) Milch
100 g Zucker
100 g Butter

Zubereitungszeit: etwa 50 Minuten, ohne Teiggehzeit

1. Für den Teig Milch in einem Topf erwärmen und Butter oder Margarine darin zerlassen. Mehl in eine Rührschüssel sieben und mit Trockenbackhefe sorgfältig vermischen. Restliche Zutaten für den Teig und die warme Milch-Fett-Mischung hinzufügen und die Zutaten mit Handrührgerät mit Knethaken erst kurz auf niedrigster, dann auf höchster Stufe in etwa 5 Minuten zu einem glatten Teig verarbeiten. Den Teig zugedeckt an einem warmen Ort so lange gehen lassen, bis er sich sichtbar vergrößert hat.

2. Für den Belag Butter mit Zucker, Vanillin-Zucker, Honig und Sahne unter Rühren langsam erhitzen, kurz aufkochen lassen und die Mandeln unterrühren. Masse abkühlen lassen, dabei ab und zu umrühren.

3. Den Teig leicht mit Mehl bestäuben, aus der Schüssel nehmen und auf der leicht bemehlten Arbeitsfläche nochmals gut durchkneten. Teig in einer Fettpfanne oder einem Backblech mit hohem Rand (30 x 40 cm, gefettet) ausrollen. Den Belag gleichmäßig auf dem Teig verstreichen und den Teig nochmals so lange gehen lassen, bis er sich sichtbar vergrößert hat. Die Fettpfanne oder das Backblech in den vorgeheizten Backofen schieben.

Ober-/Unterhitze: etwa 200 °C
Heißluft: etwa 180 °C
Backzeit: etwa 15 Minuten.

4. Das Gebäck in der Fettpfanne oder auf dem Backblech auf einem Kuchenrost erkalten lassen. Dann das Gebäck senkrecht halbieren und jede Hälfte einmal waagerecht durchschneiden.

5. Für die Füllung aus Pudding-Pulver, Milch und Zucker nach Packungsanleitung, aber mit nur 750 ml (¾ l) Milch einen Pudding zubereiten und die Butter im heißen Pudding verrühren. Die Creme erkalten lassen, dabei gelegentlich durchrühren. Die Gebäckhälften mit der erkalteten Creme füllen.

Abwandlung: Ersetzen Sie die Mandeln für den Belag durch 200 g Kokosraspel.

Birnen-Brombeer-Schnitten |

Fettarm

Insgesamt:
E: 96 g, F: 147 g, Kh: 513 g, kJ: 15982, kcal: 3817

Für den Rührteig:
100 g Butter oder Margarine
125 g Zucker
1 Pck. Dr. Oetker Vanillin-Zucker
2 Eier (Größe M)
150 g Magerquark
3 EL Milch
250 g Weizenmehl
3 gestr. TL Dr. Oetker Backin

Für den Belag:
1 kg reife Birnen (z.B. Williams Christ, Bürgermeister)
250 g frische Brombeeren

Für den Guss:
150 g saure Sahne (10 % Fett)
150 g fettarmer Naturjoghurt
3 Eier (Größe M)
75 g Zucker
1 Pck. Dr. Oetker Vanillin-Zucker
2 EL Zitronensaft
abgeriebene Schale von
½ Zitrone (unbehandelt)

Zubereitungszeit: 60 Minuten

1. Für den Teig Butter oder Margarine mit Handrührgerät mit Rührbesen auf höchster Stufe geschmeidig rühren. Nach und nach Zucker und Vanillin-Zucker unterrühren. So lange rühren, bis eine gebundene Masse entstanden ist.

2. Eier nach und nach unterrühren (jedes Ei etwa ½ Minute). Quark und Milch unterrühren. Mehl mit Backpulver mischen, sieben und in 2 Portionen auf mittlerer Stufe unterrühren. Den Teig in eine Fettpfanne (30 x 40 cm, gefettet) geben und glatt streichen.

3. Für den Belag Birnen schälen, vierteln, entkernen und in Spalten schneiden. Brombeeren verlesen, kurz abspülen und trockentupfen. Birnenspalten und Brombeeren auf dem Teig verteilen. Die Fettpfanne in den vorgeheizten Backofen schieben und den Kuchen vorbacken.

Ober-/Unterhitze: etwa 180 °C
Heißluft: etwa 160 °C
Backzeit: etwa 20 Minuten.

4. Die Fettpfanne auf einen Kuchenrost stellen. Für den Guss saure Sahne mit Joghurt, Eiern, Zucker, Vanillin-Zucker, Zitronensaft und -schale geschmeidig rühren. Den Guss auf dem Kuchen verteilen. Die Fettpfanne wieder in den heißen Backofen schieben und den Kuchen bei gleicher Backofeneinstellung in etwa 25 Minuten fertig backen.

5. Die Fettpfanne auf einen Kuchenrost stellen. Den Kuchen darauf erkalten lassen und anschließend in Stücke schneiden.

Tipp: Anstelle von frischen Birnen können Sie auch 1 große Dose (Abtropfgewicht 460 g) und 1 kleine Dose Birnen (Abtropfgewicht 230 g) verwenden.

Birnen-Hefekuchen mit Pistazienguss | Beliebt

Insgesamt:
E: 88 g, F: 200 g, Kh: 517 g, kJ: 17805, kcal: 4218

Für den Hefeteig:

175 ml Milch
65 g Butter
320 g Weizenmehl
1 Pck. Dr. Oetker Trockenbackhefe
1 Prise Salz
60 g Zucker
abgeriebene Schale von
½ Bio-Zitrone (unbehandelt, ungewachst) oder
½ Pck. Dr. Oetker Finesse Geriebene Zitronenschale
1 Ei (Größe M)

Für den Belag:

8 reife Birnen (etwa 1,2 kg)
Saft von
1 Zitrone

Für den Guss:

80 g gehackte Pistazienkerne
3 Eier (Größe M)
75 g Zucker
250 g Schmand (Sauerrahm)

Zubereitungszeit: 60 Minuten, ohne Teiggehzeit

1. Für den Teig Milch in einem Topf erwärmen und Butter darin zerlassen. Mehl in eine Rührschüssel sieben und mit der Hefe sorgfältig vermischen. Salz, Zucker, Zitronenschale, Ei und Milch-Fett-Mischung hinzufügen.

2. Die Zutaten mit Handrührgerät mit Knethaken zunächst kurz auf niedrigster, dann auf höchster Stufe in etwa 5 Minuten zu einem glatten Teig verarbeiten. Den Teig zugedeckt so lange an einem warmen Ort gehen lassen, bis er sich sichtbar vergrößert hat.

3. Für den Belag Birnen schälen, vierteln, entkernen und in Spalten schneiden. Die Birnenspalten mit Zitronensaft beträufeln.

4. Den Teig mit etwas Mehl bestäuben, aus der Schüssel nehmen und auf der leicht bemehlten Arbeitsfläche kurz durchkneten. Den Teig in einer Fettpfanne (30 x 40 cm, gefettet) ausrollen und den Rand etwas hochdrücken.

5. Die Birnenspalten auf dem Teig verteilen und den Teig zugedeckt nochmals so lange an einem warmen Ort gehen lassen, bis er sich sichtbar vergrößert hat.

6. Für den Guss Pistazienkerne mit Eiern, Zucker und Schmand gut verrühren. Den Guss auf den Birnenspalten verteilen. Die Fettpfanne in den vorgeheizten Backofen schieben.

Ober-/Unterhitze: etwa 200 °C
Heißluft: etwa 180 °C
Backzeit: 25–30 Minuten.

7. Die Fettpfanne auf einen Kuchenrost stellen und den Kuchen darauf erkalten lassen.

Tipp: Anstelle von frischen Birnen können Sie auch 2 Dosen Birnen (Abtropfgewicht je 460 g) verwenden.

Birnenschnitten | Beliebt

Insgesamt:
E: 85 g, F: 335 g, Kh: 580 g, kJ: 23827, kcal: 5695

Für den Knetteig:
250 g Weizenmehl
65 g Zucker
1 Prise Salz
1 Ei (Größe M)
150 g Butter oder Margarine

Für den Belag:
6 Blatt weiße Gelatine
2 Dosen Birnenhälften (Abtropfgewicht je 460 g)
250 g Sahnequark
100 g Zucker
Saft und abgeriebene Schale von 1 Bio-Zitrone (unbehandelt, ungewachst)
500 g Schlagsahne

Raspelschokolade

Zubereitungszeit: 60 Minuten, ohne Kühlzeit

1. Für den Teig Mehl in eine Rührschüssel sieben. Restliche Zutaten hinzufügen und mit Handrührgerät mit Knethaken zunächst kurz auf niedrigster, dann auf höchster Stufe gut durcharbeiten.

2. Anschließend den Teig auf der leicht bemehlten Arbeitsfläche kurz verkneten. Sollte der Teig kleben, ihn in Folie gewickelt 20 Minuten kalt stellen.

3. Nun den Teig auf einem Backblech (30 x 40 cm, gefettet) ausrollen. Teigboden mehrmals mit einer Gabel einstechen. Das Backblech in den vorgeheizten Backofen schieben.

Ober-/Unterhitze: etwa 200 °C
Heißluft: etwa 180 °C
Backzeit: etwa 20 Minuten.

4. Das Backblech auf einen Kuchenrost stellen. Den Gebäckboden auf dem Backblech erkalten lassen.

5. Für den Belag Gelatine nach Packungsanleitung einweichen. Birnenhälften zum Abtropfen in ein Sieb geben. Die Gebäckplatte mit den Birnenhälften belegen.

6. Quark mit Zucker, Zitronensaft und -schale verrühren. Eingeweichte Gelatine leicht ausdrücken und in einem kleinen Topf unter Rühren auflösen. Gelatine mit einigen Löffeln von der Quarkmasse verrühren, dann die restliche Quarkmasse unterrühren. Sahne steif schlagen und vorsichtig unterheben. Die Quark-Sahne-Masse auf den Birnenhälften verteilen. Den Kuchen 2–3 Stunden kalt stellen.

7. Den Kuchen in Schnitten teilen und mit Raspelschokolade bestreuen.

Tipp: Gut schmecken die Schnitten auch, wenn sie statt mit Raspelschokolade mit Zimt-Zucker bestreut werden.

Biskuitrollen-Schnitten | Mit Alkohol

Insgesamt:
E:123 g, F: 219 g, Kh: 895 g, kJ: 27600, kcal: 6577

Für den Biskuitteig:
- *4 Eier (Größe M)*
- *1 Eigelb (Größe M)*
- *70 g Zucker*
- *1 Pck. Dr. Oetker Vanillin-Zucker*
- *80 g Weizenmehl*
- *1 Msp. Dr. Oetker Backin*

Zum Bestreichen:
- *etwa 200 g rotes Johannisbeergelee*

Für den All-in-Teig:
- *250 g Weizenmehl*
- *3 gestr. TL Dr. Oetker Backin*
- *150 g Zucker*
- *1 Pck. Dr. Oetker Finesse Orangenfrucht*
- *150 g Butter oder Margarine*
- *4 Eier (Größe M)*

Für den Belag:
- *3 Pck. Backfeste Pudding Creme*
- *750 ml (¾ l) Milch*

Für den Guss:
- *3 Pck. Tortenguss, klar*
- *6 EL Zucker*
- *750 ml (¾ l) Weißwein*

Zubereitungszeit: etwa 60 Minuten, ohne Kühlzeit

1. Für den Biskuitteig Eier und Eigelb in einer Rührschüssel mit Handrührgerät mit Rührbesen auf höchster Stufe in 1 Minute schaumig schlagen. Zucker und Vanillin-Zucker mischen, unter Rühren in 1 Minute einstreuen, noch 2 Minuten schlagen. Mehl mit Backpulver mischen, sieben und kurz auf niedrigster Stufe unterrühren.

2. Den Teig auf ein Backblech (30 x 40 cm, gefettet, mit Backpapier belegt) geben und glatt streichen. Das Backblech in den vorgeheizten Backofen schieben.

Ober-/Unterhitze: etwa 200 °C
(mittlere Einschubleiste)
Heißluft: etwa 180 °C
Backzeit: etwa 12 Minuten.

3. Biskuitplatte lösen, auf eine Arbeitsfläche stürzen, mit dem Backpapier erkalten lassen. Zum Bestreichen Gelee glatt rühren. Biskuitplatte von der Arbeitsfläche lösen, Backpapier abziehen, evtl. dunkle Backhaut entfernen. Biskuitplatte mit Gelee bestreichen, von der längeren Seite her aufrollen.

4. Für den All-in-Teig Mehl mit Backpulver mischen und in eine Rührschüssel sieben. Restliche Zutaten hinzufügen und mit Handrührgerät mit Rührbesen auf höchster Stufe in etwa 2 Minuten zu einem glatten Teig verarbeiten. Einen Backrahmen auf das gesäuberte Backblech (30 x 40 cm, gefettet) stellen. Den Teig in den Backrahmen geben, glatt streichen. Das Backblech in den vorgeheizten Backofen schieben.

Ober-/Unterhitze: etwa 180 °C
(mittlere Einschubleiste)
Heißluft: etwa 160 °C
Backzeit: etwa 20 Minuten.

5. Das Backblech auf einen Kuchenrost stellen, Gebäckboden erkalten lassen. Für den Belag Backfeste Pudding Creme mit Milch nach Packungsanleitung zubereiten und auf dem Gebäckboden verteilen. Die Biskuitrolle in gut 1 cm dicke Scheiben schneiden (etwa 28 Scheiben) und auf die Puddingcreme legen.

6. Für den Guss aus Tortengusspulver, Zucker und Weißwein nach Packungsanleitung einen Guss, aber mit den hier angegebenen Zutaten, zubereiten. Den Guss auf den Biskuitscheiben verteilen und fest werden lassen. Den Kuchen mindestens 30 Minuten kalt stellen. Backrahmen lösen und entfernen.

Biskuitschnitten, schnell | Für Gäste

Insgesamt:
E: 71 g, F: 262 g, Kh: 494 g, kJ: 20075, kcal: 4797

Für den Biskuitteig:
3 Eier (Größe M)
4 EL heißes Wasser
120 g Zucker
1 Prise Salz
100 g Weizenmehl
50 g Speisestärke
1 gestr. TL Dr. Oetker Backin
1 TL Dr. Oetker Finesse Geriebene Zitronenschale

Für die Füllung:
600 g Schlagsahne
2 Pck. Mousse à la Vanille (Dessertpulver)

Für den Belag:
100 g abgezogene, gehobelte Mandeln
200 g rotes Johannisbeergelee

Zubereitungszeit: 30 Minuten, ohne Kühlzeit

1. Für den Teig Eier und Wasser mit Handrührgerät mit Rührbesen auf höchster Stufe in 1 Minute schaumig schlagen. Zucker und Salz in 1 Minute unter Rühren einstreuen, dann noch 2 Minuten weiterschlagen.

2. Mehl mit Speisestärke und Backpulver mischen, auf die Eiercreme sieben und kurz auf niedrigster Stufe unterrühren. Zuletzt die Zitronenschale kurz unterarbeiten.

3. Ein Backblech (30 x 40 cm, gefettet) mit Backpapier belegen. Den Teig auf dem Backblech verteilen und verstreichen. Das Backblech in den vorgeheizten Backofen schieben.

Ober-/Unterhitze: 180–200 °C
Heißluft: 160–180 °C
Backzeit: etwa 15 Minuten.

4. Die Biskuitplatte auf ein mit Zucker bestreutes Backpapier auf die Arbeitsfläche stürzen und das mitgebackene Papier vorsichtig abziehen. Die Biskuitplatte erkalten lassen, dann senkrecht halbieren und die Gebäckhälften umdrehen.

5. Für die Füllung Sahne und Dessertpulver mit Handrührgerät mit Rührbesen auf niedrigster Stufe kurz verrühren. Dann alles 3 Minuten auf höchster Stufe aufschlagen.

6. Für den Belag Mandeln in einer Pfanne ohne Fett leicht bräunen und auf einem Teller erkalten lassen. Gelee unter Rühren erhitzen. Beide Biskuithälften damit bestreichen und mit Mandeln bestreuen. Die Füllung auf eine Hälfte streichen und mit der anderen Hälfte bedecken. Den Kuchen etwa 1 Stunde kalt stellen, dann in Schnitten teilen.

Blätterteig-Erdbeer-Schnitten I

Für Gäste

Insgesamt:
E: 57 g, F: 217 g, Kh: 397 g, kJ: 16050, kcal: 3840

1 Pck. (450 g) TK-Blätterteig

Für die Füllung:
500 g Erdbeeren
1 Pck. Dr. Oetker Finesse Bourbon-Vanille-Aroma
100 g Zucker
8 Blatt weiße Gelatine
300 g Naturjoghurt
250 g Schlagsahne

Für den Guss:
100 g gesiebter Puderzucker
2 EL Zitronensaft

Zubereitungszeit: *40 Minuten*

1. Für den Teig Blätterteigplatten zugedeckt nebeneinander bei Zimmertemperatur auftauen lassen.

2. Teigscheiben aufeinander legen und auf der bemehlten Arbeitsfläche zu einem Rechteck (etwa 25 x 40 cm) ausrollen. Teigplatte in der Mitte halbieren, beide Platten auf ein mit kaltem Wasser abgespültes Backblech legen. Das Backblech in den vorgeheizten Backofen schieben.

Ober-/Unterhitze: etwa 200 °C
Heißluft: etwa 180 °C
Backzeit: etwa 15 Minuten.

3. Gebäck sofort vom Backblech lösen und auf einem Kuchenrost erkalten lassen.

4. Für die Füllung Erdbeeren waschen, abtropfen lassen und entstielen. Eine Hälfte der Erdbeeren pürieren, die andere Hälfte je nach Größe halbieren oder vierteln. Erdbeerpüree mit Aroma und Zucker verrühren.

5. Gelatine nach Packungsanleitung einweichen. Joghurt in eine Schüssel geben, Gelatine auflösen, mit etwas von dem Joghurt verrühren, dann unter den restlichen Joghurt rühren. Erdbeerpüree (2 Esslöffel davon beiseite stellen) unterrühren. Masse kalt stellen.

6. Wenn die Masse anfängt zu gelieren, Sahne steif schlagen und unterheben. Erdbeerstücke unterheben. Masse so lange kalt stellen, bis sie fast schnittfest ist.

7. Die Masse auf eine Gebäckplatte streichen und mit der zweiten Gebäckplatte belegen.

8. Für den Guss Puderzucker mit Zitronensaft zu einem dickflüssigen Guss verrühren, die Gebäckplatte damit bestreichen. Restliches Erdbeerpüree darauf verteilen und mit einem Holzstäbchen marmorieren. Gebäck kalt stellen. Vor dem Servieren in schmale Streifen schneiden.

Blätterteig-Mango-Kuchen | Schnell

Insgesamt:
E: 144 g, F: 419 g, Kh: 515 g, kJ: 26849, kcal: 6419

1 Pck. TK-Blätterteig (450 g, 6 rechteckige Scheiben)

Für den Belag:
3 Dosen Mangoscheiben (Abtropfgewicht je 250 g)
250 ml (¼ l) Mangosaft aus den Dosen
800 g Doppelrahm-Frischkäse
100 g Crème fraîche
3 Eier (Größe M)
100 g Zucker
2 EL Zitronensaft

Für den Guss:
1 Pck. Tortenguss, klar
2 EL Zucker
2 EL Zitronensaft

Zubereitungszeit: 25 Minuten, ohne Auftau- und Kühlzeit

1. Blätterteig nach Packungsanleitung zugedeckt nebeneinander auftauen lassen.

2. Für den Belag Mangoscheiben auf einem Sieb abtropfen lassen, dabei den Saft auffangen. 250 ml (¼ l) davon abmessen und für den Guss bereitstellen. Frischkäse mit Crème fraîche, Eiern, Zucker und Zitronensaft verrühren.

3. Die Teigplatten auf der leicht bemehlten Arbeitsfläche aufeinanderlegen und zu einer Platte (35 x 45 cm) ausrollen, auf ein tiefes Backblech oder in eine Fettpfanne (30 x 40 cm, gefettet) legen und kurz ruhen lassen (der Teig zieht sich etwas zusammen). Inzwischen die Mangostücke der Länge nach in schmale Streifen schneiden.

4. Den Teig mehrfach mit einer Gabel einstechen. Die Frischkäsemasse auf den Teig streichen und mit Mangostreifen belegen. Das Backblech in den vorgeheizten Backofen schieben.

Ober-/Unterhitze: etwa 200 °C
Heißluft: etwa 180 °C
Backzeit: etwa 30 Minuten.

5. Das Backblech auf einen Kuchenrost stellen und den Kuchen darauf erkalten lassen.

6. Für den Guss Tortengusspulver nach Packungsanleitung mit Zucker, Zitronen- und Mangosaft zubereiten. Den Guss sofort und schnell mit einem Esslöffel von innen nach außen auf dem Kuchen verteilen. Den Guss fest werden lassen.

Blechkuchen mit Windbeuteln |

Raffiniert – für Gäste

Insgesamt:
E: 96 g, F: 266 g, Kh: 472 g, kJ: 20286, kcal: 4848

Für den Schüttelteig:

300 g	*Weizenmehl*
3 gestr. TL	*Dr. Oetker Backin*
150 g	*Zucker*
1 gestr. TL	*Dr. Oetker Finesse Geriebene Zitronenschale*
1 gestr. TL	*Dr. Oetker Finesse Orangenfrucht*
4	*Eier (Größe M)*
100 ml	*Speiseöl*
150 g	*Naturjoghurt*

Für den Belag:

5 Blatt	*rote Gelatine*
1 Becher (500 g)	*Rote Grütze (aus dem Kühlregal)*
1 Pck. (300 g, etwa 24 Stück)	*TK-Mini-Windbeutel*
250 g	*Schlagsahne*
1 EL	*gesiebter Puderzucker*
1 Pck.	*Dr. Oetker Sahnesteif*

Zum Bestäuben:

1 EL	*Puderzucker*

Zubereitungszeit: 45 Minuten, ohne Kühlzeit

1. Für den Teig Mehl mit Backpulver mischen, in eine verschließbare Schüssel (etwa 3 l) sieben und mit Zucker, Zitronenschale und Orangenfrucht mischen. Eier, Speiseöl und Joghurt hinzufügen. Die Schüssel mit dem Deckel fest verschließen.

2. Schüssel mehrmals kräftig schütteln (insgesamt 15–30 Sekunden), so dass alle Zutaten gut vermischt sind. Alles mit einem Schneebesen oder Rührlöffel nochmals sorgfältig durchrühren, damit trockene Zutaten vom Rand mit untergerührt werden.

3. Den Teig auf ein Backblech (30 x 40 cm, gefettet) geben und glatt streichen. Das Backblech in den vorgeheizten Backofen schieben.

Ober-/Unterhitze: etwa 200 °C
Heißluft: etwa 180 °C
Backzeit: etwa 25 Minuten.

4. Das Backblech auf einen Kuchenrost stellen und den Gebäckboden darauf erkalten lassen. Anschließend einen Backrahmen darumstellen.

5. Für den Belag Gelatine nach Packungsanleitung einweichen. Dann die Gelatine leicht ausdrücken und in einem kleinen Topf unter Rühren auflösen. Gelatine mit 3 Esslöffeln von der Roten Grütze verrühren, dann die Mischung mit der restlichen Roten Grütze verrühren. Die Masse auf den Gebäckboden streichen. Kuchen kalt stellen, bis die Rote Grütze fest ist (etwa 1 Stunde).

6. Windbeutel nach Packungsanleitung auftauen lassen. Sahne mit Puderzucker und Sahnesteif steif schlagen. Sahne in einen Spritzbeutel mit großer Lochtülle (Ø etwa 10 mm) füllen.

7. Den Backrahmen lösen und entfernen. Den Kuchen in 24 Stücke schneiden. Auf jedes Kuchenstück mehrere Sahnetupfen spritzen. Die Windbeutel mit Puderzucker bestäuben und jeweils auf ein Kuchenstück setzen.

Blechkuchen mit Reiscreme I

Mit Alkohol

Insgesamt:
E: 131 g, F: 348 g, Kh: 904 g, kJ: 30983, kcal: 7382

Für den Knetteig:
300 g Weizenmehl
50 g Speisestärke
1 TL Dr. Oetker Backin
150 g Zucker
1 Pck. Dr. Oetker Vanillin-Zucker
2 Eier (Größe M)
150 g Butter oder Margarine

Für den Belag:
10 Blatt weiße Gelatine
2 Becher (je 150 g) Milchreis nach klassischer Art
2 Becher (je 200 g) Kirschjoghurt
3 EL Pfirsichlikör
500 g Schlagsahne
1 Dose Tortenpfirsiche (Abtropfgewicht 500 g)
1 Glas Sauerkirschen (Abtropfgewicht 370 g)

Für den Guss:
2 Pck. Tortenguss, klar
500 ml (½ l) Pfirsichsaft aus der Dose

Zubereitungszeit: 50 Minuten, ohne Kühlzeit

1. Für den Teig Mehl mit Speisestärke und Backpulver mischen und in eine Rührschüssel sieben. Restliche Zutaten hinzufügen und mit Handrührgerät mit Knethaken zunächst kurz auf niedrigster, dann auf höchster Stufe gut durcharbeiten.

2. Anschließend auf der bemehlten Arbeitsfläche zu einem glatten Teig verkneten. Sollte er kleben, ihn in Folie gewickelt eine Zeit lang kalt stellen. Den Teig auf einem Backblech (30 x 40 cm, gefettet) ausrollen. Das Backblech in den vorgeheizten Backofen schieben.

Ober-/Unterhitze: 180–200 °C
Heißluft: 160–180 °C
Backzeit: etwa 25 Minuten.

3. Das Backblech auf einen Kuchenrost stellen und den Gebäckboden erkalten lassen. Einen Backrahmen darumstellen.

4. Für den Belag Gelatine nach Packungsanleitung einweichen. Gelatine leicht ausdrücken und in einem Topf bei schwacher Hitze auflösen. Milchreis in eine Schüssel geben, mit Joghurt verrühren und Gelatine und Likör unterrühren.

5. Sahne steif schlagen. Wenn die Reis-Joghurt-Masse anfängt dicklich zu werden, Sahne unterheben. Die Creme auf den Gebäckboden geben und glatt streichen. Den Kuchen etwa 2 Stunden kalt stellen.

6. Pfirsichspalten und Sauerkirschen getrennt auf Sieben abtropfen lassen, den Pfirsichsaft dabei auffangen und 500 ml (½ l) davon abmessen. Die Pfirsichspalten und Sauerkirschen in Form von Blüten auf die fest gewordene Reiscreme legen. In den Zwischenräumen die restlichen Sauerkirschen verteilen.

7. Für den Guss aus Tortengusspulver und Pfirsichsaft nach Packungsanleitung (aber ohne Zucker) einen Guss zubereiten und auf die Früchte geben. Den Guss fest werden lassen. Den Backrahmen lösen und entfernen.

Blitzkuchen | Für Kinder – schnell

Insgesamt:
E: 116 g, F: 427 g, Kh: 529 g, kJ: 26778, kcal: 6394

Für den Rührteig:
- *300 g Butter oder Margarine*
- *200 g Zucker*
- *1 Pck. Dr. Oetker Vanillin-Zucker*
- *1 Prise Salz*
- *5 Eier (Größe M)*
- *300 g Weizenmehl*
- *2 gestr. TL Dr. Oetker Backin*
- *100 g abgezogene, gemahlene Mandeln*

Für den Belag:
- *100 g abgezogene, gehackte Mandeln*
- *50 g abgezogene, gehobelte Mandeln*
- *100 g feiner Kandiszucker (Grümmel)*

Zubereitungszeit: 20 Minuten

1. Für den Teig Butter oder Margarine mit Handrührgerät mit Rührbesen auf höchster Stufe geschmeidig rühren. Nach und nach Zucker, Vanillin-Zucker und Salz unterrühren. So lange rühren, bis eine gebundene Masse entstanden ist.

2. Eier nach und nach unterrühren (jedes Ei etwa ½ Minute). Mehl mit Backpulver mischen, sieben und in 2 Portionen kurz auf mittlerer Stufe unterrühren. Mandeln unterheben. Den Teig auf ein Backblech (30 x 40 cm, gefettet) geben und glatt streichen.

3. Für den Belag Mandeln mit Zucker mischen und auf den Teig streuen. Das Backblech in den vorgeheizten Backofen schieben.

Ober-/Unterhitze: etwa 180 °C
Heißluft: etwa 160 °C
Backzeit: etwa 35 Minuten.

4. Das Backblech auf einen Kuchenrost stellen und den Kuchen darauf erkalten lassen.

Blondes Blech | Raffiniert – für Gäste

Insgesamt:
E: 121 g, F: 644 g, Kh: 578 g, kJ: 36622, kcal: 8749

Für den Rührteig:
200 g Butter oder Margarine
200 g Zucker
1 Pck. Dr. Oetker Vanillin-Zucker
1 Pck. Dr. Oetker Finesse Jamaica-Rum-Aroma
1 Prise Salz
8 Eigelb (Größe M)
50 g gehackte Haselnusskerne
300 g gemahlene Haselnusskerne
1 gestr. TL Dr. Oetker Backin
100 g Zartbitter-Raspelschokolade
8 Eiweiß (Größe M)

Für den Belag:
1 Glas Wild-Preiselbeeren (Einw. 210 g)
500–600 g Schlagsahne
1 Pck. Dr. Oetker Vanillin-Zucker
2 Pck. Dr. Oetker Sahnesteif
100 ml Eierlikör
1 Pck. Saucenpulver Vanille-Geschmack ohne Kochen

Zubereitungszeit: 40 Minuten

1. Für den Teig Butter oder Margarine mit Handrührgerät mit Rührbesen auf höchster Stufe geschmeidig rühren. Nach und nach Zucker und Vanillin-Zucker unterrühren. So lange rühren, bis eine gebundene Masse entstanden ist. Rum-Aroma und Salz unterrühren.

2. Eigelb nach und nach unterrühren Haselnusskerne mit Backpulver mischen und mit der Raspelschokolade in 2 Portionen unterrühren.

3. Eiweiß steif schlagen und unterheben. Den Teig auf ein Backblech (30 x 40 cm, gefettet) geben, verstreichen und das Backblech in den vorgeheizten Backofen schieben.

Ober-/Unterhitze: etwa 180 °C
Heißluft: etwa 160 °C
Backzeit: etwa 30 Minuten.

4. Für den Belag sofort nach dem Backen die Preiselbeeren auf dem heißen Boden verstreichen. Das Backblech auf einen Kuchenrost stellen und den Kuchen darauf erkalten lassen.

5. Sahne mit Vanillin-Zucker und Sahnesteif steif schlagen. Sahne auf dem Kuchen verstreichen und mit einem Teelöffel Spitzen hochziehen. Eierlikör mit Saucenpulver mit einem Schneebesen verrühren und diagonal über den Kuchen sprenkeln.

Abwandlung: Der Kuchen schmeckt statt mit Preiselbeeren auch sehr gut mit frischen Himbeeren.

Tipp: Der Kuchen kann gut am Vortag zubereitet werden. Der Kuchen ist ohne den Eierlikörguss gefriergeeignet. Den Guss dann erst nach dem Auftauen auf den Kuchen sprenkeln.

Blubber-Kuchen | Für Kinder

Insgesamt:
E: 122 g, F: 372 g, Kh: 674 g, kJ: 28310, kcal: 6770

Für den Schüttelteig:
300 g Weizenmehl
3 gestr. TL Dr. Oetker Backpulver
200 g Zucker
1 Pck. Dr. Oetker Vanillin-Zucker
1 Pck. Dr. Oetker Finesse Geriebene Zitronenschale
4 Eier (Größe M)
150 ml Speiseöl
150 ml Mineralwasser

Für den Belag:
300 g Himbeeren
8 Blatt weiße Gelatine
1 kg Dickmilch
Saft von
1 Zitrone
75 g Zucker
1 Pck. Dr. Oetker Vanillin-Zucker
500 g Schlagsahne

Für den Guss:
2 Pck. Tortenguss, rot
500 ml
(½ l) Flüssigkeit, z. B. Himbeersaft, Apfelsaft oder Wasser
30 g Zucker

Zubereitungszeit: 40 Minuten, ohne Kühlzeit

1. Für den Teig Mehl mit Backpulver mischen, in eine verschließbare Schüssel (3 l) sieben, mit Zucker, Vanillin-Zucker und Zitronenschale mischen. Eier, Öl und Mineralwasser hinzufügen und die Schüssel mit dem Deckel fest verschließen. Mehrmals kräftig schütteln, so dass alle Zutaten gut vermischt sind. Alles mit einem Schneebesen oder Rührlöffel nochmals sorgfältig durchrühren, damit trockene Zutaten vom Rand mit untergerührt werden. Den Teig in einer Fettfangschale (30 x 40 cm, gefettet, bemehlt) glatt

streichen. Die Fettfangschale in den vorgeheizten Backofen schieben.

Ober-/Unterhitze: etwa 180 °C
Heißluft: etwa 160 °C
Backzeit: etwa 20 Minuten.

2. Das Gebäck in der Fettfangschale auf einem Kuchenrost erkalten lassen.

3. Für den Belag Himbeeren verlesen und auf dem Gebäck verteilen. Gelatine nach Packungsanleitung einweichen. Dickmilch, Zitronensaft, Zucker und Vanillin-Zucker in einer Schüssel verrühren. Gelatine ausdrücken, auflösen, zunächst mit etwas Dickmilchmasse verrühren, dann unter die restliche Dickmilchmasse rühren. Sobald die Masse beginnt zu gelieren, Sahne steif schlagen und unterheben, Creme auf den Himbeeren verstreichen und 30 Minuten kalt stellen.

4. Für den Guss Tortenguss, Flüssigkeit und Zucker nach Packungsanleitung zubereiten, sofort heiß auf der Dickmilchcreme verteilen, so dass die Creme etwas angelöst wird, dabei evtl. den Guss mit einem Löffel leicht eindrücken. Den Kuchen noch etwa 1 Stunde kalt stellen.

Böhmischer Kirmeskuchen | Klassisch

Insgesamt:
E: 155 g, F: 324 g, Kh: 1240 g, kJ: 36328, kcal: 8677

Für den Hefeteig:
375 g Weizenmehl
1 Pck. Dr. Oetker Trockenbackhefe
75 g Zucker
1 Pck. Dr. Oetker Vanillin-Zucker
1 Prise Salz
1 Prise Piment (Nelkenpfeffer)
50 ml (4 EL) Speiseöl
1 Ei (Größe M)
200 ml Milch

Für den Belag:
1 Pck. (250 g) Mohn-Back
100 g Schlagsahne
1 Ei (Größe M)
25 g Zucker
3 EL Rum
250 g Speisequark
25 g Zucker
1 Pck. Dr. Oetker Vanillin-Zucker
Saft und Schale von
1 Bio-Zitrone (unbehandelt)
1 Ei (Größe M)
1 Glas
(450 g) Pflaumenmus
1 Glas
(720 g) Apfelmus

Für die Streusel:
300 g Weizenmehl
150 g Zucker
1 TL gemahlener Zimt
1 Pck. Dr. Oetker Vanillin-Zucker
200 g Butter

Zubereitungszeit: 90 Minuten

1. Für den Teig Mehl in eine Rührschüssel sieben und mit der Hefe sorgfältig vermischen. Restliche Zutaten hinzufügen und mit Handrührgerät mit Knethaken zunächst kurz auf niedrigster, dann auf höchster Stufe in etwa 5 Minuten zu einem glatten Teig verarbeiten. Anschließend den Teig zugedeckt so lange an einem warmen Ort gehen lassen, bis er sich sichtbar vergrößert hat.

2. Den Teig mit etwas Mehl bestäuben, aus der Schüssel nehmen und auf der leicht bemehlten Arbeitsfläche kurz durchkneten. Den Teig auf einem Backblech (30 x 40 cm, gefettet) ausrollen, einen Backrahmen darumstellen.

3. Für den Belag Mohn mit Sahne aufkochen und etwas abkühlen lassen. Ei, Zucker und Rum unterrühren. Quark mit Zucker, Vanillin-Zucker, Zitronensaft und -schale und Ei verrühren. Von der Mohn- und Quarkmasse und von dem Pflaumenmus handtellergroße Flecken auf den Teig setzen und die Zwischenräume mit Apfelmus ausfüllen.

4. Für die Streusel Mehl in eine Rührschüssel sieben und mit Zucker, Zimt und Vanillin-Zucker mischen. Butter hinzufügen. Alle Zutaten mit Handrührgerät mit Rührbesen zu Streuseln von gewünschter Größe verarbeiten und diese auf dem Teig verteilen.

5. Den Teig nochmals so lange an einem warmen Ort gehen lassen, bis er sich sichtbar vergrößert hat. Das Backblech in den vorgeheizten Backofen schieben.

Ober-/Unterhitze: etwa 180 °C
Heißluft: etwa 160 °C
Backzeit: 35–40 Minuten.

6. Das Backblech auf einen Kuchenrost stellen und den Kuchen darauf erkalten lassen. Den Backrahmen vorsichtig entfernen.

Brownies | Für Kinder

Insgesamt:
E: 114 g, F: 461 g, Kh: 683 g, kJ: 31620, kcal: 7543

Für den All-in-Teig:

300 g	*Weizenmehl*
30 g	*Kakaopulver*
3 gestr. TL	*Dr. Oetker Backin*
150 g	*Rohrzucker (brauner Zucker)*
150 g	*Zucker*
1 Pck.	*Dr. Oetker Bourbon-Vanille-Zucker*
½ TL	*Salz*
4	*Eier (Größe M)*
300 ml	*neutrales Speiseöl (z.B. Rapsöl, Sonnenblumenöl)*
50 g	*Schlagsahne*
200 g	*gehackte Walnusskerne*
2 Pck. (je 75 g)	*Schokotropfen*

Zum Besprenkeln:

75 g	*weiße Kuvertüre*

Zubereitungszeit: 20 Minuten

1. Für den Teig Mehl mit Kakao und Backpulver mischen und in eine Rührschüssel sieben. Rohrzucker, Zucker, Vanille-Zucker, Salz, Eier, Öl und Sahne hinzufügen.

2. Die Zutaten mit Handrührgerät mit Rührbesen in etwa 1 Minute zu einem Teig verarbeiten. Zuletzt Walnusskerne und Schokotropfen kurz unterrühren.

3. Einen Backrahmen auf ein Backblech (30 x 40 cm, gefettet, gemehlt) stellen, den Teig einfüllen und glatt streichen. Das Backblech in den vorgeheizten Backofen schieben.

Ober-/Unterhitze: etwa 180 °C
Heißluft: etwa 160 °C
Backzeit: etwa 25 Minuten.

4. Das Backblech auf einen Kuchenrost stellen und das Gebäck erkalten lassen. Dann den Backrahmen mit einem Messer lösen und entfernen. Das Gebäck in Rauten schneiden.

5. Kuvertüre in einem kleinen Topf im Wasserbad bei schwacher Hitze unter Rühren schmelzen lassen und mit Hilfe eines Teelöffels das Gebäck damit besprenkeln.

Tipp: Anstelle der Schokotropfen können Sie auch 100 g Raspelschokolade verwenden und die Walnusskerne durch Haselnusskerne ersetzen. Die Brownies halten sich gut verpackt 2–3 Wochen.

Brownies mit Guss | Beliebt

Insgesamt:
E: 102 g, F: 493 g, Kh: 498 g, kJ: 28643, kcal: 6840

Für den All-in-Teig:
300 g Butter oder Margarine
200 g Nusskerne (z.B. Walnuss-, Pekannuss-, Haselnusskerne)
200 g Vollkorn-Weizenmehl
3 gestr. TL Dr. Oetker Backin
50 g gesiebtes Kakaopulver
200 g Zucker
2 Pck. Dr. Oetker Bourbon-Vanille-Zucker
5 Eier (Größe M)

Für den Guss:
150 ml Orangensaft
30 g Butter
100 g Schlagsahne
150 g süßer Fruchtspeck (Schaumzucker in Quadraten, pink/gelb)

Zubereitungszeit: 45 Minuten, ohne Abkühlzeit

1. Für den Teig Butter oder Margarine zerlassen und abkühlen lassen. Nusskerne hacken. Mehl mit Backpulver und Kakao mischen und in eine Rührschüssel geben. Restliche Zutaten hinzufügen und mit Handrührgerät mit Rührbesen zunächst kurz auf niedrigster, dann auf höchster Stufe in etwa 2 Minuten zu einem Teig verarbeiten. Nusskerne unterheben.

2. Dann den Teig auf ein Backblech mit hohem Rand oder in eine Fettpfanne (30 x 40 cm, gefettet) geben und glatt streichen. Das Backblech oder die Fettpfanne in den vorgeheizten Backofen schieben.

Ober-/Unterhitze: etwa 180 °C
Heißluft: etwa 160 °C
Backzeit: 25–30 Minuten.

3. Das Backblech auf einen Kuchenrost stellen und das Gebäck darauf erkalten lassen.

4. Für den Guss Orangensaft in einem Topf zum Kochen bringen. Topf von der Kochstelle nehmen. Butter, Sahne und klein geschnittenen süßen Speck nach und nach hinzufügen. Die Zutaten unter Rühren bei schwacher Hitze geschmeidig rühren. Den Guss kalt stellen, dabei ab und zu umrühren.

5. Den Guss auf dem Gebäck verteilen und fest werden lassen. Dann das Gebäck in kleine Stücke schneiden.

Brownie-Schnitten | Für Kinder

Insgesamt:
E: 96 g, F: 523 g, Kh: 725 g, kJ: 33442, kcal: 7978

Zum Vorbereiten für die Creme:
75 g Zartbitter-Schokolade
400 g Schlagsahne
8 Riegel Milky Way® (je 25 g)

Für den All-in-Teig:
150 g Zartbitter-Schokolade
175 g Butter oder Margarine
200 g Weizenmehl
1 gestr. TL Dr. Oetker Backin
2 EL Kakaopulver
150 g Puderzucker
1 Prise Salz
3 Eier (Größe M)
75 g Zuckerrübensirup (Rübenkraut)

2 Pck. Dr. Oetker Sahnesteif

Zum Verzieren und Garnieren:
250 g Schlagsahne
1 Pck. Dr. Oetker Sahnesteif
1 Pck. Dr. Oetker Vanillin-Zucker
1 Pck. (150 g) Milky Way Crispy Rolls®
2 EL Schokoplättchen

Zubereitungszeit: 70 Minuten, ohne Kühlzeit

1. Zum Vorbereiten Schokolade in Stücke brechen. Sahne mit den Milky-Way®-Riegeln in einem Topf unter Rühren erwärmen, bis sie geschmolzen sind. Schokolade hinzugeben und ebenfalls darin schmelzen. Alles zu einer geschmeidigen Masse verrühren. Die Schokoladensahne in eine Rührschüssel füllen und zugedeckt über Nacht kalt stellen.

2. Für den Teig Schokolade in Stücke brechen. Butter oder Margarine in einem Topf zerlassen und Schokoladenstücke bei schwacher Hitze unter Rühren darin schmelzen lassen. Mehl mit Backpulver, Kakao, Puderzucker und Salz mischen und in eine Rührschüssel sieben. Eier, Sirup und Schoko-Fett-Masse hinzugeben und alles mit einem Schneebesen gut verrühren.

3. Einen Backrahmen (etwa 20 x 25 cm) auf ein mit Backpapier belegtes Backblech stellen. Teig hineingeben und glatt streichen. Das Backblech in den vorgeheizten Backofen schieben.

Ober-/Unterhitze: etwa 180 °C
Heißluft: etwa 160 °C
Backzeit: etwa 30 Minuten.

4. Das Backblech auf einen Kuchenrost stellen und den Gebäckboden darauf erkalten lassen.

5. Die kalt gestellte Schokoladensahne mit Sahnesteif steif schlagen und auf den Gebäckboden streichen. Kuchen 1–2 Stunden kalt stellen. Dann Backrahmen lösen und entfernen.

6. Zum Verzieren und Garnieren Sahne mit Sahnesteif und Vanillin-Zucker steif schlagen, in einen Spritzbeutel mit Lochtülle füllen und Streifen auf die Kuchenoberfläche spritzen. Milky Way Crispy Rolls® in schräge Stücke schneiden und den Kuchen damit garnieren. Den Kuchen mit Schokoplättchen bestreuen.

® Registered trademark of Masterfoods

Brüsseler Schnitten I

Einfach gut vorzubereiten

Insgesamt:
E: 113 g, F: 490 g, Kh: 583 g, kJ: 31306 , kcal: 7476

Für den Rührteig:
300 g Butter oder Margarine
300 g gesiebter Puderzucker
1 Pck. Dr. Oetker Vanillin-Zucker
8 Eigelb (Größe M)
300 g gemahlene Haselnusskerne
½ Pck. Dr. Oetker Backin
8 Eiweiß (Größe M)

Zum Bestreichen:
4 EL Aprikosenkonfitüre
2 EL Rum

Für den Guss:
150 g gesiebter Puderzucker
2–3 EL Rotwein
etwas gemahlener Zimt
½ Becher Schokoladenglasur

Zubereitungszeit: 20 Minuten

1. Für den Teig Butter oder Margarine mit Handrührgerät mit Rührbesen auf höchster Stufe geschmeidig rühren. Nach und nach Puderzucker und Vanillin-Zucker unterrühren. So lange rühren, bis eine gebundene Masse entstanden ist.

2. Eigelb nach und nach unterrühren (jedes Eigelb knapp ½ Minute). Haselnusskerne mit Backpulver mischen und portionsweise auf mittlerer Stufe unterrühren. Eiweiß steif schlagen und unterheben. Den Teig auf ein Backblech (30 x 40 cm, gefettet, mit Backpapier belegt) streichen. Das Backblech in den vorgeheizten Backofen schieben.

Ober-/ Unterhitze: etwa 180 °C
Heißluft: etwa 160 °C
Backzeit: etwa 25 Minuten.

3. Das Backblech auf einen Kuchenrost stellen und den Kuchen erkalten lassen.

4. Zum Bestreichen Konfitüre mit Rum erwärmen, glatt rühren und dünn auf den Kuchen streichen.

5. Für den Guss Puderzucker mit Rotwein und Zimt verrühren, auf dem Kuchen verteilen und zum Schluss mit aufgelöster Schokoladenglasur besprenkeln.

Tipp: Gut verpackt hält sich der Kuchen mehrere Tage frisch. Knackiger wird das Gebäck, wenn man 75 g der gemahlenen Nusskerne durch gehackte Nüsse ersetzt.

Bunte Obstschnitten vom Blech I

Für Gäste

Insgesamt:
E: 95 g, F: 291 g, Kh: 563 g, kJ: 22750, kcal: 5430

Für den Rührteig:

200 g	*Butter oder Margarine*
200 g	*Zucker*
1 Pck.	*Dr. Oetker Vanillin-Zucker*
4	*Eier (Größe M)*
200 g	*Weizenmehl*
2 gestr. TL	*Dr. Oetker Backin*

Für den Pudding-Belag:

1 Pck.	*Dr. Oetker Pudding-Pulver Vanille-Geschmack*
500 ml (½ l)	*Milch*
40 g	*Zucker*
5 Blatt	*weiße Gelatine*
250 g	*Crème fraîche*

Für den Obst-Belag:

1½ kg	*vorbereitete Früchte (z. B. Erdbeeren, Blaubeeren, Himbeeren, Brombeeren)*

Zubereitungszeit: 80 Minuten, ohne Kühlzeit

1. Für den Teig Butter oder Margarine mit Handrührgerät mit Rührbesen auf höchster Stufe geschmeidig rühren. Nach und nach Zucker und Vanillin-Zucker unterrühren. So lange rühren, bis eine gebundene Masse entstanden ist. Eier nach und nach unterrühren (jedes Ei etwa ½ Minute).

2. Mehl mit Backpulver mischen, sieben, portionsweise auf mittlerer Stufe unterrühren. Den Teig auf ein Backblech (30 x 40 cm, gefettet) streichen. Das Backblech in den vorgeheizten Backofen schieben.

Ober-/Unterhitze: etwa 180 °C
Heißluft: etwa 160 °C
Backzeit: etwa 30 Minuten.

3. Das Backblech auf einen Kuchenrost stellen. Die Gebäckplatte erkalten lassen und einen Backrahmen darumstellen.

4. Für den Pudding-Belag aus Pudding-Pulver, Milch und Zucker nach Packungsanleitung einen Pudding zubereiten. Den Pudding in eine Schüssel geben, sofort mit Klarsichtfolie zudecken und erkalten lassen.

5. Gelatine nach Packungsanleitung in kaltem Wasser einweichen. Gelatine leicht ausdrücken und in einem Topf bei schwacher Hitze unter Rühren auflösen. Gelatine mit einigen Löffeln von der Puddingmasse verrühren, dann mit der restlichen Puddingmasse verrühren. Crème fraîche unterrühren. Die Pudding-Crème-fraîche-Masse auf die Gebäckplatte geben und glatt streichen.

6. Das vorbereitete Obst auf der Pudding-Crème-fraîche-Masse verteilen. Den Kuchen etwa 2 Stunden kalt stellen. Den Backrahmen lösen und entfernen.

Tipp: Anstelle der frischen Früchte können auch 1 kg TK-Früchte verwendet werden. Dann die Früchte nach Packungsanleitung auftauen lassen, mit Puderzucker bestäuben und auf einem Sieb abtropfen lassen.

Bunte Zitronenschnitten | Mit Alkohol

Insgesamt:
E: 130 g, F: 289 g, Kh: 1023 g, kJ: 31923, kcal: 7626

Für den Rührteig:
125 g weiche Butter oder Margarine
250 g Zucker
1 Pck. Dr. Oetker Vanillin-Zucker
3 Eier (Größe M)
375 g Weizenmehl
1 geh. EL Kakaopulver
3 TL Dr. Oetker Backin
150 g Korinthen
150 g fein gewürfeltes Orangeat
150 g fein gewürfeltes Zitronat (Sukkade)
300 g abgezogene, gemahlene Mandeln
3 EL Rum

Für den Guss:
150 g gesiebter Puderzucker
etwa 3 EL Zitronensaft

Zubereitungszeit: 30 Minuten, ohne Kühlzeit

1. Für den Teig Butter oder Margarine mit Handrührgerät mit Rührbesen auf höchster Stufe geschmeidig rühren. Nach und nach Zucker und Vanillin-Zucker unterrühren und so lange rühren, bis eine gebundene Masse entstanden ist.

2. Eier nach und nach unterrühren (jedes Ei etwa ½ Minute). Mehl mit Kakao und Backpulver mischen, sieben und portionsweise auf mittlerer Stufe unterrühren.

3. Korinthen, Orangeat, Zitronat, Mandeln und Rum unterrühren.

4. Den Teig auf ein Backblech (30 x 40 cm, gefettet) streichen. Das Backblech in den vorgeheizten Backofen schieben.

Ober-/Unterhitze: etwa 180 °C
Heißluft: etwa 160 °C
Backzeit: etwa 20 Minuten.

5. Das Backblech auf einen Kuchenrost stellen. Den Kuchen erkalten lassen und in rechteckige Stücke schneiden.

6. Für den Guss den Puderzucker mit Zitronensaft zu einer dicklichen Masse verrühren und die Stücke damit verzieren.

Bunter Quarkkuchen | Raffiniert

Insgesamt:
E: 220 g, F: 318 g, Kh: 501 g, kJ: 24472, kcal: 5843

Für den Knetteig:

200 g Weizenmehl
1 Msp. Dr. Oetker Backin
80 g Zucker
1 Pck. Dr. Oetker Vanillin-Zucker
1 Prise Salz
1 Ei (Größe M)
120 g Butter oder Margarine

Für die Quarkmasse:

4 Eigelb (Größe M)
1 kg Speisequark (20 Fett i. Tr.)
400 g Doppelrahm-Frischkäse
170 g Zucker
1 Pck. Rote-Grütze Pudding-Pulver
1 Pck. Dr. Oetker Pudding-Pulver Sahne-Geschmack
4 Eiweiß (Größe M)

Zubereitungszeit: 50 Minuten, ohne Abkühlzeit

1. Für den Teig Mehl mit Backpulver mischen und in eine Rührschüssel sieben. Restliche Zutaten hinzufügen und mit Handrührgerät mit Rührbesen auf höchster Stufe gut durcharbeiten. Anschließend auf der leicht bemehlten Arbeitsfläche zu einem glatten Teig verkneten. Sollte er kleben, ihn in Folie gewickelt eine Zeit lang kalt stellen.

2. Den Teig auf einem Backblech (30 x 40 cm, gefettet) ausrollen. Teigboden mehrmals mit einer Gabel einstechen. Das Backblech in den vorgeheizten Backofen schieben und den Boden vorbacken.

Ober-/Unterhitze: etwa 180 °C
Heißluft: etwa 160 °C
Backzeit: etwa 10 Minuten.

3. Das Backblech auf einen Kuchenrost stellen. Den Boden etwas abkühlen lassen. Einen Backrahmen darumstellen.

4. Für den Belag Eigelb mit Quark, Frischkäse und 150 g Zucker verrühren. Masse halbieren. Unter eine Hälfte das Rote-Grütze-Pulver, unter die andere Hälfte das Pudding-Pulver Sahne-Geschmack rühren.

5. Eiweiß mit Handrührgerät mit Rührbesen auf höchster Stufe steif schlagen. Nach und nach den restlichen Zucker kurz unterschlagen. Eischnee halbieren, jeweils eine Hälfte unter die rote und weiße Quarkmasse heben. Die rote und weiße Quarkmasse abwechselnd esslöffelweise auf den vorgebackenen Boden geben. Mit einem Löffelstiel verschiedene Muster durch die Quarkmasse ziehen. Das Backblech in den Backofen schieben und **den Kuchen bei der oben angegebenen Backofeneinstellung in 30–35 Minuten fertig backen.**

6. Das Backblech auf einen Kuchenrost stellen und den Kuchen erkalten lassen.

Tipp: Wer es bunter mag, kocht 200 g rotes Johannisbeergelee oder Himbeergelee unter Rühren auf und träufelt es auf den Kuchen.

Butterkekskuchen mit Stachelbeeren | Gut vorzubereiten

Insgesamt:
E: 97 g, F: 370 g, Kh: 746 g, kJ: 28670, kcal: 6838

Für den Biskuitteig:

4	*Eier (Größe M)*
125 g	*Zucker*
1 Pck.	*Dr. Oetker Vanillin-Zucker*
100 g	*Weizenmehl*
1 Pck.	*Dr. Oetker Pudding-Pulver Vanille-Geschmack*
2 gestr. TL	*Dr. Oetker Backin*

Für den Belag:

2 Gläser	*Stachelbeeren (Abtropfgewicht je 390 g)*
600 ml	*Stachelbeersaft aus den Gläsern, mit Wasser aufgefüllt*
2 Pck.	*Dr. Oetker Pudding-Pulver Vanille-Geschmack*
750 g	*Schlagsahne*
3 Pck.	*Dr. Oetker Sahnesteif*
3 Pck.	*Dr. Oetker Vanillin-Zucker*
etwa 32	*Butterkekse*

Für den Guss:

100 g	*Zartbitter-Schokolade*
10 g	*Kokosfett*
25 g	*gehackte Pistazienkerne*

Zubereitungszeit: 50 Minuten.

1. Für den Teig Eier mit Handrührgerät mit Rührbesen auf höchster Stufe in 1 Minute schaumig schlagen. Zucker mit Vanillin-Zucker mischen, in 1 Minute unter Rühren einstreuen, dann noch 2 Minuten weiterschlagen. Mehl mit Pudding-Pulver und Backpulver mischen, auf die Eiercreme sieben und kurz auf niedrigster Stufe unterrühren.

2. Einen Backrahmen auf ein Backblech (30 x 40 cm, gefettet, gemehlt) stellen, den Teig darin verteilen und verstreichen. Das Backblech sofort in den vorgeheizten Backofen schieben.

Ober-/Unterhitze: etwa 200 °C
Heißluft: etwa 180 °C
Backzeit: etwa 12 Minuten.

3. Das Backblech auf einen Kuchenrost stellen und die Biskuitplatte mit dem Backrahmen darauf erkalten lassen.

4. Für den Belag Stachelbeeren in einem Sieb abtropfen lassen, den Saft dabei auffangen und 600 ml davon abmessen, evtl. mit Wasser auffüllen. Pudding-Pulver mit etwas Stachelbeersaft in einem kleinen Topf anrühren, dann den restlichen Saft hinzufügen. Alles unter Rühren zum Kochen bringen und gut aufkochen lassen. Die Stachelbeeren sofort unterheben, die Masse auf der Biskuitplatte verstreichen und erkalten lassen.

5. Sahne mit Sahnesteif und Vanillin-Zucker steif schlagen und auf die Stachelbeermasse streichen. Die Butterkekse nebeneinander darauf legen.

6. Für den Guss Schokolade in Stücke brechen, mit dem Kokosfett in einem kleinen Topf im Wasserbad bei schwacher Hitze unter Rühren schmelzen lassen. Auf jeden Keks einen dicken Klecks Guss geben und diesen mit Pistazien bestreuen.

Tipp: Der Kuchen lässt sich gut gekühlt 1–2 Tage aufbewahren.

Butterkuchen, gefüllt | Fruchtig

Insgesamt:
E: 102 g, F: 228 g, Kh: 669 g, kJ: 21521, kcal: 5134

Für den Hefeteig:
200 ml warme Milch
50 g Butter
375 g Weizenmehl
1 Pck. Dr. Oetker Trockenbackhefe
50 g Zucker
1 Pck. Dr. Oetker Vanillin-Zucker
1 Prise Salz
1 Ei (Größe M)

Für den Belag:
100 g kalte Butter
75 g Zucker
1 Pck. Dr. Oetker Vanillin-Zucker
100 g abgezogene, gehobelte Mandeln

Für die Pudding-Apfel-Füllung:
750 ml (¾ l) Milch
80 g Zucker
2 Pck. Dr. Oetker Pudding-Pulver Vanille-Geschmack
1 Glas Apfelkompott (Einwaage 360 g)

Zubereitungszeit: etwa 20 Minuten, ohne Teiggeh- und Kühlzeit

1. Für den Teig Milch in einem Topf erwärmen und die Butter darin zerlassen. Mehl in eine Rührschüssel sieben und sorgfältig mit der Trockenbackhefe vermischen. Zucker, Vanillin-Zucker, Salz, Ei und Butter-Milch-Gemisch hinzufügen.

2. Die Zutaten mit Handrührgerät mit Knethaken zunächst kurz auf niedrigster, dann auf höchster Stufe in etwa 5 Minuten zu einem glatten Teig verarbeiten. Den Teig zugedeckt so lange an einem warmen Ort gehen lassen, bis er sich sichtbar vergrößert hat.

3. Den Teig mit etwas Mehl bestäuben, aus der Schüssel nehmen und auf einer leicht bemehlten Arbeitsfläche nochmals gut durchkneten. Den Teig auf einem Backblech (30 x 40 cm, gefettet) ausrollen.

4. Für den Belag mit Hilfe eines Kochlöffelstiels leichte Vertiefungen in den Teig drücken und Butter in Flöckchen gleichmäßig auf den Teig setzen. Zucker mit Vanillin-Zucker mischen, den Teig damit bestreuen, Mandeln gleichmäßig darauf verteilen. Den Teig nochmals zugedeckt so lange an einem warmen Ort gehen lassen, bis er sich sichtbar vergrößert hat.

5. Das Backblech in den vorgeheizten Backofen schieben.

Ober-/Unterhitze: etwa 200 °C
Heißluft: etwa 180 °C
Backzeit: etwa 15 Minuten.

6. Das Backblech auf einen Kuchenrost stellen und dann den Kuchen darauf erkalten lassen. Den Kuchen vierteln und jedes Viertel waagerecht durchschneiden.

7. Für die Füllung aus Milch, Zucker und Pudding-Pulver nach Packungsanleitung, aber mit den hier angegebenen Zutaten, einen Pudding zubereiten. Den heißen Pudding direkt mit Frischhaltefolie zudecken, damit sich keine Haut bildet. Pudding etwas abkühlen lassen.

8. Den warmen Pudding mit dem Apfelkompott vermengen und auf den unteren Kuchenhälften verteilen und verstreichen. Die oberen Kuchenhälften darauf legen und leicht andrücken. Kuchen etwa 2 Stunden kalt stellen.

Butter-Mandel-Kuchen | Klassisch

Insgesamt:
E: 67 g, F: 157 g, Kh: 387 g, kJ: 13444, kcal: 3211

Für den Hefeteig:
200 ml Milch
50 g Butter
375 g Weizenmehl
1 Pck. Dr. Oetker Trockenbackhefe
50 g Zucker
1 Prise Salz
1 Ei (Größe M)

Zum Bestreichen und Bestreuen:
75 g Butter
50 g abgezogene, gehobelte Mandeln
50 g Zucker

Zubereitungszeit: 25 Minuten, ohne Teiggehzeit

1. Für den Teig Milch in einem Topf erwärmen und die Butter darin zerlassen. Mehl in eine Rührschüssel sieben und sorgfältig mit der Trockenbackhefe vermischen. Zucker, Salz, Ei und Butter-Milch-Gemisch hinzufügen.

2. Die Zutaten mit Handrührgerät mit Knethaken zunächst kurz auf niedrigster, dann auf höchster Stufe in etwa 5 Minuten zu einem glatten Teig verarbeiten. Den Teig zugedeckt so lange an einem warmen Ort gehen lassen, bis er sich sichtbar vergrößert hat.

3. Den Teig mit etwas Mehl bestäuben, aus der Schüssel nehmen und auf einer leicht bemehlten Arbeitsfläche nochmals gut durchkneten.

4. Danach den Teig auf einem Backblech (30 x 40 cm, gefettet) ausrollen, mit zerlassener Butter bestreichen und mit Mandeln und Zucker bestreuen. Den Teig nochmals zugedeckt so lange an einem warmen Ort gehen lassen, bis er sich sichtbar vergrößert hat. Das Backblech in den vorgeheizten Backofen schieben.

Ober-/Unterhitze: etwa 200 °C
Heißluft: etwa 180 °C
Backzeit: etwa 15 Minuten.

5. Das Backblech auf einen Kuchenrost stellen. Den Kuchen darauf erkalten lassen und in beliebig große Stücke schneiden.

Buttermilchkuchen | Schnell zubereitet

Insgesamt:
E: 100 g, F: 140 g, Kh: 700 g, kJ: 18660, kcal: 4460

Für den All-in-Teig:
300 g Weizenmehl
1 Pck. Dr. Oetker Backin
300 g Zucker
1 Pck. Dr. Oetker Vanillin-Zucker
3 Eier (Größe M)
300 ml Buttermilch

Für den Belag:
150 g Butter
150 g Zucker
200 g abgezogene, gehobelte Mandeln oder gehobelte Haselnusskerne oder Kokosraspel

Zubereitungszeit: 20 Minuten

1. Für den Teig Mehl mit Backpulver mischen und in eine Rührschüssel sieben. Die übrigen Zutaten für den Teig hinzufügen und alles mit Handrührgerät mit Rührbesen kurz auf niedrigster, dann auf höchster Stufe etwa 2 Minuten zu einem Teig verarbeiten.

2. Den Teig gleichmäßig auf ein Backblech (30 x 40 cm, gefettet) geben und verstreichen. Das Backblech in den vorgeheizten Backofen schieben, den Kuchen vorbacken.

Ober-/Unterhitze: etwa 180 °C
Heißluft: etwa 160 °C
Backzeit: etwa 10 Minuten.

3. Für den Belag Butter mit Zucker in einem Topf zerlassen. Mandeln oder Haselnusskerne oder Kokosraspel unterrühren. Die Masse auf den vorgebacken Boden streichen. Das Backblech wieder in den Backofen schieben und den Kuchen **bei gleicher Backofeneinstellung in etwa 15 Minuten fertig backen.**

4. Den Kuchen nach dem Backen auf dem Backblech auf einem Kuchenrost erkalten lassen.

Tipp: Statt Buttermilch kann auch Sahne verwendet werden.

Buttermilchschnitten mit Kirschen | Erfrischend

Insgesamt:
E: 84 g, F: 252 g, Kh: 564 g, kJ: 20316, kcal: 4848

Für den Knetteig:
200 g Weizenmehl
1 gestr. TL Dr. Oetker Backin
100 g Zucker
1 Pck. Dr. Oetker Vanillin-Zucker
1 Ei (Größe M)
1 Eigelb (Größe M)
100 g weiche Butter oder Margarine

Für den Belag:
12 Blatt weiße Gelatine
500 ml (½ l) Buttermilch
150 g Zucker
2 Pck. Dr. Oetker Finesse Geriebene Zitronenschale
500 g Schlagsahne

Für das Kirschkompott:
1 Glas Sauerkirschen (Abtropfgewicht 350 g)
100 ml Kirschsaft aus dem Glas
10 g Speisestärke
25 g Zucker

Zubereitungszeit: etwa 45 Minuten, ohne Kühlzeit

1. Für den Teig Mehl mit Backpulver mischen und in eine Rührschüssel sieben. Übrige Zutaten hinzufügen und alles mit einem Handrührgerät (Knethaken) zunächst kurz auf niedrigster, dann auf höchster Stufe zu einem Teig verarbeiten, anschließend mit den Händen zu einer Rolle formen.

2. Den Teig auf einem gefetteten Backblech zu einem Quadrat (25 x 25 cm) ausrollen, mit einer Gabel mehrmals einstechen, einen Backrahmen darumstellen. Das Backblech in den vorgeheizten Backofen schieben.

Ober-/Unterhitze: etwa 200 °C
Heißluft: etwa 180 °C
Backzeit: etwa 15 Minuten.

3. Das Backblech nach dem Backen auf einen Kuchenrost stellen und den Knetteigboden mit dem Backrahmen erkalten lassen.

4. Für den Belag Gelatine nach Packungsanleitung einweichen, anschließend leicht ausdrücken und in einem kleinen Topf bei schwacher Hitze unter Rühren auflösen. Buttermilch mit Zucker und Zitronenschale verrühren. Erst etwa 4 Esslöffel der Buttermilch mit der aufgelösten Gelatine mit Hilfe eines Schneebesens verrühren, dann die Mischung mit der übrigen Buttermilch verrühren und kalt stellen.

5. Sobald die Masse beginnt dicklich zu werden, Sahne steif schlagen und unterheben. Die Creme auf dem erkalteten Boden verteilen und glatt streichen. Mit einem Tortengarnierkamm ein Muster in die Oberfläche ziehen und den Kuchen etwa 2 Stunden kalt stellen.

6. Für das Kirschkompott in der Zwischenzeit Kirschen in einem Sieb gut abtropfen lassen, den Saft dabei auffangen und 100 ml davon abmessen. Speisestärke mit 4 Esslöffeln von dem Saft mit einem Schneebesen anrühren. Den restlichen Saft zum Kochen bringen. Die angerührte Speisestärke in die von der Kochstelle genommene Flüssigkeit rühren und kurz aufkochen lassen. Die Kirschen unterrühren, mit Zucker abschmecken und das Kompott erkalten lassen.

7. Den Backrahmen mit Hilfe eines Messers vorsichtig lösen und entfernen. Den Kuchen in Schnitten teilen, etwas Kompott auf jede Schnitte geben und die Schnitten leicht gekühlt servieren.

Caipirinha-Kuchen | Raffiniert

Insgesamt:
E: 125 g, F: 380 g, Kh: 488 g, kJ: 26593, kcal: 6356

Für den All-in-Teig:

150 g Weizenmehl
3 gestr. TL Dr. Oetker Backin
150 g brauner Zucker (Kandisfarin)
1 Pck. Dr. Oetker Vanillin-Zucker
4 Eier (Größe M)
150 g Butter oder Margarine
100 g nicht abgezogene, gemahlene Mandeln

Für die Creme:

8 Blatt weiße Gelatine
500 g Dickmilch
150 ml fertig gemixter Caipirinha-Likör
100 g brauner Zucker (Kandisfarin)
400 g Schlagsahne

Zum Garnieren:

50 g abgezogene, gehobelte Mandeln
30 g brauner Zucker (Kandisfarin)
1 Limette

Zubereitungszeit: 50 Minuten, ohne Kühlzeit

1. Für den Teig Mehl mit Backpulver mischen und in eine Rührschüssel sieben. Restliche Zutaten hinzufügen und alles mit Handrührgerät mit Rührbesen zunächst kurz auf niedrigster, dann auf höchster Stufe in etwa 2 Minuten zu einem Teig verarbeiten.

2. Einen Backrahmen (26 x 26 cm) auf ein Backblech (gefettet, mit Backpapier belegt) stellen. Teig einfüllen und glatt streichen. Das Backblech in den vorgeheizten Backofen schieben.

Ober-/Unterhitze: etwa 180 °C
Heißluft: etwa 160 °C
Backzeit: etwa 30 Minuten.

3. Das Backblech auf einen Kuchenrost stellen und den Kuchen mit dem Backrahmen darauf erkalten lassen.

4. Für die Creme Gelatine nach Packungsanleitung einweichen. Dickmilch mit Caipirinha-Likör und Zucker in einer Schüssel gut verrühren, bis der Zucker gelöst ist. Gelatine leicht ausdrücken und in einem kleinen Topf bei schwacher Hitze unter Rühren auflösen. Gelatine zunächst mit 2 Esslöffeln von der Dickmilchmasse verrühren, dann die Mischung unter die restliche Dickmilchmasse rühren. Dickmilchmasse kalt stellen.

5. Sobald die Masse beginnt dicklich zu werden, Sahne steif schlagen. Masse kurz durchrühren und Sahne unterheben. Die Creme auf dem Boden verteilen, glatt streichen und den Kuchen etwa 3 Stunden kalt stellen.

6. Zum Garnieren Mandeln mit Zucker in eine Pfanne geben und unter Rühren bräunen. Mandeln auf einen Teller geben und erkalten lassen.

7. Backrahmen lösen, entfernen und den Kuchen auf eine Tortenplatte legen. Mandeln kurz vor dem Servieren auf der Kuchenoberfläche verteilen. Limette heiß abwaschen, abtrocknen, in Scheiben schneiden und diese dekorativ auf der Oberfläche verteilen.

Cappuccino-Birnen-Kuchen

Mit Alkohol

Insgesamt:
E: 156 g, F: 177 g, Kh: 631 g, kJ: 20158, kcal: 4819

Für den Hefeteig:

375 g Weizenmehl
1 Pck. Dr. Oetker Trockenbackhefe
50 g Zucker
1 Pck. Dr. Oetker Vanillin-Zucker
1 Prise Salz
1 Ei (Größe M)
50 g zerlassene abgekühlte Butter oder Margarine
200 ml lauwarme Milch

Für den Belag:

1 Dose Birnenhälften (Abtropfgewicht 460 g)
5 EL Cappuccino-Instantpulver, gesüßt
oder 3 Pck.
(je 10 g) Cappuccino-Instantpulver, gesüßt
2–3 EL heißes Wasser
500 g Speisequark (20 % Fett)
150 g Crème fraîche
50 ml Kaffeelikör
3 Eier (Größe M)
100 g Zucker
1 Pck. Dr. Oetker Vanillin-Zucker
1 Pck. Dessert-Sauce Vanille-Geschmack, zum Kochen

50 g Zartbitter-Schokolade

Zubereitungszeit: 50 Minuten, ohne Teiggeh- und Abkühlzeit

1. Für den Teig Mehl in eine Rührschüssel sieben und mit der Hefe sorgfältig vermischen. Zucker, Vanillin-Zucker, Salz, Ei, Butter oder Margarine und Milch hinzufügen und die Zutaten mit Handrührgerät mit Knethaken zunächst kurz auf niedrigster, dann auf höchster Stufe in etwa 5 Minuten zu einem Teig verarbeiten. Den Teig zugedeckt so lange an einem warmen Ort gehen lassen, bis er sich sichtbar vergrößert hat.

2. Für den Belag Birnenhälften auf einem Sieb gut abtropfen lassen. Cappuccino-Pulver in dem heißen Wasser unter Rühren auflösen und in eine Rührschüssel geben. Quark, Crème fraîche, Likör, Eier, Zucker, Vanillin-Zucker und Dessert-Saucenpulver hinzufügen und die Zutaten gut verrühren.

3. Den gegangenen Teig leicht mit Mehl bestäuben, aus der Schüssel nehmen und auf der leicht bemehlten Arbeitsfläche nochmals kurz durchkneten. Den Teig in einer Fettfangschale (30 x 40 cm, gefettet) oder auf einem Backblech mit hohem Rand (30 x 40 cm, gefettet) ausrollen. Den Teig an den Rändern hochziehen.

4. Die Cappuccino-Quark-Masse auf dem Teig verteilen. Birnenhälften vierteln, fächerartig aufschneiden (aber nicht durchschneiden) und auf die Cappuccino-Quark-Masse legen. Den Kuchen so lange an einem warmen Ort gehen lassen, bis er sich sichtbar vergrößert hat. Das Backblech in den vorgeheizten Backofen schieben.

Ober-/Unterhitze: etwa 200 °C (unteres Drittel)
Heißluft: etwa 180 °C
Backzeit: etwa 35 Minuten.

5. Das Backblech auf einen Kuchenrost stellen und den Kuchen erkalten lassen. Schokolade in Stücke brechen und in einem kleinen Topf im Wasserbad bei schwacher Hitze schmelzen. Schokolade in einen kleinen Gefrierbeutel geben, eine kleine Ecke abschneiden und den Kuchen damit besprenkeln. Schokolade fest werden lassen.

Cappuccino-Schnitten I

Beliebt – einfach

Insgesamt:
E: 64 g, F: 188 g, Kh: 283 g, kJ: 13327, kcal: 3182

Zum Vorbereiten:
1 Pck. (10 g) Cappuccino-Pulver
100 ml heißes Wasser

Für die Füllungen:
6 Blatt weiße Gelatine
4 Becher Mousse au Chocolat (je 100 g, aus dem Kühlregal)
300 g Schlagsahne
1 Pck. (10 g) Cappuccino-Pulver
1 Pck. Dr. Oetker Bourbon-Vanille-Zucker
4 EL Mandel- oder Vanillelikör

etwa 175 g Butterkekse

Zum Garnieren:
1 TL Kakaopulver
½ Pck. Mini-Butterkekse

Zubereitungszeit: 30 Minuten, ohne Kühlzeit

1. Zum Vorbereiten das Cappuccino-Pulver mit heißem Wasser auflösen und abkühlen lassen. Eine kleine rechteckige Auflaufform (etwa 12 x 22 cm) mit Frischhaltefolie auslegen.

2. Für die Füllungen Gelatine nach Packungsanleitung einweichen. Für die dunkle Creme die Mousse in eine Schüssel geben. Sahne steif schlagen. Gelatine leicht ausdrücken und mit 4 Esslöffeln des vorbereiteten Cappuccinos in einem kleinen Topf bei schwacher Hitze unter Rühren auflösen.

3. Die Hälfte der Gelatinemischung mit 2–3 Esslöffeln Mousse anrühren, dann mit der restlichen Mousse verrühren. Anschließend ein Drittel der Sahne unter die Mousse-Gelatine-Mischung heben und kalt stellen.

4. Für die helle Creme Cappuccino-Pulver und Vanille-Zucker unter die restliche Sahne rühren. 2–3 Esslöffel davon mit der restlichen Gelatinemischung anrühren (evtl. diese vorher nochmals leicht erwärmen), dann mit der restlichen hellen Creme verrühren.

5. Die Hälfte der hellen Creme auf den Boden der Form streichen und eine Lage Butterkekse darauf legen. Restlichen vorbereiteten Cappuccino mit dem Likör verrühren. Kekse mit etwas von der Cappuccino-Likör-Mischung beträufeln. Die Hälfte der dunklen Creme darauf streichen, wieder eine Lage Kekse darauf legen und diese mit etwas von der Cappuccino-Likör-Mischung beträufeln. Nochmals helle Creme, Kekse, dunkle Creme und Kekse einschichten. Den Kuchen mindestens 2 Stunden kalt stellen.

6. Zum Servieren den Kuchen mit Hilfe der Folie auf eine Kuchenplatte stürzen und die Folie entfernen. Kuchen mit Kakao bestäuben und mit Mini-Butterkeksen garnieren.

Crème-fraîche-Becherkuchen I

Einfach

Insgesamt:
E: 90 g, F: 336 g, Kh: 581 g, kJ: 24677, kcal: 5895

Für den Belag:
1 Becher (150 g) Crème fraîche
½ Pck. (125 g) Butter
1 Becher (150 g) Zucker
1 Pck. Dr. Oetker Vanillin-Zucker

Für den Schüttelteig:
3 Becher (je 100 g) Weizenmehl
1 Pck. Dr. Oetker Backin
1 Becher (150 g) Zucker
1 Pck. Dr. Oetker Finesse Geriebene Zitronenschale
3 Eier (Größe M)
2 Becher (je 150 g) Crème fraîche

Zum Bestreuen und Besprenkeln:
100 g abgezogene, gehobelte Mandeln
50 g Zartbitter-Kuvertüre
1 TL Speiseöl

Zubereitungszeit: 25 Minuten, ohne Kühlzeit

1. Für den Belag Crème fraîche in einen kleinen Topf geben. Den Crème-fraîche-Becher auswaschen, abtrocknen und zum Abmessen der übrigen Zutaten verwenden. Butter, Zucker und Vanillin-Zucker hinzufügen und bei schwacher Hitze unter Rühren erwärmen. Den Topf von der Kochstelle nehmen.

2. Für den Teig Mehl mit Backpulver mischen, in eine verschließbare Schüssel (etwa 3 l) sieben und mit Zucker und Zitronenschale mischen. Eier und Crème fraîche hinzufügen. Die Schüssel mit dem Deckel fest verschließen und mehrmals kräftig schütteln (insgesamt 15–30 Sekunden), so dass alle Zutaten gut vermischt sind.

3. Alles mit einem Rührlöffel oder Schneebesen nochmals sorgfältig verrühren, damit trockene Zutaten vom Rand mit untergerührt werden. Den Teig in eine Fettpfanne (30 x 40 cm, gefettet) geben und glatt streichen. Die Fettpfanne in den vorgeheizten Backofen schieben und den Kuchen vorbacken.

Ober-/Unterhitze: etwa 200 °C
Heißluft: etwa 180 °C
Backzeit: etwa 10 Minuten.

4. Den Belag gleichmäßig auf dem Teig verteilen und mit Mandeln bestreuen. Die Fettpfanne wieder in den Backofen schieben und den Kuchen bei der gleichen Backofeneinstellung in etwa 15 Minuten fertig backen.

5. Die Fettpfanne auf einen Kuchenrost stellen. Kuchen darauf erkalten lassen.

6. Kuvertüre klein hacken und mit dem Öl in einem kleinen Topf im Wasserbad bei schwacher Hitze unter Rühren schmelzen lassen. Den erkalteten Kuchen damit mit Hilfe eines Löffels besprenkeln und die Kuvertüre fest werden lassen.

Crunch-Kuchen | Für Kinder

Insgesamt:
E: 88 g, F: 368 g, Kh: 580 g, kJ: 25865, kcal: 6177

Für den Knetteig:
250 g Weizenmehl
½ gestr. TL Dr. Oetker Backin
100 g Zucker
1 Prise Salz
1 Ei (Größe M)
150 g Butter oder Margarine

Für den Baiser:
4 Eiweiß (Größe M)
150 g Zucker
1 TL gemahlener Zimt

Zum Bestreuen:
100 g abgezogene, gehackte oder gestiftelte Mandeln

Für die Füllung:
500 ml (½ l) Milch
1 Pck. Dr. Oetker Pudding-Pulver Schokoladen-Geschmack
75 g Zucker
200 g Butter

Zubereitungszeit: 60 Minuten, ohne Kühlzeit

1. Für den Teig Mehl mit Backpulver mischen und in eine Rührschüssel sieben. Zucker, Salz, Ei und Butter oder Margarine hinzufügen. Die Zutaten mit Handrührgerät mit Knethaken zunächst kurz auf niedrigster, dann auf höchster Stufe gut durcharbeiten.

2. Anschließend den Teig auf der leicht bemehlten Arbeitsfläche kurz verkneten. Sollte er kleben, ihn in Folie gewickelt eine Zeit lang kalt stellen. Den Teig auf einem Backblech (30 x 40 cm, gefettet) ausrollen. Den Teigboden mehrmals mit einer Gabel einstechen.

3. Für den Baiser Eiweiß mit Handrührgerät mit Rührbesen auf höchster Stufe steif schlagen. Der Schnee muss so fest sein, dass ein Messerschnitt sichtbar bleibt. Zucker und Zimt mischen und nach und nach unterschlagen. Die Baisermasse wellenartig auf den Knetteigboden streichen und mit Mandeln bestreuen. Das Backblech in den vorgeheizten Backofen schieben.

Ober-/Unterhitze: etwa 200 °C
Heißluft: etwa 180 °C
Backzeit: 20–25 Minuten.

4. Das Backblech auf einen Kuchenrost stellen und den Kuchen darauf erkalten lassen.

5. Für die Füllung einen Pudding aus Milch, Pudding-Pulver und Zucker nach Packungsanleitung, aber nur mit 75 g Zucker, zubereiten. Den Pudding sofort in eine Schüssel geben. Die Hälfte der Butter in dünnen Scheiben darauf verteilen und den Pudding erkalten lassen.

6. Restliche Butter mit Handrührgerät mit Rührbesen geschmeidig rühren. Den Pudding mit der Butterschicht esslöffelweise unterrühren, dabei darauf achten, dass aufgeschlagene Butter und Pudding Zimmertemperatur haben.

7. Den Kuchen senkrecht halbieren. Eine Kuchenhälfte mit der Schokoladen-Buttercreme bestreichen, die andere Kuchenhälfte mit Hilfe einer Palette lösen und darauf legen. Den Kuchen etwa 1 Stunde kalt stellen und anschließend in Stücke schneiden.

Dachziegeltorte | Raffiniert

Insgesamt:
E: 83 g, F: 314 g, Kh: 596 g, kJ: 24695, kcal: 5897

Für den All-in-Teig:
150 g Weizenmehl
3 TL Dr. Oetker Backin
150 g Zucker
1 Pck. Dr. Oetker Vanillin-Zucker
3 Eier (Größe M)
150 g Butter oder Margarine

Für die Füllung:
500 g frische Sauerkirschen
1 Beutel
aus 1 Pck. Götterspeise Kirsch-Geschmack
200 ml Kirschsaft
75 g Zucker
300 g saure Sahne
400 g Schlagsahne

Zum Garnieren:
300 g Soft Cake Kirsch

Zubereitungszeit: 35 Minuten

1. Für den Teig Mehl und Backpulver mischen und in eine Rührschüssel sieben. Restliche Zutaten hinzufügen und alles mit Handrührgerät mit Rührbesen auf höchster Stufe in 2 Minuten zu einem glatten Teig verarbeiten. Teig auf ein mit Backpapier belegtes Backblech mit Backrahmen (22 x 24 cm) geben und glatt streichen. Das Backblech in den vorgeheizten Backofen schieben.

Ober-/Unterhitze: etwa 180 °C
Heißluft: etwa 160 °C
Backzeit: etwa 25 Minuten.

2. Den Boden auf einen mit Backpapier belegten Kuchenrost stürzen, mitgebackenes Papier abziehen. Boden erkalten lassen und einmal waagerecht durchschneiden.

3. Kirschen waschen und entsteinen. Götterspeise mit Kirschsaft nach Packungsanleitung quellen lassen, mit Zucker erwärmen, auflösen und etwas abkühlen lassen. Saure Sahne in eine Schüssel geben und Götterspeiseflüssigkeit unterrühren. Sobald die Masse beginnt dicklich zu werden, Sahne steif schlagen und unterheben.

4. Den unteren Boden auf eine Tortenplatte legen und Backrahmen darumstellen. Kirschen auf dem Boden verteilen (einige Kirschen zum Garnieren beiseite stellen), dabei etwa 1 cm Rand lassen. Zwei Drittel der Saure-Sahne-Masse darüber verstreichen. Oberen Boden auflegen und restliche Saure-Sahne-Masse darauf verstreichen.

5. Auf die noch weiche Creme die halbierten Soft Cakes legen, die Torte mit den zurückgelassenen Kirschen garnieren (evtl. halbieren) und die Torte etwa 2 Stunden kalt stellen.

Donauwellen | Klassisch

Insgesamt:
E: 111 g, F: 566 g, Kh: 850 g,kJ: 37963, kcal: 9068

Für den Rührteig:
- *2 Gläser Sauerkirschen (Abtropfgewicht je 350 g)*
- *250 g weiche Margarine oder Butter*
- *200 g Zucker*
- *1 Pck. Dr. Oetker Vanillin-Zucker*
- *1 Prise Salz*
- *5 Eier (Größe M)*
- *375 g Weizenmehl*
- *3 gestr. TL Dr. Oetker Backin*
- *20 g Kakaopulver*
- *1 EL Milch*

Für die Buttercreme:
- *1 Pck. Dr. Oetker Pudding-Pulver Vanille-Geschmack*
- *100 g Zucker*
- *500 ml (½ l) Milch*
- *250 g weiche Butter*

Für den Guss:
- *200 g Zartbitter-Schokolade*
- *2 EL Speiseöl*

Zubereitungszeit: 45 Minuten, ohne Kühlzeit

1. Für den Teig die Kirschen in einem Sieb gut abtropfen lassen. Butter oder Margarine in einer Rührschüssel mit Handrührgerät mit Rührbesen geschmeidig rühren. Nach und nach Zucker, Vanillin-Zucker und Salz unterrühren. So lange rühren, bis eine gebundene Masse entstanden ist.

2. Eier nach und nach unterrühren (jedes Ei etwa ½ Minute). Mehl mit Backpulver mischen, sieben und in 2 Portionen kurz auf mittlerer Stufe unterrühren. Knapp zwei Drittel des Teiges auf ein Backblech (30 x 40 cm, gefettet) streichen. Kakaopulver sieben, mit Milch unter den restlichen Teig rühren und gleichmäßig auf dem hellen Teig verteilen.

3. Die Sauerkirschen kurz auf Küchenpapier legen, anschließend auf dem dunklen Teig verteilen und mit einem Löffel etwas in den Teig drücken. Das Backblech in den vorgeheizten Backofen schieben.

Ober-/Unterhitze: etwa 180 °C
Heißluft: etwa 160 °C
Backzeit: etwa 40 Minuten.

4. Das Gebäck auf dem Backblech auf einen Kuchenrost stellen und erkalten lassen.

5. Für die Buttercreme in der Zwischenzeit aus Pudding-Pulver, Zucker und Milch nach Packungsanleitung einen Pudding zubereiten. Den Pudding erkalten lassen (nicht kalt stellen) und dabei gelegentlich durchrühren.

6. Butter mit Handrührgerät mit Rührbesen geschmeidig rühren und den erkalteten Pudding esslöffelweise unterrühren, dabei darauf achten, dass Butter und Pudding Zimmertemperatur haben, da die Buttercreme sonst gerinnt. Die erkaltete Gebäckplatte gleichmäßig mit der Buttercreme bestreichen und den Kuchen etwa 1 Stunde kalt stellen.

7. Für den Guss Schokolade grob zerkleinern und mit dem Öl in einem Topf im Wasserbad bei schwacher Hitze unter Rühren schmelzen lassen. Den Guss auf der fest gewordenen Buttercreme verstreichen und mit Hilfe eines Tortenkammes verzieren.

Eierschecke | Klassisch

Insgesamt:
E: 144 g, F: 222 g, Kh: 479 g, kJ: 19333, kcal: 4620

Für den Hefeteig:

75 ml Milch
70 g Butter oder Margarine
200 g Weizenmehl
1 Pck. Dr. Oetker Trockenbackhefe
30 g Zucker
1 Pck. Dr. Oetker Vanillin-Zucker
3 Tropfen Zitronen-Aroma
1 Prise Salz
1 Ei (Größe M)

Für den Quarkbelag:

1 Pck. Dr. Oetker Pudding-Pulver Vanille-Geschmack
40 g Zucker
500 ml (½ l) Milch
500 g Magerquark
65 g Rosinen

Für die Eiercreme:

4 Eiweiß (Größe M)
125 g weiche Butter
125 g Zucker
4 Eigelb (Größe M)
15 g Speisestärke

Zubereitungszeit: 40 Minuten, ohne Teiggehzeit

1. Für den Teig Milch in einem kleinen Topf erwärmen und die Butter oder Margarine darin zerlassen. Mehl in eine Rührschüssel sieben und mit der Trockenbackhefe sorgfältig vermischen. Restliche Teigzutaten und die warme Milch-Fett-Mischung hinzufügen.

2. Die Zutaten mit Handrührgerät mit Knethaken erst kurz auf niedrigster, dann auf höchster Stufe in etwa 5 Minuten zu einem glatten Teig verarbeiten. Den Teig zugedeckt so lange an einem warmen Ort gehen lassen, bis er sich sichtbar vergrößert hat.

3. Für den Quarkbelag aus Pudding-Pulver, Zucker und Milch nach Packungsanleitung einen Pudding kochen. Den Pudding in eine Schüssel geben, Frischhaltefolie direkt auf die Oberfläche legen, damit sich keine Haut bildet, und den Pudding erkalten lassen.

4. Quark und Rosinen unter den erkalteten Pudding rühren. Den Teig leicht mit Mehl bestäuben, aus der Schüssel nehmen und auf der leicht bemehlten Arbeitsfläche nochmals kurz durchkneten. Den Teig auf einem Backblech (30 x 40 cm, gefettet) ausrollen. Den Quarkbelag gleichmäßig auf den Teig streichen.

5. Für die Eiercreme Eiweiß steif schlagen. Butter mit Handrührgerät mit Rührbesen geschmeidig rühren. Nach und nach den Zucker unterrühren. Eigelb nach und nach unterrühren. Eischnee auf die Eigelbmasse geben, Speisestärke darüber sieben und beides vorsichtig unterheben. Die Eiercreme vorsichtig auf dem Quarkbelag verteilen, glatt streichen und das Backblech in den vorgeheizten Backofen schieben.

Ober-/Unterhitze: etwa 180 °C
Heißluft: etwa 160 °C
Backzeit: etwa 30 Minuten.

6. Das Backblech auf einen Kuchenrost stellen und den Kuchen darauf erkalten lassen.

Eierschecke mit Frischkäse |
Klassisch

Insgesamt:
E: 146 g, F: 442 g, Kh: 553 g, kJ: 28396, kcal: 6778

Für den All-in-Teig:
300 g Weizenmehl
1 Pck. Hefeteig Garant
75 g Zucker
100 ml Speiseöl, z. B. Sonnenblumenöl
200 ml Milch

Für den Käsebelag:
600 g Doppelrahm-Frischkäse
1 Ei (Größe M)
100 g Zucker
1 Pck. Dr. Oetker Bourbon-Vanille-Zucker
1 geh. EL Speisestärke

Für den Eierbelag:
3 Eier (Größe M)
100 g Zucker
1 geh. EL Speisestärke
100 g zerlassene abgekühlte Butter

Zum Bestreuen:
50 g abgezogene, gehobelte Mandeln

Zubereitungszeit: 40 Minuten

1. Für den Teig Mehl in eine Rührschüssel sieben, mit Hefeteig Garant und Zucker mischen und Speiseöl und Milch hinzufügen. Die Zutaten mit Handrührgerät mit Knethaken zunächst kurz auf niedrigster, dann auf höchster Stufe in etwa 2 Minuten zu einem glatten Teig verarbeiten.

2. Den Teig aus der Schüssel nehmen und mit bemehlten Händen auf ein Backblech (30 x 40 cm, gefettet) drücken oder auf dem Backblech ausrollen. Einen Backrahmen darumstellen.

3. Für den Käsebelag Frischkäse, Ei, Zucker, Vanille-Zucker und Speisestärke mit Handrührgerät mit Rührbesen gut verrühren. Die Käsemasse gleichmäßig auf dem Teigboden verteilen.

4. Für den Eierbelag Eier, Zucker, Speisestärke und Butter mit Handrührgerät mit Rührbesen gut verrühren. Die Eimasse auf die Käsemasse geben und glatt streichen. Mit Mandeln bestreuen. Das Backblech in den vorgeheizten Backofen schieben.

Ober-/Unterhitze: etwa 200 °C
(mittlere Einschubleiste)
Heißluft: etwa 180 °C
Backzeit: etwa 25 Minuten.

5. Das Backblech auf einen Kuchenrost stellen und die Eierschecke erkalten lassen.

Tipp: Die Eierschecke kann auch in einer Fettfangschale gebacken werden. Für den Käsebelag anstelle von 600 g Doppelrahm-Frischkäse können auch 300 g Doppelrahm-Frischkäse und 250 g Speisequark (Magerstufe) verwendet werden.

Eiskonfektschnitten | Für Kinder

Insgesamt:
E: 63 g, F: 259 g, Kh: 459 g, kJ: 18488, kcal: 4414

Zum Vorbereiten für die Füllung:
400 g Schlagsahne
200 g Eiskonfekt-Schokolade

Für den Biskuitteig:
50 g Butter
4 Eier (Größe M)
200 g Zucker
1 Pck. Dr. Oetker Vanillin-Zucker
1 Pck. Dr. Oetker Finesse Orangenfrucht
150 g Weizenmehl
1 gestr. TL Dr. Oetker Backin

Außerdem:
2 Pck. Dr. Oetker Sahnesteif
Kakaopulver

Zubereitungszeit: 50 Minuten, ohne Abkühlzeit

1. Für die Füllung am Vortag Sahne in einem Topf zum Kochen bringen, Topf von der Kochstelle nehmen und Eiskonfekt (6 Stück zum Garnieren beiseite legen) unter Rühren darin schmelzen lassen. Eiskonfekt-Sahne in eine Rührschüssel geben und zugedeckt über Nacht kalt stellen.

2. Für den Teig Butter in einem kleinen Topf zerlassen und abkühlen lassen. Eier mit Handrührgerät mit Rührbesen auf höchster Stufe in 1 Minute schaumig schlagen. Zucker mit Vanillin-Zucker und Orangenfrucht mischen, in 1 Minute unter Rühren einstreuen, dann noch etwa 2 Minuten weiterschlagen.

3. Mehl mit Backpulver mischen, auf die Eiercreme sieben und kurz auf niedrigster Stufe unterrühren. Zuletzt die flüssige Butter kurz unterrühren. Einen Backrahmen (30 x 40 cm) auf ein Backblech (gefettet, mit Backpapier belegt) stellen. Den Teig einfüllen, glatt streichen und das Backblech in den vorgeheizten Backofen schieben.

Ober-/Unterhitze: etwa 200 °C
Heißluft: etwa 180 °C
Backzeit: etwa 12 Minuten.

4. Backrahmen lösen und entfernen und den Boden auf einen mit Backpapier belegten Kuchenrost stürzen. Mitgebackenes Backpapier vorsichtig abziehen und Gebäck erkalten lassen. Anschließend die Biskuitplatte senkrecht halbieren, so dass 2 Rechtecke (etwa 30 x 20 cm) entstehen, und jede Hälfte in 12 Stücke schneiden.

5. Eiskonfekt-Sahne mit Sahnesteif steif schlagen und portionsweise in einen Spritzbeutel mit Lochtülle (Ø etwa 7 mm) geben. Auf 12 Biskuitstücke je 2 Sahnetupfen setzen und die restliche Eiskonfekt-Sahne in dichten Tupfen gleichmäßig auf die 12 anderen Stücke spritzen.

6. Die Biskuitstücke mit dem einzelnen Sahnetupfen auflegen und leicht andrücken. Die Schnitten mit Kakaopulver bestäuben und mit je einem halben Eiskonfekt garnieren.

Eistee-Kuchen | Raffiniert

Insgesamt:
E: 188 g, F: 344 g, Kh: 1131 g, kJ: 36395, kcal: 8698

Zum Vorbereiten:
7 Blatt weiße Gelatine
500 ml (½ l) Eistee Lemon-Geschmack
1–2 EL Zucker
2 Dosen Mandarinen (Abtropfgewicht je 175 g)

Für den All-in-Teig:
350 g Weizenmehl
3 gestr. TL Dr. Oetker Backin
170 g Zucker
3 Eier (Größe M)
200 g weiche Butter oder Margarine
125 ml (⅛ l) Eistee Lemon-Geschmack

Zum Bestreichen:
150 g Aprikosenkonfitüre

Für den Belag:
500 g Schlagsahne
1–2 EL gesiebter Puderzucker
2 Pck. Dr. Oetker Sahnesteif

Zubereitungszeit: 45 Minuten, ohne Kühlzeit

1. Zum Vorbereiten die Gelatine nach Packungsanleitung einweichen. 100 ml des Eistees erhitzen (nicht kochen) und von der Kochstelle nehmen. Die Gelatine ausdrücken und unter Rühren darin auflösen. Restlichen Eistee unterrühren. Die Eistee-Gelatine-Flüssigkeit mit Zucker abschmecken, in eine flache, rechteckige Form (etwa 0,5 l Inhalt) gießen, kalt stellen und den Eistee fest werden lassen. Mandarinen in einem Sieb abtropfen lassen.

2. Für den Teig Mehl mit Backpulver mischen und in eine Rührschüssel sieben. Zucker, Eier, Butter oder Margarine und Eistee hinzufügen. Die Zutaten mit Handrührgerät mit Rührbesen auf höchster Stufe in etwa 2 Minuten zu einem Teig verarbeiten.

3. Den Teig auf ein Backblech (30 x 40 cm, gefettet) geben und glatt streichen. Die Mandarinen darauf verteilen. Das Backblech in den vorgeheizten Backofen schieben.

Ober-/Unterhitze: etwa 180 °C
Heißluft: etwa 160 °C
Backzeit: 20–25 Minuten.

4. Das Backblech auf einen Kuchenrost stellen. Zum Bestreichen die Konfitüre in einem kleinen Topf unter Rühren gut aufkochen lassen. Den heißen Kuchen damit bestreichen und erkalten lassen.

5. Für den Belag Sahne mit Puderzucker und Sahnesteif steif schlagen und in einen Spritzbeutel mit Lochtülle (Ø etwa 10 mm) füllen. Tupfen dicht an dicht auf den Kuchen spritzen. Den Kuchen in Stücke schneiden.

6. Eisteegelee aus der Form lösen, in Würfel schneiden, auf die Sahnetupfen legen und leicht andrücken.

Englische Teeschnitten | Schnell

Insgesamt:
E: 72 g, F: 309 g, Kh: 321 g, kJ: 19242, kcal: 4597

Für den Rührteig:

250 g Butter oder Margarine
175 g Zucker
1 Pck. Dr. Oetker Vanillin-Zucker
2 EL Rum
5 Eier (Größe M)
250 g Weizenmehl
1 gestr. TL Dr. Oetker Backin
125 g Korinthen

Für den Belag:

100 g abgezogene, fein gehackte Mandeln
3 EL Grümmel oder Kandisfarin

Zubereitungszeit: 20 Minuten

1. Für den Teig Butter oder Margarine mit Handrührgerät mit Rührbesen auf höchster Stufe geschmeidig rühren. Nach und nach Zucker, Vanillin-Zucker und Rum unterrühren, so lange rühren, bis eine gebundene Masse entstanden ist. Eier nach und nach unterrühren (jedes Ei etwa ½ Minute).

2. Mehl mit Backpulver mischen, sieben und portionsweise auf mittlerer Stufe unterrühren. Die Korinthen hinzufügen. Den Teig auf ein Backblech (30 x 40 cm, gefettet, mit Backpapier belegt) streichen.

3. Für den Belag Mandeln und Grümmel auf dem Teig verteilen. Das Backblech in den vorgeheizten Backofen schieben.

Ober-/Unterhitze: etwa 180 °C
Heißluft: etwa 160 °C
Backzeit: etwa 25 Minuten.

4. Das Gebäck noch warm in beliebig große Schnitten schneiden.

Tipp: Grümmel ist zerstoßener, brauner Kandis. Kandisfarin wird ebenfalls aus braunem Kandis hergestellt, allerdings ist er etwas feiner in der Körnung als Grümmel. Anstelle der Mandeln schmecken auch gemahlene Haselnusskerne. Für Kinder den Rum durch Apfelsaft ersetzen. 1–2 Tage vor dem Verzehr zubereiten.

Erdbeer-Käsekuchen | Beliebt

Insgesamt:
E: 165 g, F: 481 g, Kh: 865 g, kJ: 35661, kcal: 8512

Für den Knetteig:
300 g Weizenmehl
1 ½ gestr. TL Dr. Oetker Backin
150 g Zucker
1 Pck. Dr. Oetker Vanillin-Zucker
1 Prise Salz
200 g Butter oder Margarine

Für den Käsebelag:
250 g Butter oder Margarine
250 g Zucker
4 Eier (Größe M)
200 g Doppelrahm-Frischkäse
500 g Magerquark
1 Pck. Dr. Oetker Pudding-Pulver Vanille-Geschmack
Saft von 1 Zitrone
1 Pck. Dr. Oetker Finesse Geriebene Zitronenschale

Für den Erdbeerbelag:
etwa 1 ½ kg frische Erdbeeren
2 Pck. Tortenguss, rot
50 g Zucker
500 ml (½ l) Flüssigkeit (halb Wasser, halb Apfelsaft)

Zubereitungszeit: 70 Minuten, ohne Abkühlzeit

1. Für den Teig Mehl mit Backpulver mischen und in eine Rührschüssel sieben. Zucker, Vanillin-Zucker, Salz und Butter oder Margarine hinzufügen. Die Zutaten mit Handrührgerät mit Knethaken zunächst kurz auf niedrigster, dann auf höchster Stufe gut durcharbeiten.

2. Anschließend den Teig auf der leicht bemehlten Arbeitsfläche kurz verkneten. Sollte er kleben, ihn in Folie gewickelt eine Zeit lang kalt stellen. Den Teig auf einem Backblech (30 x 40 cm, gefettet) ausrollen und einen Backrahmen darumstellen.

3. Für den Belag Butter oder Margarine mit Handrührgerät mit Rührbesen geschmeidig rühren. Zucker und Eier nach und nach unterrühren. Frischkäse, Quark, Pudding-Pulver, Zitronensaft und -schale hinzufügen. Die Zutaten zu einer glatten Masse verrühren. Die Quarkmasse auf dem Teig verstreichen und das Backblech anschließend in den vorgeheizten Backofen schieben.

Ober-/Unterhitze: etwa 180 °C
Heißluft: etwa 160 °C
Backzeit: etwa 45 Minuten.

4. Das Backblech auf einen Kuchenrost stellen und den Kuchen darauf erkalten lassen.

5. Für den Belag Erdbeeren waschen, gut abtropfen lassen, entstielen und halbieren. Erdbeerhälften auf den Gebäckboden legen. Aus Tortengusspulver, Zucker, Wasser und Apfelsaft nach Packungsanleitung einen Guss zubereiten und auf den Erdbeerhälften verteilen. Guss fest werden lassen. Anschließend den Backrahmen vorsichtig lösen und entfernen.

Erdbeer-Milchreis-Schnitten |

Fruchtig

Insgesamt:
E: 81 g, F: 244 g, Kh: 577 g, kJ: 21064, kcal: 5033

Für den Knetteig:

125 g	*Weizenmehl*
1 Msp.	*Dr. Oetker Backin*
50 g	*abgezogene, gemahlene Mandeln*
75 g	*Zucker*
1 Pck.	*Dr. Oetker Vanillin-Zucker*
2 EL	*kaltes Wasser*
75 g	*Butter oder Margarine*

Für den Belag:

2 Blatt	*weiße Gelatine*
2 Pck.	
(je 125 g)	*Süße Mahlzeit Milchreis nach klassischer Art*
750 ml (¾ l)	*Milch*
500 g	*Erdbeeren*
2 Pck.	*Tortenguss, rot*
4 EL	*Zucker*
500 ml (½ l)	*Wasser oder Apfelsaft*
400 g	*Schlagsahne*
2 Pck.	*Dr. Oetker Vanillin-Zucker*
2 Pck.	*Dr. Oetker Sahnesteif*

Zum Verzieren und Garnieren:

250 g	*Erdbeeren*

Zubereitungszeit: 40 Minuten

1. Für den Teig Mehl mit Backpulver mischen und in eine Rührschüssel sieben. Restliche Zutaten hinzufügen und mit Handrührgerät mit Knethaken zunächst kurz auf niedrigster, dann auf höchster Stufe gut durcharbeiten. Anschließend den Teig auf der leicht bemehlten Arbeitsfläche kurz verkneten. Sollte er kleben, ihn eine Zeit lang kalt stellen.

2. Den Teig auf einem Backblech (30 x 40 cm, gefettet) zu einem Rechteck (28 x 30 cm) ausrollen, einen Backrahmen passend darumstellen und den Teig mehrmals mit einer Gabel einstechen. Das Backblech in den vorgeheizten Backofen schieben.

Ober-/Unterhitze: etwa 200 °C
Heißluft: etwa 180 °C
Backzeit: etwa 15 Minuten.

3. Das Backblech mit Backrahmen auf einen Kuchenrost stellen und den Kuchen erkalten lassen.

4. Für den Belag Gelatine nach Packungsanleitung einweichen. Beide Päckchen Milchreis zusammen nach Packungsanleitung, aber nur mit 750 ml (¾ l) Milch zubereiten, die ausgedrückten Gelatineblätter unter den heißen Milchreis rühren und die Masse erkalten lassen.

5. Erdbeeren waschen, abtropfen lassen, entstielen, halbieren und mit der Schnittseite nach unten auf dem Boden verteilen. Tortenguss nach Packungsanleitung mit Zucker und Wasser zubereiten und über die Erdbeeren verteilen. Sahne mit Vanillin-Zucker und Sahnesteif steif schlagen und unter den völlig erkalteten Milchreis heben. Milchreismasse auf die Früchte geben und glatt streichen.

6. Zum Verzieren und Garnieren Erdbeeren waschen, abtropfen lassen, putzen und 100 g davon pürieren. Püree in einen Gefrierbeutel füllen, eine kleine Ecke davon abschneiden und das Püree über den Milchreisbelag sprenkeln. Restliche Erdbeeren halbieren und auf den Kuchen legen. Kuchen bis zum Servieren 1–2 Stunden kalt stellen.

Erdbeermilch-Schnitten I

Fettarm – dauert etwas länger

Insgesamt:
E: 95 g, F: 107 g, Kh: 474 g, kJ: 13832, kcal: 3298

Für den Biskuitteig:

5	*Eier (Größe M)*
150 g	*Zucker*
1 Pck.	*Dr. Oetker Bourbon-Vanille-Zucker*
150 g	*Weizenmehl*
½ gestr. TL	*Dr. Oetker Backin*
4 EL	*Milch*
15 g	*gesiebtes Kakaopulver*
15 g	*Zucker*

Für die Füllung:

250 g	*Erdbeeren*
2 Blatt	*weiße Gelatine*
500 ml (½ l)	*Erdbeermilch*
1 Beutel	
aus 1 Pck.	*Götterspeise Zitronen-Geschmack*
100 g	*Zucker*
200 g	*Schlagsahne*
1 Pck.	*Dr. Oetker Sahnesteif*
1 TL	*Zucker*

Zubereitungszeit: 70 Minuten, ohne Kühlzeit

1. Für den Teig Eier mit Handrührgerät mit Rührbesen auf höchster Stufe in 1 Minute schaumig schlagen. Zucker und Vanille-Zucker mischen, in 1 Minute unter Rühren einstreuen, dann noch 2 Minuten weiterschlagen.

2. Mehl mit Backpulver mischen, auf die Eiercreme sieben und kurz auf niedrigster Stufe unterrühren. Die Hälfte des Teiges auf ein Backblech (30 x 40 cm, gefettet, mit Backpapier belegt) geben und glatt streichen. Milch mit Kakao und Zucker verrühren und vorsichtig unter den restlichen Teig heben. Den Teig in Klecksen auf dem hellen Biskuitteig verteilen. Das Backblech in den vorgeheizten Backofen schieben.

Ober-/Unterhitze: etwa 180 °C
Heißluft: etwa 160 °C
Backzeit: 15–20 Minuten.

3. Die Biskuitplatte auf einen mit Backpapier belegten Kuchenrost stürzen und mitgebackenes Backpapier abziehen. Biskuitplatte wieder zurückstürzen. Die Biskuitplatte erkalten lassen und von der längeren Seite aus senkrecht halbieren.

4. Für die Füllung Erdbeeren waschen, abtropfen lassen, entstielen und in Stücke schneiden. Gelatine nach Packungsanleitung einweichen. Aus Erdbeermilch, Götterspeise und Zucker nach Packungsanleitung, aber mit den hier angegebenen Zutaten eine Götterspeise zubereiten. Gelatine leicht ausdrücken, unter Rühren in der heißen Götterspeise auflösen und die Mischung kalt stellen. Wenn die Mischung anfängt dicklich zu werden, Sahne mit Sahnesteif und Zucker steif schlagen und unterheben. Erdbeerstückchen ebenfalls unterheben.

5. Eine Biskuithälfte auf eine Platte legen und einen Backrahmen darumstellen. Die Erdbeercreme auf die Biskuithälfte geben und glatt streichen. Zweite Biskuithälfte auflegen und etwas andrücken. Den Kuchen etwa 2 Stunden kalt stellen. Den Backrahmen mit einem Messer lösen und entfernen. Kuchen in Stücke schneiden.

Erdbeer-Quark-Schnitten | Beliebt

Insgesamt:
E: 162 g, F: 465 g, Kh: 801 g, kJ: 34361, kcal: 8203

Für den All-in-Teig:

200 g Weizenmehl
50 g Speisestärke
1 Pck. Dr. Oetker Backin
250 g Zucker
1 Pck. Dr. Oetker Vanillin-Zucker
6 Eier (Größe M)
125 g weiche Butter oder Margarine
100 g abgezogene, gemahlene Mandeln

Zum Bestreichen:

200 g Zartbitter-Schokolade

Für den Erdbeerbelag:

1 kg Erdbeeren
500 ml (½ l) Schlagsahne
1 Pck. Erdbeer-Sahne-Tortencreme (Cremepulver)
200 ml Wasser
2 EL Amaretto-Likör
250 g Magerquark
100 g Erdbeer-Schokoriegel
Zitronenmelisseblättchen

Zubereitungszeit: 50 Minuten

1. Für den Teig Mehl mit Speisestärke und Backpulver mischen und in eine Rührschüssel sieben. Zucker, Vanillin-Zucker, Eier, Butter oder Margarine dazugeben und mit Handrührgerät mit Rührbesen zunächst kurz auf niedrigster, dann auf höchster Stufe in etwa 2 Minuten zu einem Teig verarbeiten. Die Mandeln kurz unterrühren.

2. Einen Backrahmen (30 x 40 cm) auf ein gefettetes Backblech stellen und den Teig auf dem Backblech verteilen und verstreichen. Dann das Backblech in den vorgeheizten Backofenschieben.

Ober-/Unterhitze: etwa 180 °C
Heißluft: etwa 160 °C
Backzeit: etwa 25 Minuten.

3. Das Backblech auf einen Kuchenrost stellen und den Kuchen darauf erkalten lassen.

4. Zum Bestreichen Schokolade in einem kleinen Topf im Wasserbad bei schwacher Hitze unter Rühren schmelzen lassen. Den Boden damit bestreichen und fest werden lassen.

5. Für den Erdbeerbelag Erdbeeren waschen, abtropfen lassen und putzen. 750 g Erdbeeren würfeln und 250 g Erdbeeren halbieren. Sahne steif schlagen.

6. Cremepulver in eine Rührschüssel geben und mit Wasser und Amaretto mit dem Schneebesen ½ Minute verrühren. Quark unterrühren und die steif geschlagene Sahne unterheben. Zuletzt die gewürfelten Erdbeeren unterheben. Die Masse sofort auf den Boden geben und glatt streichen. Kuchen 2–3 Stunden kalt stellen.

7. Die halbierten Erdbeeren dekorativ auf der Creme verteilen. Schokoladenriegel in schräge Stücke schneiden und mit auf die Schnitten legen. Die Schnitten mit Zitronenmelisse garnieren.

Erdbeer-Rhabarber-Reiskuchen |

Fruchtig

Insgesamt:
E: 123 g, F: 425 g, Kh: 703 g, kJ: 29972, kcal: 7142

Für den All-in-Teig:

175 g Weizenmehl
3 gestr. TL Dr. Oetker Backin
175 g Zucker
1 Pck. Dr. Oetker Vanillin-Zucker
4 Eier (Größe M)
175 g Butter oder Margarine
50 g gemahlene Pistazienkerne

Für die Füllung:

300 g Erdbeeren

Für den Milchreisbelag:

2 Pck. (je 125 g) Süße Mahlzeit Milchreis klassische Art
750 ml (¾ l) Milch
400 g Schlagsahne
2 Pck. Dr. Oetker Sahnesteif

Für den Rhabarberbelag:

250 g Rhabarber
100 ml Wasser
75 g Zucker
6 Blatt weiße Gelatine

Zum Verzieren und Garnieren:

200 g Schlagsahne
1 Pck. Dr. Oetker Vanillin-Zucker
einige Erdbeeren
gehackte Pistazienkerne

Zubereitungszeit: 50 Minuten, ohne Kühlzeit

1. Für den Teig Mehl mit Backpulver mischen und in eine Rührschüssel sieben. Restliche Zutaten hinzufügen und alles mit Handrührgerät mit Rührbesen auf höchster Stufe in etwa 2 Minuten zu einem Teig verarbeiten. Einen Backrahmen (30 x 30 cm), auf ein gefettetes Backblech stellen, Teig einfüllen und glatt streichen. Das Backblech in den vorgeheizten Backofen schieben.

Ober-/Unterhitze: etwa 180 °C
Heißluft: etwa 160 °C
Backzeit: etwa 25 Minuten.

2. Das Backblech mit Backrahmen auf einen Kuchenrost stellen und den Boden darauf erkalten lassen.

3. Für die Füllung Erdbeeren abspülen, abtropfen lassen, putzen, halbieren und auf dem Gebäckboden verteilen.

4. Für den Milchreisbelag beide Päckchen Milchreis nach Packungsanleitung, aber nur mit 750 ml Milch zubereiten und erkalten lassen. Anschließend Sahne mit Sahnesteif steif schlagen, und unter den Milchreis heben. Die Creme auf den Erdbeeren im Backrahmen verteilen. Die Torte etwa 1 Stunde kalt stellen.

5. In der Zwischenzeit Rhabarber waschen, abtrocknen, abziehen, in Stücke schneiden und mit dem Wasser zum Kochen bringen. Rhabarber so lange kochen, bis er zerfällt. Zucker unterrühren. Gelatine nach Packungsanleitung einweichen, anschließend leicht ausdrücken und in der heißen Rhabarbermasse unter Rühren auflösen. Rhabarbermasse abkühlen lassen, vorsichtig auf dem Milchreisbelag verteilen und die Torte nochmals 1–2 Stunden kalt stellen.

6. Vor dem Servieren den Backrahmen lösen und entfernen. Zum Verzieren und Garnieren Sahne mit Vanillin-Zucker steif schlagen, in einen Spritzbeutel mit Lochtülle füllen und Spiralen auf die Oberfläche spritzen. Den Kuchen mit Erdbeeren und Pistazien garnieren.

Erdbeer-Wraps | Mit Alkohol

Insgesamt:
E: 45 g, F: 89 g, Kh: 226 g, kJ: 8093, kcal: 1934

Für den Biskuitteig:
3 Eier (Größe M)
1 Eigelb (Größe M)
50 g Zucker
1 Pck. Dr. Oetker Vanillin-Zucker
1 Pck. Dr. Oetker Finesse Geriebene Zitronenschale
60 g Weizenmehl
1 Msp. Dr. Oetker Backin

Für die Füllung:
200 g Erdbeeren
1 Becher (150 g) Crème fraîche
250 ml (¼ l) Milch
2 Pck. Saucenpulver Vanille-Geschmack ohne Kochen
50 ml Eierlikör

Zum Verzieren und Bestäuben:
30 g Zartbitter-Schokolade
1 EL Puderzucker

Zubereitungszeit: 50 Minuten, ohne Kühlzeit

1. Für den Teig Eier und Eigelb mit Handrührgerät mit Rührbesen auf höchster Stufe in 1 Minute schaumig schlagen. Zucker, Vanillin-Zucker und Zitronenschale mischen, in 1 Minute einstreuen, dann noch etwa 2 Minuten weiterschlagen.

2. Mehl mit Backpulver mischen, auf die Eiercreme sieben und kurz auf niedrigster Stufe unterrühren. Den Teig auf ein Backblech (30 x 40 cm, gefettet, mit Backpapier belegt) streichen und das Backblech in den vorgeheizten Backofen schieben.

Ober-/Unterhitze: etwa 200 °C
Heißluft: etwa 180 °C
Backzeit: 8–10 Minuten.

3. Das Gebäck sofort mit einem Messer vom Rand lösen, auf ein mit Zucker bestreutes Backpapier stürzen, mitgebackenes Backpapier vorsichtig abziehen und die Platte erkalten lassen.

4. Für die Füllung Erdbeeren waschen, abtropfen lassen, putzen und in kleine Würfel schneiden. Crème fraîche mit Milch und Saucenpulver gut verrühren und Eierlikör dazugeben. Erdbeerwürfel unterheben. Die Masse auf die erkaltete Gebäckplatte streichen, die Platte in 6 Rechtecke schneiden und die Rechtecke aufrollen. Die Wraps kalt stellen.

5. Zum Verzieren Schokolade grob hacken, in einem Topf im Wasserbad bei schwacher Hitze geschmeidig rühren und auf die Wraps sprenkeln. Die Schokolade fest werden lassen und vor dem Servieren die Wraps mit Puderzucker bestäuben.

Erdnuss-Nougat-Kuchen |

Beliebt – für Kinder

Insgesamt:
E: 133 g, F: 405 g, Kh: 678 g, kJ: 28633, kcal: 6836

Zum Vorbereiten:
125 g Butter oder Margarine
1 Pck. (150 g) Erdnüsse und Cashewkerne im Honigmantel

Für den Schüttelteig:
300 g Weizenmehl
3 gestr. EL Kakaopulver
4 gestr. TL Dr. Oetker Backin
100 g Zucker
1 Pck. Dr. Oetker Vanillin-Zucker
4 Eier (Größe M)
100 ml Milch
200 g Schlagsahne

Für den Belag:
400 g Nuss-Nougat-Creme
½ Pck. (75 g) Erdnüsse und Cashewkerne im Honigmantel

Zubereitungszeit: 20 Minuten

1. Zum Vorbereiten Butter oder Margarine in einem Topf zerlassen und abkühlen lassen. Nussmischung hacken.

2. Für den Teig Mehl mit Kakaopulver und Backpulver mischen, in die Schüssel sieben und mit Zucker und Vanillin-Zucker vermengen. Eier, Milch, Sahne, flüssige Butter oder Margarine und Nussmischung hinzufügen und die Schüssel mit dem Deckel fest verschließen.

3. Schüssel mehrmals kräftig schütteln (insgesamt 15–30 Sekunden), so dass alle Zutaten gut vermischt sind. Alles mit einem Schneebesen oder Rührlöffel nochmals sorgfältig durchrühren, damit trockene Zutaten vom Rand mit untergerührt werden.

4. Den Teig auf ein Backblech (30 x 40 cm, gefettet) geben und glatt streichen. Das Backblech in den vorgeheizten Backofen schieben.

Ober-/Unterhitze: etwa 200 °C
Heißluft: etwa 180 °C
Backzeit: 25–30 Minuten.

5. Das Backblech auf einen Kuchenrost stellen und den Kuchen darauf erkalten lassen. Für den Belag die Nuss-Nougat-Creme auf dem Kuchen verteilen und wellenartig verstreichen. Den Kuchen in Stücke schneiden und mit der Nussmischung bestreuen.

Espresso-Ecken | Für Gäste

Insgesamt:
E: 110 g, F: 299 g, Kh: 803 g, kJ: 26525, kcal: 6331

Zum Vorbereiten:
1 Pck. Gala Pudding-Pulver Karamell
50 g Zucker
500 ml (½ l) Milch

Für die Streusel:
300 g Weizenmehl
150 g Zucker
1 Pck. Dr. Oetker Vanillin-Zucker
200 g weiche Butter oder Margarine
2 Pck. Instant-Espressopulver (je 2 g)

Für den Knetteig:
100 g Weizenmehl
25 g Zucker
1 Pck. Dr. Oetker Vanillin-Zucker
1 Prise Salz
1 Ei (Größe M)
50 g weiche Butter oder Margarine

Für den Hefeteig:
250 g Weizenmehl
1 Pck. Dr. Oetker Trockenbackhefe
25 g Zucker
1 Pck. Dr. Oetker Vanillin-Zucker
1 Prise Salz
1 Ei (Größe M)
50 g zerlassene abgekühlte Butter oder Margarine
125 ml (⅛ l) lauwarme Milch

Zubereitungszeit: 45 Minuten, ohne Kühl- und Teiggehzeit

1. Zum Vorbereiten aus Pudding-Pulver, Zucker und Milch nach Packungsanleitung einen Pudding zubereiten. Pudding in eine Schüssel geben, sofort Frischhaltefolie direkt auf die Oberfläche des heißen Puddings legen und erkalten lassen.

2. Für die Streusel Mehl in eine Rührschüssel sieben und Zucker, Vanillin-Zucker, Butter oder Margarine

und Espressopulver hinzufügen. Die Zutaten mit Handrührgerät mit Rührbesen zunächst kurz auf niedrigster, dann auf höchster Stufe zu Streuseln von gewünschter Größe verarbeiten.

3. Für den Knetteig Mehl in eine Rührschüssel sieben. Restliche Zutaten hinzufügen und mit Handrührgerät mit Rührbesen zunächst kurz auf niedrigster, dann auf höchster Stufe zu einem Teig verarbeiten.

4. Für den Hefeteig Mehl in eine Rührschüssel sieben und mit der Hefe sorgfältig vermischen. Restliche Zutaten hinzufügen und mit Handrührgerät mit Knethaken zunächst auf niedrigster, dann auf höchster Stufe in etwa 5 Minuten zu einem Teig verarbeiten. Den Teig zugedeckt so lange an einem warmen Ort stehen lassen, bis er sich sichtbar vergrößert hat.

5. Den Knetteig zum Hefeteig geben und mit Handrührgerät mit Knethaken gut verkneten. Den Teig auf einem Backblech (30 x 40 cm, gefettet) ausrollen. Puddingmasse glatt rühren und auf den Teig streichen. Streusel gleichmäßig darauf verteilen. Das Backblech in den vorgeheizten Backofen schieben.

Ober-/Unterhitze: etwa 180 °C
(mittlere Einschubleiste)
Heißluft: etwa 160 °C
Backzeit: etwa 25 Minuten.

6. Das Backblech auf einen Kuchenrost stellen und den Kuchen erkalten lassen. Anschließend in 16 Rechtecke schneiden und diese diagonal teilen.

Exotischer Litschikuchen | Für Gäste

Insgesamt:
E: 209 g, F: 543 g, Kh: 782 g, kJ: 37069, kcal: 8879

Zum Vorbereiten:
100 g Kokosraspel

Für den All-in-Teig:
160 g Weizenmehl
40 g Speisestärke
3 gestr. TL Dr. Oetker Backin
200 g Puderzucker
1 Pck. Dr. Oetker Vanillin-Zucker
200 ml Speiseöl, z. B. Sonnenblumenöl
130 ml Kokosnuss-Creme (aus der Dose)
4 Eier (Größe M)

Für den Quark-Belag:
2 Dosen Litschis (Abtropfgewicht je 225 g)
2 Dosen Mandarinen (Abtropfgewicht je 175 g)
2 Pck. Quarkfein Zitrone
1 kg Speisequark (Magerstufe)
200 ml Kokosnuss-Creme (aus der Dose)

Für den Guss:
1 Pck. Tortenguss, klar
2 EL Zucker
250 ml (¼ l) Litschisaft (aus der Dose)

Zubereitungszeit: etwa 35 Minuten, ohne Abkühlzeit

1. Zum Vorbereiten Kokosraspel in einer Pfanne ohne Fett goldgelb rösten und auf einem Teller erkalten lassen.

2. Für den Teig Mehl mit Speisestärke, Backpulver und Puderzucker mischen und in eine Rührschüssel sieben. Vanillin-Zucker, Speiseöl, Kokosnuss-Creme, Eier und geröstete Kokosraspel hinzufügen. Die Zutaten mit Handrührgerät mit Rührbesen zunächst kurz auf niedrigster, dann auf höchster Stufe in etwa 2 Minuten zu einem glatten Teig verarbeiten.

3. Den Teig in eine Fettfangschale (30 x 40 cm, gefettet) oder auf ein Backblech (30 x 40 cm, gefettet) mit hohem Rand (etwa 2 cm) geben und glatt streichen. Die Fettfangschale oder das Backblech in den vorgeheizten Backofen schieben.

Ober-/Unterhitze: etwa 180 °C (mittlere Einschubleiste)
Heißluft: etwa 160 °C
Backzeit: etwa 25 Minuten.

4. Das Backblech auf einen Kuchenrost stellen und den Gebäckboden erkalten lassen.

5. Für den Belag Litschis und Mandarinen getrennt auf je einem Sieb gut abtropfen lassen, den Litschisaft dabei auffangen und 250 ml (¼ l) davon abmessen.

6. Quarkfein mit Quark und Kokosnuss-Creme nach Packungsanleitung (aber statt Milch Kokosnuss-Creme verwenden) zubereiten.

7. Die Creme auf den Boden geben und glatt streichen. Einen Teil der Litschis (evtl. halbiert) als „Rahmen" auf die Creme legen. Die restlichen Litschis und Mandarinen in der Mitte verteilen.

8. Für den Guss aus Tortengusspulver, Zucker und Litschisaft nach Packungsanleitung einen Guss zubereiten und auf den Früchten verteilen. Guss fest werden lassen.

Tipp: Statt Mandarinen können auch Ananasscheiben oder -stücke aus der Dose oder frische Erdbeeren verwendet werden.

Fanta-Fantastisch-Schnitten* I

Für Kinder

Insgesamt:
E: 84 g, F: 283 g, Kh: 517 g, kJ: 20994, kcal: 5006

Für den Biskuitteig:

4 Eier (Größe M)
2 EL heißes Wasser, 100 g Zucker
1 Pck. Dr. Oetker Vanillin-Zucker
100 g Weizenmehl, 50 g Speisestärke
1 gestr. TL Dr. Oetker Backin

Für den Belag:

2 Pck. Aranca Zitronen-Geschmack (Dessertpulver)
300 ml Fanta Orange (Limonade)
400 g Schlagsahne
600 g frische gemischte Beeren (z.B. Erdbeeren, Himbeeren, Brombeeren)

Zum Garnieren:

6 Blatt weiße Gelatine
500 ml (½ l) Fanta Orange
400 g Schlagsahne
2 Pck. Dr. Oetker Sahnesteif

Zubereitungszeit: 65 Minuten, ohne Kühlzeit

1. Für den Teig Eier und Wasser mit Handrührgerät mit Rührbesen auf höchster Stufe in 1 Minute schaumig schlagen. Zucker und Vanillin-Zucker mischen, in 1 Minute unter Rühren einstreuen, dann noch 2 Minuten weiterschlagen. Mehl mit Speisestärke und Backpulver mischen, auf die Eiercreme sieben und kurz auf niedrigster Stufe unterrühren.

2. Den Teig auf ein Backblech (30 x 40 cm, gefettet) geben und glatt streichen. Das Backblech in den vorgeheizten Backofen schieben.

Ober-/Unterhitze: etwa 200 °C
Heißluft: etwa 180 °C
Backzeit: etwa 15 Minuten.

3. Das Backblech auf einen Kuchenrost stellen und die Biskuitplatte darauf erkalten lassen. Anschließend einen Backrahmen darumstellen.

4. Für den Belag das Dessertpulver nach Packungsanleitung, jedoch nur mit der Limonade (ohne Joghurt) zubereiten. Sahne steif schlagen und unterheben. Die Creme kalt stellen.

5. Beeren verlesen, waschen, abtropfen lassen, entstielen und trockentupfen. Die Hälfte der Creme auf die Biskuitplatte geben und glatt streichen. Vorbereitete Beeren darauf verteilen. Restliche Creme auf den Beeren verstreichen. Den Kuchen 2–3 Stunden kalt stellen.

6. Zum Garnieren in der Zwischenzeit Gelatine nach Packungsanleitung einweichen. Anschließend Gelatine leicht ausdrücken und mit 3 Esslöffeln von der Limonade in einem kleinen Topf bei schwacher Hitze unter Rühren auflösen. Dann die Mischung unter die restliche Limonade rühren. Die Flüssigkeit in eine flache Schüssel füllen und kalt stellen, bis sie fest geworden ist.

7. Sahne mit Sahnesteif steif schlagen, in einen Spritzbeutel mit Lochtülle füllen und ein großes Gittermuster auf die Kuchenoberfläche spritzen. Backrahmen lösen und entfernen. Das Limonaden-Gelee aus der Schüssel stürzen und in Würfel schneiden. Geleewürfel in den Zwischenräumen des Sahnegitters verteilen. Den Kuchen in Schnitten teilen und bis zum Servieren kalt stellen.

*Rezept nicht durch Coca-Cola autorisiert.

Fanta-Schnitten mit Roter Grütze* I

Raffiniert – für Kinder

Insgesamt:
E: 91 g, F: 452 g, Kh: 845 g, kJ: 32774, kcal: 7808

Für den Rührteig:

4	*Eier (Größe M)*
250 g	*Zucker*
1 Pck.	*Dr. Oetker Vanillin-Zucker*
125 ml (1/8 l)	*Speiseöl*
150 ml	*Fanta Orange (Limonade)*
250 g	*Weizenmehl*
3 gestr. TL	*Dr. Oetker Backin*

Für den Belag:

2 Dosen	*Pfirsichhälften (Abtropfgewicht je 470 g)*
600 g	*Schlagsahne*
3 Pck.	*Dr. Oetker Sahnesteif*
5 Pck.	*Dr. Oetker Vanillin-Zucker*
500 g	*Schmand (Sauerrahm)*
1 Becher (500 g)	*Rote Grütze (aus dem Kühlregal)*

Zubereitungszeit: 35 Minuten, ohne Kühlzeit

1. Für den Teig Eier, Zucker und Vanillin-Zucker mit Handrührgerät mit Rührbesen auf höchster Stufe schaumig schlagen. Speiseöl und Limonade unterrühren.

2. Mehl mit Backpulver mischen, sieben und in 2 Portionen kurz auf mittlerer Stufe unterrühren. Den Teig auf ein Backblech (30 x 40 cm, gefettet) geben und glatt streichen. Das Backblech in den vorgeheizten Backofen schieben.

Ober-/Unterhitze: etwa 180 °C
Heißluft: etwa 160 °C
Backzeit: etwa 25 Minuten.

3. Das Backblech auf einen Kuchenrost stellen und den Gebäckboden darauf erkalten lassen.

4. Für den Belag Pfirsichhälften in einem Sieb abtropfen lassen und in kleine Stücke schneiden. Sahne mit Sahnesteif und 3 Päckchen des Vanillin-Zuckers steif schlagen.

5. Schmand mit dem restlichen Vanillin-Zucker verrühren. Pfirsichstücke unter den Schmand rühren und die Sahne locker unterheben. Die Masse gleichmäßig auf den Gebäckboden geben und glatt streichen. Den Kuchen 2–3 Stunden kalt stellen.

6. Kurz vor dem Servieren mit Hilfe eines Teelöffels Rote Grütze in Klecksen auf dem Belag verteilen.

*Rezept nicht durch Coca-Cola autorisiert.

Feuerwehrkuchen

Für Kinder – raffiniert

Insgesamt:
E: 129 g, F: 617 g, Kh: 1013 g, kJ: 42504, kcal: 10144

Zum Vorbereiten:
2 Gläser Sauerkirschen (Abtropfgewicht je 350 g)

Für den Knetteig:
400 g Weizenmehl
1 gestr. TL Dr. Oetker Backin
120 g Zucker
1 Prise Salz
2 Eier (Größe M)
175 g weiche Butter oder Margarine

Für den Belag:
2 Pck. Dr. Oetker Pudding-Pulver Vanille-Geschmack
4 EL Zucker
500 ml (½ l) Milch

Für die Streusel:
150 g Weizenmehl
150 g Zucker
1 Pck. Dr. Oetker Vanillin-Zucker
150 g gemahlene Haselnusskerne
200 g weiche Butter

Zum Verzieren und Bestreuen:
500 g Schlagsahne
2 Pck. Dr. Oetker Sahnesteif
geschabte Vollmilch- oder Zartbitter-Schokolade

Zubereitungszeit: 30 Minuten, ohne Abkühlzeit

1. Zum Vorbereiten Sauerkirschen auf einem Sieb gut abtropfen lassen.

2. Für den Teig Mehl mit Backpulver mischen und in eine Rührschüssel sieben. Zucker, Salz, Eier und Butter oder Margarine hinzufügen und die Zutaten mit Handrührgerät mit Rührbesen zunächst kurz auf niedrigster, dann auf höchster Stufe gut durcharbeiten.

3. Anschließend auf der bemehlten Arbeitsfläche zu einem glatten Teig verkneten. Sollte er kleben, ihn in Folie gewickelt eine Zeit lang kalt stellen. Den Teig auf einem Backblech (30 x 40 cm, gefettet) ausrollen und den Teigboden mehrmals mit einer Gabel einstechen.

4. Für den Belag aus 2 Päckchen Pudding-Pulver, Zucker und Milch nach Packungsanleitung – aber nur mit 500 ml (½ l) Milch – einen Pudding zubereiten. Sauerkirschen unter den Pudding heben. Die Masse auf dem Teig verteilen.

5. Für die Streusel Mehl in eine Rührschüssel sieben, mit Zucker, Vanillin-Zucker und Haselnusskernen mischen und Butter hinzufügen. Die Zutaten mit Handrührgerät mit Rührbesen zu Streuseln von gewünschter Größe verarbeiten. Teigstreusel gleichmäßig auf der Kirsch-Pudding-Masse verteilen. Das Backblech in den vorgeheizten Backofen schieben.

Ober-/Unterhitze: etwa 180 °C
(mittlere Einschubleiste)
Heißluft: etwa 160 °C
Backzeit: etwa 50 Minuten.

6. Das Backblech auf einen Kuchenrost stellen. Den Kuchen erkalten lassen und in Stücke schneiden.

7. Zum Verzieren und Bestreuen Sahne mit Sahnesteif steif schlagen. Die Sahne mit einem Esslöffel auf die Kuchenstücke „klecksen" und mit Schokolade bestreuen.

Fliesenkuchen | Für Kinder

Insgesamt:
E: 107 g, F: 487 g, Kh: 731 g, kJ: 33085, kcal: 7903

Für den Rührteig:
150 g weiche Butter oder Margarine
150 g Zucker
1 Pck. Dr. Oetker Vanillin-Zucker
1 Prise Salz
3 Eier (Größe M)
200 g Weizenmehl
2 gestr. TL Dr. Oetker Backin

Für die Puddingcreme:
2 Pck. Dr. Oetker Pudding-Pulver Vanille-Geschmack
50 g Zucker
500 ml (½ l) Milch
2 Eigelb (Größe M)
250 g Schlagsahne
2 Eiweiß (Größe M)

Zum Bestreichen und Belegen:
600 g Schlagsahne
4–5 EL Zitronensaft
3 Pck. Dr. Oetker Vanillin-Zucker
3 Pck. Dr. Oetker Sahnesteif
etwa 30 Butterkekse

Für den Guss:
100 g Puderzucker
1 EL Wasser oder Zitronensaft

Zubereitungszeit: 50 Minuten

1. Für den Teig Butter oder Margarine mit Handrührgerät mit Rührbesen auf höchster Stufe geschmeidig rühren. Nach und nach Zucker, Vanillin-Zucker und Salz unterrühren und so lange rühren, bis eine gebundene Masse entstanden ist.

2. Die Eier nach und nach unterrühren (jedes Ei etwa ½ Minute). Mehl mit Backpulver mischen, sieben und in 2 Portionen auf mittlerer Stufe unterrühren. Einen Backrahmen auf ein gefettetes Backblech (30 x 40 cm) stellen. Den Teig einfüllen und glatt streichen. Das Backblech in den vorgeheizten Backofen schieben.

Ober-/Unterhitze: etwa 180 °C
Heißluft: etwa 160 °C
Backzeit: etwa 20 Minuten.

3. Für die Puddingcreme Pudding-Pulver mit Zucker mischen und mit etwas Milch und dem Eigelb anrühren. Die übrige Milch mit der Sahne zum Kochen bringen. Das angerührte Pudding-Pulver unter Rühren hinzufügen und wieder zum Kochen bringen. Alles unter Rühren gut aufkochen lassen. Den Topf von der Kochstelle nehmen.

4. Das Eiweiß steif schlagen und sofort unterheben. Die warme Puddingcreme auf dem noch warmen Kuchen verteilen. Kuchen auf einen Kuchenrost stellen und erkalten lassen.

5. Zum Bestreichen Sahne ½ Minute aufschlagen, dann Zitronensaft, Vanillin-Zucker und Sahnesteif unterrühren und die Sahne ganz steif schlagen. Sahne auf der Puddingcreme verteilen, glatt streichen und mit Butterkeksen belegen.

6. Für den Guss Puderzucker mit Wasser oder Zitronensaft verrühren. Die Kekse in der Mitte mit Guss bestreichen. Kuchen kalt stellen.

Tipp: Der Kuchen muss eine Weile stehen, damit die Butterkekse weich werden und schnittfähig sind. Den Kuchen maximal 1 Tag vor dem Verzehr zubereiten, da die Kekse sonst durchweichen.

Flockenschnitten mit Marshmallows | Für Kinder

Insgesamt:
E: 100 g, F: 233 g, Kh: 524 g, kJ: 19907, kcal: 4759

Für den Rührteig:

150 g Butter oder Margarine
120 g Zucker, 1 Prise Salz
2 Eier (Größe M)
120 g Weizenmehl
1 gestr. TL Dr. Oetker Backin
1 Msp. gemahlener Zimt
100 g zarte Haferflocken

Für den Belag:

10 Blatt weiße Gelatine
500 g frische Erdbeeren
750 g Erdbeerjoghurt
1–2 EL Zucker
200 g Schlagsahne
100 g kleine Marshmallows oder gewürfelter Hamburger Speck

Zubereitungszeit: 40 Minuten, ohne Kühlzeit

1. Für den Teig Butter oder Margarine mit Handrührgerät mit Rührbesen auf höchster Stufe geschmeidig rühren. Nach und nach Zucker und Salz unterrühren. So lange rühren, bis eine gebundene Masse entstanden ist.

2. Eier nach und nach unterrühren (jedes Ei etwa ½ Minute). Mehl mit Backpulver und Zimt mischen, sieben und auf mittlerer Stufe kurz unterrühren. Zuletzt Haferflocken unterheben.

3. Teig auf ein Backblech (30 x 40 cm, gefettet) geben, glatt streichen. Backblech in den vorgeheizten Backofen schieben.

Ober-/Unterhitze: etwa 200 °C
Heißluft: etwa 180 °C
Backzeit: 20–25 Minuten.

4. Das Backblech auf einen Kuchenrost stellen und den Kuchen darauf erkalten lassen. Anschließend einen Backrahmen um den Kuchen stellen.

5. Für den Belag Gelatine nach Packungsanleitung einweichen. Erdbeeren waschen, abtropfen lassen, entstielen, vierteln oder in Stücke schneiden. Joghurt mit Zucker verrühren.

6. Gelatine leicht ausdrücken und in einem kleinen Topf bei schwacher Hitze unter Rühren auflösen. Zuerst 3 Esslöffel des Joghurts unter die Gelatine rühren, dann den restlichen Joghurt unterrühren und die Masse kalt stellen.

7. Sobald die Joghurtmasse beginnt dicklich zu werden, Sahne steif schlagen und unterheben. Die Joghurtcreme auf den Kuchen geben und glatt streichen. Erdbeeren und Marshmallows darauf verteilen und leicht andrücken. Den Kuchen etwa 2 Stunden kalt stellen.

8. Vor dem Servieren den Backrahmen vorsichtig mit einem Messer lösen und entfernen. Den Kuchen in Stücke schneiden.

Tipp: Den Belag nach Belieben zusätzlich mit etwas Speisefarbe orange einfärben.

Florentinerkuchen | Einfach – mit Alkohol

Insgesamt:
E: 73 g, F: 282 g, Kh: 544 g, kJ: 21076, kcal: 5033

Für den All-in-Teig:

250 g	*Weizenmehl*
2 gestr. TL	*Dr. Oetker Backin*
150 g	*Zucker*
3	*Eier (Größe M)*
150 ml	*Speiseöl*
2 EL	*Rum*

Für den Belag:

150 g	*Schlagsahne*
150 g	*Zucker*
100 g	*Früchte-Mix*
1 Pck. (100 g)	*abgezogene, gehobelte Mandeln*

Zubereitungszeit: 25 Minuten

1. Für den Teig Mehl mit Backpulver mischen und in eine Rührschüssel sieben. Zucker, Eier, Speiseöl und Rum hinzufügen. Die Zutaten mit Handrührgerät mit Rührbesen zunächst kurz auf niedrigster, dann auf höchster Stufe in etwa 1 Minute zu einem glatten Teig verarbeiten.

2. Den Teig auf ein Backblech (30 x 40 cm, gefettet) geben und glatt streichen. Das Backblech in den vorgeheizten Backofen schieben und den Boden vorbacken.

Ober-/Unterhitze: etwa 180 °C
Heißluft: etwa 160 °C
Backzeit: etwa 15 Minuten.

3. Das Backblech auf einen Kuchenrost stellen. Für den Belag Sahne und Zucker in einem kleinen Topf kurz aufkochen lassen. Früchte-Mix und Mandeln unterrühren. Die Masse auf dem vorgebackenen Boden verteilen. Das Backblech wieder in den heißen Backofen schieben und den Kuchen fertig backen.

Ober-/Unterhitze: etwa 180 °C
Heißluft: etwa 160 °C
Backzeit: etwa 15 Minuten.

4. Das Backblech auf einen Kuchenrost stellen. Den Kuchen erkalten lassen und in beliebig große Stücke schneiden.

Tipp: Statt Früchte-Mix können auch 100 g gehobelte Haselnusskerne und 50 g klein geschnittene Belegkirschen verwendet werden. Das Gebäck in kleine Stücke schneiden und in einer gut schließenden Dose aufbewahren.

Freiburger Apfelkuchen | Für Gäste

Insgesamt:
E: 108 g, F: 347 g, Kh: 850 g, kJ: 29180, kcal: 6975

Für den Knetteig:
375 g Weizenmehl
1 gestr. TL Dr. Oetker Backin
75 g Zucker
1 Pck. Dr. Oetker Vanillin-Zucker
1 Ei (Größe M)
250 g Butter oder Margarine

Für den Belag:
2 kg säuerliche Äpfel
75 g Zucker
75 g Rosinen
1 gestr. TL gemahlener Zimt
75 g gehobelte Haselnusskerne
evtl. etwas Zucker

Für den Guss:
4 Zwieback
4 Eigelb (Größe M)
125 g Zucker
1 Pck. Dr. Oetker Vanillin-Zucker
250 g saure Sahne
4 Eiweiß (Größe M)

25 g gehobelte Haselnusskerne

Zubereitungszeit: 60 Minuten, ohne Abkühlzeit

1. Für den Teig Mehl mit Backpulver mischen und in eine Rührschüssel sieben. Zucker, Vanillin-Zucker, Ei und Butter oder Margarine hinzufügen. Die Zutaten mit Handrührgerät mit Knethaken zunächst kurz auf niedrigster, dann auf höchster Stufe gut durcharbeiten.

2. Anschließend den Teig auf der leicht bemehlten Arbeitsfläche kurz verkneten. Sollte er kleben, ihn in Folie gewickelt eine Zeit lang kalt stellen.

3. Den Teig auf einem Backblech (30 x 40 cm, gefettet) ausrollen und mehrmals mit einer Gabel einstechen. Das Backblech in den vorgeheizten Backofen schieben und den Boden vorbacken.

Ober-/Unterhitze: etwa 200 °C
Heißluft: etwa 180 °C
Backzeit: etwa 15 Minuten.

4. Das Backblech auf einen Kuchenrost stellen und etwas abkühlen lassen.

5. Für den Belag Äpfel schälen, vierteln, entkernen und in kleine Stücke schneiden. Apfelstücke mit Zucker, Rosinen und Zimt in einem Topf unter Rühren andünsten und abkühlen lassen. Haselnusskerne unterrühren und die Masse evtl. mit Zucker abschmecken. Die Apfelmasse auf dem vorgebackenen Gebäckboden verteilen.

6. Für den Guss Zwieback fein reiben. Eigelb mit Zucker und Vanillin-Zucker schaumig schlagen. Geriebenen Zwieback und saure Sahne unterrühren. Eiweiß steif schlagen und unterheben. Den Guss gleichmäßig auf der Apfelmasse verteilen. Haselnusskerne darauf streuen. Das Backblech wieder in den Backofen schieben und den Kuchen **bei der oben angegebenen Backofeneinstellung in etwa 30 Minuten fertig backen.**

Fress-mich-dumm-Kuchen I

Gut vorzubereiten

Insgesamt:
E: 80 g, F: 555 g, Kh: 512 g, kJ: 30958, kcal: 7401

Für den Knetteig:

250 g	*Weizenmehl*
3 gestr. TL	*Dr. Oetker Backin*
100 g	*Zucker*
1 Prise	*Salz*
je 3 Tropfen	*Butter-Vanille- und Bittermandel-Aroma*
1	*Ei*
150 g	*Butter oder Margarine*

Für die Buttercreme:

½ Pck.	*Dr. Oetker Pudding-Pulver Vanille-Geschmack*
50 g	*Zucker*
250 ml (¼ l)	*Milch*
125 g	*Butter*
25 g	*Kokosfett*

Für den Belag:

250 g	*grob gehackte Walnusskerne*
125 g	*Butter*
100 g	*Zucker*
50 g	*Zartbitter-Kuvertüre*

Zubereitungszeit: 35 Minuten

1. Für den Teig Mehl mit Backpulver mischen und in eine Rührschüssel sieben. Zucker, Salz, Aromen, Ei und Butter oder Margarine hinzufügen. Die Zutaten mit Handrührgerät mit Knethaken zunächst kurz auf niedrigster, dann auf höchster Stufe gut durcharbeiten.

2. Anschließend den Teig auf der leicht bemehlten Arbeitsfläche kurz verkneten. Sollte er kleben, ihn eine Zeit lang kalt stellen. Den Teig auf einem gefetteten Backblech etwa ½ cm dick zu einem Quadrat (etwa 30 x 30 cm) ausrollen und mehrmals mit einer Gabel einstechen. Das Backblech in den vorgeheizten Backofen schieben.

Ober-/Unterhitze: etwa 200 °C
Heißluft: etwa 180 °C
Backzeit: 15–20 Minuten.

3. Den Boden auf dem Backblech auf einem Kuchenrost erkalten lassen.

4. Für die Buttercreme aus Pudding-Pulver, Zucker und Milch nach Packungsanleitung einen Pudding zubereiten und unter gelegentlichem Umrühren erkalten lassen (nicht kalt stellen).

5. Butter und Kokosfett zerlassen, etwas abkühlen lassen und unter Rühren zu dem Pudding geben. Die Creme gut verrühren und auf dem erkalteten Boden verstreichen.

6. Für den Belag die Walnusskerne in einer Pfanne mit Butter und Zucker rösten und noch warm auf der Creme verteilen. Die Kuvertüre in einem kleinen Topf im Wasserbad bei schwacher Hitze unter Rühren schmelzen lassen. Kuvertüre in einen Gefrierbeutel geben, eine Ecke abschneiden und den Kuchen mit der Kuvertüre besprenkeln.

Tipp: Den Kuchen am Vortag zubereiten und zugedeckt gut durchziehen lassen. So schmeckt er besonders gut.

Friesischer Streuselkuchen I

Gut vorzubereiten

Insgesamt:
E: 49 g, F: 350 g, Kh: 491 g, kJ: 22163, kcal: 5294

Für den Knetteig:

175 g Weizenmehl
1 Msp. Dr. Oetker Backin
1 Pck. Dr. Oetker Vanillin-Zucker
100 g Crème fraîche
125 g Butter oder Margarine

Für den Streuselteig:

100 g Weizenmehl
50 g Zucker
1 Pck. Dr. Oetker Vanillin-Zucker
1 Msp. gemahlener Zimt
65 g Butter oder Margarine

Für die Füllung:

300 g Pflaumenmus
500 g Schlagsahne
2 Pck. Dr. Oetker Sahnesteif
25 g Zucker
1 Pck. Dr. Oetker Vanillin-Zucker

Zum Bestäuben:

Puderzucker

Zubereitungszeit: 50 Minuten, ohne Kühlzeit

1. Für den Knetteig Mehl mit Backpulver mischen und in eine Rührschüssel sieben. Vanillin-Zucker, Crème fraîche und Butter oder Margarine hinzufügen und die Zutaten mit Handrührgerät mit Knethaken zunächst kurz auf niedrigster, dann auf höchster Stufe gut durcharbeiten.

2. Anschließend auf der bemehlten Arbeitsfläche zu einem glatten Teig verkneten. Sollte er kleben, ihn in Folie gewickelt eine Zeit lang kalt stellen.

3. Den Teig auf einem Backblech (30 x 40 cm, gefettet, mit Backpapier belegt) ausrollen und den Teigboden mehrmals mit einer Gabel einstechen.

4. Für den Streuselteig Mehl in eine Rührschüssel sieben und mit Zucker, Vanillin-Zucker und Zimt mischen. Butter oder Margarine hinzufügen und die Zutaten mit Handrührgerät mit Knethaken zu Streuseln von gewünschter Größe verarbeiten. Teigstreusel auf dem Knetteigboden verteilen. Das Backblech in den vorgeheizten Backofen schieben.

Ober-/Unterhitze: etwa 200 °C
Heißluft: etwa 180 °C
Backzeit: etwa 20 Minuten.

5. Den Gebäckboden mit dem Backpapier vom Backblech auf eine Arbeitsfläche ziehen und sofort senkrecht halbieren. Eine Gebäckhälfte in 12 Stücke schneiden. Gebäckstücke und -boden erkalten lassen.

6. Für die Füllung den Gebäckboden mit dem Pflaumenmus bestreichen. Sahne mit Sahnesteif, Zucker und Vanillin-Zucker steif schlagen. Die Sahne in einen Spritzbeutel mit Sterntülle füllen und gleichmäßig auf das Pflaumenmus spritzen. Die 12 Gebäckstücke darauf legen und etwas andrücken.

7. Gebäckstücke bis zum Servieren kalt stellen und am besten mit einem Sägemesser in Schnitten schneiden. Mit Puderzucker bestäuben.

Abwandlung: Die Gebäckplatte mit Hagebuttenmus (aus dem Reformhaus) bestreichen.

Froschkönig-Rolle | Für Kinder

Insgesamt:
E: 78 g, F: 222 g, Kh: 341 g, kJ: 15487, kcal: 3693

Für den Biskuitteig:
4 Eier (Größe M)
1 Eigelb (Größe M)
75 g Zucker
30 g Weizenmehl
1 Pck. Dr. Oetker Pudding-Pulver Vanille-Geschmack
1 gestr. TL Dr. Oetker Backin

Für die Füllung:
4 Blatt weiße Gelatine
1 Glas Stachelbeeren (Abtropfgewicht 195 g)
2 EL Zitronensaft
75 ml Waldmeistersirup
2 EL Zucker
200 g Doppelrahm-Frischkäse
100 ml Stachelbeersaft aus dem Glas
225 g Schlagsahne
1 Becher (125 g) Götterspeise Waldmeister-Geschmack

Zum Bestreichen und Garnieren:
175 g Schlagsahne
1 Pck. Dr. Oetker Vanillin-Zucker
1 Becher (125 g) Götterspeise Waldmeister-Geschmack
einige Fruchtgummifrösche

Zubereitungszeit: 60 Minuten, ohne Kühlzeit

1. Für den Teig Eier und Eigelb mit Handrührgerät mit Rührbesen auf höchster Stufe in 1 Minute schaumig schlagen. Zucker in 1 Minute unter Rühren einstreuen, dann noch 2 Minuten weiterschlagen.

2. Mehl mit Pudding-Pulver und Backpulver mischen, auf die Eiercreme sieben und kurz auf niedrigster Stufe unterrühren. Den Teig auf ein Backblech (30 x 40 cm, gefettet, mit Backpapier belegt) geben und glatt streichen. Backblech in den vorgeheizten Backofen schieben.

Ober-/Unterhitze: etwa 200 °C
Heißluft: etwa 180 °C
Backzeit: 8–10 Minuten.

3. Nach dem Backen Gebäckrand mit einem Messer lösen, Platte auf mit Zucker bestreutes Backpapier stürzen und mitgebackenes Backpapier vorsichtig abziehen. Die Biskuitplatte erkalten lassen.

4. Für die Füllung Gelatine nach Packungsanleitung einweichen. Stachelbeeren in einem Sieb gut abtropfen lassen, Saft dabei auffangen und 100 ml davon abmessen. Zitronensaft mit Sirup, Zucker, Frischkäse und dem abgemessenen Stachelbeersaft verrühren.

5. Gelatine leicht ausdrücken und in einem kleinen Topf bei schwacher Hitze unter Rühren auflösen. Etwas von der Frischkäsemasse in die Gelatine rühren, dann die Mischung zur restlichen Frischkäsemasse geben und gut verrühren. Die Masse kalt stellen.

6. Wenn die Masse beginnt dicklich zu werden, Sahne steif schlagen und unterheben. Götterspeise aus dem Becher stürzen, in Würfel schneiden und ebenfalls unterheben. Die Creme auf die erkaltete Gebäckplatte streichen, Stachelbeeren darauf verteilen und die Platte von der längeren Seite aus aufrollen. Die Rolle 1–2 Stunden kalt stellen.

7. Zum Bestreichen und Garnieren Sahne mit Vanillin-Zucker steif schlagen und die Rolle damit bestreichen. Götterspeise aus dem Becher stürzen, in Würfel schneiden und die Rolle mit Götterspeisewürfeln und Fruchtgummifröschen garnieren.

Fruchtrolle | Einfach

Insgesamt:
E: 52 g, F: 157 g, Kh: 330 g, kJ: 12675, kcal: 3024

Für den Biskuitteig:
- *4 Eier (Größe M)*
- *1 Eigelb (Größe M)*
- *70 g Zucker*
- *1 Pck. Dr. Oetker Vanillin-Zucker*
- *80 g Weizenmehl*
- *1 Msp. Dr. Oetker Backin*

Für die Füllung:
- *1 Pck. Dr. Oetker Pudding-Pulver Vanille-Geschmack*
- *25 g Zucker*
- *400 ml Maracujanektar (Passionsfruchtnektar)*
- *50 ml Zitronensaft*
- *3–4 Kiwis*

Zum Bestreichen und Garnieren:
- *400 g Schlagsahne*
- *2 Pck. Dr. Oetker Sahnesteif*
- *1 EL Zucker*
- *1 Kiwi*

Zubereitungszeit: 35 Minuten, ohne Kühlzeit

1. Für den Teig Eier und Eigelb mit Handrührgerät mit Rührbesen auf höchster Stufe in 1 Minute schaumig schlagen. Zucker und Vanillin-Zucker mischen, in 1 Minute unter Rühren einstreuen, dann noch 2 Minuten weiterschlagen.

2. Mehl mit Backpulver mischen, auf die Eiercreme sieben und kurz auf niedrigster Stufe unterrühren. Den Teig auf ein Backblech (30 x 40 cm, gefettet, mit Backpapier belegt) streichen. Das Backblech in den vorgeheizten Backofen schieben.

Ober-/Unterhitze: etwa 200 °C
Heißluft: etwa 180 °C
Backzeit: etwa 10 Minuten.

3. Die Biskuitplatte sofort nach dem Backen vom Backblechrand lösen, auf ein mit Zucker bestreutes Stück Backpapier stürzen und erkalten lassen. Anschließend das mitgebackene Backpapier unmittelbar vor dem Füllen abziehen.

4. Für die Füllung aus dem Pudding-Pulver nach Packungsanleitung, aber mit den hier angegebenen Mengen Zucker und Nektar einen Pudding zubereiten. Den Pudding in eine Schüssel geben und Zitronensaft unterrühren. Sofort Frischhaltefolie direkt auf den Pudding legen und den Pudding erkalten lassen.

5. Den erkalteten Pudding nochmals kurz durchrühren und auf der Biskuitplatte verteilen, dabei am Rand etwa 1 cm frei lassen. Kiwis schälen und in kleine Stücke schneiden. Kiwistücke auf dem Pudding verteilen. Die Platte vorsichtig von der längeren Seite aus aufrollen. Die Rolle etwa 2 Stunden kalt stellen.

6. Zum Bestreichen Sahne mit Sahnesteif und Zucker steif schlagen. Die Biskuitrolle damit bestreichen und nach Belieben verzieren. Zum Garnieren Kiwi schälen, in Spalten schneiden und die Rolle kurz vor dem Servieren damit garnieren.

Tipp: Die Rolle erst kurz vor dem Servieren mit Kiwis garnieren.

Früchte-Quark-Kuchen | Für Gäste

Insgesamt:
E: 234 g, F: 377 g, Kh: 000 g, kJ: 32015, kcal: 7647

Für den Rührteig:
200 g *weiche Butter oder Margarine*
150 g *Zucker*
1 Pck. *Dr. Oetker Vanillin-Zucker*
3 *Eier (Größe M)*
300 g *Weizenmehl*
2 ½ TL *Dr. Oetker Backin*

Für den Belag:
1–1 ¼ kg *gedünstetes Obst, z. B. Stachelbeeren, Sauerkirschen, Aprikosenhälften*
125 g *Butter*
175 g *Zucker*
1 Pck. *Dr. Oetker Vanillin-Zucker*
4 *Eigelb (Größe M)*
1 kg *Magerquark*
Schale und Saft von
1 *Bio-Zitrone (unbehandelt)*
1 Becher (150 g) *Crème fraîche*
3–4 EL *Weizengrieß*
4 *Eiweiß (Größe M)*

Für den Guss:
2 Pck. *Tortenguss, klar*
4 EL *Zucker*
500 ml (½ l) *Obstsaft von dem gedünsteten Obst*

Zubereitungszeit: etwa 40 Minuten, ohne Abkühlzeit

1. Für den Teig Butter oder Margarine mit Handrührgerät mit Rührbesen auf höchster Stufe geschmeidig rühren. Nach und nach Zucker und Vanillin-Zucker unterrühren und so lange rühren, bis eine gebundene Masse entstanden ist.

2. Eier nach und nach unterrühren (jedes Ei etwa ½ Minute). Mehl mit Backpulver mischen, sieben und in 2 Portionen kurz auf mittlerer Stufe unterrühren.

3. Den Teig in eine Fettfangschale (30 x 40 cm, gefettet) geben und glatt streichen. Die Fettfangschale in den vorgeheizten Backofen schieben und den Boden hellgelb vorbacken.

Ober-/Unterhitze: 180–200 °C
Heißluft: 160–180 °C
Backzeit: etwa 20 Minuten.

4. Für den Belag Obst auf einem Sieb abtropfen lassen, den Saft dabei auffangen und 500 ml (½ l) davon abmessen.

5. Butter geschmeidig rühren. Nach und nach Zucker, Vanillin-Zucker, Eigelb, Quark, Zitronenschale und -saft, Crème fraîche und Grieß unterrühren. Eiweiß steif schlagen und unterheben.

6. Die Masse auf den vorgebackenen Boden geben und glatt streichen. Das Obst darauf verteilen. Die Fettfangschale wieder in den vorgeheizten Backofen schieben und den Kuchen fertig backen.

Ober-/Unterhitze: etwa 180 °C
Heißluft: etwa 160 °C
Backzeit: 40–45 Minuten.

7. Das Backblech auf einen Kuchenrost stellen und den Kuchen erkalten lassen.

8. Für den Guss aus Tortengusspulver, Zucker und Obstsaft nach Packungsanleitung einen Guss zubereiten, auf dem Obst verteilen. Guss fest werden lassen.

Galetta-Bienenstich | Schnell zubereitet

Insgesamt:
E: 65 g, F: 264 g, Kh: 398 g, kJ: 17975, kcal: 4291

Für den Biskuitteig:
4 Eier (Größe M)
150 g Zucker
1 Pck. Dr. Oetker Vanillin-Zucker
1 Pck. Dr. Oetker Finesse Geriebene Zitronenschale
150 g Weizenmehl
15 g Speisestärke
2 gestr. TL Dr. Oetker Backin

Zum Bestreuen:
50 g abgezogene, gehobelte Mandeln
20 g Zucker
30 g Butter

Für die Füllung:
1 Pck. Galetta Vanille-Geschmack (Pudding-Pulver ohne Kochen)
600 g Schlagsahne

Zubereitungszeit: 30 Minuten, ohne Kühlzeit

1. Für den Teig Eier in einer Rührschüssel mit Handrührgerät mit Rührbesen 2 Minuten schaumig rühren. Zucker mit Vanillin-Zucker und Zitronenschale mischen und in 1 Minute unter Rühren unterrühren, dann noch 2 Minuten weiterschlagen.

2. Mehl mit Speisestärke und Backpulver mischen, auf die Eiercreme sieben und kurz auf mittlerer Stufe unterrühren. Danach den Teig auf einem Backblech (30 x 40 cm, gefettet, mit Backpapier belegt) verteilen und vorsichtig verstreichen.

3. Mandeln und Zucker auf die Hälfte des Teiges streuen und Butter in Flöckchen darauf setzen. Das Backblech in den vorgeheizten Backofen schieben.

Ober-/Unterhitze: etwa 200 °C
Heißluft: etwa 180 °C
Backzeit: etwa 12 Minuten.

4. Das Backblech mit Biskuitplatte 5 Minuten auf einem Kuchenrost abkühlen lassen, dann den Rand mit einem Messer lösen und die Biskuitplatte mit dem Backpapier auf die Arbeitsfläche stürzen und das mitgebackene Backpapier ganz vorsichtig abziehen. Den Kuchen erkalten lassen, dann so halbieren, dass 2 Hälften entstehen – eine mit und eine ohne Mandeln.

5. Für die Füllung Pudding-Pulver nach Packungsanleitung, aber mit der angegebenen Menge Sahne aufschlagen und auf der Gebäckhälfte ohne Mandeln verstreichen. Die andere Gebäckhälfte auflegen, so dass die Mandeln oben sind, und etwas andrücken. Den Kuchen 1–2 Stunden kalt stellen.

Tipp: Den Kuchen am besten mit einem elektrischen Messer in Stücke schneiden.

Gedeckter Apfelkuchen | Für Kinder

Insgesamt:
E: 77 g, F: 231 g, Kh: 638 g, kJ: 20692, kcal: 4944

Für die Füllung:
1 ½ kg Äpfel
50 g Zucker
1 Pck. Dr. Oetker Vanillin-Zucker
1 Msp. gemahlener Zimt
30 g Rosinen
50 g Butter
etwa 50 g Zucker

Für den Knetteig:
400 g Weizenmehl
4 gestr. TL Dr. Oetker Backin
70 g Zucker
1 Pck. Dr. Oetker Vanillin-Zucker
2 Eier (Größe M)
4 EL Milch
150 g weiche Butter oder Margarine

Zum Bestreichen:
1 Eigelb
1 EL Milch

Zum Bestreuen:
50 g abgezogene, gehobelte Mandeln

Zubereitungszeit: 50 Minuten, ohne Abkühlzeit

1. Für die Füllung Äpfel waschen, schälen, vierteln, entkernen und in Stifte oder kleine Stücke schneiden, mit Zucker, Vanillin-Zucker, Zimt, Rosinen und Butter unter Rühren leicht dünsten. Apfelmasse etwas abkühlen lassen, mit Zucker abschmecken.

2. Für den Teig Mehl mit Backpulver mischen und in eine Rührschüssel sieben. Restliche Zutaten hinzufügen und mit Handrührgerät mit Knethaken auf höchster Stufe zu einem Teig verarbeiten. Anschließend auf der bemehlten Arbeitsfläche zu einem glatten Teig verkneten und zu einer Rolle formen. Sollte der Teig kleben, ihn in Folie gewickelt eine Zeit lang kalt stellen.

3. Für die Teigdecke knapp die Hälfte des Teiges zu einem Rechteck (etwa 30 x 40 cm) ausrollen und vorsichtig auf Backpapier aufrollen. Restlichen Teig auf einem Backblech (30 x 40 cm, gefettet) ausrollen und Apfelmasse darauf verteilen. Die Teigdecke darauf abrollen, Backpapier entfernen.

4. Zum Bestreichen Eigelb mit Milch verschlagen, die Teigdecke damit bestreichen und mit Mandeln bestreuen. Die Teigdecke mehrmals vorsichtig mit einer Gabel einstechen. Das Backblech in den vorgeheizten Backofen schieben.

Ober-/Unterhitze: etwa 200 °C
Heißluft: etwa 180 °C
Backzeit: etwa 25 Minuten.

5. Das Backblech auf einen Kuchenrost stellen, den Kuchen erkalten lassen und vorsichtig vom Backblech lösen. Kuchen in Stücke schneiden.

Gewickelte Mango-Ricotta-Schnitten | Raffiniert

Insgesamt:
E: 91 g, F: 237 g, Kh: 306 g, kJ: 15644, kcal: 3732

Zum Vorbereiten:

100 g Amarettini (italienisches Makronengebäck)

Für den All-in-Teig:

2 gestr. TL Dr. Oetker Backin
70 g blütenzarte Haferflocken
40 g Zucker
4 Eier (Größe M)
70 g weiche Butter

Für die Füllung:

2 Dosen Mangoscheiben (Abtropfgewicht je 250 g))
375 g Ricotta (italienischer Frischkäse)
30 g Zucker
2 Pck. Dr. Oetker Sahnesteif
200 g Schlagsahne

12 ganze Mandeln

Außerdem:

12 Papierförmchen

Zubereitungszeit: 50 Minuten, ohne Abkühlzeit

1. Zum Vorbereiten Amarettini in einen Gefrierbeutel geben, Beutel verschließen. Amarettini mit der Teigrolle sehr fein zerbröseln und in eine Rührschüssel geben. Backpulver, Haferflocken, Zucker, Eier und Butter hinzufügen. Die Zutaten mit Handrührgerät mit Rührbesen zunächst kurz auf niedrigster, dann auf höchster Stufe in etwa 2 Minuten zu einem glatten Teig verarbeiten. Den Teig auf ein Backblech (30 x 40 cm, mit Backpapier belegt) geben und glatt streichen. Das Backblech in den vorgeheizten Backofen schieben.

Ober-/Unterhitze: etwa 200 °C
Heißluft: etwa 180 °C
Backzeit: 10–15 Minuten.

2. Die noch heiße Gebäckplatte auf ein entsprechend großes, mit Zucker bestreutes Stück Backpapier stürzen, mitgebackenes Backpapier abziehen. Gebäckplatte erkalten lassen.

3. Für die Füllung Mangoscheiben abtropfen lassen. Ein Viertel der Mangoscheiben in Spalten schneiden und beiseite legen. Restliche Mangoscheiben in Würfel schneiden. Ricotta mit Zucker und 1 Päckchen Sahnesteif cremig aufschlagen. Sahne mit dem zweiten Päckchen Sahnesteif steif schlagen und unterheben.

4. Die Creme auf die Gebäckplatte streichen, dabei an den Längsseiten einen etwa 2 cm breiten Rand frei lassen. Mangowürfel darauf verteilen. Die bestrichene Gebäckplatte mit Hilfe des Backpapiers von der langen Seite her aufrollen, leicht andrücken. Rolle mindestens 30 Minuten kalt stellen.

5. Die Mango-Ricotta-Rolle in 12 Scheiben schneiden und in die Papierförmchen legen. Mit den beiseite gelegten Mangospalten und Mandeln garnieren.

Glühweinecken | Für Gäste

Insgesamt:
E: 93 g, F: 360 g, Kh: 786 g, kJ: 28478, kcal: 6800

Für den Rührteig:
150 g Zartbitter-Schokolade
250 g Butter oder Margarine
250 g Zucker
1 Pck. Dr. Oetker Vanillin-Zucker
1 Prise Salz
4 Eier (Größe M)
250 g Weizenmehl
1 Pck. Dr. Oetker Backin
75 ml Glühwein

Zum Bestreuen:
125 g abgezogene, gehackte Mandeln

Für die Glasur:
250 g Puderzucker
75 ml Glühwein

Zubereitungszeit: 40 Minuten, ohne Kühlzeit

1. Für den Teig Schokolade fein reiben. Butter oder Margarine mit Handrührgerät mit Rührbesen auf höchster Stufe geschmeidig rühren. Nach und nach Zucker, Vanillin-Zucker und Salz unterrühren. So lange rühren, bis eine gebundene Masse entstanden ist. Eier nach und nach unterrühren (jedes Ei etwa ½ Minute).

2. Mehl mit Backpulver mischen, sieben und abwechselnd mit dem Glühwein in 2 Portionen kurz auf mittlerer Stufe unterrühren. Geriebene Schokolade unterheben.

3. Den Teig auf ein Backblech (30 x 40 cm, gefettet) geben und glatt streichen. Das Backblech in den vorgeheizten Backofen schieben.

Ober-/Unterhitze: etwa 180 °C
Heißluft: etwa 160 °C
Backzeit: etwa 25 Minuten.

4. Das Backblech auf einen Kuchenrost stellen und den Kuchen darauf erkalten lassen.

5. Zum Bestreuen Mandeln in einer Pfanne ohne Fett leicht bräunen und auf einem Teller erkalten lassen. Für die Glasur Puderzucker mit Glühwein zu einer dickflüssigen Masse verrühren. Den Kuchen damit überziehen und sofort mit den Mandeln bestreuen. Guss fest werden lassen. Den Glühweinkuchen in Ecken schneiden.

Abwandlung: Es können zusätzlich noch 100 g Korinthen in den Teig gegeben werden. Korinthen vorher in 100 ml Glühwein einweichen. Wenn Sie es nicht so weihnachtlich mögen, ersetzen Sie den Glühwein durch die gleiche Menge Rotwein.

Goldmarie-Cappuccino-Rolle I

Raffiniert

Insgesamt:
E: 80 g, F: 321 g, Kh: 299 g, kJ: 18448, kcal: 4410

Für den Biskuitteig:

4 Eier (Größe M)
1 Eigelb (Größe M)
75 g Zucker
1 Pck. Dr. Oetker Finesse Bourbon-Vanille-Aroma
60 g Weizenmehl
20 g Kakaopulver
½ gestr. TL Dr. Oetker Backin

Für die Füllung:

10 Schoko-Nuss-Konfektkugeln
400 g Schlagsahne
1 Pck. (10 g) Instant-Cappuccinopulver
2 Pck. Dr. Oetker Sahnesteif

Zum Verzieren und Garnieren:

100 g Zartbitter-Kuvertüre
1 EL Speiseöl
100 g Schlagsahne
6 Schoko-Nuss-Konfektkugeln
Kakaopulver

Zubereitungszeit: 35 Minuten, ohne Kühlzeit

1. Für den Teig Eier und Eigelb mit Handrührgerät mit Rührbesen auf höchster Stufe in 1 Minute schaumig schlagen. Zucker in 1 Minute unter Rühren einstreuen, dann noch 2 Minuten weiterschlagen. Aroma kurz unterrühren.

2. Mehl mit Kakaopulver und Backpulver mischen, auf die Eiercreme sieben und kurz auf niedrigster Stufe unterrühren. Den Teig auf ein Backblech (30 x 40 cm, gefettet, mit Backpapier belegt) geben und glatt streichen. Das Backblech in den vorgeheizten Backofen schieben.

Ober-/Unterhitze: etwa 200 °C
Heißluft: etwa 180 °C
Backzeit: 8–10 Minuten.

3. Den Gebäckrand mit einem Messer vom Backblech lösen, dann auf ein mit etwas Zucker bestreutes Backpapier stürzen. Die Platte erkalten lassen und mitgebackenes Backpapier vorsichtig abziehen.

4. Für die Füllung die Konfektkugeln grob hacken. Schlagsahne mit Cappuccinopulver und Sahnesteif steif schlagen und die gehackten Konfektkugeln kurz unterrühren. Die Creme auf die erkaltete Gebäckplatte streichen und mit Hilfe des Backpapiers von der längeren Seite aus aufrollen.

5. Zum Verzieren Kuvertüre mit Öl in einem Topf im Wasserbad bei schwacher Hitze unter Rühren schmelzen lassen, die Rolle damit besprenkeln und kalt stellen. Sahne steif schlagen, in einen Spritzbeutel mit kleiner Lochtülle geben und die Rolle damit verzieren. Zum Garnieren Konfektkugeln vorsichtig halbieren und auf der Rolle verteilen. Vor dem Servieren die Rolle mit wenig Kakao bestäuben.

Grapefruit-Schoko-Kuchen | Raffiniert

Insgesamt:
E: 121 g, F: 427 g, Kh: 826 g, kJ: 32844, kcal: 7846

Zum Vorbereiten:
150 g Zartbitter-Schokolade (60 % Kakaoanteil)

Für den Rührteig:
150 g Butter oder Margarine
150 g Zucker
1 Prise Salz
1 Pck. Dr. Oetker Finesse Bourbon-Vanille-Aroma
5 Eier (Größe M)
350 g Weizenmehl
1 Pck. Dr. Oetker Backin
6 EL Milch

Zum Beträufeln:
500 ml (½ l) Grapefruitsaft
150 g Zucker

Für den Belag:
350 g Mascarpone (ital. Frischkäse)
40 g gesiebter Puderzucker
125 ml (1/8 l) Milch
1 Pck. Dr. Oetker Sahnesteif
1 Pck. (125 g) hauchdünne Vollmilch-Täfelchen

Zum Verzieren:
50 g Zartbitter-Schokolade (60 % Kakaoanteil)
1 TL Butter

Zubereitungszeit: 60 Minuten, ohne Abkühlzeit

1. Zum Vorbereiten Schokolade in kleine Stücke brechen und in einem kleinen Topf im Wasserbad bei schwacher Hitze unter Rühren schmelzen lassen.

2. Für den Teig Butter oder Margarine mit Handrührgerät mit Rührbesen auf höchster Stufe geschmeidig rühren. Nach und nach Zucker, Salz und Aroma unterrühren. So lange rühren, bis eine gebundene Masse entstanden ist. Eier nach und nach unterrühren (jedes Ei etwa ½ Minute).

3. Mehl und Backpulver mischen, sieben und und in 2 Portionen abwechselnd mit der Milch auf mittlerer Stufe kurz unterrühren. Aufgelöste Schokolade unterrühren. Den Teig auf ein Backblech (30 x 40 cm, gefettet) geben und glatt streichen. Das Backblech in den vorgeheizten Backofen schieben.

Ober-/Unterhitze: etwa 200 °C
Heißluft: etwa 180 °C
Backzeit: 20–25 Minuten.

4. Grapefruitsaft mit Zucker in einem Topf verrühren, zum Kochen bringen und etwa 10 Minuten ohne Deckel bei mittlerer Hitze sirupartig einkochen lassen.

5. Das Backblech auf einen Kuchenrost stellen. Den heißen Kuchen mit einem Holzstäbchen dicht an dicht einstechen. Den Kuchen sofort mit dem heißen Sirup beträufeln und erkalten lassen.

6. Für den Belag Mascarpone mit Puderzucker, Milch und Sahnesteif in einen hohen Rührbecher geben und mit Handrührgerät mit Rührbesen zu einer Creme aufschlagen. Die Creme auf den Kuchen streichen. Die Schokoladen-Täfelchen mit etwas Abstand zueinander gleichmäßig darauf verteilen. Kuchen kurz kalt stellen.

7. Zum Verzieren Schokolade in kleine Stücke brechen und mit Butter im Wasserbad bei schwacher Hitze unter Rühren schmelzen lassen. Schokolade in einen kleinen Gefrierbeutel füllen und eine kleine Ecke abschneiden. Die Schokolade zickzackartig auf jedes Schokoladen-Täfelchen spritzen. Schokolade fest werden lassen. Den Kuchen in Stücke schneiden.

Grieß-Stachelbeer-Schnitten

Schnell zubereitet

Insgesamt:
E: 99 g, F: 248 g, Kh: 561 g, kJ: 21059, kcal: 5030

Für den Rührteig:

1 l Milch
200 g Hartweizengrieß
2 Gläser Stachelbeeren (Abtropfgewicht je 390 g)
5 Eiweiß (Größe M)
200 g weiche Butter
200 g Zucker
1 Pck. Dr. Oetker Vanillin-Zucker
1 Pck. Dr. Oetker Finesse Geriebene Zitronenschale
1 Prise Salz
5 Eigelb (Größe M)
1 Pck. Dr. Oetker Pudding-Pulver Vanille-Geschmack

Zum Bestreichen:

1 Ei (Größe M)
2 EL Kondensmilch

Zubereitungszeit: 30 Minuten

1. Für den Teig Milch in einem Topf zum Kochen bringen, Weizengrieß unter Rühren einstreuen und aufkochen lassen. Topf von der Kochstelle nehmen und Grieß etwas abkühlen lassen. Stachelbeeren in einem Sieb abtropfen lassen.

2. Eiweiß steif schlagen. In einer anderen Schüssel die Butter mit Handrührgerät mit Rührbesen geschmeidig rühren. Zucker, Vanillin-Zucker, Zitronenschale und Salz hinzufügen. So lange rühren, bis eine gebundene Masse entstanden ist. Eigelb nach und nach unterrühren. Pudding-Pulver ebenfalls unterrühren.

3. Den noch warmen Grießbrei in 2 Portionen unterrühren. Zuletzt Eiweiß und Stachelbeeren unterheben. Einen Backrahmen auf ein gefettetes Backblech (30 x 40 cm) stellen und die Teigmasse auf dem Backblech verteilen. Das Backblech in den vorgeheizten Backofen schieben.

Ober-/Unterhitze: etwa 180 °C
Heißluft: etwa 160 °C
Backzeit: etwa 40 Minuten.

4. Nach etwa 30 Minuten Backzeit den Grießkuchen mit verschlagenem Ei und Kondensmilch bestreichen und fertig backen.

5. Das Backblech nach der Backzeit noch etwa 10 Minuten im ausgeschalteten, leicht geöffneten Backofen stehen lassen. Dann das Backblech auf einen Kuchenrost stellen und den Kuchen darauf erkalten lassen. Den Backrahmen mit einem Messer lösen und entfernen.

Abwandlung: Sie können statt Stachelbeeren Mandarinen aus der Dose verwenden. Statt der Stachelbeeren 125 g Rosinen und 100 g abgezogene, gehackte Mandeln unter die Masse heben.

Tipp: Der Kuchen schmeckt ganz frisch am besten.

Grüne Welle | Fruchtig

Insgesamt:
E: 89 g, F: 447 g, Kh: 658 g, kJ: 30461, kcal: 7278

Für den All-in-Teig:
200 g Weizenmehl
3 gestr. TL Dr. Oetker Backin
200 g Zucker
1 Pck. Dr. Oetker Vanillin-Zucker
4 Eier (Größe M)
200 g Butter oder Margarine

Für den Puddingbelag:
250 g weiche Butter
1 Becher (500 g) Sahne-Pudding Bourbon-Vanille-Geschmack (aus dem Kühlregal)
25 g Kokosfett

Für den Fruchtbelag:
10 feste Kiwis
500 g grüne Weintrauben
1 kleine Honigmelone

Für den Guss:
2 Pck. Tortenguss, klar
500 ml (½ l) Apfelsaft

Zubereitungszeit: 45 Minuten

1. Für den Teig Mehl mit Backpulver in eine Rührschüssel sieben. Restliche Zutaten hinzufügen und alles mit Handrührgerät mit Rührbesen auf höchster Stufe in etwa 2 Minuten zu einem Teig verarbeiten. Teig auf ein Backblech (30 x 40 cm, gefettet, gemehlt) streichen und in den vorgeheizten Backofen schieben.

Ober-/Unterhitze: etwa 180 °C
Heißluft: etwa 160 °C
Backzeit: etwa 20 Minuten.

2. Den Boden auf dem Backblech auf einem Kuchenrost erkalten lassen.

3. Für den Puddingbelag Butter mit Handrührgerät mit Rührbesen geschmeidig rühren. Nach und nach esslöffelweise den Pudding darunter rühren (beide Zutaten müssen Zimmertemperatur haben, damit die Creme nicht gerinnt). Kokosfett auflösen und noch warm unterrühren. Buttercreme auf den erkalteten Boden streichen und Boden kalt stellen.

4. Für den Fruchtbelag Kiwis schälen und in Scheiben schneiden. Weintrauben waschen, evtl. halbieren und entkernen. Honigmelone schälen, halbieren, entkernen und in feine Spalten schneiden. Obst in wellenförmigen Reihen auf den Pudding legen.

5. Für den Guss aus Tortenguss und Saft nach Packungsanleitung einen Guss zubereiten, evtl. einen Backrahmen um den Boden stellen, Guss auf dem Obst verteilen und fest werden lassen.

Tipp: Wenn die Welle am Vortag zubereitet wird, Kiwis kurz blanchieren, da die Buttercreme sonst leicht bitter wird.

Haselnuss-Becherkuchen

Schnell zubereitet

Insgesamt:
E: 106 g, F: 402 g, Kh: 682 g, kJ: 29235, kcal: 6983

Für den Knetteig:

1 Becher (200 g) Schlagsahne
3 Becher (375 g) Weizenmehl
2 gestr. TL Dr. Oetker Backin
1 Becher (200 g) Zucker
1 Pck. Dr. Oetker Vanillin-Zucker

Für den Belag:

1 Becher (200 g) Zucker
2 Pck. (je 100 g) gehobelte Haselnusskerne
½ Pck. (125 g) weiche Butter

Zubereitungszeit: 20 Minuten

1. Für den Teig Sahne in eine Schüssel geben, Becher ausspülen und abtrocknen. Mehl mit dem Becher abmessen, mit dem Backpulver mischen und in die Rührschüssel sieben.

2. Restliche Zutaten für den Teig hinzufügen und mit Handrührgerät mit Knethaken zunächst kurz auf niedrigster, dann auf höchster Stufe gut durcharbeiten.

3. Anschließend den Teig auf der leicht bemehlten Arbeitsfläche kurz verkneten und eine Rolle formen. Teig auf einem Backblech (30 x 40 cm, gefettet) ausrollen und das Backblech in den vorgeheizten Backofen schieben.

Ober-/Unterhitze: etwa 200 °C
Heißluft: etwa 180 °C
Backzeit: etwa 10 Minuten.

4. Für den Belag in der Zwischenzeit Zucker mit dem Becher abmessen, mit Haselnusskernen und der Butter in einen Topf geben und unter Rühren aufkochen lassen. Die Masse etwas abkühlen lassen.

5. Die leicht abgekühlte Masse auf den vorgebackenen Boden streichen und den Kuchen nochmals **bei gleicher Backofeneinstellung 10–15 Minuten in den heißen Backofen schieben.** Anschließend den Kuchen mit dem Backblech auf einen Kuchenrost stellen und erkalten lassen.

Hedwig-Kuchen | Für Gäste

Insgesamt:
E: 95 g, F: 405 g, Kh: 672 g, kJ: 28303, kcal: 6761

Für den Biskuitteig:
4 Eier (Größe M)
125 g Zucker
1 Pck. Dr. Oetker Vanillin-Zucker
125 g Weizenmehl
25 g Speisestärke
1 gestr. TL Dr. Oetker Backin

Für den Belag:
4 Dosen Mandarinen (Abtropfgewicht je 175 g)
2 Pck. Tortenguss, klar
500 ml (½ l) Mandarinensaft (aus den Dosen), eventuell mit Wasser ergänzt
750 g Schlagsahne
3 Pck. Dr. Oetker Sahnesteif
100 g gesiebter Puderzucker
Saft von
1 Zitrone

Für die Schoko-Mandel-Stücke:
100 g abgezogene, gehobelte Mandeln
150 g Halbbitter-Kuvertüre
25 g Kokosfett

Zubereitungszeit: 40 Minuten, ohne Abkühlzeit

1. Für den Teig Eier mit Handrührgerät mit Rührbesen auf höchster Stufe in 1 Minute schaumig schlagen. Zucker mit Vanillin-Zucker mischen, in 1 Minute einstreuen und noch etwa 2 Minuten schlagen.

2. Mehl mit Speisestärke und Backpulver mischen, auf die Eiercreme sieben und kurz auf niedrigster Stufe unterrühren. Den Teig auf ein Backblech (30 x 40 cm, gefettet) geben und glatt streichen. Das Backblech in den vorgeheizten Backofen schieben.

Ober-/Unterhitze: etwa 200 °C
Heißluft: etwa 180 °C
Backzeit: etwa 15 Minuten.

3. Das Backblech auf einen Kuchenrost stellen und die Biskuitplatte erkalten lassen.

4. Für den Belag Mandarinen abtropfen lassen, den Saft dabei auffangen und 500 ml (½ l) davon abmessen, evtl. mit Wasser auffüllen. Mandarinen auf der Biskuitplatte verteilen. Einen Guss aus Tortengusspulver und Mandarinensaft nach Packungsanleitung – aber ohne Zucker – zubereiten und auf den Mandarinen verteilen. Guss fest werden lassen.

5. Sahne mit Sahnesteif und Puderzucker steif schlagen. Zitronensaft unterrühren. Die Zitronensahne auf den Mandarinenbelag geben und glatt streichen.

6. Für die Schoko-Mandel-Stücke Mandeln in einer Pfanne ohne Fett unter Wenden rösten und auf einem Teller erkalten lassen. Kuvertüre in Stücke hacken und mit Kokosfett in einem kleinen Topf im Wasserbad bei schwacher Hitze schmelzen, Mandeln unterrühren. Die Schoko-Mandel-Masse etwa ½ cm dick auf Backpapier streichen und fest werden lassen. Die Masse in Stücke brechen und auf dem Kuchen verteilen.

Heidelbeer-Knusper-Schnitten |

Einfach zubereitet

Insgesamt:
E: 80 g, F: 364 g, Kh: 578 g, kJ: 24950, kcal: 5963

Für den Knusperboden:

250 g Zartbitter-Kuvertüre
150 g Haferfleks (Kölln)

Für den Belag:

600 g frische Heidelbeeren
10 Blatt weiße Gelatine
600 g saure Sahne
2–3 EL Zitronensaft
125 g Zucker
500 g Schlagsahne

Zum Verzieren:

200 g Heidelbeerkonfitüre oder rotes Johannisbeergelee
2–3 EL Johannisbeernektar

Zubereitungszeit: 40 Minuten, ohne Kühlzeit

1. Für den Boden die Kuvertüre grob hacken und in einem kleinen Topf im Wasserbad bei schwacher Hitze unter Rühren schmelzen lassen. Kuvertüre mit den Haferfleks gut verrühren.

2. Die Masse auf einem Backblech (30 x 40 cm, gefettet, mit Backpapier belegt) verteilen und mit einem Esslöffel andrücken. Den Knusperboden kalt stellen und fest werden lassen.

3. Für den Belag in der Zwischenzeit Heidelbeeren verlesen, abspülen, abtropfen lassen und trockentupfen. Gelatine nach Packungsanleitung einweichen. Saure Sahne mit Zitronensaft und Zucker verrühren. Gelatine leicht ausdrücken und in einem kleinen Topf bei schwacher Hitze unter Rühren auflösen.

4. Die aufgelöste Gelatine zuerst mit einigen Löffeln von der Masse verrühren, dann gut mit der restlichen Masse verrühren und die Mischung kalt stellen.

5. Sobald die Masse anfängt dicklich zu werden, Sahne steif schlagen und die Hälfte der Heidelbeeren unterheben. Sahnecreme auf den Gebäckboden geben und glatt streichen. Restliche Heidelbeeren darauf verteilen. Den Kuchen 2–3 Stunden kalt stellen.

6. Zum Verzieren Konfitüre oder Gelee mit Nektar glatt rühren (evtl. durch ein Sieb streichen) und in einen Gefrierbeutel füllen. Eine kleine Spitze davon abschneiden und die Kuchenoberfläche schlierenartig damit verzieren. Kuchen in etwa 20 Stücke schneiden.

Heidelbeerkuchen mit Pfirsichcreme | Fruchtig

Insgesamt:
E: 73 g, F: 282 g, Kh: 501 g, kJ: 20975, kcal: 5010

Für den Rührteig:
200 g Butter oder Margarine
150 g Zucker
1 Pck. Dr. Oetker Vanillin-Zucker
1 Prise Salz
3 Eier (Größe M)
200 g Weizenmehl
3 gestr. TL Dr. Oetker Backin
6 EL Milch
50 g kernige Haferflocken
450 g TK-Heidelbeeren

Für den Belag:
500 g Schlagsahne
1 EL gesiebter Puderzucker
2 Pck. Dr. Oetker Sahnesteif
600 ml kalte Milch
2 Pck. Paradiescreme Pfirsich-Geschmack (Dessertpulver)

Zubereitungszeit: 40 Minuten, ohne Kühlzeit

1. Für den Teig Butter oder Margarine mit Handrührgerät mit Rührbesen auf höchster Stufe geschmeidig rühren. Nach und nach Zucker, Vanillin-Zucker und Salz unterrühren. So lange rühren, bis eine gebundene Masse entstanden ist. Eier nach und nach unterrühren (jedes Ei etwa ½ Minute).

2. Mehl und Backpulver mischen, sieben und in 2 Portionen abwechselnd mit der Milch auf mittlerer Stufe unterrühren. Haferflocken unterheben. Den Teig auf ein Backblech (30 x 40 cm, gefettet) streichen. Die gefrorenen Heidelbeeren auf den Teig streuen. Das Backblech in den vorgeheizten Backofen schieben.

Ober-/Unterhitze: 180–200 °C
Heißluft: 160–180 °C
Backzeit: etwa 40 Minuten.

3. Das Backblech auf einen Kuchenrost stellen und den Kuchen darauf erkalten lassen.

4. Für den Belag Sahne mit Puderzucker und Sahnesteif steif schlagen und aus Milch und Dessertpulver nach Packungsanleitung eine Creme zubereiten.

5. Pfirsichcreme und Sahne getrennt in je einen Spritzbeutel mit Loch- oder Sterntülle (Ø etwa 10 mm) füllen. Abwechselnd Streifen auf den Kuchen spritzen, mit der Unterseite einer Gabel quer zu den Streifen Muster in Sahne und Creme ziehen. Den Kuchen etwa 1 Stunde kalt stellen.

Tipp: Für eine marmorierte Oberfläche die Creme mit etwas orangefarbener Speisefarbe einfärben. Sahne und Creme vorsichtig mischen, so dass ein Marmormuster entsteht. Die Mischung auf den Kuchen geben und glatt streichen.

Heidelbeer-Schmand-Kuchen I

Beliebt

Insgesamt:
E: 92 g, F: 520 g, Kh: 535 g, kJ: 31091, kcal: 7396

Für den All-in-Teig:

150 g Weizenmehl
3 gestr. TL Dr. Oetker Backin
200 g Zucker
1 Pck. Dr. Oetker Vanillin-Zucker
4 Eier (Größe M)
75 g abgezogene, gemahlene Mandeln
200 g Butter oder Margarine

Für den Belag:

8 Blatt weiße Gelatine
2 EL Butter
75 g Zucker
600 g TK-Heidelbeeren
400 g Schlagsahne
250 g Schmand (Sauerrahm)
150 ml Eierlikör

Zum Verzieren und Bestreuen:

100 g Schlagsahne
50 g Zartbitter-Kuvertüre

Zubereitungszeit: 50 Minuten, ohne Kühlzeit

1. Für den Teig Mehl mit Backpulver mischen und in eine Rührschüssel sieben. Zucker, Vanillin-Zucker, Eier, Mandeln und Butter oder Margarine hinzufügen. Die Zutaten in etwa 2 Minuten mit Handrührgerät mit Rührbesen auf höchster Stufe zu einem Teig verarbeiten.

2. Teig auf ein Backblech (30 x 40 cm, gefettet) geben und glatt streichen. Das Backblech in den vorgeheizten Backofen schieben.

Ober-/Unterhitze: etwa 180 °C
Heißluft: etwa 160 °C
Backzeit: 15–20 Minuten.

3. Das Backblech auf einen Kuchenrost stellen und den Gebäckboden darauf erkalten lassen. Anschließend einen Backrahmen darumstellen.

4. Für den Belag Gelatine nach Packungsanleitung einweichen. Butter in einem großen Topf erhitzen. Zucker einstreuen und unter Rühren etwas karamellisieren lassen. Gefrorene Heidelbeeren hinzugeben und aufkochen lassen. Gelatine leicht ausdrücken. Heidelbeermasse von der Kochstelle nehmen und Gelatine unter Rühren darin auflösen. Masse etwas abkühlen lassen.

5. Sahne steif schlagen. Schmand und Eierlikör unterrühren. Die Heidelbeermasse unterheben. Die Heidelbeercreme auf den Gebäckboden geben, glatt streichen und den Kuchen etwa 2 Stunden kalt stellen.

6. Zum Verzieren Backrahmen lösen und entfernen. Sahne steif schlagen, in einen Spritzbeutel mit Sterntülle füllen und den Kuchen damit verzieren. Kuvertüre mit einem Sparschäler abschaben und den Kuchen vor dem Servieren damit bestreuen.

Hemingway-Schnitten | Raffiniert

Insgesamt:
E: 200 g, F: 434 g, Kh: 592 g, kJ: 32578, kcal: 7782

Zum Garnieren:
1 Beutel
aus 1 Pck. Götterspeise Zitronen-Geschmack
50 g Zucker
150 ml Sekt
50 ml weißer Rum
125 ml (1/8 l) Wasser

Für den Rührteig:
200 g Butter oder Margarine
150 g Zucker
1 Pck. Dr. Oetker Vanillin-Zucker
1 Pck. Dr. Oetker Finesse Geriebene Zitronenschale
4 Eier (Größe M)
200 g Weizenmehl
3 gestr. TL Dr. Oetker Backin
100 g abgezogene, gemahlene Mandeln

Für den Belag:
1 Beutel
aus 1 Pck. Götterspeise Zitronen-Geschmack
175 g Zucker
150 ml Sekt
50 ml weißer Rum
750 g Magerquark
600 g Schlagsahne

Zubereitungszeit: 50 Minuten, ohne Kühlzeit

1. Zum Garnieren Götterspeise mit Zucker in einem kleinen Topf mischen, Sekt, Rum und Wasser hinzufügen und verrühren. Die Flüssigkeit nach Packungsanleitung auflösen, dann in eine flache Schale füllen, kalt stellen und fest werden lassen.

2. Für den Teig Butter oder Margarine mit Handrührgerät mit Rührbesen auf höchster Stufe geschmeidig rühren. Nach und nach Zucker, Vanillin-Zucker und Zitronenschale unterrühren. So lange rühren, bis eine gebundene Masse entstanden ist. Eier nach und nach unterrühren (jedes Ei etwa ½ Minute).

3. Mehl mit Backpulver mischen, sieben und auf mittlerer Stufe kurz unterrühren. Zuletzt Mandeln unterrühren. Den Teig auf ein Backblech (30 x 40 cm, gefettet) geben, glatt streichen und das Backblech in den vorgeheizten Backofen schieben.

Ober-/Unterhitze: etwa 180 °C
Heißluft: etwa 160 °C
Backzeit: etwa 25 Minuten.

4. Das Backblech auf einen Kuchenrost stellen und den Kuchen darauf erkalten lassen.

5. Für den Belag Götterspeise und Zucker in einem kleinen Topf mischen. Sekt und Rum hinzufügen und gut verrühren. Götterspeise nach Packungsanleitung auflösen und abkühlen lassen.

6. Quark in einer Rührschüssel mit Handrührgerät mit Rührbesen glatt rühren, anschließend die abgekühlte, flüssige Götterspeise unterrühren. Die Masse kalt stellen. Wenn die Masse beginnt dicklich zu werden, Sahne steif schlagen und unterheben. Die Quarkcreme auf den Kuchen geben und wellenförmig verstreichen. Den Kuchen 1–2 Stunden kalt stellen.

7. Die fest gewordene Götterspeise zum Garnieren aus der Form lösen, in beliebige Formen schneiden oder ausstechen und dekorativ auf der Kuchenoberfläche verteilen.

Herbstkuchen mit Trockenfrüchten |

Zum Verschenken

Insgesamt:
E: 135 g, F: 199 g, Kh: 906 g, kJ: 26469, kcal: 6322

Für den Rührteig:
300 g frische Aprikosen
oder 1 Dose Aprikosenhälften (Abtropfgewicht 240 g)
6 Eiweiß (Größe M)
125 g Zucker
6 Eigelb (Größe M)
125 g Zucker
1 Pck. Dr. Oetker Vanillin-Zucker
75 g Weichweizengrieß
125 g abgezogene, gemahlene Mandeln
1 ½ EL (15 g) Kakaopulver
2 gestr. TL Dr. Oetker Backin
1 Msp. gemahlener Zimt
2 EL Amaretto-Likör
oder 1 Pck. Dr. Oetker Finesse Amaretto-Bittermandel-Aroma

Zum Aprikotieren:
100 g Aprikosenkonfitüre
2 EL Wasser

Zum Garnieren:
200 g Zartbitter-Kuvertüre
2 EL Speiseöl
300 g getrocknete Früchte (z.B. Aprikosen, Mangos, Feigen, Datteln)

Für den Guss:
50 g abgezogene, gehobelte Mandeln
200 g Zartbitter-Kuvertüre
2 EL Speiseöl

Zubereitungszeit: 45 Minuten

1. Für den Teig die Aprikosen waschen, halbieren, entsteinen und fein würfeln, Dosenfrüchte in einem Sieb abtropfen lassen. Eiweiß steif schlagen und Zucker kurz unterrühren. In einer anderen Schüssel Eigelb, Zucker und Vanillin-Zucker mit Handrührgerät mit Rührbesen schaumig rühren. Grieß mit Mandeln, Kakao, Backpulver und Zimt mischen, mit dem Likör oder Aroma zur Eigelbmasse geben und unterrühren. Eiweiß mit den Aprikosenwürfeln unterheben.

2. Einen Backrahmen (30 x 30 cm) auf ein Backblech (gefettet, mit Backpapier belegt) stellen. Den Teig einfüllen und glatt streichen. Das Backblech in den vorgeheizten Backofen schieben.

Ober-/Unterhitze: 180–200 °C
Heißluft: 160–180 °C
Backzeit: etwa 30 Minuten.

3. Zum Aprikotieren das Backblech auf einen Kuchenrost stellen. Konfitüre durch ein Sieb streichen, mit Wasser gut aufkochen lassen und den noch warmen Kuchen damit bestreichen. Den Boden erkalten lassen.

4. Kuvertüre hacken und mit Öl in einem kleinen Topf im Wasserbad bei schwacher Hitze unter Rühren schmelzen lassen. Die Trockenfrüchte hineintauchen, abtropfen und auf Backpapier trocknen lassen.

5. Für den Guss Mandeln in einer Pfanne ohne Fett leicht bräunen und auf einem Teller erkalten lassen. Kuvertüre wie oben angegeben mit Öl schmelzen lassen. Den Kuchen damit überziehen und mit Mandelblättchen bestreuen.

6. Die Früchte auf dem noch etwas weichen Guss des Kuchens verteilen und den Guss fest werden lassen. Den Backrahmen vorsichtig lösen und entfernen.

Herzhafter Pflaumenkuchen I

Klassisch

Insgesamt:
E: 69 g, F: 241 g, Kh: 616 g, kJ: 20554, kcal: 4906

Zum Vorbereiten:
2 Gläser Pflaumen (Abtropfgewicht je 385 g)

Für den Schüttelteig:
225 g Weizenmehl
75 g Buchweizen-Vollkornmehl (Reformhaus)
4 gestr. TL Dr. Oetker Backin
200 g Zucker
1 Pck. Dr. Oetker Vanillin-Zucker
4 Eier (Größe M)
100 ml Walnussöl
100 ml Raps- oder Sonnenblumenöl
100 ml Milch

Für den Guss:
1 Pck. Tortenguss, klar
1 gestr. EL Zucker
250 ml (¼ l) Pflaumensaft aus dem Glas

Zubereitungszeit: 20 Minuten

1. Zum Vorbereiten Pflaumen in einem Sieb abtropfen lassen, dabei Saft auffangen und 250 ml (¼ l) für den Guss abmessen.

2. Für den Teig beide Mehlsorten mit Backpulver mischen, in eine verschließbare Schüssel (etwa 3 l) geben und mit Zucker und Vanillin-Zucker mischen. Eier, Öle und Milch hinzufügen und die Schüssel mit dem Deckel fest verschließen.

3. Schüssel mehrmals kräftig schütteln (insgesamt 15–30 Sekunden), so dass alle Zutaten gut vermischt sind. Alles mit einem Schneebesen oder Rührlöffel nochmals sorgfältig durchrühren, damit trockene Zutaten vom Rand mit untergerührt werden.

4. Den Teig auf ein Backblech (30 x 40 cm, gefettet) geben und glatt streichen. Pflaumen darauf verteilen und das Backblech in den vorgeheizten Backofen schieben.

Ober-/Unterhitze: etwa 200 °C
Heißluft: etwa 180 °C
Backzeit: 25–30 Minuten.

5. Das Backblech auf einen Kuchenrost stellen und den Kuchen darauf erkalten lassen.

6. Für den Guss Tortengusspulver mit Zucker und Saft nach Packungsanleitung zubereiten und mit einem Pinsel auf den Kuchen streichen. Den Guss fest werden lassen.

Tipp: Den Tortenguss zusätzlich mit etwas geriebener Zitronen- oder Orangenschale aromatisieren.

Himbeer-Biskuitrolle | Beliebt

Insgesamt:
E: 90 g, F: 106 g, Kh: 228 g, kJ: 9492, kcal: 2265

Für den Biskuitteig:
3 Eier (Größe M)
1 Eigelb (Größe M)
60 g Zucker
1 Pck. Dr. Oetker Vanillin-Zucker
60 g Weizenmehl
1 Msp. Dr. Oetker Backin

Für die Füllung:
1 Beutel
aus 1 Pck. Götterspeise Himbeer-Geschmack
80 g Zucker
300 ml Wasser
250 g Magerquark
250 g Schlagsahne
200 g frische oder TK-Himbeeren

Zum Garnieren und Bestäuben:
100 g frische oder TK-Himbeeren
Puderzucker

Zubereitungszeit: 35 Minuten, ohne Kühlzeit

1. Für den Teig Eier und Eigelb mit Handrührgerät mit Rührbesen auf höchster Stufe in 1 Minute schaumig schlagen. Zucker und Vanillin-Zucker mischen, in 1 Minute unter Rühren einstreuen, dann noch 2 Minuten weiterschlagen.

2. Mehl mit Backpulver mischen, auf die Eiercreme sieben und kurz auf niedrigster Stufe unterrühren. Den Teig auf ein Backblech (30 x 40 cm, gefettet, mit Backpapier belegt) geben und glatt streichen. Das Backblech in den vorgeheizten Backofen schieben.

Ober-/Unterhitze: etwa 200 °C
Heißluft: etwa 180 °C
Backzeit: 8–10 Minuten.

3. Die Biskuitplatte sofort mit dem Backpapier vom Backblech ziehen, auf die Arbeitsfläche stürzen und das Backpapier abziehen. Gebäckplatte erkalten lassen.

4. Für die Füllung die Götterspeise mit Zucker und Wasser nach Packungsanleitung, aber nur mit 300 ml Wasser zubereiten, in eine Rührschüssel geben und abkühlen lassen. Quark mit einem Schneebesen unter die Götterspeise rühren. Masse kalt stellen und gelegentlich umrühren. Wenn die Masse beginnt dicklich zu werden, Sahne steif schlagen und unterheben.

5. Zwei Drittel der Creme auf die Biskuitplatte streichen, Himbeeren verlesen (nicht waschen) und darauf verteilen (gefrorene Himbeeren unaufgetaut verwenden), dabei etwa 1 cm am Rand frei lassen. Creme etwas fester werden lassen, dann die Biskuitplatte von der langen Seite aus aufrollen. Die Rolle mit der restlichen Creme bestreichen und etwa 2 Stunden kalt stellen.

6. Vor dem Servieren die Rolle nach Belieben mit Himbeeren garnieren und mit Puderzucker bestäuben.

Tipp: Die Rolle kann am Vortag zubereitet werden. Der Quark in der Füllung lässt sich durch Mascarpone oder Frischkäse ersetzen.

Himbeer-Dickmilch-Kuchen

Für Gäste

Insgesamt:
E: 96 g, F: 228 g, Kh: 492 g, kJ: 18720, kcal: 4476

Für den All-in-Teig:

125 g Weizenmehl
25 g Speisestärke
1 geh. EL Kakaopulver
3 gestr. TL Dr. Oetker Backin
100 g Zucker
1 Pck. Dr. Oetker Vanillin-Zucker
60 g weiche Butter oder Margarine
3 Eier (Größe M)

Für den Belag:

10 Blatt weiße Gelatine
1 Bio-Limette (unbehandelt, ungewachst)
1 kg Dickmilch
150 g Zucker
1 Pck. Dr. Oetker Vanillin-Zucker
400 g Schlagsahne
250 g Himbeeren
60 g Himbeergelee

Zubereitungszeit: 40 Minuten, ohne Kühlzeit

1. Für den Teig Mehl mit Speisestärke, Kakaopulver und Backpulver mischen und in eine Rührschüssel sieben. Restliche Zutaten hinzufügen und alles mit Handrührgerät mit Rührbesen erst kurz auf niedrigster, dann auf höchster Stufe etwa 2 Minuten zu einem Teig verarbeiten.

2. Einen Backrahmen (25 x 25 cm) auf ein Backblech (gefettet, mit Backpapier belegt) stellen. Den Teig auf dem Backblech im Backrahmen verteilen, glatt streichen und das Backblech in den vorgeheizten Backofen schieben.

Ober-/Unterhitze: etwa 200 °C
Heißluft: etwa 180 °C
Backzeit: etwa 15 Minuten.

3. Den Backrahmen mit Hilfe eines Messers lösen und entfernen. Den Boden auf einen mit Backpapier belegten Kuchenrost stürzen und den Kuchen darauf erkalten lassen. Mitgebackenes Backpapier vorsichtig abziehen. Boden auf eine Platte legen und den gesäuberten Backrahmen darumstellen.

4. Für den Belag Gelatine nach Packungsanleitung einweichen. Limette heiß waschen und trockenreiben. Die Limettenschale mit einer Küchenreibe abreiben und die Limette auspressen. Dickmilch mit Zucker, Vanillin-Zucker, Limettenschale und -saft verrühren. Gelatine leicht ausdrücken und in einem kleinen Topf bei schwacher Hitze unter Rühren auflösen. Zuerst etwa 3 Esslöffel von der Dickmilchmasse mit Hilfe eines Schneebesens mit der Gelatine verrühren, dann die Mischung mit der übrigen Masse verrühren. Die Masse kalt stellen.

5. Wenn die Dickmilchmasse beginnt dicklich zu werden, Sahne steif schlagen und unterheben. Die Dickmilchcreme auf dem Gebäckboden verstreichen. Himbeeren verlesen, auf der Creme verteilen und den Kuchen 2–3 Stunden kalt stellen.

6. Himbeergelee in einem kleinen Topf einmal kurz aufkochen lassen, noch heiß als Fäden oder Kleckse auf die Himbeeren geben und fest werden lassen. Anschließend den Backrahmen vorsichtig lösen und entfernen.

Tipp: Den Kuchen nach Belieben mit Zitronenmelisseblättchen garnieren.

Himbeer-Joghurt-Schnitten |

Für Kinder

Insgesamt:
E: 751 g, F: 301 g, Kh: 465 g, kJ: 33923, kcal: 8111

Für den Biskuitteig:
50 g Butter
3 Eier (Größe M)
100 g Zucker
1 Pck. Dr. Oetker Vanillin-Zucker
100 g Weizenmehl
1 Msp. Dr. Oetker Backin

Zum Bestreichen:
100 g Zartbitter-Kuvertüre

Für die Füllung:
4 Blatt weiße Gelatine
6 Becher (je 150 g) Götterspeise Himbeer-Geschmack
500 g Naturjoghurt
50 g Zucker
400 g Schlagsahne
200 g frische Himbeeren

Zum Garnieren:
200 g Schlagsahne
1 Pck. Dr. Oetker Sahnesteif
1 Becher (150 g) Götterspeise Himbeer-Geschmack
100 g frische Himbeeren

Zubereitungszeit: 40 Minuten, ohne Kühlzeit

1. Für den Teig Butter zerlassen und abkühlen lassen. Eier mit Handrührgerät mit Rührbesen auf höchster Stufe in 1 Minute schaumig schlagen. Zucker mit Vanillin-Zucker mischen, in 1 Minute unter Rühren einstreuen, dann noch 2 Minuten weiterschlagen. Mehl mit Backpulver mischen, auf die Eiercreme sieben, kurz auf niedrigster Stufe unterrühren. Butter kurz unterrühren.

2. Einen Backrahmen (25 x 25 cm) auf ein Backblech (gefettet, mit Backpapier belegt) stellen. Den Teig in den Backrahmen füllen und glatt streichen. Das Backblech in den vorgeheizten Backofen schieben.

Ober-/Unterhitze: etwa 180 °C
Heißluft: etwa 160 °C
Backzeit: 15–20 Minuten.

3. Den Biskuit vorsichtig vom Backrahmen lösen und den Backrahmen entfernen. Biskuit auf ein mit Zucker bestreutes Backpapier stürzen und erkalten lassen. Kuvertüre in einem kleinen Topf im Wasserbad bei schwacher Hitze unter Rühren schmelzen lassen. Den Gebäckboden damit bestreichen und die Kuvertüre fest werden lassen. Boden wenden, dass die Schokoseite unten liegt. Den gesäuberten Backrahmen darumstellen.

4. Für die Füllung die Gelatine nach Packungsanleitung einweichen. Dann 5 Becher von der Götterspeise in einen Topf geben und langsam erwärmen. Götterspeise aus dem sechsten Becher stürzen und in Würfel schneiden. Gelatine ausdrücken und mit der Götterspeise im Topf unter Rühren auflösen. Die Masse etwas abkühlen lassen. Joghurt und Zucker unterrühren und die Masse kalt stellen.

5. Wenn die Masse beginnt dicklich zu werden, Sahne steif schlagen und mit der gewürfelten Götterspeise und verlesenen Himbeeren unterheben. Die Masse auf den Gebäckboden füllen.

6. Zum Garnieren Sahne mit Sahnesteif steif schlagen. Sahne in einen Spritzbeutel mit kleiner Sterntülle füllen. Sahne als kleine Tupfer tief in die Creme spritzen. Den Kuchen mit gewürfelter Götterspeise und Himbeeren bestreuen und etwa 2 Stunden kalt stellen.

7. Vor dem Servieren den Backrahmen mit einem Messer lösen und entfernen. Die Torte in Quadrate schneiden.

Himbeer-Merci-Schnitten | Für Gäste

Insgesamt:
E: 84 g, F: 416 g, Kh: 517 g, kJ: 26027, kcal: 6212

1 Pck. (200 g) merci Crocant
100 g Zwieback

Für den Biskuitteig:
4 Eier (Größe M)
3 EL heißes Wasser
75 g Zucker
1 Pck. Dr. Oetker Vanillin-Zucker
50 g Weizenmehl
1 gestr. TL Dr. Oetker Backin
1 EL Kakaopulver

Für die Füllung:
400 g frische vorbereitete Himbeeren
200 g Johannisbeergelee
1 EL Himbeergeist
1 kg Schlagsahne
4 Pck. Dr. Oetker Sahnesteif

Puderzucker

Zubereitungszeit: 45 Minuten, ohne Kühlzeit

1. Merci Crocant in kleine Stücke hacken und die Hälfte davon gleichmäßig auf einem Backblech (30 x 40 cm, gefettet, mit Backpapier belegt) verteilen. Anschließend Zwieback in einen Gefrierbeutel geben und diesen fest verschließen. Mit einer Teigrolle den Zwieback sehr fein zerbröseln.

2. Für den Teig Eier und Wasser mit Handrührgerät mit Rührbesen auf höchster Stufe in 1 Minute schaumig schlagen. Zucker und Vanillin-Zucker mischen, in 1 Minute unter Rühren einstreuen, dann noch 2 Minuten weiterschlagen.

3. Mehl mit Backpulver und Kakao mischen, auf die Eiercreme sieben und kurz auf niedrigster Stufe unterrühren. Zwiebackbrösel und restliche Krokantstücke unter den Teig heben. Den Teig vorsichtig auf dem mit Krokantstücken vorbereiteten Backblech verteilen und verstreichen. Das Backblech in den vorgeheizten Backofen schieben.

Ober-/Unterhitze: etwa 200 °C
Heißluft: etwa 180 °C
Backzeit: etwa 15 Minuten.

4. Die Biskuitplatte nach dem Backen auf ein mit Zucker bestreutes Backpapier stürzen und mitgebackenes Backpapier vorsichtig abziehen. Biskuitplatte erkalten lassen und dann senkrecht halbieren. Eine Hälfte auf eine Kuchenplatte geben und mit den Himbeeren belegen. Einen Backrahmen darumstellen.

5. Johannisbeergelee mit Himbeergeist in einem kleinen Topf unter Rühren erwärmen und die Himbeeren damit überziehen. Den Kuchen kalt stellen. Sahne in 2 Portionen mit je 2 Päckchen Sahnesteif steif schlagen und auf den Himbeeren verstreichen. Die zweite Biskuithälfte darauf legen und leicht andrücken. Kuchenoberfläche mit Puderzucker bestäuben und den Kuchen kalt stellen.

6. Vor dem Servieren Backrahmen lösen und entfernen. Den Kuchen mit einem scharfen Messer in Schnitten teilen.

Himbeerschaumkuchen | Beliebt

Insgesamt:
E: 105 g, F: 339 g, Kh: 584 g, kJ: 25153, kcal: 6003

Für den All-in-Teig:
150 g Weizenmehl
50 g Speisestärke
1 Pck. Dr. Oetker Backin
175 g Zucker
1 Pck. Dr. Oetker Vanillin-Zucker
1 Prise Salz
4 Eier (Größe M)
175 g weiche Butter oder Margarine

Für den Belag:
1,5 kg TK-Himbeeren
150 g Zucker
800 ml Himbeersaft-Wasser-Mischung
2 Beutel
aus 1 Pck. Götterspeise Himbeer-Geschmack
500 g Schlagsahne

1 Pck. Dr. Oetker Sahnesteif

Zubereitungszeit: 50 Minuten, ohne Kühlzeit

1. Für den Teig Mehl mit Speisestärke und Backpulver mischen und in eine Rührschüssel sieben. Zucker, Vanillin-Zucker, Salz, Eier und Butter oder Margarine dazugeben und in etwa 2 Minuten mit Handrührgerät mit Rührbesen auf höchster Stufe zu einem Teig verarbeiten.

2. Einen Backrahmen (30 x 40 cm) auf ein gefettetes Backblech stellen und den Teig auf das Backblech streichen. Das Backblech in den vorgeheizten Backofen schieben.

Ober-/Unterhitze: etwa 180 ° C
Heißluft: etwa 160 °C
Backzeit: etwa 20 Minuten.

3. Das Backblech auf einen Kuchenrost stellen und den Kuchen erkalten lassen.

4. Für den Belag in der Zwischenzeit Himbeeren mit 75 g Zucker bestreuen und auftauen lassen. Dann die Himbeeren auf einem großen Sieb gut abtropfen lassen, dabei den Saft auffangen und mit Wasser auf 800 ml auffüllen.

5. Götterspeise mit dem restlichen Zucker mischen, die abgemessene Flüssigkeit hinzufügen und unter Rühren erhitzen, bis alles gelöst ist. Die Flüssigkeit kalt stellen.

6. Wenn die Götterspeise beginnt dicklich zu werden, Sahne steif schlagen und unterheben. Sahnesteif auf den erkalteten Boden streuen und die Himbeeren darauf verteilen. Die Götterspeisecreme darauf verstreichen. Den Kuchen etwa 3 Stunden kalt stellen. Dann den Backrahmen vorsichtig mit Hilfe eines Messers lösen und entfernen.

Tipp: Nach Belieben einige schöne Himbeeren zurücklassen und den Kuchen mit Himbeeren und Sahne garnieren und mit Hagelzucker bestreuen (Foto). Den Kuchen maximal 1 Tag vor dem Verzehr zubereiten, da er ansonsten zu sehr durchweicht.

Abwandlung: Statt der Himbeeren können auch Sauerkirschen aus dem Glas (2 Gläser je 370 g Abtropfgewicht) verwendet werden. Frische Himbeeren schmecken ebenfalls, dann für die Flüssigkeit verdünnten Himbeersirup verwenden.

Hoch-die-Tassen-Kuchen I

Tassenkuchen (1 Tasse = 150 ml)

Insgesamt:
E: 74 g, F: 311 g, Kh: 694 g, kJ: 26222, kcal: 6255

Für den Rührteig:

1 Pck. (250 g) Butter oder Margarine
2 Tassen (300 g) Zucker
1 Pck. Dr. Oetker Vanillin-Zucker
4 Eier (Größe M)
4 Tassen (400 g) Weizenmehl
3 gestr. EL Kakaopulver
2 gestr. TL Dr. Oetker Backin
1 Tasse (150 ml) Rum

Zum Bestäuben:

2 EL Puderzucker

Für den Guss:

1 Pck. (150 g) Kuchenglasur, hell

Zubereitungszeit: 20 Minuten

1. Für den Teig Butter oder Margarine mit Handrührgerät mit Rührbesen auf höchster Stufe geschmeidig rühren. Nach und nach Zucker und Vanillin-Zucker unterrühren. So lange rühren, bis eine geschmeidige Masse entstanden ist.

2. Eier nach und nach unterrühren (jedes Ei etwa ½ Minute). Mehl mit Kakaopulver und Backpulver mischen, sieben und in 2 Portionen abwechselnd mit dem Rum auf mittlerer Stufe kurz unterrühren.

3. Teig auf ein Backblech (30 x 40 cm, gefettet) geben, verstreichen und das Backblech in den vorgeheizten Backofen schieben.

Ober-/Unterhitze: 180–200 °C
Heißluft: 160–180 °C
Backzeit: etwa 20 Minuten.

4. Nach dem Backen den Kuchen auf dem Backblech auf einem Kuchenrost erkalten lassen und anschließend mit Puderzucker bestäuben.

5. Für den Guss die Kuchenglasur im Wasserbad nach Packungsanleitung auflösen und den Kuchen damit besprenkeln.

Tipp: Ersetzen Sie die Hälfte des Rums durch kalten, starken Kaffee. Schneiden Sie Tassenschablonen aus Papier aus, legen Sie sie auf den Kuchen und bestäuben Sie den Kuchen mit Puderzucker. Dann Schablonen wieder vorsichtig abnehmen.

Holzfäller-Schnitten | Für Kinder

Insgesamt:
E: 220 g, F: 180 g, Kh: 620 g, kJ: 20820, kcal: 4960

Für den Hefeteig:
175 ml Milch
75 g Butter oder Margarine
375 g Weizenmehl
1 Pck. Dr. Oetker Trockenbackhefe
100 g Zucker
1 Prise Salz

Für den Belag:
1 Pck. Dr. Oetker Pudding-Pulver Vanille-Geschmack
100 g Zucker
500 ml (½ l) Milch
4 Eigelb (Größe M)
750 g Magerquark
50 g Speisestärke
4 Eiweiß (Größe M)
100 g abgezogene, gestiftelte Mandeln

Zum Bestäuben:
2 EL Puderzucker

Zubereitungszeit: 40 Minuten, ohne Teiggehzeit

1. Für den Teig Milch in einem kleinen Topf erwärmen und Butter oder Margarine darin zerlassen. Mehl in eine Rührschüssel sieben und sorgfältig mit der Trockenbackhefe vermischen.

2. Restliche Zutaten und die warme Milch-Fett-Mischung hinzufügen und die Zutaten mit Handrührgerät mit Knethaken erst kurz auf niedrigster, dann auf höchster Stufe in etwa 5 Minuten zu einem glatten Teig verarbeiten. Den Teig zugedeckt so lange an einem warmen Ort gehen lassen, bis er sich sichtbar vergrößert hat.

3. Den Teig leicht mit Mehl bestäuben, aus der Schüssel nehmen und auf der leicht bemehlten Arbeitsfläche nochmals gut durchkneten. Teig in einer Fettpfanne oder einem Backblech mit hohem Rand (30 x 40 cm, gefettet) ausrollen.

4. Für den Belag aus Pudding-Pulver, Zucker und Milch nach Packungsanleitung einen Pudding zubereiten und etwas abkühlen lassen. Dann Eigelb, Quark und Speisestärke unterrühren. Eiweiß sehr steif schlagen und vorsichtig unterheben. Die Masse auf den Teig streichen und mit den Mandeln bestreuen. Die Fettpfanne oder das Backblech in den vorgeheizten Backofen schieben.

Ober-/Unterhitze: etwa 180 °C
Heißluft: etwa 160 °C
Backzeit: etwa 50 Minuten.

5. Den Kuchen in der Fettpfanne oder auf dem Backblech auf einen Kuchenrost stellen. Kuchen erkalten lassen und anschließend mit Puderzucker bestäuben.

Honigkuchen I

Gut vorzubereiten – traditionell

Insgesamt:
E: 120 g, F: 360 g, Kh: 680 g, kJ: 27200, kcal: 6500

Für den Teig:
250 g Honig
125 g Butter oder Margarine
2 Eier (Größe M)
1 Pck. (15 g) Lebkuchengewürz
1 Pck. Dr. Oetker Finesse Geriebene Zitronenschale
375 g Weizenmehl
1 Pck. Dr. Oetker Backin
2 gestr. TL Kakaopulver
100 g Korinthen
100 g gemahlene Haselnusskerne

Zum Bestreichen und Bestreuen:
etwas Milch
100 g abgezogene, gehobelte Mandeln

Zum Aprikotieren:
5 EL Aprikosenkonfitüre

Für den Guss:
200 g Zartbitter-Schokolade
2 EL Speiseöl

Zum Garnieren:
Walnusskernhälften,
Haselnusskerne
abgezogene Mandeln
Schokoladenornamente

Zubereitungszeit: 25 Minuten, ohne Kühlzeit

1. Für den Teig Honig mit Butter oder Margarine in einem Topf unter Rühren langsam zerlassen, in eine Rührschüssel geben und erkalten lassen.

2. Unter die fast erkaltete Masse mit Handrührgerät mit Rührbesen auf höchster Stufe Eier, Lebkuchengewürz und Zitronenschale rühren. Mehl mit Backpulver und Kakaopulver mischen, sieben und esslöffelweise auf mittlerer Stufe unterrühren. Zuletzt Korinthen und Haselnusskerne kurz unterrühren.

3. Teig auf ein Backblech (30 x 40 cm, gefettet) streichen, mit etwas Milch bestreichen und mit Mandeln bestreuen. Das Backblech in den vorgeheizten Backofen schieben.

Ober-/Unterhitze: etwa 180 °C
Heißluft: etwa 160 °C
Backzeit: etwa 20 Minuten.

4. Zum Aprikotieren Aprikosenkonfitüre durch ein Sieb streichen, den Kuchen sofort nach dem Backen damit bestreichen und auf dem Backblech auf einem Kuchenrost erkalten lassen.

5. Für den Guss Schokolade grob zerkleinern, mit dem Öl im Wasserbad bei schwacher Hitze unter Rühren schmelzen lassen und auf den erkalteten Kuchen streichen. Den Kuchen nach Belieben mit Walnusskernhälften, Haselnusskernen, Mandeln oder Schokoladenornamenten garnieren. Wenn der Guss fest geworden ist, den Kuchen in Stücke schneiden und in einer gut schließenden Dose aufbewahren.

Ipanema-Schnitten | Raffiniert

Insgesamt:
E: 81 g, F: 240 g, Kh: 606 g, kJ: 20624, kcal: 4923

Für den Biskuitteig:
4 Eier (Größe M)
2 EL heißes Wasser
150 g Zucker
1 Pck. Dr. Oetker Vanillin-Zucker
1 Pck. Dr. Oetker Finesse Geriebene Zitronenschale
125 g Weizenmehl
25 g Speisestärke
1 gestr. TL Dr. Oetker Backin

Für die Füllung:
1 Beutel aus 1 Pck. Götterspeise Zitronen-Geschmack
150 g Zucker
250 ml (¼ l) Wasser
1–2 EL Zitronensaft
etwa 2 EL Maracuja- oder Aprikosenkonfitüre
1 Pck. (125 g) CocoCabana Schaumküsse (von Dickmann)
400 g Schlagsahne
1 Pck. Dr. Oetker Sahnesteif

Zum Garnieren:
3 EL Kokosraspel
Kapstachelbeeren (Physalis)
kleine Deko-Palmen

Zubereitungszeit: 50 Minuten, ohne Kühlzeit

1. Für den Teig die Eier und Wasser mit Handrührgerät mit Rührbesen auf höchster Stufe in 1 Minute schaumig schlagen. Zucker mit Vanillin-Zucker und Zitronenschale mischen, in 1 Minute unter Rühren einstreuen, dann noch 2 Minuten weiterschlagen. Mehl mit Speisestärke und Backpulver mischen, auf die Eiercreme sieben und kurz auf niedrigster Stufe unterrühren.

2. Teig auf ein Backblech (30 x 40 cm, gefettet, mit Backpapier belegt) geben und glatt streichen. Das Backblech in den vorgeheizten Backofen schieben.

Ober-/Unterhitze: etwa 200 °C
Heißluft: etwa 180 °C
Backzeit: 10–12 Minuten.

3. Den Biskuitboden nach dem Backen auf ein mit Zucker bestreutes Stück Backpapier stürzen. Mitgebackenes Backpapier vorsichtig abziehen. Den Biskuitboden erkalten lassen.

4. Für die Füllung Götterspeise nach Packungsanleitung, jedoch mit 150 g Zucker und nur 250 ml (¼ l) Wasser zubereiten und auflösen. Zitronensaft unterrühren, die Flüssigkeit abkühlen lassen und dann kalt stellen.

5. Den Biskuitboden senkrecht halbieren. Eine Hälfte auf eine Kuchenplatte legen und einen Backrahmen darumstellen. Den Biskuitboden mit der Konfitüre bestreichen, Schaumküsse gleichmäßig darauf verteilen.

6. Sobald die Götterspeise beginnt dicklich zu werden, Sahne steif schlagen und unterheben. Die Masse vorsichtig auf den Schaumküssen verteilen und verstreichen. Den zweiten Biskuitboden darauf legen und etwas andrücken. Den Kuchen etwa 2 Stunden kalt stellen.

7. Zum Garnieren Kokosraspel unter Rühren in einer Pfanne ohne Fett leicht bräunen und auf einem Teller erkalten lassen. Den Backrahmen vorsichtig lösen und entfernen. Die Kuchenoberfläche mit Kokosraspeln bestreuen. Den Kuchen in Schnitten teilen, mit den Kapstachelbeeren garnieren und mit kleinen Deko-Palmen dekorieren.

Israel-Kuchen | Einfach

Insgesamt:
E: 83 g, F: 304 g, Kh: 452 g, kJ: 20184, kcal: 4859

Für den Rührteig:
250 g Butter oder Margarine
175 g Zucker
1 Pck. Dr. Oetker Vanillin-Zucker
1 Pck. Dr. Oetker Finesse Geriebene Zitronenschale
3 Eier (Größe M)
2 Eigelb (Größe M)
250 g Weizenmehl
1 gestr. TL Dr. Oetker Backin

Zum Bestreichen:
2 Eiweiß (Größe M)
75 g brauner Zucker (Kandisfarin)
100 g abgezogene, gehackte Mandeln

Nach Belieben zum Bestäuben:
Puderzucker

Zubereitungszeit: 30 Minuten

1. Für den Teig Butter oder Margarine in einer Rührschüssel mit Handrührgerät mit Rührbesen auf höchster Stufe geschmeidig rühren. Nach und nach Zucker, Vanillin-Zucker und Zitronenschale unterrühren. So lange rühren, bis eine gebundene Masse entstanden ist. Eier und Eigelb nach und nach unterrühren (jedes Ei etwa ½ Minute).

2. Mehl mit Backpulver mischen, sieben und in 2 Portionen auf mittlerer Stufe kurz unterrühren. Den Teig auf ein Backblech (30 x 40 cm, gefettet) streichen und das Backblech in den vorgeheizten Backofen schieben.

Ober-/Unterhitze: etwa 180 °C
Heißluft: etwa 160 °C
Backzeit: etwa 15 Minuten.

3. Zum Bestreichen Eiweiß sehr steif schlagen und den braunen Zucker unterrühren. Mandeln unterheben und die Masse mit einem in Wasser getauchten Esslöffel gleichmäßig auf den Kuchen streichen. Das Backblech nochmals in den Backofen schieben und den Kuchen **bei gleicher Backofeneinstellung 6–8 Minuten überbacken.**

4. Anschließend das Backblech auf einen Kuchenrost stellen und den Kuchen darauf erkalten lassen.

5. Nach Belieben den Kuchen vor dem Servieren mit Papierstreifen belegen, mit Puderzucker bestäuben und die Papierstreifen wieder vorsichtig abnehmen.

Abwandlung: Bevor die Eiweißmasse auf den Kuchen gestrichen wird, den Teig mit 100 g Orangenmarmelade bestreichen. Statt der gehackten Mandeln können Sie gehobelte Mandeln verwenden.

Joghurt-Frucht-Schnitten | Erfrischend

Insgesamt:
E: 118 g, F: 225 g, Kh: 687 g, kJ: 22146, kcal: 5285

Für den Biskuitteig:
4 Eier (Größe M)
125 g Zucker
1 Pck. Dr. Oetker Vanillin-Zucker
1 Pck. Dr. Oetker Finesse Geriebene Zitronenschale
100 g Weizenmehl
2 gestr. TL Dr. Oetker Backin
25 g Speisestärke

Für die Füllung:
15 Blatt weiße Gelatine
2 Dosen Fruchtcocktail (Abtropfgewicht je 500 g)
1 kg Vanille-Joghurt
80 g Zucker
Saft von 2 Zitronen
500 g Schlagsahne

Für den Guss:
2 Pck. Tortenguss, rot
3 EL Zucker
250 ml (¼ l) Fruchtsaft (aus der Dose)
250 ml (¼ l) Wasser

Zubereitungszeit: 60 Minuten, ohne Kühlzeit

1. Für den Teig Eier in einer Rührschüssel mit Handrührgerät mit Rührbesen auf höchster Stufe in 1 Minute schaumig schlagen. Zucker mit Vanillin-Zucker und Zitronenschale mischen, unter Rühren in 1 Minute einstreuen und noch etwa 2 Minuten schlagen.

2. Mehl mit Backpulver und Speisestärke mischen, sieben und kurz auf niedrigster Stufe unterrühren. Einen Backrahmen auf ein Backblech (30 x 40 cm, gefettet) stellen. Den Teig in den Backrahmen geben und glatt streichen. Das Backblech in den vorgeheizten Backofen schieben.

Ober-/Unterhitze: etwa 200 °C
Heißluft: etwa 180 °C
Backzeit: etwa 10 Minuten.

3. Das Backblech auf einen Kuchenrost stellen und Biskuitplatte erkalten lassen.

4. Für die Füllung Gelatine nach Packungsanleitung einweichen. Fruchtcocktail auf einem Sieb abtropfen lassen, den Saft dabei auffangen und 250 ml (¼ l) davon abmessen.

5. Joghurt mit Zucker und Zitronensaft verrühren. Ausgedrückte Gelatine in einem kleinen Topf bei schwacher Hitze unter Rühren auflösen. Etwa 4 Esslöffel der Joghurtmasse mit der Gelatine verrühren, dann mit der restlichen Joghurtmasse verrühren, kalt stellen.

6. Sahne steif schlagen. Wenn die Joghurtmasse anfängt dicklich zu werden, Sahne vorsichtig unterheben. Fruchtcocktail auf der Biskuitplatte verteilen. Joghurt-Sahne-Creme darauf geben und glatt streichen.

7. Für den Guss aus Tortengusspulver, Zucker, Saft und Wasser nach Packungsanleitung (aber nur mit 3 Esslöffeln Zucker) einen Guss zubereiten. Den heißen Guss sofort auf der Joghurt-Sahne-Creme verteilen, so dass eine „Marmorierung" von Füllung und Guss entsteht. Den Kuchen mindestens 3 Stunden kalt stellen (am besten über Nacht).

8. Den Backrahmen lösen und entfernen. Den Kuchen in beliebig große Stücke schneiden.

Johannisbeer-Käsekuchen | Fruchtig

Insgesamt:
E: 178 g, F: 192 g, Kh: 540 g, kJ: 19501, kcal: 4653

Zum Vorbereiten:
etwa 500 g frische Johannisbeeren

Für den Streuselteig:
250 g Weizenmehl
1 gestr. TL Dr. Oetker Backin
75 g Zucker
1 Pck. Dr. Oetker Vanillin-Zucker
150 g weiche Butter oder Margarine

Für die Füllung:
4 Eiweiß (Größe M)
4 Eigelb (Größe M)
750 g Magerquark
1 Pck. Dr. Oetker Finesse Geriebene Zitronenschale
150 g Zucker
250 ml (¼ l) Milch
1 Pck. Käsekuchen-Hilfe

Zum Bestreuen:
50 g abgezogene, gehobelte Mandeln

Zubereitungszeit: 65 Minuten, ohne Abkühlzeit

1. Zum Vorbereiten Johannisbeeren waschen, abtropfen lassen und entstielen.

2. Für den Teig Mehl mit Backpulver mischen und in eine Rührschüssel sieben. Restliche Zutaten hinzufügen und mit Handrührgerät mit Rührbesen auf höchster Stufe zu feinen Streuseln verarbeiten. Den Teig in einer Fettfangschale verteilen und leicht andrücken. Die Fettfangschale in den vorgeheizten Backofen schieben und den Boden vorbacken.

Ober-/Unterhitze: etwa 180 °C
Heißluft: etwa 160 °C
Backzeit: etwa 15 Minuten.

3. Die Fettfangschale auf einen Kuchenrost stellen und den Boden etwas abkühlen lassen.

4. Für die Füllung Eiweiß sehr steif schlagen. Eigelb mit Quark, Zitronenschale, Zucker und Milch geschmeidig rühren. Käsekuchen-Hilfe unterrühren und Eischnee unterheben.

5. Die Quarkmasse auf den vorgebackenen Boden geben und glatt streichen. Johannisbeeren darauf verteilen und mit Mandeln bestreuen. Die Fettfangschale in den heißen Backofen schieben und den Kuchen fertig backen.

Ober-/Unterhitze: etwa 160 °C (unteres Drittel)
Heißluft: etwa 140 °C
Backzeit: etwa 45 Minuten.

6. Die Fettfangschale auf einen Kuchenrost stellen und den Kuchen erkalten lassen.

Tipp: Sie können den Kuchen auch mit TK–Johannisbeeren zubereiten, dann Johannisbeeren vorher etwas antauen lassen.

Johannisbeerschnitten | Für Gäste

Insgesamt:
E: 70 g, F: 280 g, Kh: 500 g, kJ: 20200, kcal: 4820

Für den Biskuitteig:

3	*Eier (Größe M)*
4 EL	*heißes Wasser*
150 g	*Zucker*
1 Pck.	*Dr. Oetker Vanillin-Zucker*
100 g	*Weizenmehl*
1 gestr. TL	*Dr. Oetker Backin*
50 g	*Speisestärke*

Für die Füllung:

8 Blatt	*weiße Gelatine*
400 g	*Johannisbeeren*
800 g	*Schlagsahne*
125 g	*Puderzucker*
1 Pck.	*Dr. Oetker Vanillin-Zucker*

Zum Garnieren:

50 g	*Zartbitter-Raspelschokolade oder Schokoladenröllchen*
100 g	*Johannisbeeren*
etwas	*Zucker*

Zubereitungszeit: 30 Minuten, ohne Kühlzeit

1. Für den Teig Eier und Wasser in einer Rührschüssel mit Handrührgerät mit Rührbesen auf höchster Stufe in 1 Minute schaumig schlagen. Zucker mit Vanillin-Zucker mischen, in 1 Minute unter Rühren einstreuen, dann noch 2 Minuten weiterschlagen.

2. Mehl mit Backpulver und Speisestärke mischen, sieben und kurz auf niedrigster Stufe unterrühren. Den Teig auf ein Backblech (30 x 40 cm, gefettet, mit Backpapier belegt) streichen und das Backblech in den vorgeheizten Backofen schieben.

Ober-/Unterhitze: etwa 200 °C
Heißluft: etwa 180 °C
Backzeit: etwa 10 Minuten.

3. Den Biskuit sofort nach dem Backen am Rand lösen, auf ein mit Zucker bestreutes Backpapier stürzen und das mitgebackene Backpapier vorsichtig abziehen. Dann die Platte erkalten lassen.

4. Für die Füllung die Gelatine nach Packungsanleitung einweichen. Johannisbeeren waschen und abtropfen lassen. Beeren von den Rispen streifen, pürieren und durch ein Sieb streichen. Gelatine leicht ausdrücken und in einem Topf bei schwacher Hitze unter Rühren auflösen. Erst etwa 4 Esslöffel des Fruchtpürees mit Hilfe eines Schneebesens mit der aufgelösten Gelatine verrühren, dann die Mischung mit dem restlichen Püree verrühren. Sahne mit gesiebtem Puderzucker und Vanillin-Zucker steif schlagen. Wenn die Püreemasse beginnt dicklich zu werden, zwei Drittel der Sahne vorsichtig unterheben.

5. Den Biskuit senkrecht halbieren, so dass 2 Platten (30 x 20 cm) entstehen. Eine Biskuithälfte mit der Johannisbeersahne bestreichen, die andere darauf legen, leicht andrücken und gleichmäßig mit der restlichen hellen Sahne bestreichen. Die Seiten glatt streichen und den Kuchen etwa 2 Stunden kalt stellen.

6. Vor dem Servieren den Kuchen in Schnitten einteilen und jede Schnitte mit etwas Raspelschokolade oder Schokoladenlocken bestreuen. Johannisbeeren abspülen, noch feucht in Zucker wälzen und jede Schnitte damit garnieren.

Jütländer Traumkuchen | Einfach

Insgesamt:
E: 77 g, F: 247 g, Kh: 665 g, kJ: 22162, kcal: 5293

Für den Biskuitteig:
250 ml (¼ l) Milch
75 g Butter oder Margarine
4 Eier (Größe M)
200 g Zucker
1 Pck. Dr. Oetker Vanillin–Zucker
250 g Weizenmehl
4 gestr. TL Dr. Oetker Backin

Für den Belag:
125 g Butter
250 g brauner Zucker (Kandisfarin)
100 ml Milch
100 g Kokosraspel

Zubereitungszeit: 35 Minuten, ohne Abkühlzeit

1. Für den Teig Milch in einem Topf erwärmen, Butter oder Margarine darin auflösen und etwas abkühlen lassen. Eier mit Handrührgerät mit Rührbesen auf höchster Stufe in 1 Minute schaumig schlagen. Zucker und Vanillin-Zucker mischen, in 1 Minute unter Rühren einstreuen, dann noch 2 Minuten weiterschlagen.

2. Mehl mit Backpulver mischen, die Hälfte davon auf die Eiercreme sieben und kurz auf niedrigster Stufe unterrühren. Den Rest des Mehlgemisches auf die gleiche Weise unterarbeiten. Zuletzt die abgekühlte Fett-Milch-Mischung unterrühren.

3. Teig in eine Fettpfanne (30 x 40 cm, gefettet) füllen und glatt streichen. Die Fettpfanne in den vorgeheizten Backofen schieben.

Ober-/Unterhitze: etwa 180 °C
Heißluft: etwa 160 °C
Backzeit: 12–15 Minuten.

4. Für den Belag Butter mit Zucker, Milch und Kokosraspeln in einem Topf unter Rühren langsam erhitzen, kurz aufkochen lassen und gleichmäßig auf dem Biskuitboden verteilen. Das Backblech wieder in den Backofen schieben und den Kuchen **bei gleicher Backofeneinstellung in etwa 12 Minuten fertig backen.**

5. Die Fettpfanne auf einen Kuchenrost stellen. Den Kuchen erkalten lassen.

Abwandlung: Für den Belag statt der angegebenen Zutaten 200 g Kokosraspel, 100 g Zucker und 250 g Schlagsahne verrühren. Belag nach 15 Minuten Backzeit auf den Teig geben und dann in weiteren 15 Minuten bei gleicher Backofeneinstellung fertig backen.

Kabelkuchen | Für Kinder

Insgesamt:
E: 131 g, F: 366 g, Kh: 575 g, kJ: 26474, kcal: 6322

Für den Knetteig:
250 g Weizenmehl
½ gestr. TL Dr. Oetker Backin
120 g Zucker
1 Prise Salz
1 Ei (Größe M)
100 g Kokosraspel
200 g Butter oder Margarine

Für den Belag:
1 kg Fruchtquark (z.B. Pfirsich-Maracuja)
1–2 EL Zucker
1 EL Zitronensaft
4 Eier (Größe M)

Zum Bestreichen:
250 g Schmand (Sauerrahm)

Zum Garnieren:
30–35 Fruchtgummi-Schnüre (etwa 120 g, z.B. Erdbeer, saurer Apfel, Cola)

Zubereitungszeit: 50 Minuten, ohne Abkühlzeit

1. Für den Teig Mehl mit Backpulver mischen und in eine Rührschüssel sieben. Zucker, Salz, Ei, Kokosraspel und Butter oder Margarine hinzufügen. Die Zutaten mit Handrührgerät mit Knethaken zunächst kurz auf niedrigster, dann auf höchster Stufe gut durcharbeiten.

2. Anschließend den Teig auf der leicht bemehlten Arbeitsfläche kurz verkneten. Sollte er kleben, ihn in Folie gewickelt eine Zeit lang kalt stellen. Dann den Teig auf einem Backblech (30 x 40 cm, gefettet) ausrollen. Den Teigboden mehrmals mit einer Gabel einstechen. Das Backblech in den vorgeheizten Backofen schieben und den Boden vorbacken.

Ober-/Unterhitze: etwa 200 °C
Heißluft: etwa 180 °C
Backzeit: etwa 15 Minuten.

3. Das Backblech auf einen Kuchenrost stellen und den Boden darauf abkühlen lassen.

4. Für den Belag Quark, Zucker, Zitronensaft und Eier mit Handrührgerät mit Rührbesen auf mittlerer Stufe geschmeidig rühren. Die Quarkmasse auf den vorgebackenen Boden streichen. Das Backblech wieder in den heißen Backofen schieben und den Kuchen **bei gleicher Backofeneinstellung in 20–25 Minuten fertig backen.**

5. Das Backblech auf einen Kuchenrost stellen. Zum Bestreichen den Schmand mit einem Schneebesen geschmeidig rühren und sofort mit Hilfe eines Pinsels auf den heißen Kuchen streichen. Den Kuchen erkalten lassen.

6. Zum Garnieren die Fruchtgummi-Schnüre auf Backblechlänge kürzen. Jeweils 2–3 Schnüre zu einer Kordel drehen und mit den abgeschnittenen Enden wie ein Kabel zusammenbinden. Dann den Kuchen in Stücke schneiden. Die Kuchenstücke mit den Fruchtgummi-Kordeln nach Belieben garnieren.

Karamell-Bananen-Schnitten I

Für Kinder

Insgesamt:
E: 74 g, F: 300 g, Kh: 566 g, kJ: 22038, kcal: 5263

Zum Vorbereiten:
3 Bananen (etwa 400 g)
2 TL Zitronensaft

Für den Rührteig:
150 g Butter oder Margarine
50 g Zucker
1 Pck. Dr. Oetker Vanillin-Zucker
1 Prise Salz
1 Pck. Dr. Oetker Finesse Geriebene Zitronenschale
3 Eier (Größe M)
300 g Weizenmehl
1 Pck. Dr. Oetker Backin
80 g Haselnuss-Krokant

Für die Karamellcreme:
200 g Schlagsahne
125 ml (1/8 l) Kondensmilch (4 % Fett)
150 g Zucker
80 g Butter

Zubereitungszeit: 45 Minuten, ohne Abkühlzeit

1. Zum Vorbereiten Bananen schälen, mit einer Gabel zerdrücken und mit Zitronensaft beträufeln.

2. Für den Teig Butter oder Margarine mit Handrührgerät mit Rührbesen auf höchster Stufe geschmeidig rühren. Nach und nach Zucker, Vanillin-Zucker, Salz und Zitronenschale unterrühren. So lange rühren, bis eine gebundene Masse entstanden ist.

3. Eier nach und nach unterrühren (jedes Ei etwa ½ Minute). Mehl mit Backpulver mischen, sieben und in 2 Portionen kurz auf mittlerer Stufe unterrühren. Dann Bananenmus und Krokant unterheben.

4. Den Teig auf ein Backblech (30 x 40 cm, gefettet) geben und glatt streichen. Das Backblech in den vorgeheizten Backofen schieben.

Ober-/Unterhitze: 180–200 °C
Heißluft: 160–180 °C
Backzeit: 15–20 Minuten.

5. Das Backblech auf einen Kuchenrost stellen und den Kuchen darauf erkalten lassen.

6. Für die Karamellcreme Sahne und Kondensmilch in einem Topf zum Kochen bringen. Topf von der Kochstelle nehmen. Zucker in einem zweiten Topf unter Rühren karamellisieren lassen, heiße Sahne-Milch-Flüssigkeit hinzufügen und unter Rühren so lange erhitzen, bis der Karamell gelöst ist. Butter in Stückchen unterrühren. Die Zutaten zum Kochen bringen und unter Rühren 10–15 Minuten einkochen lassen, bis eine dickliche Karamellcreme entstanden ist.

7. Wenn die Karamellcreme anfängt anzusetzen, den Topf sofort von der Kochstelle nehmen. Creme 4–5 Minuten abkühlen lassen und auf dem Kuchen verteilen. Den Kuchen etwa 3 Stunden kalt stellen, bis die Karamellcreme fest geworden ist.

Tipp: Die Kuchenstückchen (mit Guss!) lassen sich portionsweise einfrieren und einige Stunden vor dem Verzehr bei Zimmertemperatur auftauen.

Karamell-Mandel-Schnitten

Für Kinder – dauert länger

Insgesamt:
E: 129 g, F: 644 g, Kh: 809 g, kJ: 39935, kcal: 9537

Für die Creme zum Vorbereiten:

300 g weiße Kuvertüre
8 Stück (etwa 80 g) Sahne Muh-Muhs (Milch-Toffee)
500 g Schlagsahne

Für den Hefeteig:

125 ml (1/8 l) Milch
400 g Weizenmehl
1 Pck. Dr. Oetker Trockenbackhefe
125 g Butter oder Margarine
50 g Zucker, 1 Prise Salz
2 Eier (Größe M)

Für die Mandeldecke:

8 Stück (etwa 80 g) Sahne Muh-Muhs (Milch-Toffee)
150 g Butter
150 g Zucker
1 EL flüssiger Honig
3 EL Schlagsahne
150 g abgezogene, gehobelte Mandeln

Zubereitungszeit: 60 Minuten, ohne Abkühl- und Teiggehzeit

1. Für die Creme Kuvertüre und Sahne Muh-Muhs grob hacken. Sahne in einem Topf unter Rühren erhitzen. Kuvertüre und Sahne Muh-Muhs dazugeben und bei schwacher Hitze unter Rühren darin schmelzen lassen. Die Creme unter gelegentlichem Rühren erkalten lassen, dann zum vollständigen Erkalten in den Kühlschrank stellen (am besten über Nacht).

2. Für den Teig Milch in einem Topf erwärmen. Mehl in eine Rührschüssel sieben und mit der Hefe sorgfältig vermischen. Milch, Butter oder Margarine, Zucker, Salz und Eier hinzufügen. Die Zutaten mit Handrührgerät mit Knethaken zunächst kurz auf niedrigster, dann auf höchster Stufe in etwa 5 Minuten zu einem glatten Teig verarbeiten. Den Teig zugedeckt so lange an einem warmen Ort gehen lassen, bis er sich sichtbar vergrößert hat.

3. Den Teig leicht mit Mehl bestäuben, aus der Schüssel nehmen und auf einer leicht bemehlten Arbeitsfläche nochmals gut durchkneten. Den Teig auf einem Backblech (30 x 40 cm, gefettet) ausrollen. Den Teig nochmals so lange an einem warmen Ort gehen lassen, bis er sich sichtbar vergrößert hat.

4. Für die Mandeldecke Sahne Muh-Muhs klein hacken. Butter mit Zucker, Honig und Sahne in einem Topf unter Rühren aufkochen lassen. Dann den Topf von der Kochstelle nehmen. Sahne Muh-Muhs und Mandeln unterrühren. Die Masse etwas abkühlen lassen und gleichmäßig auf dem Teig verstreichen. Das Backblech in den vorgeheizten Backofen schieben.

Ober-/Unterhitze: etwa 200 °C
Heißluft: etwa 180 °C
Backzeit: 25–30 Minuten.

5. Das Backblech auf einen Kuchenrost stellen und den Gebäckboden erkalten lassen. Dann den Gebäckboden senkrecht in 4–5 gleich große Streifen schneiden und jeden Streifen einmal waagerecht durchschneiden.

6. Die kalt gestellte Creme mit Handrührgerät mit Rührbesen schaumig aufschlagen und gleichmäßig auf den unteren Gebäckstreifen verteilen und verstreichen. Die oberen Gebäckstreifen darauf legen und leicht andrücken. Jeden Streifen in etwa 4 Stücke schneiden.

Karibische Rumschnitten | Raffiniert

Insgesamt:
E: 89 g, F: 475 g, Kh: 463 g, kJ: 29800, kcal: 7121

Zum Vorbereiten:
2 Pck. (je 200 g) Tropische Mischung aus Trockenfrüchten und Nusskernen
250 ml (¼ l) weißer Rum (etwa 40 Vol.-%)

Für den Boden:
100 g Vollmilch-Kuvertüre
175 g Löffelbiskuits

Für den Belag:
6 Blatt weiße Gelatine
500 g Mascarpone (ital. Frischkäse)
50–60 g Zucker
1–2 gestr. TL gemahlener Zimt
400 g Schlagsahne

Zum Garnieren:
1–2 TL gemahlener Zimt

Zubereitungszeit: 60 Minuten, ohne Durchzieh- und Kühlzeit

1. Zum Vorbereiten aus der Tropischen Mischung die Nusskerne und Kokos-Chips aussortieren und beiseite legen. Die Trockenfrüchte in eine Schüssel geben, mit dem Rum übergießen und mehrere Stunden (am besten über Nacht) durchziehen lassen, bis der Rum von den Früchten aufgesogen ist.

2. Für den Boden einen Backrahmen (etwa 25 x 25 cm) auf ein Backblech (mit Backpapier belegt) stellen. Kuvertüre grob hacken und in einem kleinen Topf im Wasserbad bei schwacher Hitze unter Rühren schmelzen lassen. Löffelbiskuits auf einer Seite mit der aufgelösten Kuvertüre bestreichen und mit der bestrichenen Seite nach unten auf das Backpapier in den Backrahmen legen. Den Boden kalt stellen und die Kuvertüre fest werden lassen.

3. Für den Belag Gelatine nach Packungsanleitung einweichen. Mascarpone mit Zucker und Zimt verrühren. Gelatine leicht ausdrücken und in einem kleinen Topf bei schwacher Hitze unter Rühren auflösen.

4. Die aufgelöste Gelatine zuerst mit einigen Löffeln von der Mascarponemasse verrühren, dann die Mischung mit der restlichen Masse verrühren. Sahne steif schlagen und vorsichtig unterheben.

5. Eingelegte Trockenfrüchte auf dem Löffelbiskuitboden verteilen. Creme darauf verteilen und glatt streichen. Die Kuchenoberfläche mit einem Tortenkamm verzieren. Den Kuchen etwa 2 Stunden kalt stellen.

6. Zum Garnieren beiseite gelegte Nusskerne und Kokos-Chips in einer Pfanne ohne Fett rösten und auf einem Teller erkalten lassen. Die Kuchenoberfläche mit Zimt bestäuben und mit den Nusskernen und Kokos-Chips garnieren.

Karnevalskuchen | Zum Verschenken

Insgesamt:
E: 71 g, F: 196 g, Kh: 675 g, kJ: 19935, kcal: 4761

Zum Vorbereiten:
100 g Orangeat
6 EL Orangensaft

Für den All-in-Teig:
250 g Weizenmehl
4 gestr. TL Dr. Oetker Backin
150 g Zucker
4 Eier (Größe M)
150 g weiche Butter oder Margarine

Zum Beträufeln:
350 ml Orangensaft
100 g Zucker
1 TL Dr. Oetker Finesse Orangenfrucht

Zum Garnieren:
100 g Marzipan-Rohmasse
70 g gesiebter Puderzucker
rote, grüne und gelbe Speisefarbe

Zubereitungszeit: 60 Minuten, ohne Einweich- und Abkühlzeit

1. Zum Vorbereiten Orangeat fein hacken. Orangeat in eine Schüssel geben, mit Orangensaft beträufeln und 15 Minuten einweichen.

2. Für den Teig Mehl mit Backpulver mischen und in eine Rührschüssel sieben. Zucker, Eier, Butter oder Margarine und eingeweichtes Orangeat hinzufügen. Die Zutaten mit Handrührgerät mit Rührbesen zunächst kurz auf niedrigster, dann auf höchster Stufe in etwa 2 Minuten zu einem Teig verarbeiten. Den Teig auf ein Backblech (30 x 40 cm, gefettet) geben und glatt streichen. Das Backblech in den vorgeheizten Backofen schieben.

Ober-/Unterhitze: etwa 180 °C
Heißluft: etwa 160 °C
Backzeit: 15–20 Minuten.

3. Zum Beträufeln Orangensaft mit Zucker und Orangenfrucht in einem weiten Topf unter Rühren zum Kochen bringen und bei mittlerer Hitze unter gelegentlichem Rühren 10 Minuten einkochen lassen (ergibt etwa 150 ml). Das Backblech auf einen Kuchenrost stellen. Den Kuchen sofort mehrmals mit einem Holzstäbchen einstechen und mit dem Sirup beträufeln. Den Kuchen erkalten lassen.

4. Zum Garnieren Marzipan mit Puderzucker verkneten. Marzipanmasse dritteln und mit Speisefarben einfärben. Die gefärbten Marzipanstücke nebeneinander setzen und auf einer mit etwas Puderzucker bestäubten Arbeitsfläche etwa 2 mm dünn ausrollen. Mit einem Teigrädchen etwa ½ cm breite Streifen schneiden. Streifen wie Papierschlangen aufrollen. Aus dem restlichen Marzipan Konfetti ausschneiden. Den Kuchen in Karos schneiden und die Marzipanschlangen darauf legen. Die Kuchenstücke mit Konfetti bestreuen.

Kartoffel-Nuss-Kuchen | Beliebt

Insgesamt:
E: 60 g, F: 142 g, Kh: 550 g, kJ: 16246, kcal: 3879

Für den Hefeteig:
200 g geschälte, gekochte Kartoffeln
70 ml Milch
300 g Weizenmehl (Type 550)
½ Pck. (21 g) frische Hefe
50 g Zucker
50 g Butter oder Margarine
½ gestr. TL Salz

Für den Belag:
40 g Butter
2 Dosen Aprikosenhälften (Abtropfgewicht je 480 g)
70 g gehackte Haselnusskerne
4–5 EL Hagelzucker

Zubereitungszeit: 60 Minuten, ohne Teiggehzeit

1. Für den Teig Kartoffeln durch eine Kartoffelpresse drücken oder mit dem Kartoffelstampfer zerdrücken. Kartoffeln etwas abkühlen lassen. Milch erwärmen. Mehl in eine Schüssel sieben. Kartoffelmus hinzufügen und mit dem Mehl vermischen.

2. In die Mitte eine Vertiefung drücken. Hefe hineinbröckeln, etwas von dem Zucker und der warmen Milch hinzufügen. Alles mit einer Gabel vorsichtig verrühren und etwa 10 Minuten stehen lassen.

3. Butter oder Margarine zerlassen und abkühlen lassen. Restliche Milch, restlichen Zucker, Salz und Butter oder Margarine hineingeben. Die Zutaten mit Handrührgerät mit Knethaken in etwa 5 Minuten zu einem glatten Teig verarbeiten. Den Teig zugedeckt so lange an einem warmen Ort gehen lassen, bis er sich sichtbar vergrößert hat.

4. Den gegangenen Teig leicht mit Mehl bestäuben, aus der Schüssel nehmen und auf einer leicht bemehlten Arbeitsfläche nochmals gut durchkneten. Zwei Drittel des Teiges auf einem Backblech (30 x 40 cm, gefettet) ausrollen. Den Teig nochmals zugedeckt so lange an einem warmen Ort gehen lassen, bis er sich sichtbar vergrößert hat.

5. Für den Belag Butter zerlassen. Die Aprikosenhälften in einem Sieb abtropfen lassen und in Spalten schneiden. Aprikosenspalten auf dem Teig verteilen. Haselnusskerne und 2 Esslöffel von dem Hagelzucker darauf streuen.

6. Restlichen Teig auf der bemehlten Arbeitsfläche sehr dünn zu einem Rechteck (etwa 30 x 70 cm) ausrollen und mit etwas von der zerlassenen Butter bestreichen. Das Rechteck von der kurzen Seite aus mit einem Teigrädchen in etwa 3 cm breite Streifen schneiden und so auf die Aprikosenspalten legen, dass sich die Streifen leicht überlappen. Streifen etwas andrücken und mit der restlichen Butter bestreichen. Restlichen Hagelzucker darauf streuen. Das Backblech in den vorgeheizten Backofen schieben.

Ober-/Unterhitze: etwa 200 °C
Heißluft: etwa 180 °C
Backzeit: 30–35 Minuten.

7. Das Backblech auf einen Kuchenrost stellen. Kuchen darauf erkalten lassen.

Käsekuchen mit gemischtem Obst I

Fruchtig

Insgesamt:
E: 220 g, F: 260 g, Kh: 860 g, kJ: 27880, kcal: 6660

Für den Rührteig:
150 g Butter oder Margarine
150 g Zucker
1 Pck. Dr. Oetker Vanillin-Zucker
1 Prise Salz
3 Eier (Größe M)
150 g Weizenmehl
2 gestr. TL Dr. Oetker Backin

Für die Käsemasse:
4 Eiweiß (Größe M)
4 Eigelb (Größe M)
125 g Zucker
2 Pck. Dr. Oetker Vanillin-Zucker
1 Pck. Dr. Oetker Pudding-Pulver Vanille-Geschmack
1 kg Magerquark
1 Becher (250 g) Crème fraîche oder Schmand

Für den Belag:
2 Dosen Fruchtcocktail (Abtropfgewicht je 500 g)

Für den Guss:
2 Pck. Tortenguss, klar
20 g Zucker
500 ml (½ l) Fruchtcocktailsaft aus den Dosen

Zubereitungszeit: 45 Minuten, ohne Kühlzeit

1. Für den Teig Butter oder Margarine in einer Rührschüssel mit Handrührgerät mit Rührbesen geschmeidig rühren. Nach und nach Zucker, Vanillin-Zucker und Salz unterrühren. So lange rühren, bis eine gebundene Masse entstanden ist.

2. Eier nach und nach unterrühren (jedes Ei etwa ½ Minute). Mehl mit Backpulver mischen, sieben und auf mittlerer Stufe kurz unterrühren. Einen Backrahmen (30 x 40 cm) auf ein Backblech (gefettet und mit

Backpapier belegt) stellen. Den Teig darin verteilen und verstreichen.

3. Für die Käsemasse das Eiweiß steif schlagen und beiseite stellen. Eigelb mit Zucker und Vanillin-Zucker verrühren. Pudding-Pulver unterrühren. Quark und Crème fraîche oder den Schmand hinzufügen und unterrühren. Eischnee unterheben. Die Käsemasse auf dem Teig verteilen, glatt streichen und das Backblech in den vorgeheizten Backofen schieben.

Ober-/Unterhitze: etwa 180 °C
Heißluft: etwa 160 °C
Backzeit: etwa 40 Minuten.

4. Den Kuchen auf dem Backblech mit dem Backrahmen auf einen Kuchenrost stellen und erkalten lassen.

5. Für den Belag Fruchtcocktail in einem Sieb gut abtropfen lassen, dabei den Saft auffangen und 500 ml (½ l) davon abmessen. Den Fruchtcocktail auf dem Kuchen verteilen.

6. Für den Guss aus Tortenguss, aber nur mit 20 g Zucker und dem Saft nach Packungsanleitung einen Guss zubereiten, über die Früchte geben und fest werden lassen. Den Backrahmen vorsichtig mit Hilfe eines Messers lösen und entfernen.

Käsekuchen mit Rhabarber I

Klassisch

Insgesamt:
E: 144 g, F: 364 g, Kh: 735 g, kJ: 29512, kcal: 7047

Für den Knetteig:

400 g Weizenmehl
2 gestr. TL Dr. Oetker Backin
150 g Zucker
1 Pck. Dr. Oetker Vanillin-Zucker
2 Eier (Größe M)
1 Prise Salz
250 g Butter oder Margarine

Für den Belag:

1,5 kg junger Rhabarber

Für die Quarkmasse:

250 g Magerquark
2 Becher (je 125 g) Crème double
150 g Zucker
1 Pck. Dr. Oetker Vanillin-Zucker
5 Eigelb (Größe M)
125 ml ($^1/_8$ l) Milch
1 Pck. Käsekuchen-Hilfe
5 Eiweiß (Größe M)
1 EL Zucker

Zubereitungszeit: 50 Minuten, ohne Kühlzeit

1. Für den Teig Mehl mit Backpulver mischen und in eine Rührschüssel sieben. Restliche Zutaten hinzufügen und mit Handrührgerät mit Knethaken zunächst kurz auf niedrigster, dann auf höchster Stufe gut durcharbeiten. Anschließend den Teig auf der leicht bemehlten Arbeitsfläche kurz verkneten. Sollte er kleben, ihn eine Zeit lang in Folie gewickelt kalt stellen.

2. Teig auf einem Backblech (30 x 40 cm, gefettet) ausrollen und mehrfach mit einer Gabel einstechen. Das Backblech in den vorgeheizten Backofen schieben und vorbacken.

Ober-/Unterhitze: etwa 180 °C
Heißluft: etwa 160 °C
Backzeit: etwa 20 Minuten.

3. Das Backblech auf einen Kuchenrost stellen und etwas abkühlen lassen. Einen Backrahmen darumstellen.

4. Für den Belag Rhabarber putzen (nicht abziehen), waschen und in 2 cm lange Stücke schneiden.

5. Für die Quarkmasse Quark mit Crème double, Zucker, Vanillin-Zucker, Eigelb, Milch und Käsekuchen-Hilfe verrühren. Eiweiß mit Zucker steif schlagen und unterheben. Die Quarkmasse auf dem Boden verteilen. Die Rhabarberstücke gleichmäßig darauf legen. Das Backblech wieder in den Backofen schieben und den Kuchen bei gleicher Backofeneinstellung in etwa 40 Minuten fertig backen.

6. Das Backblech auf einen Kuchenrost stellen und den Kuchen erkalten lassen.

Tipp: Verwenden Sie statt Crème double Crème fraîche oder Schmand.

Käsekuchen vom Blech I

Klassisch – einfach

Insgesamt:
E: 148 g, F: 255 g, Kh: 659 g,kJ: 23184, kcal: 5536

Für den Streuselteig:

350 g Weizenmehl
1 gestr. TL Dr. Oetker Backin
150 g Zucker
2 Pck. Dr. Oetker Vanillin-Zucker
2 Eier (Größe M)
100 g Butter oder Margarine

Für den Belag:

500 g Schichtkäse oder Speisequark (20 % Fett)
250 g Schlagsahne
100 g Zucker
3 Eier (Größe M)
25 g Speisestärke

100 g Rosinen
50 g abgezogene, gehobelte Mandeln

Zum Bestreuen:

2 EL Zucker
1 gestr. TL gemahlener Zimt

Zubereitungszeit: 30 Minuten

1. Für den Teig Mehl mit Backpulver mischen und in eine Rührschüssel sieben. Zucker, Vanillin-Zucker, Eier und Butter oder Margarine hinzufügen. Die Zutaten mit Handrührgerät mit Rührbesen zu Streuseln verarbeiten. Die Streusel gleichmäßig auf ein Backblech (30 x 40 cm, gefettet) streuen und zu einem Boden andrücken. Einen Backrahmen darumstellen.

2. Für den Belag Schichtkäse mit Sahne, Zucker, Eiern und Speisestärke gut verrühren. Die Käsemasse auf den Streuselteig geben und glatt streichen. Rosinen und Mandeln darauf verteilen. Das Backblech in den vorgeheizten Backofen schieben.

Ober-/Unterhitze: etwa 180 °C
Heißluft: etwa 160 °C
Backzeit: etwa 50 Minuten.

3. Das Backblech auf einen Kuchenrost stellen. Zucker und Zimt mischen und den noch heißen Kuchen damit bestreuen. Den Kuchen erkalten lassen, dann den Backrahmen lösen und entfernen.

Tipp: Wenn Sie keinen Backrahmen haben, können Sie den Kuchen auch in einer Fettpfanne (30 x 40 cm, gefettet) backen.

Käsekuchen-Hawaii-Schnitten I

Raffiniert

Insgesamt:
E: 205 g, F: 311 g, Kh: 805 g, kJ: 29744, kcal: 7105

Für den Knetteig:
250 g Weizenmehl
60 g Zucker
1 Pck. Dr. Oetker Vanillin-Zucker
150 g Butter oder Margarine

Für den Belag:
2 kleine Dosen Ananasscheiben (Abtropfgewicht je 340 g)
1 kg Magerquark
250 g Zucker
1 Pck. Käsekuchen-Hilfe
1 Pck. Saucenpulver Vanille-Geschmack zum Kochen
1 Pck. Dr. Oetker Finesse Geriebene Zitronenschale
1 Pck. Dr. Oetker Finesse Bourbon-Vanille-Aroma
4 Eier (Größe M)
500 g Schlagsahne

Für den Guss:
2 Pck. Tortenguss, klar
25 g Zucker
500 ml (½ l) Ananassaft aus den Dosen

Zubereitungszeit: 60 Minuten, ohne Abkühlzeit

1. Für den Teig Mehl in eine Rührschüssel sieben. Restliche Zutaten hinzufügen, mit Handrührgerät mit Knethaken zunächst kurz auf niedrigster, dann auf höchster Stufe gut durcharbeiten.

2. Anschließend den Teig auf der leicht bemehlten Arbeitsfläche kurz verkneten. Sollte er kleben, ihn in Folie gewickelt eine Zeit lang kalt stellen.

3. Teig auf einem Backblech (30 x 40 cm, gefettet) ausrollen. Teigboden mehrmals mit einer Gabel einstechen. Das Backblech in den vorgeheizten Backofen schieben und den Boden vorbacken.

Ober-/Unterhitze: etwa 180 °C
Heißluft: etwa 160 °C
Backzeit: etwa 12 Minuten.

4. Das Backblech auf einen Kuchenrost stellen. Den Boden etwas abkühlen lassen. Einen Backrahmen darumstellen.

5. Für den Belag Ananasscheiben in einem Sieb abtropfen lassen. Den Saft dabei auffangen und 500 ml (½ l) davon abmessen, evtl. mit Wasser auffüllen. Quark mit Zucker, Käsekuchen-Hilfe, Saucenpulver, Zitronenschale, Vanille-Aroma und Eiern in eine Rührschüssel geben. Die Zutaten mit dem Schneebesen gut verrühren. Sahne steif schlagen und unterheben.

6. Die Masse auf den vorgebackenen Boden streichen. Ananasscheiben auf der Quark-Sahne-Masse verteilen. Das Backblech wieder in den Backofen schieben und den Kuchen **bei gleicher Backofeneinstellung in etwa 50 Minuten fertig backen.**

7. Das Backblech auf einen Kuchenrost stellen und den Kuchen darauf erkalten lassen.

8. Aus Tortengusspulver, Zucker und Ananassaft nach Packungsanleitung einen Guss zubereiten und auf dem Kuchen verteilen. Guss fest werden lassen. Den Backrahmen mit einem Messer lösen und entfernen.

Kefir-Grapefruit-Schnitten | Fruchtig

Insgesamt:
E: 73 g, F: 206 g, Kh: 462 g, kJ: 17386, kcal: 4156

Für den Rührteig:
125 g Butter oder Margarine
100 g Zucker
1 Pck. Dr. Oetker Finesse Orangenfrucht
4 Eier (Größe M)
200 g Weizenmehl
3 gestr. TL Dr. Oetker Backin

Für den Belag:
8 Blatt weiße Gelatine
2 Pink Grapefruits
2 weiße Grapefruits
250 ml (¼ l) Kefir
100 g Zucker
1 Pck. Dr. Oetker Vanillin-Zucker
200 g Schlagsahne

Zubereitungszeit: 30 Minuten

1. Für den Teig Butter oder Margarine mit Handrührgerät mit Rührbesen auf höchster Stufe geschmeidig rühren. Nach und nach Zucker und Orangenfrucht unterrühren. So lange rühren, bis eine gebundene Masse entstanden ist.

2. Eier nach und nach unterrühren (jedes Ei etwa ½ Minute). Mehl mit Backpulver mischen, sieben und in 2 Portionen kurz auf mittlerer Stufe unterrühren.

3. Einen Backrahmen auf ein Backblech (30 x 40 cm, gefettet) stellen. Den Teig hineingeben und glatt streichen. Das Backblech in den vorgeheizten Backofen schieben.

Ober-/Unterhitze: etwa 180 °C
Heißluft: etwa 160 °C
Backzeit: etwa 20 Minuten.

4. Das Backblech auf einen Kuchenrost stellen. Das Gebäck auf dem Backblech mit Backrahmen erkalten lassen.

5. Für den Belag Gelatine nach Packungsanleitung einweichen. Grapefruits filetieren, Saft dabei auffangen und mit Wasser auf 250 ml (¼ l) auffüllen. Kefir mit Zucker und Vanillin-Zucker verrühren.

6. Gelatine ausdrücken und in einem Topf bei schwacher Hitze unter Rühren auflösen. Fruchtsaft unter die aufgelöste Gelatine rühren, dann die Mischung mit der Kefirmasse verrühren und die Masse kalt stellen. Wenn die Masse beginnt dicklich zu werden, Sahne steif schlagen und unterheben. Zuletzt Fruchtfilets (einige zum Garnieren zurücklassen) evtl. nochmals halbieren und unterheben.

7. Kefircreme auf dem Gebäck verstreichen und etwa 2 Stunden kalt stellen. Dann Backrahmen vorsichtig lösen und entfernen. Kuchen in Dreiecke schneiden und vor dem Servieren mit den Filets garnieren.

Tipp: Anstelle von Kefir können Sie auch Dickmilch verwenden.

Kinder-Wattekuchen

Tassenkuchen (1 Tasse = 200 ml)

Insgesamt:
E: 87 g, F: 233 g, Kh: 596 g, kJ: 20266, kcal: 4839

Für den All-in-Teig:
2 Tassen
(300 g) Weizenmehl
1 Pck. Dr. Oetker Backin
1 Tasse
(200 g) Zucker
1 Pck. Dr. Oetker Vanillin-Zucker
3 Eier (Größe M)
1 ½ Tassen
(300 ml) Buttermilch
1 Tasse
(100 g) Kakaogetränkepulver

Für den Belag:
3 Tassen
(600 g) Schlagsahne
2 Pck. Dr. Oetker Sahnesteif
2 leicht
geh. EL Kakaogetränkepulver

Zum Garnieren:
dunkles Kakaopulver
einige Schokolinsen

Zubereitungszeit: 30 Minuten, ohne Abkühlzeit

1. Für den Teig das Mehl mit Backpulver mischen und in eine Rührschüssel sieben. Restliche Zutaten hinzufügen und alles mit Handrührgerät mit Rührbesen kurz auf niedrigster, dann auf höchster Stufe in etwa 2 Minuten zu einem Teig verarbeiten. Dann einen Backrahmen (30 x 40 cm) auf ein gefettetes Backblech stellen, den Teig einfüllen und glatt streichen. Das Backblech in den vorgeheizten Backofen schieben.

Ober-/Unterhitze: etwa 180 °C
Heißluft: etwa 160 °C
Backzeit: etwa 15 Minuten.

2. Backrahmen lösen und entfernen. Das Gebäck mit Backblech auf einen Kuchenrost stellen und erkalten lassen.

3. Für den Belag Sahne mit Sahnesteif und Kakaogetränkepulver steif schlagen. Die Kakaosahne mit einem Tortenheber gleichmäßig auf dem Boden verstreichen und mit einer Gabel ein Muster in die Sahne ziehen. Kuchen bis zum Servieren kalt stellen.

4. Kurz vor dem Servieren Kakaopulver in kleinen Tupfen auf die Oberfläche stäuben und die Schokolinsen auf die Kakaotupfen legen.

Kirsch-Bananen-Streuselkuchen I

Für Kinder

Insgesamt:
E: 86 g, F: 246 g, Kh: 1047 g, kJ: 28337, kcal: 6745

Für den Quark-Öl-Teig:

300 g	*Weizenmehl*
1 Pck.	*Dr. Oetker Backin*
150 g	*Magerquark*
7 EL	*Milch*
6 EL	*Speiseöl*
75 g	*Zucker*
1 Pck.	*Dr. Oetker Vanillin-Zucker*
1 Prise	*Salz*

Für den Belag:

1 Pck.	*Dr. Oetker Pudding-Pulver Vanille-Geschmack*
4–5 EL	*Wasser*
2 Becher (je 500 g)	*Kirschgrütze (aus dem Kühlregal)*

Für die Streusel:

250 g	*Bananen-Chips*
1	*reife Banane*
120 g	*Butter*
180 g	*Weizenmehl*
80 g	*Zucker*
1 Pck.	*Dr. Oetker Vanillin-Zucker*
½ gestr. TL	*gemahlener Zimt*

Zubereitungszeit: 45 Minuten

1. Für den Teig Mehl mit Backpulver mischen und in eine Rührschüssel sieben. Quark, Milch, Speiseöl, Restliche Zutaten hinzufügen, mit Handrührgerät mit Knethaken zunächst kurz auf niedrigster, dann auf höchster Stufe in etwa 1 Minute zu einem Teig verarbeiten (nicht zu lange, Teig klebt sonst).

2. Anschließend den Teig auf der leicht bemehlten Arbeitsfläche zu einer Rolle formen und auf einem Backblech (30 x 40 cm, gefettet) ausrollen.

3. Für den Belag Pudding-Pulver mit Wasser anrühren. Einen Becher Kirschgrütze in einem kleinen Topf unter Rühren zum Kochen bringen. Angerührtes Pudding-Pulver unter Rühren in die Kirschgrütze geben und unter Rühren nochmals aufkochen lassen. Kirschgrütze von der Kochstelle nehmen und den zweiten Becher Kirschgrütze unterrühren. Die Kirschgrütze auf den Teig geben und anschließend glatt streichen.

4. Für die Streusel Bananen-Chips in einen Gefrierbeutel geben und den Beutel fest verschließen. Bananen-Chips mit einer Teigrolle fein zerbröseln. Banane schälen und mit einer Gabel zerdrücken. Butter zerlassen.

5. Chips-Brösel und die zerdrückte Banane in eine Rührschüssel geben. Mehl, Zucker, Vanillin-Zucker, Zimt und die heiße Butter hinzufügen. Die Zutaten mit Handrührgerät mit Rührbesen zunächst kurz auf niedrigster, dann auf mittlerer Stufe zu Streuseln von gewünschter Größe verarbeiten. Die Streusel auf der Kirschgrütze verteilen. Das Backblech in den vorgeheizten Backofen schieben.

Ober-/Unterhitze: 180–200 °C
Heißluft: 160–180 °C
Backzeit: etwa 35 Minuten.

6. Das Backblech auf einen Kuchenrost stellen und den Kuchen darauf erkalten lassen.

Kirsch-Blechkuchen | Beliebt

Insgesamt:
E: 206 g, F: 227 g, Kh: 857 g, kJ: 27757, kcal: 6624

Für den Knetteig:

325 g Weizenmehl
125 g Speisestärke
½ gestr. TL Dr. Oetker Backin
150 g Zucker
1 Prise Salz
1 Ei (Größe M)
200 g Butter oder Margarine

Für den Belag:

125 g Speisestärke
600 ml Milch
175 g Zucker
2 Pck. Dr. Oetker Vanillin-Zucker
750 g Magerquark
4 Eigelb (Größe M)
1 Pck. Dr. Oetker Finesse Geriebene Zitronenschale
1 EL Zitronensaft
5 Eiweiß (Größe M)
2 Gläser Kaiserkirschen oder Süßkirschen (Abtropfgewicht je 370 g)

Zum Bestreichen:

1 Eigelb
2 EL Kondensmilch

Zubereitungszeit: 45 Minuten, ohne Abkühlzeit

1. Für den Teig Mehl mit Speisestärke und Backpulver mischen und in eine Rührschüssel sieben. Zucker, Salz, Ei und Butter oder Margarine hinzufügen. Die Zutaten mit Handrührgerät mit Knethaken zunächst kurz auf niedrigster, dann auf höchster Stufe gut durcharbeiten.

2. Anschließend den Teig auf der leicht bemehlten Arbeitsfläche kurz verkneten. Sollte er kleben, ihn in Folie gewickelt eine Zeit lang kalt stellen. Den Teig in einer Fettpfanne (30 x 40 cm, gefettet) ausrollen. Die Fettpfanne in den vorgeheizten Backofen schieben und den Boden vorbacken.

Ober-/Unterhitze: etwa 200 °C
Heißluft: etwa 180 °C
Backzeit: etwa 15 Minuten.

3. Die Fettpfanne auf einen Kuchenrost stellen. Den Kuchen etwas abkühlen lassen.

4. Für den Belag Speisestärke mit etwas von der Milch anrühren. Restliche Milch, Zucker und Vanillin-Zucker in einem Topf zum Kochen bringen. Den Topf von der Kochstelle nehmen. Angerührte Speisestärke hinzufügen und unter Rühren kurz aufkochen lassen.

5. Quark mit Eigelb, Zitronenschale und -saft verrühren, in den heißen Pudding rühren und nochmals kurz aufkochen lassen. Topf von der Kochstelle nehmen. Eiweiß sehr steif schlagen und unter die heiße Quarkmasse ziehen.

6. Die Kirschen in einem Sieb gut abtropfen lassen. Dann die Kirschen auf dem vorgebackenen Boden verteilen. Die Quark-Pudding-Masse darauf geben und glatt streichen. Die Oberfläche mit Eigelbmilch bestreichen.

7. Die Fettpfanne wieder in den heißen Backofen schieben. Den Kuchen **bei gleicher Backofeneinstellung in etwa 20 Minuten fertig backen.**

8. Die Fettpfanne auf einen Kuchenrost stellen und den Kuchen darauf erkalten lassen.

Kirsch-Butterkuchen | Für Gäste

Insgesamt:
E: 84 g, F: 236 g, Kh: 618 g, kJ: 20801, kcal: 4964

Zum Vorbereiten:
2 Gläser Sauerkirschen (Abtropfgewicht je 370 g)

Für den Quark-Öl-Teig:
300 g Weizenmehl
1 Pck. Dr. Oetker Backin
150 g Magerquark
100 ml Milch
100 ml Speiseöl
80 g Zucker
1 Pck. Dr. Oetker Vanillin-Zucker
1 Prise Salz

Für die Kirschmasse:
4 EL Kirschkonfitüre
125 g weiche Butter
3 Eigelb (Größe M)
3 Eiweiß (Größe M)
75 g Zucker

Zubereitungszeit: 40 Minuten

1. Zum Vorbereiten Sauerkirschen in einem Sieb gut abtropfen lassen.

2. Für den Teig Mehl mit Backpulver mischen und in eine Rührschüssel sieben. Quark, Milch, Speiseöl, Zucker, Vanillin-Zucker und Salz hinzufügen. Die Zutaten mit Handrührgerät mit Knethaken zunächst kurz auf niedrigster, dann auf höchster Stufe in etwa 1 Minute zu einem glatten Teig verarbeiten (nicht zu lange, Teig klebt sonst).

3. Den Teig auf der leicht bemehlten Arbeitsfläche zu einer Rolle formen. Dann den Teig auf einem Backblech (30 x 40 cm, gefettet) ausrollen. Sauerkirschen darauf verteilen.

4. Für die Kirschmasse die Konfitüre mit Butter und Eigelb gut verrühren. Eiweiß steif schlagen und den Zucker unterrühren. Den Eischnee unter die Kirschbutter heben, auf dem mit Sauerkirschen belegten Teig verteilen und verstreichen. Das Backblech in den vorgeheizten Backofen schieben.

Ober-/Unterhitze: etwa 180 °C
Heißluft: etwa 160 °C
Backzeit: etwa 30 Minuten.

5. Das Backblech auf ein Kuchenrost stellen und den Kuchen darauf erkalten lassen.

Abwandlung: Statt der Kirschmasse können auch Mandelstreusel auf die Sauerkirschen gegeben werden. Dafür aus 250 g Weizenmehl, 200 g Zucker und 200 g Butterflöckchen mit Handrührgerät mit Rührbesen Streusel von gewünschter Größe zubereiten und dann 100 g abgezogene, gehobelte Mandeln unterheben. Die Streusel auf die Kirschen streuen und bei der angegebenen Backofeneinstellung etwa 40 Minuten backen.

Kirschjoghurt-Becherkuchen

Für Kinder

Insgesamt:
E: 66 g, F: 189 g, Kh: 561 g, kJ: 18383, kcal: 4389

Zum Vorbereiten:

1 Glas Sauerkirschen (Abtropfgewicht 370 g)
1 Becher (175 g) Kirschjoghurt

Für den All-in-Teig:

1 Becher (150 ml) Speiseöl
1 Becher (150 g) Zucker
1 Pck. Dr. Oetker Vanillin-Zucker
3 Eier (Größe M)
3 Becher (300 g) Weizenmehl
1 Pck. Dr. Oetker Backin
4 EL Rum

Für den Guss:

1 Pck. Tortenguss, klar
1 Pck. Tortenguss, rot
250 ml (¼ l) Kirschsaft aus dem Glas
1 Becher (175 g) Kirschjoghurt
1 EL Zucker

Zubereitungszeit: 20 Minuten

1. Zum Vorbereiten die Kirschen in einem Sieb abtropfen lassen. Saft dabei auffangen. Kirschjoghurt in eine Rührschüssel geben, den Becher ausspülen, abtrocknen und zum Abmessen der restlichen Zutaten verwenden.

2. Für den Teig Öl, Zucker, Vanillin-Zucker, Eier, Mehl, Backpulver und Rum hinzufügen und mit Handrührgerät mit Rührbesen erst kurz auf niedrigster, dann auf höchster Stufe etwa 1 Minute verrühren. Den Teig auf ein Backblech (30 x 40 cm, gefettet) geben und verstreichen.

3. Kirschen gleichmäßig auf dem Teig verteilen und das Backblech anschließend in den vorgeheizten Backofen schieben.

Ober-/Unterhitze: etwa 200 °C
Heißluft: etwa 180 °C
Backzeit: etwa 25 Minuten.

4. Nach dem Backen den Kuchen auf dem Backblech auf einem Kuchenrost erkalten lassen.

5. Für den Guss das Tortengusspulver nach Packungsanleitung, aber nur mit insgesamt 250 ml (¼ l) Saft, dem Joghurt (auch mit erhitzen) und dem Zucker unter Rühren zubereiten und auf dem Kuchen verteilen. Guss fest werden lassen.

Tipp: Der Guss lässt sich auch nur mit rotem Tortenguss zubereiten, dann wird er allerdings dunkler. Ohne Guss kann der Kuchen gut eingefroren werden. Sie können auch Joghurtbecher mit 150 g Inhalt verwenden, nehmen Sie dann aber am besten leicht gehäufte Becher Zucker und Mehl sowie 2 Esslöffel Speiseöl extra.

Kirschkuchen mit Minzsahne I

Gut vorzubereiten

Insgesamt:
E: 109 g, F: 437 g, Kh: 759 g, kJ: 31151, kcal: 7434

Zum Vorbereiten:
2 Gläser Sauerkirschen (Abtropfgewicht je 370 g)

Für den Rührteig:
250 g Butter oder Margarine
250 g Zucker
2 Pck. Dr. Oetker Vanillin-Zucker
1 Prise Salz
1 Fläschchen Zitronen-Aroma
6 Eier (Größe M)
400 g Weizenmehl
4 gestr. TL Dr. Oetker Backin
3–4 EL Milch

Für den Belag:
1 EL Minzeblättchen
500 g Schlagsahne
2 Pck. Dr. Oetker Sahnesteif
1 Pck. Dr. Oetker Vanillin-Zucker

Zum Verzieren und Garnieren:
50 g Zartbitter-Schokolade
einige Minzeblättchen

Zubereitungszeit: 30 Minuten, ohne Abkühlzeit

1. Sauerkirschen in einem Sieb gut abtropfen lassen.

2. Für den Teig die Butter oder Margarine mit Handrührgerät mit Rührbesen auf höchster Stufe geschmeidig rühren. Nach und nach Zucker, Vanillin-Zucker, Salz und Aroma unterrühren. So lange rühren, bis eine gebundene Masse entstanden ist. Eier nach und nach unterrühren (jedes Ei etwa ½ Minute). Mehl mit Backpulver mischen, sieben und abwechselnd mit der Milch in 2 Portionen kurz auf mittlerer Stufe unterrühren.

3. Den Teig auf ein Backblech (30 x 40 cm, gefettet) geben und glatt streichen. Sauerkirschen darauf verteilen. Das Backblech in den vorgeheizten Backofen schieben.

Ober-/Unterhitze: etwa 180 °C
Heißluft: etwa 160 °C
Backzeit: etwa 45 Minuten.

4. Das Backblech auf einen Kuchenrost stellen und den Kuchen darauf erkalten lassen.

5. Für den Belag Minzeblättchen abspülen, trockentupfen und fein hacken. Sahne mit Sahnesteif und Vanillin-Zucker steif schlagen. Minze unterheben. Minzsahne auf dem Kuchen verteilen, mit einem Teelöffel kleine Vertiefungen eindrücken.

6. Schokolade in Stücke brechen, in einen kleinen Gefrierbeutel füllen und ihn verschließen. Beutel in heißes Wasser hängen und die Schokolade schmelzen lassen. Anschließend Beutel trockentupfen, leicht durchkneten und eine kleine Ecke abschneiden. Den Kuchen mit der Schokolade besprenkeln und mit den Minzeblättchen garnieren. Kuchen in Stücke schneiden.

Kirsch-Limetten-Rolle | Raffiniert

Insgesamt:
E: 52 g, F: 103 g, Kh: 359 g, kJ: 11177, kcal: 2670

Für den Biskuitteig:

2	*Eier (Größe M)*
3 EL	*heißes Wasser*
100 g	*Zucker*
1 Pck.	*Dr. Oetker Vanillin-Zucker*
75 g	*Weizenmehl*
25 g	*Speisestärke*
1 gestr. TL	*Dr. Oetker Backin*

Für die Füllung:

1 Glas	*Sauerkirschen (Abtropfgewicht 370 g)*
6 Blatt	*weiße Gelatine*
2	*Bio-Limetten (unbehandelt, ungewachst)*
50 g	*Zucker*
300 g	*Dickmilch*
250 g	*Schlagsahne*

Zum Verzieren:

1–2 EL	*Johannisbeer- oder Kirschgelee*

Zubereitungszeit: 45 Minuten

1. Für den Teig Eier und Wasser mit Handrührgerät mit Rührbesen auf höchster Stufe in 1 Minute schaumig schlagen. Zucker und Vanillin-Zucker mischen, in 1 Minute unter Rühren einstreuen, dann noch 2 Minuten weiterschlagen.

2. Mehl mit Speisestärke und Backpulver mischen, auf die Eiercreme sieben und kurz auf niedrigster Stufe unterrühren. Teig auf ein Backblech (30 x 40 cm, gefettet, mit Backpapier belegt) streichen und das Backblech in den vorgeheizten Backofen schieben.

Ober-/Unterhitze: etwa 200 °C
Heißluft: etwa 180 °C
Backzeit: etwa 8 Minuten.

3. Die Biskuitplatte sofort nach dem Backen vom Rand lösen und auf ein Backpapier stürzen. Das mitgebackene Backpapier mit kaltem Wasser bestreichen und vorsichtig, aber schnell abziehen. Die Biskuitplatte mit dem Backpapier aufrollen und erkalten lassen.

4. Für die Füllung Kirschen in einem Sieb gut abtropfen lassen. Gelatine nach Packungsanleitung einweichen. Von einer Limette die Schale fein abreiben, von der anderen Limette die Schale mit einem Zestenreißer in feinen Streifen abschaben und die Streifen zum Garnieren beiseite legen. Den Saft der Limetten auspressen und mit der fein abgeriebenen Limettenschale und Zucker unter die Dickmilch rühren.

5. Gelatine leicht ausdrücken und in einem Topf bei schwacher Hitze unter Rühren auflösen. Aufgelöste Gelatine zunächst mit 3 Esslöffeln von der Dickmilchmasse verrühren, dann die Mischung unter die restliche Dickmilchmasse rühren und kalt stellen. Wenn die Masse beginnt dicklich zu werden, Sahne steif schlagen und unterheben.

6. Biskuitplatte auseinanderrollen, Backpapier entfernen und zwei Drittel der Dickmilchcreme gleichmäßig auf der Platte verstreichen. Die Kirschen auf der Creme verteilen, dabei den Rand frei lassen. Die Biskuitplatte von der langen Seite aus aufrollen. Mit der restlichen Dickmilchcreme die Rolle vollständig bestreichen.

7. Zum Verzieren Gelee glatt rühren, sofort in kleinen Tupfen auf der Rolle verteilen und mit einem Holzstäbchen das Gelee sternförmig nach außen wegziehen. Die Rolle mit Limettenstreifen garnieren und etwa 2 Stunden kalt stellen.

Kirsch-Mandel-Kuchen, schnell |

Einfach

Insgesamt:
E: 87 g, F: 262 g, Kh: 681 g, kJ: 23087, kcal: 5514

Zum Vorbereiten:
2 Gläser Sauerkirschen (Abtropfgewicht je 370 g)

Für den All-in-Teig:
300 g Weizenmehl
3 gestr. TL Dr. Oetker Backin
150 g Zucker
1 Pck. Dr. Oetker Vanillin-Zucker
100 g abgezogene, gemahlene Mandeln
200 g weiche Butter oder Margarine
125 ml (1/8 l) Milch
4 Eier (Größe M)

Für den Guss:
150 g Puderzucker
etwa 2 EL Kirschsaft

Zubereitungszeit: 20 Minuten, ohne Abkühlzeit

1. Zum Vorbereiten Sauerkirschen in einem Sieb gut abtropfen lassen, evtl. mit Küchenpapier trockentupfen. Etwa 2 Esslöffel Kirschsaft für den Guss zurückbehalten.

2. Für den Teig Mehl mit Backpulver mischen und in eine Rührschüssel sieben. Restliche Zutaten hinzufügen und alles mit Handrührgerät mit Rührbesen erst kurz auf niedrigster, dann auf höchster Stufe in etwa 2 Minuten zu einem Teig verarbeiten.

3. Teig auf ein Backblech (30 x 40 cm, gefettet, gemehlt) geben und glatt streichen. Die Kirschen darauf verteilen. Das Backblech in den vorgeheizten Backofen schieben.

Ober-/Unterhitze: etwa 180 °C
Heißluft: etwa 160 °C
Backzeit: etwa 25 Minuten.

4. Das Backblech auf einen Kuchenrost stellen und den Kuchen darauf erkalten lassen.

5. Für den Guss Puderzucker mit so viel Kirschsaft anrühren, dass ein dickflüssiger Guss entsteht. Den Kuchen damit besprenkeln.

Kirschnesterkuchen I

Für Kinder – gut vorzubereiten

Insgesamt:
E: 235 g, F: 479 g, Kh: 948 g, kJ: 38066, kcal: 9084

Zum Vorbereiten:
1 Glas Sauerkirschen (Abtropfgewicht 370 g)

Für den Knetteig:
425 g Weizenmehl
40 g Kakaopulver
3 gestr. TL Dr. Oetker Backin
200 g Zucker
2 Pck. Dr. Oetker Vanillin-Zucker
2 Eier (Größe M)
250 g Butter oder Margarine

Für die Füllung:
250 g Butter
1 kg Magerquark
250 g Zucker
2 Pck. Dr. Oetker Pudding-Pulver Vanille-Geschmack
4 Eier (Größe M)

Zubereitungszeit: 45 Minuten

1. Zum Vorbereiten Sauerkirschen in einem Sieb gut abtropfen lassen.

2. Für den Teig Mehl mit Kakao und Backpulver mischen und in eine Rührschüssel sieben. Zucker, Vanillin-Zucker, Eier und Butter oder Margarine hinzufügen. Die Zutaten mit Handrührgerät mit Knethaken zunächst kurz auf niedrigster, dann auf höchster Stufe gut durcharbeiten.

3. Anschließend den Teig auf der leicht bemehlten Arbeitsfläche kurz verkneten. Sollte er kleben, ihn in Folie gewickelt eine Zeit lang kalt stellen. Zwei Drittel des Teiges auf einem Backblech (30 x 40 cm, gefettet) ausrollen.

4. Für die Füllung Butter zerlassen und abkühlen lassen. Quark mit Zucker, Pudding-Pulver und Eiern in eine

Rührschüssel geben. Die Zutaten mit Handrührgerät mit Rührbesen zu einer geschmeidigen Masse verrühren. Zuletzt Butter oder Margarine unterrühren. Die Quarkmasse auf den Teigboden geben und glatt streichen.

5. Die abgetropften Sauerkirschen in „Nestern" auf die Quarkmasse geben. Restlichen Teig in Stücke zupfen, evtl. etwas Mehl unterkneten und dekorativ zwischen den Kirschen verteilen. Das Backblech in den vorgeheizten Backofen schieben.

Ober-/Unterhitze: etwa 180 °C
Heißluft: etwa 160 °C
Backzeit: etwa 45 Minuten.

6. Das Backblech auf einen Kuchenrost stellen. Kuchen darauf erkalten lassen.

Tipp: Der Kuchen kann am Vortag zubereitet werden. Anstelle von Sauerkirschen Stachelbeeren oder Aprikosenhälften verwenden. Die Früchte können auch direkt auf den Teig gegeben werden, dann erinnert der Kuchen optisch an Russischen Zupfkuchen.

Kirsch-Sauerrahm-Kuchen | Fettarm

Insgesamt:
E: 96 g, F: 105 g, Kh: 673 g, kJ: 17382, kcal: 4149

Zum Vorbereiten:
1–1,25 kg frische Sauerkirschen oder
2 Gläser Sauerkirschen (Abtropfgewicht je 370 g)

Für den Quark-Öl-Teig:
350 g Weizenmehl
3 gestr. TL Dr. Oetker Backin
90 g Zucker
1 Pck. Dr. Oetker Vanillin-Zucker
1 geh. TL gemahlener Zimt
1 Prise Salz
175 g Magerquark
7 EL Magermilch (0,3 % Fett)
7 EL Sonnenblumenöl

Für den Belag:
2 Pck. Dr. Oetker Pudding-Pulver Vanille-Geschmack
90 g Zucker
750 ml Magermilch (0,3 % Fett)
200 g saure Sahne (10 % Fett)

Zubereitungszeit: 50 Minuten

1. Zum Vorbereiten die Sauerkirschen waschen, gut abtropfen lassen, entstielen und entsteinen oder Sauerkirschen aus dem Glas in einem Sieb gut abtropfen lassen.

2. Für den Teig Mehl mit Backpulver mischen, in eine Rührschüssel sieben und mit Zucker, Vanillin-Zucker, Zimt und Salz mischen. Quark, Milch und Sonnenblumenöl hinzufügen. Die Zutaten mit Handrührgerät mit Knethaken auf höchster Stufe in etwa 1 Minute zu einem glatten Teig verarbeiten (nicht zu lange, Teig klebt sonst).

3. Anschließend den Teig auf der leicht bemehlten Arbeitsfläche zu einer Rolle formen. Die Teigrolle auf einem Backblech (30 x 40 cm, gefettet) ausrollen. Zwei Drittel der Kirschen darauf verteilen.

4. Für den Belag aus Pudding-Pulver, Zucker und Milch nach Packungsanleitung, aber mit den hier angegebenen Zutaten einen Pudding zubereiten. Pudding etwas abkühlen lassen und saure Sahne unterrühren. Den Pudding auf die Kirschen geben und glatt streichen. Die restlichen Kirschen darauf verteilen. Das Backblech in den vorgeheizten Backofen schieben.

Ober-/Unterhitze: etwa 200 °C
Heißluft: etwa 180 °C
Backzeit: etwa 45 Minuten.

5. Backblech auf einen Kuchenrost stellen. Kuchen darauf erkalten lassen und in Stücke schneiden.

Tipp: Den Kuchen vor dem Backen mit Hagelzucker bestreuen.

Kirsch-Schmand-Kuchen mit Eierlikörguss | Beliebt

Insgesamt:
E: 105 g, F: 469 g, Kh: 833 g, kJ: 35044, kcal: 8360

Zum Vorbereiten:
2 Gläser Sauerkirschen (Abtropfgewicht je 370 g)

Für den Rührteig:
4 Eier (Größe M)
250 g Zucker
1 Pck. Dr. Oetker Vanillin-Zucker
125 ml ($^1/_8$ l) Speiseöl
150 ml Ginger Ale oder Mineralwasser
250 g Weizenmehl
3 gestr. TL Dr. Oetker Backin

Für den Belag:
500 g Schlagsahne
3 Pck. Dr. Oetker Vanillin-Zucker
3 Pck. Dr. Oetker Sahnesteif
600 g Schmand (Sauerrahm)

Für den Eierlikörguss:
400 ml Eierlikör
2 Pck. Saucenpulver Vanille-Geschmack, ohne Kochen

Ober-/Unterhitze: etwa 180 °C
Heißluft: etwa 160 °C
Backzeit: etwa 25 Minuten.

Zubereitungszeit: 30 Minuten, ohne Kühlzeit

1. Zum Vorbereiten die Sauerkirschen in einem Sieb gut abtropfen lassen.

2. Für den Teig Eier, Zucker und Vanillin-Zucker mit Handrührgerät mit Rührbesen auf höchster Stufe in gut 1 Minute schaumig schlagen. Speiseöl und Ginger Ale oder Mineralwasser unterrühren.

3. Mehl mit Backpulver mischen, sieben und in 2 Portionen kurz auf mittlerer Stufe unterrühren. Einen Backrahmen auf ein Backblech (30 x 40 cm, gefettet) stellen. Den Teig hineingeben und glatt streichen. Das Backblech in den vorgeheizten Backofen schieben.

4. Das Backblech mit Backrahmen auf einen Kuchenrost stellen und den Gebäckboden darauf erkalten lassen.

5. Für den Belag die Sauerkirschen auf dem Gebäckboden verteilen. Sahne mit Vanillin-Zucker und Sahnesteif steif schlagen. Schmand verrühren und die steif geschlagene Sahne unterheben. Die Masse auf den Sauerkirschen verteilen und glatt streichen.

6. Für den Guss Eierlikör mit Saucenpulver gut verrühren und auf der Sahne-Schmand-Masse verteilen. Den Kuchen etwa 1 Stunde kalt stellen, bis der Guss fest geworden ist.

7. Vor dem Servieren den Backrahmen mit Hilfe eines Messers lösen und entfernen.

Kirschschnitten | Raffiniert

Insgesamt:
E: 81 g, F: 229 g, Kh: 511 g, kJ: 19207, kcal: 4590

Für den Schüttelteig:
150 g Butter oder Margarine
200 g Weizenmehl
2 gestr. TL Dr. Oetker Backin
100 g Zucker
1 Pck. Dr. Oetker Vanillin-Zucker
3 Eier (Größe M)
6 EL Milch

Für den Belag:
6 Blatt weiße Gelatine
450 g Kirschjoghurt
200 g Schlagsahne
1 EL Puderzucker

Zum Garnieren:
1 Pck. (200 g) Choco Crossies® Classic (Knusperpralinen)

Zubereitungszeit: 35 Minuten, ohne Kühlzeit

1. Für den Teig Butter oder Margarine zerlassen und abkühlen lassen. Mehl mit Backpulver mischen, in eine verschließbare Schüssel (etwa 3 l) sieben und mit Zucker und Vanillin-Zucker mischen. Eier, Butter oder Margarine und Milch hinzufügen und die Schüssel mit dem Deckel fest verschließen.

2. Schüssel mehrmals kräftig schütteln (insgesamt 15–30 Sekunden), so dass alle Zutaten gut vermischt sind. Alles mit einem Schneebesen oder Rührlöffel nochmals sorgfältig durchrühren, damit trockene Zutaten vom Rand mit untergerührt werden.

3. Einen Backrahmen (25 x 25 cm) auf ein Backblech (gefettet) stellen. Teig in den Backrahmen füllen und glatt streichen. Das Backblech in den vorgeheizten Backofen schieben.

Ober-/Unterhitze: etwa 180 °C
Heißluft: etwa 160 °C
Backzeit: etwa 30 Minuten.

4. Das Backblech auf einen Kuchenrost stellen und den Kuchen darauf im Backrahmen erkalten lassen.

5. Für den Belag Gelatine nach Packungsanleitung einweichen. Joghurt in einer Schüssel glatt rühren. Gelatine leicht ausdrücken, in einem Topf bei schwacher Hitze unter Rühren auflösen und mit 2–3 Esslöffeln Joghurt verrühren. Mischung unter den restlichen Joghurt rühren und die Masse kalt stellen. Wenn die Masse beginnt dicklich zu werden, Sahne mit Puderzucker steif schlagen und unterheben. Joghurtcreme auf den Teig streichen und den Kuchen etwa 2 Stunden kalt stellen.

6. Den Backrahmen vorsichtig mit einem Messer lösen und entfernen. Kuchen in Stücke schneiden und mit den Knusperpralinen garnieren.

® Société des Produits Nestlé S. A.

Kirsch-Schokostreusel-Kuchen |

Für Kinder – schnell zubereitet

Insgesamt:
E: 92 g, F: 368 g, Kh: 851 g, kJ: 30040, kcal: 7176

Für den Belag:
2 Gläser Sauerkirschen (Abtropfgewicht je 370 g)
100 g Marzipan-Rohmasse

Für den Rührteig:
250 g Butter oder Margarine
200 g Zucker
4 Eier (Größe M)
300 g Weizenmehl
50 g Speisestärke
3 gestr. TL Dr. Oetker Backin
3 EL Milch

Für die Streusel:
150 g Weizenmehl
100 g Zucker
1 Pck. Dr. Oetker Vanillin-Zucker
1 geh. TL Kakaopulver
1 Msp. gemahlener Zimt
100 g Butter

Zubereitungszeit: 25 Minuten

1. Für den Belag Kirschen in ein Sieb geben und gut abtropfen lassen. Marzipan sehr klein schneiden.

2. Für den Teig Butter oder Margarine mit Handrührgerät mit Rührbesen auf höchster Stufe geschmeidig rühren. Nach und nach Zucker unterrühren. So lange rühren, bis eine gebundene Masse entstanden ist. Eier nach und nach unterrühren (jedes Ei etwa ½ Minute).

3. Mehl mit Speisestärke und Backpulver mischen, sieben und in 2 Portionen abwechselnd mit der Milch auf mittlerer Stufe unterrühren. Den Teig auf ein Backblech (30 x 40 cm, gefettet) geben, verstreichen und die Kirschen darauf verteilen. Marzipanstückchen über den Kirschen verteilen.

4. Für die Streusel Mehl in eine Rührschüssel sieben, restliche Zutaten hinzugeben und mit Handrührgerät mit Rührbesen zu Streuseln verarbeiten. Streusel gleichmäßig über den Belag verteilen. Das Backblech in den vorgeheizten Backofen schieben.

Ober-/Unterhitze: 180–200 °C
Heißluft: 160–180 °C
Backzeit: 25–30 Minuten.

5. Nach dem Backen den Kuchen auf dem Backblech auf einem Kuchenrost erkalten lassen.

Kissenkuchen |

Tassenkuchen (1 Tasse = 250 ml)

Insgesamt:
E: 77 g, F: 267 g, Kh: 602 g, kJ: 22123, kcal: 5287

Zum Vorbereiten:

1 Pck.	
(300 g)	*gemischte TK-Beeren*
1 Tafel	
(100 g)	*weiße Schokolade*

Für den Rührteig:

1 Pck.	
(250 g)	*Butter oder Margarine*
1 Tasse	
(220 g)	*Zucker*
½ TL	*Dr. Oetker Finesse Geriebene Zitronenschale*
4	*Eier (Größe M)*
2 Tassen	
(340 g)	*Weizenmehl*
3 gestr. TL	*Dr. Oetker Backin*

Zum Verzieren:

etwas	*dunkle Kuchenglasur*

Zubereitungszeit: 40 Minuten, ohne Auftau- und Abkühlzeit

1. Zum Vorbereiten Beeren bei Zimmertemperatur auftauen lassen. Schokolade in kleine Stücke brechen, in einem kleinen Topf im Wasserbad bei schwacher Hitze unter Rühren schmelzen und abkühlen lassen.

2. Für den Teig Butter oder Margarine mit Handrührgerät mit Rührbesen auf höchster Stufe geschmeidig rühren. Nach und nach Zucker und Zitronenschale unterrühren. So lange rühren, bis eine gebundene Masse entstanden ist. Eier nach und nach unterrühren (jedes Ei etwa ½ Minute). Die aufgelöste Schokolade hinzufügen und kurz unterrühren. Mehl und Backpulver mischen, sieben und in zwei Portionen auf mittlerer Stufe kurz unterrühren.

3. Zwei Drittel des Teiges auf ein Backblech (30 x 40 cm, gefettet) geben und verstreichen. Mit einem Kochlöffelstiel in etwa 5 cm breiten Abständen gitterartig tiefe Linien in den Teig ziehen.

4. Beeren pürieren und durch ein Sieb streichen Beerenpüree unter den restlichen Teig rühren. Den Teig in einen Spritzbeutel mit Lochtülle (Ø etwa 10 mm) füllen und auf das markierte Gitter spritzen. Das Backblech in den vorgeheizten Backofen schieben.

Ober-/Unterhitze: etwa 180 °C
Heißluft: etwa 160 °C
Backzeit: etwa 30 Minuten.

5. Das Backblech auf einen Kuchenrost stellen und den Kuchen darauf erkalten lassen.

6. Zum Verzieren Kuchenglasur nach Packungsanleitung auflösen, in ein Papiertütchen füllen und eine kleine Spitze abschneiden. Den Kuchen damit verzieren.

Kiwi-Stachelbeer-Kuchen | Fruchtig

Insgesamt:
E: 73 g, F: 235 g, Kh: 514 g, kJ: 19036, kcal: 4540

Für den Boden:
½ Pck.
(225 g) TK-Blätterteig
2 EL Rum oder Weinbrand

Für den Belag:
1 Glas Stachelbeeren (Abtropfgewicht 360 g)

Für den All-in-Teig:
150 g Weizenmehl
2 gestr. TL Dr. Oetker Backin
150 g Zucker
1 Pck. Dr. Oetker Vanillin-Zucker
150 g weiche Butter oder Margarine
4 Eier (Größe M)
50 g frisch gemahlener Mohn

Für die Creme:
2 Kiwis
200 ml Stachelbeersaft aus dem Glas
1 Pck. Galetta Vanille-Geschmack (Pudding-Pulver ohne Kochen)

Zum Bestäuben:
Puderzucker

Zubereitungszeit: 50 Minuten, ohne Auftau- und Kühlzeit

1. Für den Teigboden Blätterteigplatten zugedeckt nebeneinander nach Packungsanleitung auftauen lassen. Anschließend Blätterteigplatten übereinander legen und auf einem Backblech (30 x 40 cm, gefettet) ausrollen. Den Teig mehrmals einstechen. Das Backblech etwa 20 Minuten kalt stellen, damit sich der Teig entspannt. Dann das Backblech in den vorgeheizten Backofen schieben und den Teig vorbacken.

Ober-/Unterhitze: etwa 220 °C
Heißluft: etwa 200 °C
Backzeit: etwa 10 Minuten.

2. Das Backblech auf einen Kuchenrost stellen, das Gebäck abkühlen lassen und mit Rum oder Weinbrand beträufeln. Für den Belag Stachelbeeren in einem Sieb abtropfen lassen, den Saft dabei auffangen.

3. Für den All-in-Teig Mehl mit Backpulver mischen und in eine Rührschüssel sieben. Restliche Zutaten hinzufügen, mit Handrührgerät mit Rührbesen erst kurz auf niedrigster, dann auf höchster Stufe in etwa 2 Minuten zu einem Teig verarbeiten. Den Teig auf den vorgebackenen Blätterteigboden streichen. Die Stachelbeeren auf dem Teig verteilen. Das Backblech bei niedrigerer Temperatur wieder in den heißen Backofen schieben.

Ober-/Unterhitze: etwa 180 °C
Heißluft: etwa 160 °C
Backzeit: etwa 30 Minuten.

4. Das Backblech auf einen Kuchenrost stellen und das Gebäck darauf erkalten lassen.

5. Für die Creme Kiwis schälen und in Scheiben schneiden. Die Scheiben einige Sekunden in kochendes Wasser legen (blanchieren) und in einem Sieb abtropfen lassen, Kiwischeiben erkalten lassen und pürieren.

6. Vom Stachelbeersaft 200 ml abmessen. Kiwipüree und Pudding-Pulver hinzufügen und nach Packungsanleitung, aber mit den hier angegebenen Zutaten eine Creme zubereiten. Creme mit einem Esslöffel in Klecksen auf dem Gebäck verteilen und den Kuchen etwa 1 Stunde kalt stellen.

7. Den Kuchen vor dem Servieren nach Belieben mit etwas Puderzucker bestäuben.

Kleckselkuchen | Fettarm

Insgesamt:
E: 93 g, F: 75 g, Kh: 604 g, kJ: 14858, kcal: 3550

Zum Vorbereiten:

½ Pck. Dr. Oetker Pudding-Pulver Mandel-Geschmack
350 ml fettarme Milch (1,5 % Fett)
1 EL Zucker

Für den Quark-Öl-Teig:

400 g Weizenmehl
1 Pck. Dr. Oetker Backin
250 g Magerquark
90 g Zucker
1 Prise Salz
100 ml fettarme Milch (1,5 % Fett)
5 EL Sonnenblumenöl

Für den Belag und zum Bestreichen:

1 Glas Apfelkompott (Einwaage 370 g)
200 g Pflaumenmus
1 Eigelb
2 EL fettarme Milch (1,5 % Fett)

Zubereitungszeit: 50 Minuten, ohne Abkühlzeit

1. Zum Vorbereiten Pudding-Pulver mit etwas von der Milch und Zucker anrühren. Restliche Milch in einem Topf zum Kochen bringen. Topf von der Kochstelle nehmen. Angerührtes Pudding-Pulver einrühren und Pudding unter Rühren etwa 1 Minute kochen lassen. Pudding abkühlen lassen, dabei ab und zu umrühren, oder Frischhaltefolie auf die Oberfläche des Puddings legen, damit sich keine Haut bildet.

2. Für den Teig Mehl mit Backpulver mischen und in eine Rührschüssel sieben. Quark, Zucker, Salz, Milch und Sonnenblumenöl hinzufügen. Die Zutaten mit Handrührgerät mit Knethaken auf höchster Stufe in etwa 1 Minute zu einem glatten Teig verarbeiten (nicht zu lange, Teig klebt sonst). Anschließend den Teig auf der leicht bemehlten Arbeitsfläche zu einer Rolle formen.

3. Drei Viertel des Teiges auf einem Backblech (30 x 40 cm, gefettet) ausrollen. Apfelkompott und Pflaumenmus in Klecksen darauf geben. Den Pudding in den Zwischenräumen verteilen.

4. Restlichen Teig auf der leicht bemehlten Arbeitsfläche zu einem Rechteck (etwa 22 x 28 cm) ausrollen, mit einem Gitterroller darüber rollen und den Teig vorsichtig auseinander ziehen. Das Teiggitter auf die Apfelkompott-Pflaumenmus-Pudding-Masse legen. Die Ränder etwas andrücken.

5. Zum Bestreichen Eigelb mit Milch verschlagen. Die Teigstreifen damit bestreichen. Das Backblech in den vorgeheizten Backofen schieben.

Ober-/Unterhitze: etwa 200 °C
Heißluft: etwa 180 °C
Backzeit: 25–30 Minuten.

6. Das Backblech auf einen Kuchenrost stellen und den Kuchen darauf erkalten lassen.

Tipp: Wenn Sie keinen Gitterroller haben, den ausgerollten Teig in Streifen schneiden und dann die Teigstreifen auf den Kuchen legen.

Knuspermüslikuchen | Einfach

Insgesamt:
E: 97 g, F: 397 g, Kh: 656 g, kJ: 27690, kcal: 6612

Für den All-in-Teig:
250 g Weizenmehl
3 gestr. TL Dr. Oetker Backin
200 g Zucker
200 g gemahlene Haselnusskerne
1 Msp. gemahlener Zimt
250 g weiche Butter oder Margarine
4 Eier (Größe M)
50 ml Milch

Für den Belag:
1 Glas Apfelkompott (Einwaage 365 g)
200 g Knuspermüsli

Zum Bestreichen:
100 g Apfelgelee
1 TL Zucker
1 EL Wasser

Zubereitungszeit: 15 Minuten

1. Für den Teig Mehl mit Backpulver mischen und in eine Rührschüssel sieben. Restliche Zutaten dazugeben und mit Handrührgerät mit Rührbesen erst kurz auf niedrigster, dann auf höchster Stufe in etwa 2 Minuten zu einem Teig verarbeiten.

2. Teig auf ein Backblech (30 x 40 cm, gefettet) geben und glatt streichen. Für den Belag Apfelkompott darauf verstreichen und Knuspermüsli gleichmäßig darauf verteilen. Das Backblech in den vorgeheizten Backofen schieben.

Ober-/Unterhitze: etwa 180 °C
Heißluft: etwa 160 °C
Backzeit: etwa 25 Minuten.

3. Nach dem Backen den Kuchen auf dem Backblech auf einem Kuchenrost erkalten lassen. Apfelgelee mit Zucker und Wasser in einem Topf unter Rühren gut aufkochen lassen und mit Hilfe eines Pinsels den Kuchen damit bestreichen.

Tipp: Servieren Sie den Kuchen mit Vanillesahne. Oder geben Sie statt Milch Rum in den Teig.

Knuspermüsli-Schnitten | Beliebt

Insgesamt:
E: 230 g, F: 454 g, Kh: 679 g, kJ: 32771, kcal: 7817

Für den Boden und die Knusperhäufchen:
100 g abgezogene, gehobelte Mandeln
300 g Knuspermüsli
400 g weiße Kuvertüre

Für die Creme:
10 Blatt weiße Gelatine
1 kg Speisequark
1 Pck. Dr. Oetker Finesse Geriebene Zitronenschale
3–4 EL Zitronensaft
150–200 g Zucker
500 g rote Johannisbeeren
500 g Schlagsahne

Zum Garnieren:
250 g Johannisbeerrispen

Zubereitungszeit: 50 Minuten, ohne Kühlzeit

1. Für den Boden und die Knusperhäufchen Mandeln in einer Pfanne ohne Fett unter Rühren leicht bräunen. Dann die Mandeln auf einem Teller erkalten lassen. Knuspermüsli in einen Gefrierbeutel geben, Beutel fest verschließen und das Müsli mit einer Teigrolle zerbröseln. Kuvertüre grob hacken und in einem kleinen Topf im Wasserbad bei schwacher Hitze unter Rühren schmelzen. Kuvertüre in eine Rührschüssel geben und gut mit Müslibröseln und Mandeln vermengen.

2. Für die Knusperhäufchen Backpapier auf eine große Platte legen. Aus der Müsli-Masse mit zwei Teelöffeln 20 kleine Häufchen abstechen und auf das Backpapier setzen. Restliche Masse als Kuchenboden auf einem Backblech (30 x 40 cm, gefettet, mit Backpapier belegt) verteilen und mit einem Esslöffel gut andrücken.

3. Für die Creme Gelatine nach Packungsanleitung einweichen. Quark mit Zitronenschale, Zitronensaft und Zucker verrühren. Gelatine leicht ausdrücken und in einem kleinen Topf bei schwacher Hitze unter Rühren auflösen. Gelatine zuerst mit 3 Esslöffeln von der Quarkmasse anrühren, dann die Mischung mit der restlichen Masse verrühren und kalt stellen.

4. Johannisbeeren waschen und abtropfen lassen, Beeren von den Rispen streifen und trockentupfen. Sobald die Creme beginnt dicklich zu werden, Sahne steif schlagen und Johannisbeeren unterheben. Creme auf dem Knusperboden verteilen, verstreichen und den Kuchen etwa 2 Stunden kalt stellen.

5. Zum Garnieren Johannisbeerrispen abspülen und trockentupfen. Kuchen in etwa 20 Schnitten teilen. Jede Schnitte mit einer Johannisbeerrispe und einem Knusperhäufchen garnieren.

Kokos-Bananen-Kuchen | Für Kinder

Insgesamt:
E: 134 g, F: 592 g, Kh: 754 g, kJ: 36959, kcal: 8825

Für den All-in-Teig:

450 g Weizenmehl
30 g Kakaopulver
1 Pck. Dr. Oetker Backin
225 g Zucker
6 Eier (Größe M)
225 ml Speiseöl
5 EL Milch
150 g Kokosraspel
3 Bananen (400–500 g)

Für den Belag:

400 g Schlagsahne
40 g Zucker
2 Pck. Dr. Oetker Sahnesteif
300 g Schmand (Sauerrahm)

Zum Bestreuen und Garnieren:

40 g Kokosraspel
2 Bananen
Zitronensaft

Zubereitungszeit: 50 Minuten, ohne Abkühlzeit

1. Für den Teig Mehl mit Kakao und Backpulver mischen und in eine Rührschüssel sieben. Zucker, Eier, Speiseöl, Milch und Kokosraspel hinzufügen. Die Zutaten mit Handrührgerät mit Rührbesen erst kurz auf niedrigster, dann auf höchster Stufe in etwa 2 Minuten zu einem Teig verarbeiten. Bananen schälen, in kleine Würfel schneiden und vorsichtig unterheben.

2. Einen Backrahmen auf ein Backblech (30 x 40 cm, gefettet) stellen. Den Teig hineingeben und glatt streichen. Das Backblech in den vorgeheizten Backofen schieben.

Ober-/Unterhitze: etwa 180 °C
Heißluft: etwa 160 °C
Backzeit: etwa 30 Minuten.

3. Das Backblech auf einen Kuchenrost stellen und die Gebäckplatte darauf erkalten lassen.

4. Für den Belag Sahne mit Zucker und Sahnesteif steif schlagen. Schmand vorsichtig unterheben. Dann Sahne-Schmand-Masse auf die Gebäckplatte streichen.

5. Zum Bestreuen Kokosraspel in einer Pfanne ohne Fett unter Rühren hellbraun rösten, auf einen Teller geben und erkalten lassen.

6. Zum Garnieren Bananen schälen und in Scheiben schneiden. Bananenscheiben mit Zitronensaft beträufeln und vor dem Servieren auf die Schmand-Sahne-Masse legen. Die Zwischenräume mit Kokosraspeln bestreuen. Den Backrahmen lösen und entfernen.

Kokoskuchen | Mit Alkohol

Insgesamt:
E: 93 g, F: 499 g, Kh: 486 g, kJ: 28558, kcal: 6834

Zum Vorbereiten:
200 g Kokosraspel

Für den All-in-Teig:
150 g Weizenmehl
4 gestr. TL Dr. Oetker Backin
50 g Speisestärke
2 gestr. EL Kakaopulver (ungezuckert)
200 g Zucker
1 Pck. Dr. Oetker Vanillin-Zucker
5 Eier (Größe M)
225 g weiche Butter oder Margarine
2 EL Kokoslikör

Für den Belag:
2 Becher (je 150 g) Crème fraîche
2 Pck. Dr. Oetker Sahnesteif
1 Becher (500 g) Sahne-Pudding Bourbon-Vanille (aus dem Kühlregal)

Zum Bestreuen:
15 g gehackte Pistazienkerne

Zubereitungszeit: 20 Minuten, ohne Abkühlzeit

1. Zum Vorbereiten Kokosraspel in einer Pfanne ohne Fett unter Rühren goldbraun rösten und auf einem Teller erkalten lassen. 50 g Kokosraspel abnehmen und beiseite stellen.

2. Für den Teig Mehl mit Backpulver, Speisestärke und Kakao mischen und in eine Rührschüssel sieben. Zucker, Vanillin-Zucker, Eier, Butter oder Margarine, Kokoslikör und restliche Kokosraspel hinzufügen und die Zutaten mit Handrührgerät mit Rührbesen zunächst kurz auf niedrigster, dann auf höchster Stufe in etwa 2 Minuten zu einem glatten Teig verarbeiten.

3. Den Teig auf ein Backblech (30 x 40 cm, gefettet) geben und glatt streichen. Das Backblech in den vorgeheizten Backofen schieben.

Ober-/Unterhitze: etwa 180 °C (unteres Drittel)
Heißluft: etwa 160 °C
Backzeit: etwa 40 Minuten.

4. Das Backblech auf einen Kuchenrost stellen und den Gebäckboden erkalten lassen.

5. Für den Belag Crème fraîche mit Sahnesteif aufschlagen und Pudding gut unterrühren. Die Masse auf den Gebäckboden geben und glatt streichen.

6. Zum Bestreuen Pistazienkerne mit den beiseite gestellten Kokosraspeln mischen. Den Kuchen vor dem Servieren damit bestreuen.

Tipp: Sie können den Teig statt mit Kokoslikör auch mit Milch zubereiten. Der Kuchen hält sich kalt gestellt 2 Tage frisch.

Kokoskuchen mit Guss I

Einfach – für Kinder

Insgesamt:
E: 84 g, F: 236 g, Kh: 749 g, kJ: 23298, kcal: 5567

Für den All-in-Teig:

375 g Weizenmehl
1 Pck. Dr. Oetker Backin
300 g Zucker
2 Eier (Größe M)
350 ml Zitronen-Buttermilch

Für den Belag:

150 g Kokosraspel
100 g Zucker

Für den Guss:

400 g Schlagsahne

Zubereitungszeit: etwa 20 Minuten

1. Für den Teig Mehl mit Backpulver mischen und in eine Rührschüssel sieben. Zucker, Eier und Buttermilch hinzufügen und die Zutaten in 2 Minuten mit Handrührgerät mit Rührbesen auf höchster Stufe zu einem glatten Teig verarbeiten.

2. Den Teig auf ein Backblech (30 x 40 cm, gefettet) geben und glatt streichen.

3. Für den Belag Kokosraspel mit Zucker vermischen und gleichmäßig auf den Teig streuen. Das Backblech in den Backofen schieben.

Ober-/Unterhitze: etwa 200 °C
Heißluft: etwa 180 °C
Backzeit: etwa 30 Minuten.

4. Das Backblech auf einen Kuchenrost stellen. Für den Guss die Sahne gleichmäßig über den heißen Belag gießen. Kuchen erkalten lassen und in Schnitten teilen.

Tipp: Für eine etwas leichtere Variante können Sie nur einen Becher Schlagsahne und den Rest aus dem 500 ml-Becher Zitronen-Buttermilch (etwa 150 ml) für den Guss verwenden.

Kokos-Mango-Kuchen I

Raffiniert – gut vorzubereiten

Insgesamt:
E: 83 g, F: 757 g, Kh: 631 g, kJ: 41635, kcal: 9883

Für die Kokossahne:
1 kg Schlagsahne
200 g Kokosraspel

Für den Rührteig:
250 g Butter oder Margarine
200 g Rohrzucker (brauner Zucker)
1 Pck. Dr. Oetker Bourbon-Vanille-Zucker
1 Prise Salz
4 Eier (Größe M)
250 g Weizenmehl
3 gestr. TL Dr. Oetker Backin
4 EL Rum

250 ml (¼ l) Orangensaft

Für den Belag:
2 kleine Mango (je etwa 350 g)
4 Pck. Dr. Oetker Sahnesteif
500 g Schmand (Sauerrahm)
3–4 EL Zitronensaft
75 g Zucker
1 Pck. Dr. Oetker Vanillin-Zucker

Zum Garnieren:
einige Granatapfelkerne
Kokosraspel

Zubereitungszeit: 40 Minuten, ohne Durchzieh- und Abkühlzeit

1. Für die Kokossahne die Sahne mit den Kokosraspeln in einem Topf zum Kochen bringen, von der Kochstelle nehmen und 1 Stunde zugedeckt durchziehen lassen. Die Masse durch ein Sieb geben, dabei die Kokosraspel mit Hilfe einer Suppenkelle gut ausdrücken. Die Sahne zugedeckt über Nacht kalt stellen.

2. Für den Teig Butter oder Margarine mit Handrührgerät mit Rührbesen auf höchster Stufe geschmeidig rühren. Nach und nach Rohrzucker, Bourbon-Vanille-Zucker und Salz unterrühren. So lange rühren, bis eine gebundene Masse entstanden ist.

3. Eier nach und nach unterrühren (jedes Ei etwa ½ Minute). Mehl mit Backpulver mischen, sieben und in 2 Portionen abwechselnd mit dem Rum auf mittlerer Stufe unterrühren. Den Teig auf ein Backblech (30 x 40 cm, gefettet) streichen. Das Backblech in den vorgeheizten Backofen schieben.

Ober-/Unterhitze: etwa 180 °C
Heißluft: etwa 160 °C
Backzeit: etwa 20 Minuten.

4. Den Kuchen auf einen Kuchenrost stellen, den Orangensaft gleichmäßig auf dem noch warmen Kuchen verteilen und den Kuchen erkalten lassen. Einen Backrahmen darumstellen.

5. Mangos schälen, halbieren, die Steine entfernen und das Fruchtfleisch in kleine Würfel schneiden. Mangostücke einige Sekunden in kochendem Wasser blanchieren und gut abtropfen lassen.

6. Kokossahne mit Sahnesteif steif schlagen. Schmand mit Zitronensaft, Zucker und Vanillin-Zucker verrühren. Kokossahne und die Mangowürfel unterheben. Die Masse auf dem Kuchen verteilen, glatt streichen und kalt stellen.

7. Vor dem Servieren den Backrahmen vorsichtig lösen und entfernen. Den Kokos-Mango-Kuchen mit Granatapfelkernen und Kokosraspeln garnieren.

Kokosmilch-Schnitten | Für Kinder

Insgesamt:
E: 102 g, F: 448 g, Kh: 839 g, kJ: 32636, kcal: 7799

Für den Rührteig:
180 g Bounty®-Riegel (zartherb)
200 g Butter oder Margarine
150 g Zucker
1 Pck. Dr. Oetker Vanillin-Zucker
4 Eier (Größe M)
250 g Weizenmehl
50 g Speisestärke
3 gestr. TL Dr. Oetker Backin
2–3 EL Milch
100 g Zartbitter-Raspelschokolade

Zum Bestreichen:
200 g Orangenmarmelade oder Aprikosenkonfitüre

Für den Belag:
8 Blatt weiße Gelatine
125 g Zucker
1 Dose (400 ml) Kokosnussmilch (ungesüßt)
400 g Schlagsahne

Zum Garnieren:
50 g Kokos-Chips
50 g Raspelschokolade

Zubereitungszeit: 50 Minuten, ohne Kühlzeit

1. Für den Teig Bounty®-Riegel in kleine Stücke schneiden. Butter oder Margarine mit Handrührgerät mit Rührbesen auf höchster Stufe geschmeidig rühren. Nach und nach Zucker und Vanillin-Zucker unterrühren. So lange rühren, bis eine gebundene Masse entstanden ist. Eier nach und nach unterrühren (jedes Ei etwa ½ Minute).

2. Mehl mit Speisestärke und Backpulver mischen und sieben und in 2 Portionen abwechselnd mit Milch, Bounty®-Stückchen und Schokolade auf mittlerer Stufe unterrühren. Den Teig auf ein Backblech (30 x 40 cm, gefettet) geben und glatt streichen. Das Backblech in den vorgeheizten Backofen schieben.

Ober-/Unterhitze: etwa 180 °C
Heißluft: etwa 160 °C
Backzeit: etwa 30 Minuten.

3. Das Backblech auf einen Kuchenrost stellen. Gebäckboden erkalten lassen und mit der Marmelade oder Konfitüre bestreichen.

4. Für den Belag Gelatine nach Packungsanleitung einweichen. Zucker mit Kokosnussmilch verrühren. Gelatine leicht ausdrücken und in einem kleinen Topf unter Rühren auflösen. Die aufgelöste Gelatine mit einigen Löffeln von der Kokosnussmilch verrühren. Dann die Mischung mit der restlichen Kokosnussmilch verrühren und kalt stellen.

5. Sobald die Gelatine-Kokos-Mischung beginnt dicklich zu werden, Sahne steif schlagen und unterheben. Kokoscreme auf den Gebäckboden geben und mit einem Esslöffel wellenförmig verstreichen. Kuchen etwa 2 Stunden kalt stellen.

6. Zum Garnieren Kokos-Chips in einer Pfanne ohne Fett leicht rösten und auf einem Teller erkalten lassen. Die Kuchenoberfläche mit Kokos-Chips und Raspelschokolade garnieren. Kuchen in etwa 20 Schnitten teilen.

® Registered trademark of Masterfoods

Kokosschnitten, würzig | Für Gäste

Insgesamt:
E: 69 g, F: 272 g, Kh: 410 g, kJ: 18205, kcal: 4347

Für den Rührteig:
150 g Butter oder Margarine
2 EL Aprikosenkonfitüre
150 g Zucker
1 Pck. Dr. Oetker Vanillin-Zucker
1 Prise Salz
2 Tropfen Rum-Aroma
1 Msp. gemahlene Nelken
1 Msp. gemahlener Kardamom
½ gestr. TL gemahlener Zimt
4 Eier (Größe M)
175 g Weizenmehl
20 g Kakaopulver
2 gestr. TL Dr. Oetker Backin
1–2 EL Milch
100 g Kokosraspel

Für Garnierung und Guss:
50 g weiße Schokolade
100 g Zartbitter-Schokolade
1 TL Speiseöl

Zubereitungszeit: 30 Minuten, ohne Abkühlzeit

1. Für den Teig Butter oder Margarine in einer Rührschüssel mit Handrührgerät mit Rührbesen auf höchster Stufe geschmeidig rühren. Nach und nach Konfitüre, Zucker, Vanillin-Zucker, Salz, Rum-Aroma, Nelken, Kardamom und Zimt unterrühren. So lange rühren, bis eine gebundene Masse entstanden ist. Nach und nach Eier unterrühren (jedes Ei etwa ½ Minute).

2. Mehl mit Kakao und Backpulver mischen, sieben und abwechselnd mit der Milch auf mittlerer Stufe kurz unterrühren. Zuletzt kurz die Kokosraspel unterrühren. Den Teig auf ein Backblech (30 x 40 cm, gefettet, mit Backpapier belegt) streichen. Das Backblech in den vorgeheizten Backofen schieben.

Ober-/Unterhitze: etwa 180 °C
Heißluft: etwa 160 °C
Backzeit: etwa 20 Minuten.

3. Das Gebäck mit dem Backpapier vom Backblech auf einen Kuchenrost ziehen und darauf erkalten lassen.

4. In der Zwischenzeit zum Garnieren weiße Schokolade in einem kleinen Topf im Wasserbad bei schwacher Hitze unter Rühren schmelzen lassen, dünn auf eine Platte streichen und fest werden lassen (nicht kalt stellen). Dann mit einem Spachtel dünne Späne abschaben.

5. Für den Guss Zartbitter-Schokolade in kleine Stücke brechen und mit Öl schmelzen lassen. Das erkaltete Gebäck damit bestreichen, mit den Schokoladenspänen garnieren und in Quadrate schneiden.

Kuh-Kuchen | Für Kinder – einfach

Insgesamt:
E: 65 g, F: 241 g, Kh: 528 g, kJ: 19230, kcal: 4570

Für den Rührteig:
200 g weiche Butter oder Margarine
175 g Zucker
1 Pck. Dr. Oetker Vanillin-Zucker
1 Prise Salz
3 Eier (Größe M)
250 g Weizenmehl
2 gestr. TL Dr. Oetker Backin
1–2 EL Milch
10 g Kakaopulver
1–2 EL Milch

Für die Cremefüllung:
3 Blatt weiße Gelatine
1 Pck. Dr. Oetker Pudding-Pulver Vanille-Geschmack
250 ml (¼ l) Milch
250 g Schlagsahne
200 g Sahne Muh-Muhs (Milch-Toffee)

Zubereitungszeit: 25 Minuten

1. Für den Teig Butter oder Margarine mit Handrührgerät mit Rührbesen auf höchster Stufe geschmeidig rühren. Zucker mit Vanillin-Zucker und Salz mischen, nach und nach hinzufügen und so lange rühren, bis eine gebundene Masse entstanden ist. Eier nach und nach unterrühren (jedes Ei etwa ½ Minute).

2. Mehl mit Backpulver mischen, sieben und abwechselnd portionsweise mit der Milch auf mittlerer Stufe unterrühren (nur so viel Milch verwenden, dass der Teig schwer reißend von einem Löffel fällt). Zwei Drittel des Teiges auf ein Backblech (30 x 40 cm gefettet, mit Backpapier belegt) streichen. Unter den restlichen Teig Kakaopulver und Milch rühren, so dass er wieder schwer reißend vom Löffel fällt. Den dunklen Teig kuhfleckenartig auf dem hellen Teig verteilen. Das Backblech in den vorgeheizten Backofen schieben.

Ober-/Unterhitze: etwa 180 °C
Heißluft: etwa 160 °C
Backzeit: etwa 20 Minuten.

3. Die Gebäckplatte auf dem Backblech auf einem Kuchenrost erkalten lassen.

4. Für die Cremefüllung Gelatine nach Packungsanleitung in Wasser einweichen. Pudding-Pulver mit 4 Esslöffeln von der Milch anrühren. Die restliche Milch mit Sahne zum Kochen bringen. Die Sahne Muh-Muhs grob hacken, unter Rühren in die heiße Milch-Sahne-Mischung geben und so lange rühren, bis sich die Bonbons vollständig aufgelöst haben.

5. Das angerührte Pudding-Pulver in die heiße Milch-Bonbon-Masse rühren und unter Rühren etwa 1 Minute aufkochen lassen. Topf von der Kochstelle nehmen. Gelatine leicht ausdrücken und unter Rühren im noch heißen Pudding auflösen.

6. Die Gebäckplatte senkrecht halbieren. Eine Hälfte davon mit der glatten Seite nach unten auf eine Kuchenplatte legen und einen Backrahmen darumstellen. Den heißen Pudding einfüllen und verstreichen. Die zweite Gebäckhälfte mit der glatten Seite nach oben darauf legen und leicht andrücken. Gebäck erkalten lassen, dann Backrahmen entfernen und den Kuchen in beliebig große Stücke schneiden.

Lachende Multivitamine | Für Kinder

Insgesamt:
E: 96 g, F: 260 g, Kh: 599 g, kJ: 22085, kcal: 5276

Für den All-in-Teig:
200 g Weizenmehl
2 gestr. TL Dr. Oetker Backin
125 g Zucker
1 Pck. Dr. Oetker Vanillin-Zucker
3 Eier (Größe M)
100 g weiche Butter
100 ml Multivitamin-Buttermilch

Zum Bestreuen:
50 g abgezogene, gehobelte Mandeln

Für die Creme:
3 Pck. Dr. Oetker Pudding-Pulver Vanille-Geschmack
900 ml Multivitamin-Buttermilch
30 g Zucker
300 g Schlagsahne
1 Pck. Dr. Oetker Sahnesteif

Zum Verzieren und Garnieren:
100 g Schlagsahne
einige nimm2 Lachgummis (orange und gelb)

etwas Puderzucker

Zubereitungszeit: 40 Minuten, ohne Kühlzeit

1. Für den Teig Mehl mit Backpulver mischen und in eine Rührschüssel sieben. Restliche Zutaten hinzufügen und alles mit Handrührgerät mit Rührbesen erst kurz auf niedrigster, dann auf höchster Stufe in etwa 2 Minuten zu einem Teig verarbeiten.

2. Einen Backrahmen (26 x 26 cm) auf ein mit Backpapier belegtes Backblech stellen. Den Teig einfüllen und glatt streichen. Den Teig mit Mandeln bestreuen und das Backblech in den vorgeheizten Backofen schieben.

Ober-/Unterhitze: etwa 180 °C
Heißluft: etwa 160 °C
Backzeit: etwa 20 Minuten.

3. Boden aus dem Backrahmen lösen, auf einen Kuchenrost ziehen und erkalten lassen. Anschließend den Boden einmal waagerecht durchschneiden. Den unteren Boden auf eine Tortenplatte legen und den Backrahmen wieder darumstellen.

4. Für die Creme Pudding-Pulver mit etwas von der Buttermilch anrühren. Restliche Buttermilch mit Zucker unter ständigem Rühren zum Kochen bringen, angerührtes Pudding-Pulver unter Rühren hinzufügen und gut aufkochen lassen. Creme sofort gleichmäßig auf dem unteren Boden verstreichen, dabei 4–5 Esslöffel zum Verzieren abnehmen und beiseite stellen.

5. Sobald die Creme erkaltet ist, Sahne mit Sahnesteif steif schlagen, auf die Creme streichen und den oberen Boden darauf legen. Torte etwa 1 Stunde kalt stellen.

6. Zum Verzieren und Garnieren Torte aus dem Backrahmen lösen. Sahne steif schlagen, mit der zurückgestellten Creme verrühren und in einen Spritzbeutel mit kleiner Lochtülle füllen. Mit der Creme mehrere Kreise aufspritzen und Lachmund und Augen in die Kreise spritzen. Die Gesichter mit den Lachgummis belegen. Die Torte mit etwas Puderzucker bestäuben.

Tipp: Die Torte kann gut am Vortag zubereitet werden. Sie schmeckt auch mit anderen Buttermilchsorten.

Lambada-Schnitten | Beliebt

Insgesamt:
E: 52 g, F: 205 g, Kh: 557 g, kJ: 18626, kcal: 4447

Für den Biskuitteig:
4 Eier (Größe M)
4 EL heißes Wasser
150 g Zucker
1 Pck. Dr. Oetker Vanillin-Zucker
80 g Weizenmehl
80 g Speisestärke
2½ gestr. TL Dr. Oetker Backin

150 ml Orangensaft

Für die Orangencreme:
2 Pck. Dr. Oetker Pudding-Pulver Vanille-Geschmack
50 g Zucker
850 ml Orangensaft

Für den Belag:
500 g Schlagsahne
2 Pck. Dr. Oetker Sahnesteif
2 Pck. Dr. Oetker Vanillin-Zucker
Schokoladenornamente

Zubereitungszeit: 30 Minuten

1. Für den Teig Eier und Wasser mit Handrührgerät mit Rührbesen auf höchster Stufe in 1 Minute schaumig schlagen. Zucker mit Vanillin-Zucker mischen, in 1 Minute unter Rühren einstreuen, dann noch 2 Minuten weiterschlagen.

2. Mehl mit Speisestärke und Backpulver mischen, auf die Eiercreme sieben und kurz auf niedrigster Stufe unterrühren. Anschließend den Teig auf ein Backblech (30 x 40 cm, gefettet und gemehlt) streichen. Das Backblech in den vorgeheizten Backofen schieben.

Ober-/Unterhitze: 200–220 °C
Heißluft: 180–200 °C
Backzeit: etwa 10 Minuten

3. Die Biskuitplatte sofort nach dem Backen mit dem Orangensaft tränken und auf dem Backblech erkalten lassen.

4. Für die Orangencreme aus Pudding-Pulver, Zucker und Orangensaft nach Packungsanleitung, aber mit den hier angegebenen Zutaten einen Pudding zubereiten. Pudding unter Rühren etwas abkühlen lassen, lauwarm auf den Biskuitboden streichen und erkalten lassen.

5. Für den Belag Sahne mit Sahnesteif und Vanillin-Zucker steif schlagen. Sahne wellenförmig auf den Pudding streichen und den Kuchen mit Schokoladenornamenten garnieren.

Lava-Kuchen | Für Kinder

Insgesamt:
E: 115 g, F: 333 g, Kh: 712 g, kJ: 27374, kcal: 6534

Für die Streusel:
100 g Walnusskerne
250 g Weizenmehl
½ gestr. TL Dr. Oetker Backin
50 g Mohnsamen
70 g Zucker
1 Pck. Dr. Oetker Vanillin-Zucker
1 Prise Salz
150 g Butter oder Margarine
100 g Blockschokolade (in kleine Würfel geschnitten) oder Schokoplättchen

Für den Rührteig:
150 g Butter oder Margarine
100 g Zucker
1 Pck. Dr. Oetker Vanillin-Zucker
4 Eier (Größe M)
200 g Weizenmehl
2 gestr. TL Dr. Oetker Backin

Für die Füllung:
3 reife Mangos (etwa 700 g Fruchtfleisch)
1 EL Zucker

Zubereitungszeit: 50 Minuten, ohne Kühlzeit

1. Für die Streusel Walnusskerne hacken. Mehl mit Backpulver mischen, in eine Rührschüssel sieben und mit Mohn, Zucker, Vanillin-Zucker und Salz vermischen. Butter oder Margarine hinzufügen. Die Zutaten mit Handrührgerät mit Rührbesen zu Streuseln von gewünschter Größe verarbeiten. Zuletzt Walnusskerne und Blockschokolade oder Schokoplättchen unterarbeiten. Den Streuselteig kalt stellen.

2. Für den Rührteig Butter oder Margarine mit Handrührgerät mit Rührbesen auf höchster Stufe geschmeidig rühren. Nach und nach Zucker und Vanillin-Zucker unterrühren. So lange rühren, bis eine gebundene Masse entstanden ist.

3. Eier nach und nach unterrühren (jedes Ei etwa ½ Minute). Mehl mit Backpulver mischen, sieben und auf mittlerer Stufe kurz unterrühren. Den Teig auf ein Backblech (30 x 40 cm, gefettet) geben und glatt streichen.

4. Für die Füllung die Mangos schälen, das Fruchtfleisch vom Stein lösen und in Würfel schneiden. Mangowürfel mit Zucker mischen und auf dem Teig verteilen. Die Streusel darauf geben. Das Backblech in den vorgeheizten Backofen schieben.

Ober-/Unterhitze: etwa 200 °C
Heißluft: etwa 180 °C
Backzeit: etwa 30 Minuten.

5. Das Backblech auf einen Kuchenrost stellen. Den Kuchen erkalten lassen und in Stücke schneiden.

Tipp: Statt Mohn können Sie auch nicht abgezogene, gemahlene Mandeln für den Kuchen verwenden.

Lebkuchen-Schmand-Rauten I

Dauert etwas länger

Insgesamt:
E: 101 g, F: 540 g, Kh: 779 g, kJ: 35748, kcal: 8454

Für den Belag:

2 Dosen Aprikosen (Abtropfgewicht je 480 g)

Für den Rührteig:

100 g Edelbitter-Schokolade (70 % Kakao)
250 g Butter oder Margarine
175 g Zucker
1 Pck. Dr. Oetker Vanillin-Zucker
5 Eier (Größe M)
1 Pck. Dr. Oetker Finesse Orangenfrucht
200 g Weizenmehl
2 gestr. TL Dr. Oetker Backin
3 gestr. TL Lebkuchengewürz
5 EL (60 ml) Aprikosensaft

Für den Belag:

2 Pck. Dr. Oetker Pudding-Pulver Vanille-Geschmack
100 g Zucker
200 g Schlagsahne
500 ml (½ l) Milch
600 g Schmand (Sauerrahm)
50 g gehackte Pistazien

Zubereitungszeit: 60 Minuten

1. Für den Belag Aprikosen in ein Sieb geben, gut abtropfen lassen und den Saft dabei auffangen.

2. Für den Teig Schokolade in einem kleinen Topf im Wasserbad bei schwacher Hitze unter Rühren schmelzen lassen. Butter oder Margarine mit Handrührgerät mit Rührbesen auf höchster Stufe geschmeidig rühren. Nach und nach Zucker und Vanillin-Zucker unterrühren. So lange rühren, bis eine gebundene Masse entstanden ist. Eier nach und nach unterrühren (jedes Ei etwa ½ Minute). Orangenfrucht unterrühren.

3. Mehl mit Backpulver mischen, sieben und bei mittlerer Stufe kurz unterrühren. Lebkuchengewürz, Aprikosensaft und die aufgelöste Schokolade unterrühren. Einen Backrahmen auf ein Backblech (30 x 40 cm, gefettet) stellen, den Teig darin verteilen und verstreichen. Die Aprikosen mit der Wölbung nach oben auf dem Teig verteilen.

4. Für den Belag Pudding-Pulver mit Zucker und Sahne anrühren. Milch in einem Topf zum Kochen bringen, von der Kochstelle nehmen, das angerührte Pudding-Pulver unter Rühren hinzufügen und gut aufkochen lassen. Topf von der Kochstelle nehmen und Schmand unter den noch heißen Pudding rühren. Die Masse auf den Aprikosen verteilen und glatt streichen. Das Backblech in den vorgeheizten Backofen schieben.

Ober-/Unterhitze: etwa 180 °C
Heißluft: etwa 160 °C
Backzeit: etwa 35 Minuten.

5. Nach Beendigung der Backzeit den Backofen ausschalten und die Tür leicht öffnen, den Kuchen aber noch 15 Minuten darin stehen lassen. Dann das Backblech auf einen Kuchenrost stellen und den Kuchen darin erkalten lassen.

6. Pistazien auf den Kuchen streuen. Den Backrahmen vorsichtig lösen und entfernen und den Kuchen in Rauten schneiden.

Liberty-Blech I

Raffiniert – etwas aufwändiger

Insgesamt:
E: 78 g, F: 309 g, Kh: 1003 g, kJ: 32527, kcal: 7769

Für den Schüttelteig:
300 g Weizenmehl
3 gestr. TL Dr. Oetker Backin
200 g Zucker
1 Pck. Dr. Oetker Vanillin-Zucker
1 Pck. Dr. Oetker Finesse Geriebene Zitronenschale
4 Eier (Größe M)
150 ml Speiseöl
100 ml Apfelsaft
50 ml Calvados

Für den Belag:
1,2 kg säuerliche Äpfel
400 ml Apfelsaft
150 ml Calvados
3 Pck. Dr. Oetker Pudding-Pulver Vanille-Geschmack
150 g Zucker
400 g Schlagsahne

Zum Garnieren:
2 kleine rote Äpfel
150 g Zucker

Zubereitungszeit: 40 Minuten

1. Für den Teig Mehl mit Backpulver mischen, in eine verschließbare Schüssel (etwa 3 l) sieben und mit Zucker, Vanillin-Zucker und Zitronenschale vermengen. Eier, Öl, Saft und Calvados hinzufügen und die Schüssel mit dem Deckel fest verschließen.

2. Schüssel mehrmals kräftig schütteln (insgesamt 15–30 Sekunden), so dass alle Zutaten gut vermischt sind. Alles mit einem Schneebesen oder Rührlöffel nochmals sorgfältig durchrühren, damit trockene Zutaten vom Rand mit untergerührt werden.

3. Einen Backrahmen auf ein Backblech (30 x 40 cm, gefettet, gemehlt) stellen. Teig einfüllen und glatt streichen. Das Backblech in den vorgeheizten Backofen schieben.

Ober-/Unterhitze: etwa 180 °C
Heißluft: etwa 160 °C
Backzeit: etwa 20 Minuten.

4. Das Backblech mit dem Backrahmen auf einen Kuchenrost stellen und das Gebäck darauf erkalten lassen.

5. Für den Belag Äpfel schälen, vierteln, entkernen und in kleine Würfel schneiden. Die Apfelwürfel mit Apfelsaft und Calvados in einem Topf zum Kochen bringen. Pudding-Pulver mit Zucker und Sahne anrühren, in die Apfelmischung rühren und alles unter Rühren nochmals gut aufkochen lassen. Die Apfelmasse etwas abkühlen lassen, auf den Boden streichen und erkalten lassen.

6. Zum Garnieren kurz vor dem Servieren den Backrahmen lösen und entfernen. Rote Äpfel waschen, abtrocknen, vierteln, entkernen und in Spalten schneiden. Die Spalten dekorativ auf der Oberfläche verteilen. Zucker in einem kleinen Topf erhitzen, auflösen und leicht bräunen lassen. Den Topf sofort auf ein kaltes, feuchtes Küchentuch stellen und mit einer Gabel so lange rühren, bis die Masse zäh wird. Mit Hilfe der Gabel kleine Zuckertürme über die Apfelspalten auf den Kuchen spinnen (oder Ornamente auf Alufolie spinnen und später ansetzen). Den Kuchen sofort servieren.

Limetten-Rum-Kuchen | Einfach

Insgesamt:
E: 58 g, F: 244 g, Kh: 722 g, kJ: 22701, kcal: 5416

Für den All-in-Teig:

250 g	*Weizenmehl*
2 gestr. TL	*Dr. Oetker Backin*
2 Pck.	*Dr. Oetker Pudding-Pulver Vanille-Geschmack*
250 g	*Zucker*
2 Pck.	*Dr. Oetker Bourbon-Vanille-Zucker*
3 EL	*Rum*
1 Pck.	*Dr. Oetker Finesse Geriebene Zitronenschale*
4	*Eier (Größe M)*
250 g	*weiche Butter oder Margarine*

Für den Guss:

etwa 3	*Saft und Schale von Bio-Limetten (unbehandelt, ungewachst)*
200 g	*Puderzucker*

Zubereitungszeit: 35 Minuten, ohne Abkühlzeit

1. Für den Teig Mehl mit Backpulver und Pudding-Pulver mischen und in eine Rührschüssel sieben. Zucker, Vanille-Zucker, Rum, Zitronenschale, Eier und Butter oder Margarine hinzufügen.

2. Die Zutaten mit Handrührgerät mit Rührbesen zunächst kurz auf niedrigster, dann auf höchster Stufe in etwa 2 Minuten zu einem Teig verarbeiten. Teig auf ein Backblech (30 x 40 cm, gefettet) geben und glatt streichen. Das Backblech in den vorgeheizten Backofen schieben.

Ober-/Unterhitze: etwa 180 °C
Heißluft: etwa 160 °C
Backzeit: etwa 30 Minuten.

3. Das Backblech auf einen Kuchenrost stellen. Kuchen darauf erkalten lassen.

4. Für den Guss Limetten gründlich waschen und abtrocknen. Von den Limetten die Schalen mit einem Zestenreißer abziehen. Limetten auspressen. Puderzucker und Limettensaft zu einem dickflüssigen Guss verrühren. Den Kuchen damit überziehen und die Limettenschalen sofort auf dem Guss verteilen. Guss fest werden lassen.

Makronenkuchen I

Einfach – gut vorzubereiten

Insgesamt:
E: 81 g, F: 337 g, Kh: 570 g, kJ: 23484, kcal: 5608

Für den All-in-Teig:

300 g	*Weizenmehl*
2 gestr. TL	*Dr. Oetker Backin*
125 g	*Zucker*
1 Pck.	*Dr. Oetker Vanillin-Zucker*
1 Prise	*Salz*
4	*Eigelb (Größe M)*
200 g	*weiche Butter oder Margarine*
200 ml	*Milch*

Für den Belag:

4	*Eiweiß (Größe M)*
200 g	*Zucker*
200 g	*Kokosraspel*

Zubereitungszeit: 25 Minuten, ohne Abkühlzeit

1. Für den Teig Mehl mit Backpulver mischen und in eine Rührschüssel sieben. Zucker, Vanillin-Zucker, Salz, Eigelb, Butter oder Margarine und Milch hinzufügen. Die Zutaten mit Handrührgerät mit Rührbesen zunächst kurz auf niedrigster, dann auf höchster Stufe in etwa 2 Minuten zu einem Teig verarbeiten.

2. Den Teig auf ein Backblech (30 x 40 cm, gefettet) geben und glatt streichen. Das Backblech in den vorgeheizten Backofen schieben und den Boden vorbacken.

Ober-/Unterhitze: etwa 180 °C
Heißluft: etwa 160 °C
Backzeit: etwa 20 Minuten.

3. Für den Belag Eiweiß steif schlagen, Zucker nach und nach kurz unterrühren und Kokosraspel vorsichtig unterheben. Die Masse auf dem vorgebackenen Boden verteilen. Nach Belieben die Oberfläche mit Hilfe eines Tortengarnierkammes wellenförmig verzieren. Das Backblech bei niedrigerer Temperatur wieder in den heißen Backofen schieben und den Kuchen fertig backen.

Ober-/Unterhitze: etwa 160 °C
Heißluft: etwa 140 °C
Backzeit: etwa 15 Minuten.

4. Das Backblech auf einen Kuchenrost stellen und den Kuchen darauf erkalten lassen. Anschließend den Kuchen nach Belieben in Rauten, Rechtecke oder Quadrate schneiden.

Tipp: Das Gebäck kann mehrere Tage in einer gut schließenden Dose aufbewahrt werden. Den erkalteten Makronenkuchen mit aufgelöster Schokolade besprenkeln.

Mandarinen-Quark-Schnitten I

Für Kinder

Insgesamt:
E: 120 g, F: 80 g, Kh: 540 g, kJ: 14450, kcal: 3450

Für den Biskuitteig:

3	*Eier (Größe M)*
3 EL	*heißes Wasser*
150 g	*Zucker*
1 Pck.	*Dr. Oetker Vanillin-Zucker*
100 g	*Weizenmehl*
1 gestr. TL	*Dr. Oetker Backin*
50 g	*Speisestärke*

Für die Füllung:

2 Dosen	*Mandarinen (Abtropfgewicht je 175 g)*
100 ml	*Mandarinensaft aus der Dose*
6 Blatt	*weiße Gelatine*
500 g	*Magerquark*
150 g	*Zucker*
1 Pck.	*Dr. Oetker Vanillin-Zucker*
1 Pck.	*Dr. Oetker Finesse Geriebene Zitronenschale*
2 EL	*Zitronensaft*
200 g	*Schlagsahne*

Zum Bestäuben:

etwas	*Puderzucker*

Zubereitungszeit: 45 Minuten, ohne Kühlzeit

1. Für den Teig Eier und heißes Wasser in einer Rührschüssel mit Handrührgerät mit Rührbesen auf höchster Stufe 1 Minute schaumig schlagen. Zucker mit Vanillin-Zucker mischen, in 1 Minute unter Rühren einstreuen und weitere 2 Minuten schlagen.

2. Mehl, Backpulver und Speisestärke mischen, sieben und kurz auf niedrigster Stufe unterrühren. Den Teig auf ein Backblech (30 x 40 cm, gefettet, mit Backpapier belegt) streichen und das Backblech in den vorgeheizten Backofen schieben.

Ober-/Unterhitze: etwa 200 °C
Heißluft: etwa 180 °C
Backzeit: etwa 10 Minuten.

3. Den Biskuit sofort nach dem Backen vom Rand lösen und auf ein mit Zucker bestreutes Backpapier stürzen. Mitgebackenes Backpapier mit etwas Wasser bestreichen und vorsichtig abziehen. Den Biskuit erkalten lassen und anschließend senkrecht halbieren, so dass 2 Platten (30 x 20 cm) entstehen.

4. Für die Füllung Mandarinen in einem Sieb abtropfen lassen, den Saft dabei auffangen und 100 ml davon abmessen. Gelatine nach Packungsanleitung einweichen. Quark mit Zucker, Vanillin-Zucker, Zitronenschale und Zitronensaft verrühren. Den abgemessenen Mandarinensaft erhitzen. Gelatine ausdrücken und unter Rühren darin auflösen. Erst etwa 4 Esslöffel von der Quarkmasse mit Hilfe eines Schneebesens mit der aufgelösten Gelatine verrühren, dann die Mischung mit der restlichen Quarkmasse verrühren.

5. Sahne steif schlagen. Wenn die Quarkmasse beginnt dicklich zu werden, Sahne mit den Mandarinen unterheben. Die Füllung auf eine der Biskuithälften streichen, mit der anderen Hälfte bedecken (die Unterseite nach oben) und leicht andrücken. Die Seiten glatt streichen und das Gebäck etwa 2 Stunden kalt stellen.

6. Vor dem Servieren das Gebäck mit Puderzucker bestäuben und in Schnitten teilen.

Mandarinen-Schmand-Kuchen I

Für Kinder

Insgesamt:
E: 100 g, F: 260 g, Kh: 860 g, kJ: 26240, kcal: 3260

Für den Quark-Öl-Teig:

300 g	*Weizenmehl*
3 gestr. TL	*Dr. Oetker Backin*
75 g	*Zucker*
1 Pck.	*Dr. Oetker Vanillin-Zucker*
1 Prise	*Salz*
125 g	*Magerquark*
100 ml	*Milch*
100 ml	*Speiseöl (z.B. Sonnenblumenöl)*

Für den Belag:

4 Dosen	*Mandarinen (Abtropfgewicht je 175 g)*
2 Pck.	*Dr. Oetker Pudding-Pulver Vanille-Geschmack*
100 g	*Zucker*
750 ml (¾ l)	*Milch*
500 g	*Schmand (Sauerrahm)*
50 g	*gestiftelte Mandeln*

Für den Guss:

200 g	*Puderzucker*
3 EL	*Zitronensaft*

Zubereitungszeit: 45 Minuten, ohne Kühlzeit

1. Für den Teig Mehl mit Backpulver mischen und in eine Rührschüssel sieben. Restliche Zutaten für den Teig hinzufügen und alles mit Handrührgerät mit Knethaken erst kurz auf niedrigster, dann auf höchster Stufe zu einem glatten Teig verarbeiten (nicht zu lange kneten, Teig klebt sonst). Anschließend den Teig auf der leicht bemehlten Arbeitsfläche zu einer Rolle formen. Den Teig auf einem Backblech (30 x 40 cm, gefettet) ausrollen und einen Backrahmen darumstellen.

2. Für den Belag Mandarinen in einem Sieb gut abtropfen lassen. Aus Pudding-Pulver, Zucker und Milch nach Packungsanleitung, aber mit den hier angegebenen Zutaten einen Pudding kochen. Schmand unterrühren und die warme Masse auf den Teig streichen. Danach Mandarinen auf der Pudding-Schmand-Masse verteilen, Mandeln darüber streuen und das Backblech in den vorgeheizten Backofen schieben.

Ober-/Unterhitze: etwa 180 °C
Heißluft: etwa 160 °C
Backzeit: etwa 40 Minuten.

3. Das Backblech auf einen Kuchenrost stellen und den Kuchen darauf erkalten lassen. Anschließend den Backrahmen vorsichtig mit Hilfe eines Messers lösen und entfernen.

4. Für den Guss Puderzucker mit so viel Zitronensaft anrühren, dass ein dickflüssiger Guss entsteht. Den Guss mit Hilfe eines Teelöffels über den Kuchen sprenkeln.

Tipp: Wenn Sie keinen Backrahmen haben, können Sie den Kuchen auch in einer Fettpfanne backen.

Abwandlung: Nach Belieben 4 Esslöffel Aprikosenkonfitüre durch ein Sieb streichen, mit 2 Esslöffeln Wasser in einem kleinen Topf etwas einkochen lassen und den noch warmen Kuchen damit bestreichen. Dann die Mandeln nicht mitbacken, sondern in einer Pfanne ohne Fett bräunen, auf einem Teller erkalten lassen und zum Schluss auf dem Kuchen verteilen.

Mandel-Streuselkuchen | Klassisch

Insgesamt:
E: 89 g, F: 317 g, Kh: 691 g, kJ: 24948, kcal: 5956

Für den Hefeteig:
300 g Weizenmehl
1 Pck. Dr. Oetker Trockenbackhefe
75 g Zucker
1 Pck. Dr. Oetker Vanillin-Zucker
Salz
1 Ei (Größe M)
75 g zerlassene abgekühlte Butter
125 ml (1/8 l) lauwarme Milch

Zum Bestreichen:
50 g zerlassene Butter

Für die Streusel:
300 g Weizenmehl
150 g Zucker
2 Pck. Dr. Oetker Vanillin-Zucker
200 g weiche Butter
40 g abgezogene, gehobelte Mandeln

Zubereitungszeit: 35 Minuten, ohne Teiggehzeit

1. Für den Teig Mehl in eine Rührschüssel sieben, mit Trockenbackhefe sorgfältig vermischen und Zucker, Vanillin-Zucker, Salz, Ei, Butter und Milch hinzufügen.

2. Die Zutaten mit Handrührgerät mit Knethaken zunächst kurz auf niedrigster, dann auf höchster Stufe in etwa 5 Minuten zu einem Teig verarbeiten. Den Teig zugedeckt so lange an einem warmen Ort stehen lassen, bis er sich sichtbar vergrößert hat.

3. Den Teig leicht mit Mehl bestäuben, aus der Schüssel nehmen und auf der bemehlten Arbeitsfläche nochmals kurz durchkneten.

4. Den Teig auf einem Backblech (30 x 40 cm, gefettet) ausrollen und mit Butter bestreichen.

5. Für die Streusel Mehl in eine Rührschüssel sieben, mit Zucker und Vanillin-Zucker mischen und Butter hinzufügen. Die Zutaten mit Handrührgerät mit Knethaken zu Streuseln von gewünschter Größe verarbeiten. Teigstreusel mit Mandeln mischen und auf dem Teigboden verteilen.

6. Das Backblech in den vorgeheizten Backofen schieben.

Ober-/Unterhitze: 200–220 °C
Heißluft: 180–200 °C
Backzeit: etwa 30 Minuten.

7. Das Backblech auf einen Kuchenrost stellen. Den Kuchen erkalten lassen und in Stücke schneiden.

Mandelteppich-Becherkuchen

Schnell zubereitet

Insgesamt:
E: 89 g, F: 305 g, Kh: 610 g, kJ: 23351, kcal: 5580

Für den All-in-Teig:
1 Becher
(200 g) Schlagsahne
1 Becher
(200 g) Zucker
1 Pck. Dr. Oetker Vanillin-Zucker
6 Tropfen Bittermandel-Aroma
3 Eier (Größe M)
2 Becher
(250 g) Weizenmehl
1 Pck. Dr. Oetker Backin

Für den Belag:
½ Pck.
(125 g) Butter
1 Becher
(200 g) Zucker
1 Pck. Dr. Oetker Vanillin-Zucker
4 EL Milch
2 Pck.
(je 100 g) abgezogene, gemahlene Mandeln

Zubereitungszeit: 15 Minuten

1. Für den Teig Sahne in eine Rührschüssel geben, den geleerten Sahnebecher ausspülen, abtrocknen und zum Abmessen der Zutaten verwenden.

2. Zucker abmessen, mit Vanillin-Zucker, Aroma und Eiern zur Sahne geben. Mehl abmessen, mit Backpulver mischen, sieben und hinzufügen. Alles mit Handrührgerät mit Rührbesen erst kurz auf niedrigster, dann auf höchster Stufe in 1 Minute zu einem Teig verarbeiten. Den Teig auf ein Backblech (30 x 40 cm, gefettet) streichen und das Backblech in den vorgeheizten Backofen schieben.

Ober-/Unterhitze:etwa 200 °C
Heißluft: etwa 180 °C
Backzeit: etwa 12 Minuten.

3. Für den Belag Butter in einen Topf geben, Zucker abmessen, mit Vanillin-Zucker und Milch hinzufügen und unter Rühren erwärmen, bis der Zucker gelöst ist. Mandeln hinzufügen und alles aufkochen lassen. Die Masse auf den vorgebackenen, heißen Kuchen streichen und den Kuchen **bei gleicher Backofeneinstellung ein etwa 12 Minuten fertig backen.**

4. Das Backblech auf einen Kuchenrost stellen und den Kuchen darauf erkalten lassen.

Tipp: Das Bittermandel-Aroma kann auch durch Butter-Vanille- oder Rum-Aroma ersetzt werden. Anstelle von gemahlenen Mandeln lassen sich auch gehackte Mandeln, Kokosraspel oder gemahlene Haselnusskerne verwenden.

Mangorolle, exotisch | Raffiniert

Insgesamt:
E: 76 g, F: 238 g, Kh: 301 g, kJ: 15318, kcal: 3657

Für den Biskuitteig:

4 Eier (Größe M)
1 Eigelb (Größe M)
75 g Zucker
1 Pck. Dr. Oetker Vanillin-Zucker
125 g Weizenmehl
1 EL Kakaopulver
½ gestr. TL Dr. Oetker Backin
20 g Kokosraspel, grob

Für die Füllung:

6 Blatt weiße Gelatine
1 Dose Mangos in Scheiben (Abtropfgewicht 225 g)
125 ml (1/8 l) Maracujanektar
2 EL Zucker
1 Pck. Dr. Oetker Finesse Geriebene Zitronenschale
100 g Physalis (Kapstachelbeeren)
250 g Schlagsahne

Zum Bestreuen, Bestreichen und Garnieren:

50 g Kokosraspel, grob
250 g Schlagsahne
1 Pck. Dr. Oetker Sahnesteif
einige frische Mangoscheiben

Zubereitungszeit: 40 Minuten, ohne Kühlzeit

1. Für den Teig Eier und Eigelb mit Handrührgerät mit Rührbesen auf höchster Stufe in 1 Minute schaumig schlagen. Zucker und Vanillin-Zucker mischen, in 1 Minute einstreuen, dann noch 2 Minuten weiterschlagen.

2. Mehl mit Kakaopulver und Backpulver mischen, auf die Eiercreme sieben und kurz auf niedrigster Stufe unterrühren. Zuletzt die Kokosraspel unterheben. Den Teig auf ein Backblech (30 x 40 cm, gefettet, mit Backpapier belegt) geben und glatt streichen. Das Backblech in den vorgeheizten Backofen schieben.

Ober-/Unterhitze: etwa 200 °C
Heißluft: etwa 180 °C
Backzeit: 8–10 Minuten.

3. Den Biskuit nach dem Backen vom Rand lösen, auf eine Arbeitsfläche stürzen und erkalten lassen. Mitgebackenes Backpapier vorsichtig abziehen.

4. Für die Füllung Gelatine nach Packungsanleitung einweichen. Mangoscheiben in einem Sieb gut abtropfen lassen. Die Hälfte der Scheiben würfeln, restliche Mangoscheiben mit Maracujanektar, Zucker und Zitronenschale pürieren. Gelatine leicht ausdrücken und in einem Topf unter Rühren bei schwacher Hitze auflösen. Etwas vom Püree hinzugeben und verrühren, dann die Masse mit dem restlichen Püree verrühren und kalt stellen.

5. Physalis (5 Stück zum Garnieren beiseite legen) waschen, trockentupfen und in dünne Scheiben schneiden. Sahne steif schlagen und unter das Mangopüree heben. Die Creme auf die Biskuitplatte streichen und mit Mangowürfeln und Physalisscheiben bestreuen. Die Biskuitplatte vorsichtig von der längeren Seite aus aufrollen und etwa 2 Stunden kalt stellen.

6. Vor dem Servieren zum Bestreuen Kokosraspel in einer Pfanne ohne Fett leicht bräunen und auf einem Teller erkalten lassen. Zum Bestreichen Sahne mit Sahnesteif steif schlagen, die Rolle damit bestreichen, mit Kokosraspeln bestreuen und mit den zurückgelassenen Physalis garnieren. Die Rolle mit Mangoscheiben belegen.

Margarita-Kuchen | Beliebt

Insgesamt:
E: 156 g, F: 319 g, Kh: 609 g, kJ: 27132, kcal: 6482

Für den Schüttelteig:

250 g	Weizenmehl
3 gestr. TL	Dr. Oetker Backin
175 g	Zucker
1 Pck.	Dr. Oetker Vanillin-Zucker
1 Pck.	Dr. Oetker Finesse Geriebene Zitronenschale
4	Eier (Größe M)
125 ml (1/8 l)	Speiseöl
125 ml (1/8 l)	Zitronenlimonade

Für den Belag:

6 Blatt	weiße Gelatine
500 g	Magerquark
250 g	Zitronenjoghurt
125 ml (1/8 l)	Tequila
100 g	Zucker
300 g	Schlagsahne

Zum Verzieren und Garnieren:

200 g	Schlagsahne
1 Pck.	Dr. Oetker Vanillin-Zucker
1–2 EL	Cointreau (Orangenlikör)
einige	Geleezitronen (aus dem Süßwarenfachgeschäft)
etwas	unbehandelte Zitronenschale
etwas	Zitronenmelisse

Zubereitungszeit: 50 Minuten, ohne Kühlzeit

1. Für den Teig Mehl mit Backpulver mischen, in eine verschließbare Schüssel (etwa 3 l) sieben und mit Zucker, Vanillin-Zucker und Zitronenschale vermengen. Eier, Speiseöl und Limonade hinzufügen und die Schüssel mit dem Deckel fest verschließen.

2. Schüssel mehrmals kräftig schütteln (insgesamt 15–30 Sekunden), so dass alle Zutaten gut vermischt sind. Alles mit einem Schneebesen oder Rührlöffel nochmals sorgfältig durchrühren, damit trockene Zutaten vom Rand mit untergerührt werden. Den Teig in eine Fettpfanne (30 x 40 cm, gefettet, gemehlt) füllen und glatt streichen. Die Fettpfanne in den vorgeheizten Backofen schieben.

Ober-/Unterhitze: etwa 180 °C
Heißluft: etwa 160 °C
Backzeit: etwa 20 Minuten.

3. Die Fettpfanne auf einen Kuchenrost stellen und den Kuchen darauf erkalten lassen.

4. Für den Belag Gelatine nach Packungsanleitung einweichen. Quark mit Joghurt, Tequila und Zucker in einer Schüssel verrühren. Gelatine ausdrücken, auflösen und zunächst mit etwas von der Quarkmasse verrühren, dann unter die restliche Quarkmasse rühren und kalt stellen. Sobald die Masse beginnt dicklich zu werden, Sahne steif schlagen und unterheben. Die Creme auf dem Boden in der Fettpfanne verstreichen und mit einem Tortengarnierkamm verzieren. Den Kuchen etwa 2 Stunden kalt stellen.

5. Zum Verzieren und Garnieren Sahne mit Vanillin-Zucker steif schlagen und Cointreau kurz unterrühren. Sahne in einen Spritzbeutel mit großer Stern- oder Kammtülle füllen und dicke Tupfen oder Streifen auf die Oberfläche spritzen. Den Kuchen in Quadrate schneiden. Geleezitronen einschneiden, fächerartig etwas auseinander ziehen und die Quadrate mit den Zitronen, der in Streifen geschnittenen Zitronenschale und Zitronenmelisse garnieren.

Maulwurfshügel vom Blech

Für Kinder

Insgesamt:
E: 66 g, F: 292 g, Kh: 495 g, kJ: 21056, kcal: 5033

Zum Vorbereiten:
75 g Zartbitter-Kuvertüre

Für den Rührteig:
250 g Butter oder Margarine
125 g Zucker
1 Pck. Dr. Oetker Finesse Orangenfrucht
2 EL Aprikosenkonfitüre oder Orangenmarmelade
4 Eier (Größe M)
125 g Weizenmehl
2 Pck. Dr. Oetker Pudding-Pulver Schokoladen-Geschmack
3 gestr. TL Dr. Oetker Backin

Für die Füllung:
1 große Dose Mandarinen (Abtropfgewicht 470 g)
8 Blatt weiße Gelatine
250 ml (¼ l) Mandarinensaft aus der Dose
800 g Schlagsahne
1 Pck. Dr. Oetker Vanillin-Zucker
evtl. etwas Raspelschokolade
Puderzucker

Zubereitungszeit: 60 Minuten, ohne Kühlzeit

1. Zum Vorbereiten Kuvertüre in kleine Stücke hacken, in einem kleinen Topf im Wasserbad bei schwacher Hitze unter Rühren schmelzen und etwas abkühlen lassen.

2. Für den Teig Butter oder Margarine mit Handrührgerät mit Rührbesen auf höchster Stufe geschmeidig rühren. Nach und nach Zucker und Orangenfrucht unterrühren. So lange rühren, bis eine gebundene Masse entstanden ist. Aprikosenkonfitüre oder Orangenmarmelade untermengen. Eier nach und nach unterrühren (jedes Ei etwa ½ Minute).

3. Mehl mit Pudding-Pulver und Backpulver mischen, sieben und auf mittlerer Stufe unterrühren. Aufgelöste Kuvertüre unterheben. Einen Backrahmen (28 x 28 cm) auf ein Backblech (mit Backpapier belegt) stellen. Teig hineingeben und glatt streichen. Das Backblech in den vorgeheizten Backofen schieben.

Ober-/Unterhitze: etwa 180 °C
Heißluft: etwa 160 °C
Backzeit: etwa 30 Minuten.

4. Das Backblech auf einen Kuchenrost stellen. Backrahmen lösen und entfernen. Den Gebäckboden vom Backpapier lösen, aber darauf erkalten lassen. Dann den Gebäckboden etwa 2 cm tief aushöhlen, dabei einen 1 cm breiten Rand stehen lassen. Das ausgehöhlte Gebäck fein zerbröseln. Gebäckbrösel beiseite stellen.

5. Für die Füllung Mandarinen in einem Sieb gut abtropfen lassen, den Saft dabei auffangen und 250 ml (¼ l) abmessen. Mandarinen in dem ausgehöhlten Gebäckboden verteilen.

6. Gelatine nach Packungsanleitung einweichen und leicht ausdrücken. Die ausgedrückte Gelatine in einem kleinen Topf unter Rühren auflösen. Den Mandarinensaft nach und nach unterrühren und die Flüssigkeit kalt stellen.

7. Sobald die Mandarinenflüssigkeit beginnt dicklich zu werden, Sahne mit Vanillin-Zucker steif schlagen und unterheben. Nach Belieben Raspelschokolade unterheben. Die Mandarinen-Sahne-Masse in mehreren Hügeln mit einem großen Esslöffel auf den Mandarinen verteilen. Gebäckbrösel auf die Hügel streuen und den Kuchen etwa 2 Stunden kalt stellen. Den Kuchen vor dem Servieren mit Puderzucker bestäuben.

Memory-Kuchen | Einfach – für Kinder

Insgesamt:
E: 91 g, F: 389 g, Kh: 799 g, kJ: 29654, kcal: 7072

Für den All-in-Teig:
160 g Weizenmehl
40 g Speisestärke
3 gestr. TL Dr. Oetker Backin
200 g Zucker
1 Pck. Dr. Oetker Vanillin-Zucker
180 g weiche Butter oder Margarine
4 Eier (Größe M)
100 g Schokoladenstreusel

Für den Belag:
200 g Kirschkonfitüre
2 Pck. Paradies Creme Schokolade (Dessertpulver)
400 g Schlagsahne
150 ml Milch

Zum Verzieren und Garnieren:
50 g weiße Schokolade
20 Butterkekse mit Tiermotiven

Zubereitungszeit: 25 Minuten, ohne Kühlzeit

1. Für den Teig Mehl mit Speisestärke und Backpulver mischen, in eine Rührschüssel sieben und Zucker, Vanillin-Zucker, Butter oder Margarine und Eier hinzufügen. Die Zutaten mit Handrührgerät mit Rührbesen zunächst kurz auf niedrigster, dann auf höchster Stufe in etwa 2 Minuten zu einem glatten Teig verarbeiten. Zuletzt Schokoladenstreusel kurz unterrühren.

2. Den Teig auf ein Backblech (30 x 40 cm, gefettet) geben und glatt streichen. Das Backblech in den vorgeheizten Backofen schieben.

Ober-/Unterhitze: etwa 180 °C
(mittlere Einschubleiste)
Heißluft: etwa 160 °C
Backzeit: etwa 20 Minuten.

3. Das Backblech auf einen Kuchenrost stellen und den Kuchen erkalten lassen.

4. Für den Belag Konfitüre gleichmäßig auf dem Gebäckboden verteilen. Paradies Creme nach Packungsanleitung, aber mit 400 g Sahne und 150 ml Milch zubereiten. Die Creme auf den Boden geben und glatt streichen. Kuchenoberfläche mit einem Messer in 20 Stücke einteilen.

5. Zum Verzieren und Garnieren Schokolade in Stücke brechen, in einem kleinen Topf im Wasserbad bei schwacher Hitze schmelzen. Schokolade in einen kleinen Gefrierbeutel geben und eine kleine Ecke abschneiden. Die eingeteilten Stücke mit der Schokolade nachspritzen, dabei am Rand etwa 1 cm frei lassen. Auf je 2 eingeteilte Kuchenstücke identische Kekse legen. Den Kuchen bis zum Servieren kalt stellen.

Tipp: Der Boden kann gut eingefroren werden.

Milchreisschnitten mit Pfirsichen |

Fruchtig

Insgesamt:
E: 127 g, F: 353 g, Kh: 839 g, kJ: 29833, kcal: 7119

Für den Rührteig:

200 g Butter oder Margarine
200 g Zucker
1 Pck. Dr. Oetker Vanillin-Zucker
1 Pck. Dr. Oetker Finesse Orangenfrucht
1 Prise Salz
5 Eier (Größe M)
300 g Weizenmehl
3 gestr. TL Dr. Oetker Backin
4 EL Orangensaft

Für den Belag:

2 Dosen Pfirsichhälften (Abtropfgewicht je 470 g)
8–10 EL Pfirsichsaft aus den Dosen
8 Blatt weiße Gelatine
4 Becher (je 200 g) Milchreis Vanille-Geschmack (aus dem Kühlregal)
6 EL Pfirsichsaft aus den Dosen
400 g Schlagsahne

Für den Guss:

2 Pck. Tortenguss, klar
500 ml (½ l) Pfirsichsaft aus den Dosen (evtl. mit Wasser aufgefüllt)

Zubereitungszeit: 60 Minuten, ohne Kühlzeit

1. Für den Teig Butter oder Margarine mit Handrührgerät mit Rührbesen auf höchster Stufe geschmeidig rühren. Nach und nach Zucker, Vanillin-Zucker, Orangenfrucht und Salz unterrühren. So lange rühren, bis eine gebundene Masse entstanden ist. Eier nach und nach unterrühren (jedes Ei etwa ½ Minute).

2. Mehl mit Backpulver mischen, sieben und in 2 Portionen abwechselnd mit dem Orangensaft auf mittlerer Stufe unterrühren. Den Teig auf ein Backblech (30 x 40 cm, gefettet) geben und glatt streichen. Das Backblech in den vorgeheizten Backofen schieben.

Ober-/Unterhitze: etwa 180 °C
Heißluft: etwa 160 °C
Backzeit: etwa 30 Minuten.

3. Das Backblech auf einen Kuchenrost stellen und den Gebäckboden darauf erkalten lassen.

4. Für den Belag Pfirsichhälften in einem Sieb abtropfen lassen, dabei den Saft auffangen. Die Pfirsichhälften in Spalten schneiden. Den Gebäckboden mit 8–10 Esslöffeln von dem Pfirsichsaft tränken.

5. Gelatine nach Packungsanleitung einweichen. Milchreis in eine Rührschüssel geben. Gelatine leicht ausdrücken und in einem kleinen Topf mit 6 Esslöffeln von dem Pfirsichsaft unter Rühren auflösen. Gelatine zuerst mit 3 Esslöffeln von dem Milchreis verrühren, dann mit dem restlichen Milchreis verrühren. Sahne steif schlagen und unterheben.

6. Sahne-Milchreis auf den Gebäckboden geben und glatt streichen. Pfirsichspalten dachziegelartig darauf verteilen und dann den Kuchen 1–2 Stunden kalt stellen.

7. Für den Guss aus Tortengusspulver und Pfirsichsaft, aber ohne Zucker nach Packungsanleitung einen Guss bereiten. Guss vorsichtig auf den Pfirsichspalten verteilen und fest werden lassen. Kuchen kalt stellen und anschließend in etwa 20 Schnitten teilen.

Tipp: Nach Belieben nach dem Backen einen Backrahmen um den Kuchen stellen. Backrahmen nach dem Festwerden des Gusses wieder entfernen.

Milchreisschnitten, rot | Für Kinder

Insgesamt:
E: 68 g, F: 217 g, Kh: 484 g, kJ: 18048, kcal: 4600

Zum Vorbereiten:
750 ml (¾ l) Milch
125 g Butter
½ TL Salz
250 g Milchreis (Rundkornreis)

Für die Streusel:
150 g Bananenchips
100 g Semmelbrösel
30 g Zucker
100 g Butter

Für den Belag:
2 Eier (Größe M)
1 EL heißes Wasser
100 g Zucker
1 Pck. Dr. Oetker Finesse Geriebene Zitronenschale
1 Pck. Rote Grütze Himbeer-Geschmack (Dessertpulver)
1 Pck. (300 g) gemischte TK-Beeren

Für den Guss:
1 Pck. Rote Grütze Himbeer-Geschmack (Dessertpulver)
200 ml Wasser
250 ml (¼ l) Himbeersirup

Zubereitungszeit: 90 Minuten, ohne Kühlzeit

1. Zum Vorbereiten Milch mit Butter und Salz in einem hohen Topf aufkochen lassen. Reis unter Rühren hinzugeben, aufkochen, dann bei schwacher Hitze zugedeckt etwa 40 Minuten quellen lassen, dabei ab und zu umrühren. Reis erkalten lassen.

2. Für die Streusel Bananenchips in einen Gefrierbeutel füllen. Beutel fest verschließen und Chips mit einer Teigrolle fein zerdrücken. Chipsbrösel mit Semmelbröseln, Zucker und Butter mit Handrührgerät mit Rührbesen verkneten. Die Masse auf einem Backblech (30 x 40 cm, gefettet) verteilen und mit einem Löffelrücken andrücken.

3. Für den Belag Eier und Wasser mit Handrührgerät mit Rührbesen auf höchster Stufe in 1 Minute schaumig schlagen. Zucker und Zitronenschale mischen, in 1 Minute unter Rühren einstreuen, dann noch 2 Minuten weiterschlagen. Rote-Grütze-Pulver auf die Eiercreme sieben und kurz auf niedrigster Stufe unterrühren.

4. Den Reis mit einem Kochlöffel durchrühren. Die gefrorenen Früchte und die Eiercreme in 2 Portionen unterheben. Die Reis-Frucht-Masse in kleinen Klecksen auf dem Streuselboden verteilen und glatt streichen. Das Backblech in den vorgeheizten Backofen schieben.

Ober-/Unterhitze: etwa 200 °C
Heißluft: etwa 180 °C
Backzeit: 30–35 Minuten.

5. Das Backblech auf einen Kuchenrost stellen. Kuchen vom Backblech lösen, aber darauf erkalten lassen.

6. Für den Guss Rote-Grütze-Pulver mit 6 Esslöffeln von dem Wasser glatt rühren. Sirup mit dem restlichen Wasser zum Kochen bringen. Angerührtes Dessertpulver unter Rühren in den von der Kochstelle genommenen Sirupsaft geben und unter Rühren kurz aufkochen lassen. Die Masse auf den Reiskuchen geben und glatt streichen. Den Kuchen 1–2 Stunden kalt stellen und dann in Schnitten teilen.

Mini-Mascarpone-Röllchen |

Schnell zubereitet

Insgesamt:
E: 60 g, F: 178 g, Kh: 241 g, kJ: 11925, kcal: 2843

Für den Biskuitteig:

3 Eier (Größe M)
1 Eigelb (Größe M)
75 g Zucker
75 g Weizenmehl
15 g Speisestärke
½ TL Dr. Oetker Backin
1 TL Kakaopulver

Für die Füllung:

250 g Mascarpone (italienischer Frischkäse)
1 EL gesiebter Puderzucker
2 Becher (je 150 g) Knusper Joghurt Vanille-Geschmack mit Schokoballs
1 Pck. Dr. Oetker Finesse Bourbon-Vanille-Aroma
1 Pck. Dr. Oetker Sahnesteif

Zum Verzieren:

100 g Schlagsahne

Zubereitungszeit: 35 Minuten, ohne Kühlzeit

1. Für den Teig Eier und Eigelb mit Handrührgerät mit Rührbesen auf höchster Stufe in 1 Minute schaumig schlagen. Zucker in 1 Minute einstreuen und noch etwa 2 Minuten schlagen.

2. Mehl mit Speisestärke und Backpulver mischen, auf die Eiercreme sieben und kurz auf niedrigster Stufe unterrühren. 3–4 Esslöffel des Teiges abnehmen, restlichen Teig auf ein Backblech (30 x 40 cm, gefettet, mit Backpapier belegt) geben und glatt streichen.

3. Abgenommenen Teig mit Kakao verrühren, in einen Gefrierbeutel geben und eine kleine Ecke abschneiden. Den dunklen Teig als kleine Punkte tief in den hellen Teig spritzen. Das Backblech in den vorgeheizten Backofen schieben.

Ober-/Unterhitze: etwa 200 °C
Heißluft: etwa 180 °C
Backzeit: 8–10 Minuten.

4. Das Backblech auf einen Kuchenrost stellen. Den Gebäckrand mit einem Messer vom Backblech lösen und die Biskuitplatte auf ein mit Zucker bestreutes Backpapier stürzen. Mitgebackenes Backpapier abziehen und Biskuitplatte erkalten lassen.

5. Für die Füllung Mascarpone mit Puderzucker, Joghurt (Schokoballs beiseite stellen), Aroma und Sahnesteif gut verrühren. Etwa zwei Drittel der Schokoballs unterheben. Die Creme auf die Biskuitplatte geben, glatt streichen und die Biskuitplatte längs halbieren. Die Biskuithälften jeweils von der längeren Seite her aufrollen. Die Biskuitrollen etwa 30 Minuten kalt stellen.

6. Zum Verzieren Sahne steif schlagen, in einen kleinen Gefrierbeutel geben und eine kleine Ecke abschneiden. Punkte auf die Rolle spritzen und diese mit den restlichen Schokoballs bestreuen. Zum Servieren jede Rolle in 5–6 Röllchen schneiden.

Tipp: Die Mini-Mascarpone-Röllchen schmecken frisch am besten.

Minzkuchen | Raffiniert

Insgesamt:
E: 66 g, F: 166 g, Kh: 352 g, kJ: 13531, kcal: 3233

etwa 6 rechteckige Backoblaten (12,2 x 20,2 cm)

Für den Teig:
80 g Butter
6 Eiweiß (Größe M)
½ gestr. TL Salz
180 g feinster Zucker
100 g Weizenmehl
1 gestr. TL Dr. Oetker Backin

Für den Belag:
12 Blatt weiße Gelatine
500 ml (½ l) Wasser
8–10 Stängel frische Pfefferminze (oder 4 Teebeutel)
1 Stück Zitronenschale (etwa 3 cm, unbehandelt)
80 g Zucker
1–2 EL Zitronensaft
300 g Schlagsahne
150 g Naturjoghurt

Zum Bestreuen:
einige gehackte Pfefferminzblättchen

Zum Verzieren und Garnieren:
25 g Zartbitter-Kuvertüre
Pfefferminzblättchen

Zubereitungszeit: 45 Minuten, ohne Kühlzeit

1. Ein Backblech (30 x 40 cm, gefettet) leicht überlappend mit Backoblaten belegen.

2. Für den Teig Butter zerlassen und abkühlen lassen. Eiweiß und Salz mit Handrührgerät mit Rührbesen steif schlagen. Nach und nach Zucker unterschlagen. So lange schlagen, bis sich der Zucker aufgelöst hat.

3. Mehl mit Backpulver mischen, auf den Eischnee sieben und vorsichtig unterheben. Butter vorsichtig unterrühren. Den Teig auf den Oblaten verteilen und vorsichtig verstreichen. Das Backblech in den vorgeheizten Backofen schieben.

Ober-/Unterhitze: etwa 200 °C
Heißluft: etwa 180 °C
Backzeit: 15–20 Minuten.

4. Das Backblech auf einen Kuchenrost stellen. Den Gebäckboden erkalten lassen. Evtl. einen Backrahmen darumstellen.

5. Für den Belag Gelatine nach Packungsanleitung einweichen. Wasser in einem Topf zum Kochen bringen und von der Kochstelle nehmen. Minze oder Teebeutel und Zitronenschale hineingeben und etwa 10 Minuten zugedeckt ziehen lassen. Zitronen-Minz-Tee durch ein Sieb geben. Gelatine leicht ausdrücken und unter Rühren in dem heißen Tee auflösen. Den Tee mit Zucker und Zitronensaft abschmecken und kalt stellen.

6. Wenn der Tee beginnt dicklich zu werden, Sahne steif schlagen und mit dem Joghurt unterheben. Die Creme auf dem Gebäckboden verteilen, mit der gehackten Minze bestreuen und glatt streichen. Den Kuchen etwa 2 Stunden kalt stellen.

7. Den Backrahmen vorsichtig mit einem Messer lösen und entfernen. Vor dem Servieren den Kuchen mit aufgelöster Kuvertüre verzieren und mit frischer Minze garnieren.

Mohn-Cashew-Schnecken

Mit Alkohol

Insgesamt:
E: 130 g, F: 249 g, Kh: 727 g, kJ: 23693, kcal: 5660

Für die Mohnfüllung:

150 g Cashewkerne
1 Apfel (etwa 150 g)
2 Pck. (je 250 g) backfertige Mohnfüllung
1 Pck. Dr. Oetker Finesse Jamaica-Rum-Aroma
1 Pck. Dr. Oetker Bourbon-Vanille-Zucker
1 Ei (Größe M)

Für den Quark-Öl-Teig:

400 g Weizenmehl
3 gestr. TL Dr. Oetker Backin
100 g Zucker
1 Pck. Dr. Oetker Bourbon-Vanille-Zucker
125 g Speisequark (Magerstufe)
100 ml Milch
100 ml Speiseöl

Zum Aprikotieren:

3–4 EL Aprikosenkonfitüre

Zubereitungszeit: 30 Minuten, ohne Abkühlzeit

1. Zum Vorbereiten die hintere Hälfte (40 x 15 cm) eines Backblechs einfetten und als Rand einen mehrfach geknickten Streifen Alufolie davor legen.

2. Für die Füllung Cashewkerne grob hacken, 50 g der Kerne beiseite legen. Apfel waschen, schälen, vierteln, entkernen und grob raspeln. Backfertige Mohnfüllung in eine Rührschüssel geben und mit Cashewkernen, Apfelraspeln, Aroma, Vanille-Zucker und Ei gut verrühren.

3. Für den Teig Mehl mit Backpulver mischen und in eine Rührschüssel sieben. Restliche Zutaten hinzufügen und mit Handrührgerät mit Knethaken auf höchster Stufe zu einem glatten Teig verarbeiten (nicht zu lange kneten, Teig klebt sonst). Anschließend auf der leicht bemehlten Arbeitsfläche zu einer Rolle formen und dann zu einem Quadrat (etwa 40 x 40 cm) ausrollen. Die Mohnfüllung darauf verstreichen. Den Teig von einer Seite her fest aufrollen und in etwa 1 ½ cm dicke Scheiben schneiden. Teigscheiben leicht übereinander (dachziegelartig) auf das vorbereitete Backblech legen. Das Backblech in den vorgeheizten Backofen schieben.

Ober-/Unterhitze: etwa 200 °C (unteres Drittel)
Heißluft: etwa 180 °C
Backzeit: etwa 35 Minuten.

4. Das Backblech auf einen Kuchenrost stellen und den Kuchen erkalten lassen. Zum Aprikotieren Konfitüre durch ein Sieb streichen und in einem kleinen Topf unter Rühren kurz aufkochen lassen. Das Gebäck damit bestreichen und mit den beiseite gelegten Cashewkernen bestreuen. Alustreifen vorsichtig lösen und entfernen.

Mohn-Quark-Kuchen | Beliebt

Insgesamt:
E: 200 g, F: 320 g, Kh: 820 g, kJ: 27720, kcal: 6620

Für den Knetteig:
375 g Weizenmehl
1 gestr. TL Dr. Oetker Backin
75 g Zucker
1 Pck. Dr. Oetker Vanillin-Zucker
2 Eier (Größe M)
175 g weiche Butter oder Margarine

Für den Quarkbelag:
75 g Butter
2 Eiweiß (Größe M)
750 g Magerquark
150 g Zucker
2 Eigelb (Größe M)
1 Prise Salz
abgeriebene Schale von
½ Bio-Zitrone (unbehandelt)
1 Pck. Käsekuchenhilfe

Für den Mohnbelag:
1 Pck.
(250 g) Mohn-Back
2 EL flüssiger Honig
2 Eier (Größe M)
100 g Sultaninen

Zum Aprikotieren:
3–4 geh. EL Aprikosenkonfitüre
3 EL Wasser

Zubereitungszeit: 45 Minuten

1. Für den Teig Mehl mit Backpulver mischen und in eine Rührschüssel sieben. Restliche Zutaten hinzufügen und alles mit Handrührgerät mit Knethaken zunächst kurz auf niedrigster, dann auf höchster Stufe zu einem Teig verarbeiten. Anschließend den Teig mit den Händen kurz zu einer Rolle formen.

2. Für den Quarkbelag Butter zerlassen und abkühlen lassen. Eiweiß steif schlagen. Quark mit Zucker, Eigelb, Salz, Zitronenschale, zerlassener Butter und Käsekuchenhilfe verrühren. Eischnee unterheben.

3. Für den Mohnbelag Mohnfüllung mit Honig, Eiern und Sultaninen verrühren. Zwei Drittel des Teiges auf einem Backblech (30 x 40 cm, gefettet) ausrollen und den Quarkbelag gleichmäßig darauf verstreichen. Dann den Mohnbelag darauf verteilen. Den restlichen Teig dünn ausrollen, etwa 1 cm breite Streifen ausrädeln und die Teigstreifen als Gitter auf die Mohnmasse legen. Das Backblech in den vorgeheizten Backofen schieben.

Ober-/Unterhitze: etwa 180 °C
Heißluft: etwa 160 °C
Backzeit: etwa 50 Minuten.

4. Zum Aprikotieren Aprikosenkonfitüre durch ein Sieb streichen, mit Wasser unter Rühren gut aufkochen lassen und die Teigstreifen sofort nach dem Backen mit Hilfe eines Backpinsels damit bestreichen. Anschließend das Backblech auf einen Kuchenrost stellen und den Kuchen darauf erkalten lassen.

Tipp: Sie können die abgeriebene Schale der halben unbehandelten Zitrone durch 1 Päckchen Dr. Oetker Finesse Geriebene Zitronenschale ersetzen.

Mohnwellen | Beliebt

Insgesamt:
E: 152 g, F: 750 g, Kh: 813 g, kJ: 46117, kcal: 11018

Für den All-in-Teig:
250 g Weizenmehl
1 Pck. Dr. Oetker Backin
250 g Zucker
4 Eier (Größe M)
250 g Butter oder Margarine
250 g saure Sahne
250 g frisch gemahlener Mohn

Zum Beträufeln:
3 EL Rum oder Weinbrand

Für den Belag:
1 Pck. Dr. Oetker Pudding-Pulver Vanille-Geschmack
100 g Zucker
500 ml (½ l) Milch
250 g weiche Butter
1 Becher (150 g) Crème fraîche

Für den Guss:
150 g Vollmilch-Kuvertüre
150 g Zartbitter-Kuvertüre
1 EL Speiseöl

Zubereitungszeit: 60 Minuten, ohne Kühlzeit

1. Für den Teig Mehl mit Backpulver mischen und in eine Rührschüssel sieben. Restliche Zutaten hinzufügen und alles mit Handrührgerät mit Rührbesen erst kurz auf niedrigster, dann auf höchster Stufe in etwa 2 Minuten zu einem Teig verarbeiten.

2. Den Teig auf ein Backblech (30 x 40 cm, gefettet, gemehlt) geben und glatt streichen. Das Backblech in den vorgeheizten Backofen schieben.

Ober-/Unterhitze: etwa 180 °C
Heißluft: etwa 160 °C
Backzeit: etwa 25 Minuten.

3. Das Backblech auf einen Kuchenrost stellen. Den Kuchen sofort nach dem Backen mit Rum oder Weinbrand beträufeln und erkalten lassen.

4. Für den Belag aus Pudding-Pulver, Zucker und Milch nach Packungsanleitung einen Pudding zubereiten. Pudding erkalten lassen, dabei ab und zu umrühren oder sofort mit Frischhaltefolie zudecken, damit sich keine Haut bildet, und erkalten lassen (nicht kalt stellen).

5. Butter mit Handrührgerät mit Rührbesen auf höchster Stufe geschmeidig rühren. Den Pudding esslöffelweise darunter geben, dabei darauf achten, dass Butter und Pudding Zimmertemperatur haben, da die Creme sonst gerinnt. Zuletzt Crème fraîche unterrühren. Die Buttercreme auf den Kuchen geben, glatt streichen und etwa 30 Minuten kalt stellen.

6. Für den Guss Kuvertüre in kleine Stücke hacken und getrennt mit jeweils der Hälfte des Öls in einem kleinen Topf im Wasserbad bei schwacher Hitze unter Rühren schmelzen lassen. Die Kuvertüresorten abwechselnd auf die Creme geben und mit einem Spachtel so verteilen, dass ein Marmormuster entsteht. Den Kuchen wieder kalt stellen, bis der Guss fest geworden ist. Den Kuchen in Rechtecke schneiden.

Möhrenkuchen vom Blech I

Gut vorzubereiten

Insgesamt:
E: 100 g, F: 295 g, Kh: 672 g, kJ: 25334, kcal: 6052

Für den Schüttelteig:

200 g Butter oder Margarine
250 g Möhren
300 g Weizenmehl
3 gestr. TL Dr. Oetker Backin
200 g Zucker
2 Pck. Dr. Oetker Vanillin-Zucker
1 gestr. TL gemahlener Zimt
1 Prise Salz
1 Pck. Dr. Oetker Finesse Geriebene Zitronenschale
3 Eier (Größe M)
2 EL Zitronensaft
125 ml (1/8 l) Möhrensaft
200 g nicht abgezogene, gemahlene Mandeln

Für den Guss:

200 g Puderzucker
2 EL Rum
1–2 EL Wasser

Zubereitungszeit: 40 Minuten, ohne Abkühlzeit

1. Für den Teig Butter oder Margarine zerlassen und abkühlen lassen. Möhren schälen, putzen und fein reiben. Mehl mit Backpulver mischen, in eine verschließbare Schüssel (etwa 3 l) sieben und mit Zucker, Vanillin-Zucker, Zimt, Salz und Zitronenschale mischen. Eier, Zitronensaft, Butter oder Margarine und Möhrensaft hinzufügen. Die Schüssel mit dem Deckel fest verschließen.

2. Schüssel mehrmals kräftig schütteln (insgesamt 15–30 Sekunden), so dass alle Zutaten gut vermischt sind. Möhren und Mandeln hinzugeben. Alles mit einem Schneebesen oder Rührlöffel nochmals sorgfältig durchrühren, damit trockene Zutaten vom Rand mit untergerührt werden.

3. Den Teig auf ein Backblech (30 x 40 cm, gefettet) geben und glatt streichen. Das Backblech in den vorgeheizten Backofen schieben.

Ober-/Unterhitze: etwa 180 °C
Heißluft: etwa 160 °C
Backzeit: etwa 30 Minuten.

4. Das Backblech auf einen Kuchenrost stellen und den Kuchen darauf erkalten lassen.

5. Für den Guss Puderzucker mit Rum und Wasser zu einer dickflüssigen Masse verrühren. Den Guss auf den Kuchen streichen und fest werden lassen.

Muskatkuchen I

Tassenkuchen (1 Tasse = 250 ml)

Insgesamt:
E: 73 g, F: 322 g, Kh: 575 g, kJ: 23743, kcal: 5673

Zum Vorbereiten:

1 Pck.
(250 g) Butter
1 Pck.
(100 g) Zartbitter-Schokolade

Für den Rührteig:

1 Tasse
(220 g) Zucker
Mark von
1 Vanilleschote
4 Eier (Größe M)
1 ½ Tassen
(255 g) Weizenmehl
½ Tasse
(65 g) Speisestärke
2 gestr. TL Dr. Oetker Backin
½ TL gemahlene Muskatblüte (Macis)
6–8 EL Schlagsahne

24 dünne Schokotaler

Zubereitungszeit: 35 Minuten, ohne Abkühlzeit

1. Zum Vorbereiten Butter in einem Topf bei mittlerer Hitze leicht bräunen. Butter abkühlen lassen, in eine Rührschüssel geben und im Kühlschrank fest werden lassen. Schokolade fein hacken.

2. Für den Teig die gebräunte, wieder fest gewordene Butter mit Handrührgerät mit Rührbesen auf höchster Stufe geschmeidig rühren. Nach und nach Zucker und Vanillemark unterrühren. So lange rühren, bis eine gebundene Masse entstanden ist. Eier nach und nach unterrühren (jedes Ei etwa ½ Minute).

3. Mehl, Speisestärke und Backpulver mischen, sieben und in 2 Portionen abwechselnd mit der Muskatblüte und Sahne auf mittlerer Stufe unterrühren. Zuletzt gehackte Schokolade unterrühren. Den Teig auf ein Backblech (30 x 40 cm, gefettet) geben und glatt streichen. Das Backblech in den vorgeheizten Backofen schieben.

Ober-/Unterhitze: etwa 180 °C
Heißluft: etwa 160 °C
Backzeit: etwa 25 Minuten.

4. Das Backblech auf einen Kuchenrost stellen. Den heißen Kuchen mit Schokotalern belegen und den Kuchen erkalten lassen.

Nektarinenschnitten | Fruchtig

Insgesamt:
E: 102 g, F: 304 g, Kh: 645 g, kJ: 24697, kcal: 5901

Für den Rührteig:
150 g Butter oder Margarine
150 g Zucker
1 Pck. Dr. Oetker Vanillin-Zucker
5 Tropfen Zitronen-Aroma
1 Prise Salz
4 Eier (Größe M)
250 g Weizenmehl
3 gestr. TL Dr. Oetker Backin

Für den Belag:
1 kg Nektarinen

Für die Creme:
10 Blatt weiße Gelatine
600 g Naturjoghurt
150 g Zucker
1 Pck. Dr. Oetker Finesse Geriebene Zitronenschale
400 g Schlagsahne

Zum Garnieren:
1 Nektarine
1 EL Zitronensaft

Zubereitungszeit: 40 Minuten, ohne Kühlzeit

1. Für den Teig Butter oder Margarine mit Handrührgerät mit Rührbesen auf höchster Stufe geschmeidig rühren. Nach und nach Zucker, Vanillin-Zucker, Aroma und Salz unterrühren. So lange rühren, bis eine gebundene Masse entstanden ist. Eier nach und nach unterrühren (jedes Ei etwa ½ Minute). Mehl mit Backpulver mischen, sieben und in 2 Portionen auf mittlerer Stufe kurz unterrühren.

2. Einen Backrahmen auf ein Backblech (30 x 40 cm, gefettet) stellen, den Teig hineingeben und glatt streichen. Dann für den Belag die Nektarinen waschen, trockentupfen, halbieren, entsteinen, in dickere Spalten schneiden (achteln) und auf dem Teig verteilen. Das Backblech in den vorgeheizten Backofen schieben.

Ober-/Unterhitze: etwa 180 °C
Heißluft: etwa 160 °C
Backzeit: etwa 40 Minuten.

3. Das Backblech auf einen Kuchenrost stellen und den Kuchen im Backrahmen darauf erkalten lassen.

4. Für die Creme Gelatine nach Packungsanleitung einweichen. Joghurt mit Zucker und Zitronenschale verrühren. Gelatine leicht ausdrücken und in einem kleinen Topf bei schwacher Hitze unter Rühren auflösen. Die Gelatine mit 2–3 Esslöffeln von dem Joghurt verrühren, dann die Mischung unter den restlichen Joghurt rühren und die Masse kalt stellen.

5. Sobald die Masse beginnt dicklich zu werden, Sahne steif schlagen und unterheben. Die Joghurtcreme auf dem Kuchen glatt streichen. Den Kuchen 2–3 Stunden kalt stellen.

6. Backrahmen vorsichtig lösen und entfernen. Nektarine waschen, entsteinen und in dünne Scheiben schneiden. Scheiben mit Zitronensaft bepinseln. Gebäck in beliebig große Schnitten schneiden und mit je einer dünnen Nektarinenscheibe garnieren.

Nippon-Saft-Schnitten | Für Kinder

Insgesamt:
E: 60 g, F: 247 g, Kh: 599 g, kJ: 20476, kcal: 4885

Für den Knetteig:
175 g Weizenmehl
½ gestr. TL Dr. Oetker Backin
80 g Zucker
1 Pck. Dr. Oetker Vanillin-Zucker
80 g Butter oder Margarine
2 EL Wasser

Für die Füllung:
8 Blatt weiße Gelatine
2 Pck. Dr. Oetker Pudding-Pulver Sahne-Geschmack
80 g Zucker
600 ml Orangensaft
250 ml (¼ l) Möhrensaft
1 Pck. Dr. Oetker Finesse Orangenfrucht
400 g Schlagsahne
2 Pck. Dr. Oetker Vanillin-Zucker

Zum Bestreichen:
4 EL Orangenmarmelade

Zum Garnieren:
13 Nippon (Schoko-Reis-Quadrate)
1 Orange

Zubereitungszeit: 50 Minuten, ohne Kühlzeit

1. Für den Teig Mehl mit Backpulver mischen und in eine Rührschüssel sieben. Restliche Zutaten hinzufügen und mit Handrührgerät mit Knethaken zunächst kurz auf niedrigster, dann auf höchster Stufe gut durcharbeiten. Anschließend den Teig auf der leicht bemehlten Arbeitsfläche kurz verkneten.

2. Den Teig auf einem Backblech (gefettet, mit Backpapier belegt) zu einem quadratischen Boden (25 x 25 cm) ausrollen und einen Backrahmen genau um das Quadrat stellen. Den Boden mehrfach mit einer Gabel einstechen und das Backblech in den vorgeheizten Backofen schieben.

Ober-/Unterhitze: etwa 200 °C
Heißluft: etwa 180 °C
Backzeit: etwa 15 Minuten.

3. Den Boden mit dem Backrahmen auf dem Backblech auf einen Kuchenrost stellen und erkalten lassen.

4. Für die Füllung Gelatine nach Packungsanleitung einweichen. Pudding-Pulver mit Zucker mischen und mit etwa 6 Esslöffeln von dem Orangensaft glatt rühren. Restlichen Orangensaft aufkochen lassen, von der Kochstelle nehmen und angerührtes Pulver mit einem Schneebesen einrühren. Pudding erneut auf die Kochstelle geben und unter Rühren mindestens 1 Minute kochen lassen. Gelatine ausdrücken und im heißen Pudding auflösen. Möhrensaft und Orangenfrucht unterrühren und den Pudding erkalten lassen, dabei gelegentlich umrühren.

5. Sahne mit Vanillin-Zucker steif schlagen. Erkalteten Pudding mit Handrührgerät mit Rührbesen cremig rühren und die steif geschlagene Sahne kurz unterrühren. Orangenmarmelade in einem Topf 1–2 Minuten einkochen lassen, sofort auf den Boden streichen und erkalten lassen. Die Füllung in den Backrahmen geben, glatt streichen und die Schoko-Reis-Quadrate schachbrettartig auf dem Pudding verteilen. Den Kuchen mindestens 2 Stunden kalt stellen.

6. Vor dem Servieren den Backrahmen vorsichtig lösen und entfernen. Den Kuchen in rechteckige Schnitten teilen. Die Orange mit einem Messer so schälen, dass die weiße Haut mitentfernt wird, und in Scheiben schneiden. Scheiben vierteln und dekorativ auf die Schnitten legen.

Nuss-Butterkuchen | Einfach

Insgesamt:
E: 83 g, F: 356 g, Kh: 407 g, kJ: 21486, kcal: 5137

Für den Hefeteig:

150 ml Milch
250 g Weizenmehl
1 Pck. Dr. Oetker Trockenbackhefe
100 g gemahlene Haselnusskerne
125 g brauner Zucker (Kandisfarin)
2 Pck. Dr. Oetker Vanillin-Zucker
1 Prise Salz
2 Eier (Größe M)
100 g weiche Butter oder Margarine

Für den Belag:

50 g Walnusskernhälften oder Pistazienkerne
75 g Butter
75 g gehobelte Haselnusskerne
1 Becher (150 g) Crème fraîche
50 g Zucker

Zubereitungszeit: 30 Minuten, ohne Teiggehzeit

1. Für den Teig Milch in einem Topf erwärmen. Mehl in eine Rührschüssel sieben und mit Trockenbackhefe mischen. Haselnusskerne, Zucker, Vanillin-Zucker, Salz, Eier, Butter oder Margarine und die warme Milch hinzufügen.

2. Die Zutaten mit Handrührgerät mit Knethaken zunächst kurz auf niedrigster, dann auf höchster Stufe in 2–3 Minuten zu einem zähflüssigen Teig verarbeiten. Den Teig leicht mit Mehl bestäuben und so lange an einem warmen Ort gehen lassen, bis er sich sichtbar vergrößert hat.

3. Den Teig auf einem Backblech (30 x 40 cm, gefettet) verteilen, mit etwas Mehl bestäuben und mit der bemehlten Handfläche glatt drücken. Teig nochmals so lange an einem warmen Ort gehen lassen, bis er sich sichtbar vergrößert hat.

4. Für den Belag Walnusskernhälften oder Pistazienkerne klein hacken. Butter in Flöckchen auf dem Teig verteilen. Gehobelte Haselnusskerne und gehackte Walnusskernhälften oder Pistazienkerne auf den Teig streuen. Crème fraîche in Klecksen auf dem Nussbelag verteilen und den Kuchen mit Zucker bestreuen. Das Backblech in den vorgeheizten Backofen schieben.

Ober-/Unterhitze: etwa 200 °C
Heißluft: etwa 180 °C
Backzeit: 25–30 Minuten.

5. Den Kuchen auf dem Backblech auf einem Kuchenrost erkalten lassen und frisch servieren.

Nusskuchen-Allerlei | Raffiniert

Insgesamt:
E: 115 g, F: 315 g, Kh: 557 g, kJ: 23892, kcal: 5707

Für den Knetteig:
200 g Weizenmehl
1 gestr. TL Dr. Oetker Backin
100 g Zucker
1 Pck. Dr. Oetker Vanillin-Zucker
1 Prise Salz
1 Ei (Größe M)
125 g Butter oder Margarine

Zum Bestreichen:
2 EL Aprikosenkonfitüre

Für den Belag:
4 Eier (Größe M)
2 EL heißes Wasser
200 g feinster Zucker
1 Pck. Dr. Oetker Finesse Geriebene Zitronenschale
50 g Weizenmehl
je 100 g Pistazienkerne, Walnusskerne, Erdnusskerne, Haselnusskerne (alle gemahlen)

Zubereitungszeit: 60 Minuten

1. Für den Teig Mehl und Backpulver mischen und in eine Rührschüssel sieben. Zucker, Vanillin-Zucker, Salz, Ei und Butter oder Margarine hinzufügen. Die Zutaten mit Handrührgrät mit Knethaken zunächst kurz auf niedrigster, dann auf höchster Stufe gut durcharbeiten.

2. Anschließend den Teig auf der leicht bemehlten Arbeitsfläche kurz verkneten. Den Teig auf einem Backblech (30 x 40 cm, gefettet) ausrollen und mit Aprikosenkonfitüre bestreichen.

3. Für den Belag Eier und Wasser mit Handrührgerät mit Rührbesen auf höchster Stufe in 1 Minute schaumig schlagen. Zucker in 1 Minute unter Rühren einstreuen und noch 2 Minuten weiterschlagen. Zitronenschale und gesiebtes Mehl kurz unterrühren.

4. Die Masse in 4 kleine Schüsseln verteilen und pro Schüssel eine Nusssorte unterheben. Anschließend die Massen entweder mit 2 Löffeln diagonal auf dem Teig verstreichen oder die Massen in jeweils einen Spritzbeutel ohne Tülle geben und diagonal auf den Teig spritzen. Das Backblech in den vorgeheizten Backofen schieben.

Ober-/Unterhitze: etwa 180 °C
Heißluft: etwa 160 °C
Backzeit: 20–25 Minuten.

5. Das Backblech auf einen Kuchenrost stellen und den Kuchen erkalten lassen.

Tipp: Die Masse kann auch mit nur einer Nusssorte (400 g) zubereitet werden oder mit anderen Nüssen, z.B. Mandeln.

Nussrolle, schnell | Beliebt

Insgesamt:
E: 47 g, F: 87 g, Kh: 382 g, kJ: 10744, kcal: 2566

Für den Biskuitteig:
4 Eier (Größe M)
4 EL heißes Wasser
100 g Zucker
1 Pck. Dr. Oetker Vanillin-Zucker
abgeriebene Schale von
½ Bio-Zitrone oder Bio-Orange (unbehandelt, ungewachst)
50 g Weizenmehl
1 gestr. TL Dr. Oetker Backin
100 g gemahlene Haselnusskerne

Für die Füllung:
300 g Aprikosenkonfitüre
3 EL Aprikosenlikör oder weißer Rum

Zum Bestäuben:
Puderzucker

Zubereitungszeit: 35 Minuten, ohne Abkühlzeit

1. Für den Teig Eier und Wasser mit Handrührgerät mit Rührbesen auf höchster Stufe in 1 Minute schaumig schlagen. Zucker mit Vanillin-Zucker, Zitronen- oder Orangenschale mischen, in 1 Minute unter Rühren einstreuen und dann noch 2 Minuten weiterschlagen.

2. Mehl mit Backpulver mischen, auf die Eiercreme sieben und kurz auf niedrigster Stufe unterrühren. Haselnusskerne vorsichtig unterheben.

3. Den Teig auf ein Backblech (30 x 40 cm, gefettet, mit Backpapier belegt) geben und glatt streichen. An der offenen Seite des Backbleches das Backpapier unmittelbar vor dem Teig zur Falte knicken, so dass ein Rand entsteht. Das Backblech in den vorgeheizten Backofen schieben.

Ober-/Unterhitze: etwa 200 °C
Heißluft: etwa 180 °C
Backzeit: 12–15 Minuten.

4. Die Biskuitplatte sofort vom Rand lösen und auf ein mit Zucker bestreutes Backpapier stürzen. Anschließend mitgebackenes Backpapier mit kaltem Wasser bestreichen und vorsichtig, aber schnell abziehen.

5. Für die Füllung Konfitüre mit Likör oder Rum verrühren. Die Biskuitplatte sofort mit der Füllung bestreichen, von der kürzeren Seite aus aufrollen und erkalten lassen.

6. Die Biskuitrolle vor dem Servieren mit Puderzucker bestäuben.

Nusszopf | Gut vorzubereiten

Insgesamt:
E: 80 g, F: 272 g, Kh: 464 g, kJ: 19056, kcal: 4560

Für den Knetteig:
300 g Weizenmehl
1 gestr. TL Dr. Oetker Backin
100 g Zucker
1 Pck. Dr. Oetker Vanillin-Zucker
100 g weiche Butter oder Margarine
1 Becher (150 g) Crème fraîche

Für die Füllung:
200 g gemahlene Haselnusskerne
100 g Zucker
1 Ei (Größe M)
1 Eiweiß (Größe M)
5 Tropfen Bittermandel-Aroma
4 EL Wasser

Zum Bestreichen:
1 Eigelb (Größe M)
1 TL Milch

Zum Aprikotieren:
2 EL Aprikosenkonfitüre
1 EL Wasser

Zubereitungszeit: etwa 35 Minuten

1. Für den Teig Mehl mit Backpulver mischen und in eine Rührschüssel sieben. Restliche Zutaten für den Teig hinzufügen und alles mit Handrührgerät mit Knethaken zunächst kurz auf niedrigster, dann auf höchster Stufe zu einem Teig verarbeiten. Anschließend den Teig kurz zu einer Rolle formen.

2. Für die Füllung alle Zutaten in eine Schüssel geben und gut verrühren. Den Teig zu einem Rechteck (etwa 40 x 35 cm) ausrollen und mit der Füllung bestreichen, dabei am Rand etwa 1 cm frei lassen.

3. Den Teig von der längeren Seite aus aufrollen. Die Rolle der Länge nach mit einem scharfen Messer einmal ganz durchschneiden, dabei darauf achten, dass die Rolle genau in der Mitte geteilt wird, damit der Zopf gleichmäßig aufgeht. Die beiden Teigstränge mit der Schnittfläche nach oben umeinander schlingen.

4. Den Zopf auf ein Backblech (mit Backpapier belegt) legen und die Enden fest zusammendrücken. Eigelb mit Milch verschlagen und den Zopf damit bestreichen. Anschließend das Backblech in den vorgeheizten Backofen schieben.

Ober-/Unterhitze: etwa 180 °C
Heißluft: etwa 160 °C
Backzeit: etwa 40 Minuten.

5. Zum Aprikotieren Aprikosenkonfitüre durch ein Sieb streichen, in einem Topf mit Wasser unter Rühren etwas einkochen lassen und den Zopf sofort nach dem Backen mit Hilfe eines Backpinsels damit bestreichen.

Obstgarten | Beliebt

Insgesamt:
E: 91 g, F: 314 g, Kh: 624 g, kJ: 24000, kcal: 5740

Für den Rührteig:
200 g Butter oder Margarine
200 g Zucker
1 Pck. Dr. Oetker Vanillin-Zucker
4 Eier (Größe M)
200 g Weizenmehl
2 gestr. TL Dr. Oetker Backin

Für den Belag:
3 Blatt weiße Gelatine
1 Pck. Dr. Oetker Pudding-Pulver Vanille-Geschmack
50 g Zucker
500 ml (½ l) Milch
1 Becher (250 g) Crème fraîche
750 g–1 kg Obst (gemischtes Beerenobst oder Pfirsiche, Kiwis, Bananen und dunkle Trauben)

Für den Guss:
2 Pck. Tortenguss, klar
500 ml (½ l) Apfelsaft

Zubereitungszeit: 50 Minuten, ohne Kühlzeit

1. Für den Teig Butter oder Margarine mit Handrührgerät mit Rührbesen auf höchster Stufe geschmeidig rühren. Nach und nach Zucker und Vanillin-Zucker dazugeben. So lange rühren, bis eine gebundene Masse entstanden ist.

2. Eier nach und nach unterrühren (jedes Ei etwa ½ Minute). Mehl mit Backpulver mischen, sieben und auf mittlerer kurz Stufe unterrühren. Einen Backrahmen (30 x 40 cm) auf ein Backblech (gefettet) stellen und den Teig darin verstreichen. Das Backblech in den vorgeheizten Backofen schieben.

Ober-/Unterhitze: etwa 180 °C
Heißluft: etwa 160 °C
Backzeit: etwa 20 Minuten.

3. Das Backblech auf einen Kuchenrost stellen und den Boden mit dem Backrahmen darauf erkalten lassen.

4. Für den Belag Gelatine nach Packungsanleitung einweichen. Aus Pudding-Pulver, Zucker und Milch nach Packungsanleitung einen Pudding zubereiten. Gelatine leicht ausdrücken und im heißen Pudding unter Rühren auflösen. Crème fraîche unterrühren, den Pudding auf dem Boden verstreichen und erkalten lassen.

5. Obst entsprechend in Stücke, Scheiben oder Spalten schneiden und gleichmäßig auf dem Pudding verteilen. Den Guss aus Tortengusspulver und Flüssigkeit nach Packungsanleitung, aber ohne Zucker zubereiten und auf dem Obst verteilen. Den Guss fest werden lassen und vor dem Servieren den Backrahmen vorsichtig lösen und entfernen.

Tipp: Der Kuchen schmeckt frisch am besten.

Obstkuchen mit Pudding-Wein-Creme | Mit Alkohol

Insgesamt:
E: 111 g, F: 294 g, Kh: 767 g, kJ: 26916, kcal: 6434

Für den All-in-Teig:
250 g Weizenmehl
4 gestr. TL Dr. Oetker Backin
175 g Zucker
1 Pck. Dr. Oetker Vanillin-Zucker
1 Pck. Dr. Oetker Finesse Orangenfrucht
8 Eier (Größe M)
6 EL Speiseöl
5 EL Essig, z. B. Apfelessig

Für die Vanillecreme:
3 Blatt weiße Gelatine
1 Pck. Dr. Oetker Pudding-Pulver Vanille-Geschmack
40 g Zucker
250 g Schlagsahne
250 ml (¼ l) Weißwein
2 Becher (je 150 g) Crème fraîche

Für den Obstbelag und Guss:
1250 g vorbereitetes gemischtes Obst (frisch oder gut abgetropft aus dem Glas), z. B. Weintrauben, Pflaumen, Birnen, Äpfel, Mandarinen, Physalis (Kapstachelbeeren)

Für den Guss:
3 Pck. Tortenguss, klar
6 EL Zucker
250 ml (¼ l) klarer Apfelsaft oder Weißwein
500 ml (½ l) Wasser

Zubereitungszeit: 60 Minuten, ohne Kühlzeit

1. Für den Teig Mehl mit Backpulver mischen und in eine Rührschüssel sieben. Restliche Zutaten hinzufügen und mit Handrührgerät mit Rührbesen auf höchster Stufe in etwa 2 Minuten zu einem glatten Teig verarbeiten.

2. Den Teig auf ein Backblech (30 x 40 cm, gefettet) geben und glatt streichen. Das Backblech in den vorgeheizten Backofen schieben.

Ober-/Unterhitze: etwa 180 °C
(mittlere Einschubleiste)
Heißluft: etwa 160 °C
Backzeit: etwa 20 Minuten.

3. Das Backblech auf einen Kuchenrost stellen und den Gebäckboden erkalten lassen. Dann den Gebäckboden vom Backblech lösen und Seitenränder (-kanten) gerade schneiden. Gebäckboden auf eine Platte legen. Einen Backrahmen so um den Gebäckboden stellen, dass der Boden fest umschlossen ist.

4. Für die Creme Gelatine nach Packungsanleitung einweichen. Pudding-Pulver mit Zucker mischen und mit 6 Esslöffeln von der Sahne anrühren. Restliche Sahne und Weißwein in einem Topf zum Kochen bringen. Topf von der Kochstelle nehmen, angerührtes Pudding-Pulver einrühren und unter Rühren nochmals 1 Minute kochen lassen. Gelatine ausdrücken und in dem heißen Pudding unter Rühren auflösen, Crème fraîche unterrühren. Die Creme auf den Gebäckboden geben und erkalten lassen.

5. Für den Belag nach Belieben das vorbereitete Obst in Stücke, Scheiben oder Spalten schneiden, auf der Creme verteilen, dabei auch den Rand gut auslegen.

6. Für den Guss aus Tortengusspulver, Zucker, Apfelsaft oder Weißwein und Wasser nach Packungsanleitung einen Guss zubereiten und auf dem Obst verteilen. Den Kuchen etwa 2 Stunden kalt stellen. Backrahmen lösen und entfernen.

Obstpizza | Fruchtig

Insgesamt:
E: 100 g, F: 280 g, Kh: 1180 g, kJ: 32660, kcal: 7800

Für den Hefeteig:
250 ml (¼ l) Milch
400 g Weizenmehl
1 Pck. (42 g) frische Hefe
50 g Zucker
1 Pck. Dr. Oetker Vanillin-Zucker
1 Prise Salz
50 g weiche Butter

Für den Belag:
250 g helle Weintrauben
250 g Birnen
500 g Äpfel
1 Glas Pflaumen (Abtropfgewicht 385 g)
1 kleine Dose Aprikosenhälften (Abtropfgewicht 240 g)

Für die Streusel:
250 g Weizenmehl
175 g Zucker
1 Pck. Dr. Oetker Vanillin-Zucker
200 g weiche Butter

Zubereitungszeit: 50 Minuten, ohne Teiggehzeit

1. Für den Teig Milch in einem Topf erwärmen. Mehl in eine Rührschüssel sieben und in die Mitte eine Vertiefung drücken. Hefe hineinbröckeln, Zucker und etwa 100 ml von der warmen Milch hinzufügen. Die 3 Zutaten mit etwas von dem Mehl mit einer Gabel vorsichtig verrühren und den Vorteig etwa 15 Minuten bei Zimmertemperatur gehen lassen.

2. Anschließend die restlichen Zutaten für den Teig hinzufügen und alles mit Handrührgerät mit Knethaken erst kurz auf niedrigster, dann auf höchster Stufe in etwa 5 Minuten zu einem glatten Teig verarbeiten. Den Teig zugedeckt so lange an einem warmen Ort gehen lassen, bis er sich sichtbar vergrößert hat.

3. Für den Belag frisches Obst waschen und abtropfen lassen. Trauben halbieren und entkernen. Birnen und Äpfel schälen, vierteln, entkernen und in Spalten schneiden. Pflaumen und Aprikosen jeweils in einem Sieb gut abtropfen lassen und in Spalten schneiden.

4. Teig mit Mehl bestäuben, aus der Schüssel nehmen und auf der leicht bemehlten Arbeitsfläche nochmals gut durchkneten. Den Teig auf ein Backblech (30 x 40 cm, gefettet) ausrollen und das Obst nach Sorten getrennt darauf verteilen.

5. Für die Streusel Mehl mit Zucker, Vanillin-Zucker und Butter mit Handrührgerät mit Rührbesen zu Streuseln von gewünschter Größe verarbeiten und gleichmäßig auf dem Obst verteilen. Das Backblech in den vorgeheizten Backofen schieben.

Ober-/Unterhitze: etwa 200 °C
Heißluft: etwa 180 °C
Backzeit: etwa 30 Minuten.

6. Das Backblech auf einen Kuchenrost stellen. Kuchen darauf erkalten lassen.

Tipp: Sie können nach Belieben auch anderes Obst der Saison oder aus der Dose verwenden (insgesamt benötigen Sie etwa 1,6 kg Obst).

Orangen-Blitztorte | Fruchtig

Insgesamt:
E: 80 g, F: 200 g, Kh: 568 g, kJ: 18973, kcal: 4538

Für den Biskuitteig:
275 g Weizenmehl
3 gestr. TL Backin
150 g Zucker
1 Pck. Dr. Oetker Vanillin-Zucker
4 Eier (Größe M)
150 g zerlassene, abgekühlte Butter oder Margarine
125 ml (1/8 l) Orangensaft oder Orangenbuttermilch

Für die Orangencreme:
4 Blatt weiße Gelatine
750 ml (¾ l) Orangensaft oder Orangenbuttermilch
40–50 g Zucker
2 Pck. Dr. Oetker Pudding-Pulver Vanille-Geschmack
150 g saure Sahne

Zum Garnieren und Verzieren:
Puderzucker zum Bestäuben
100 ml Schlagsahne

Zubereitungszeit: 30 Minuten, ohne Kühlzeit

1. Für den Teig alle Zutaten in eine verschließbare Schüssel (etwa 3 l) füllen, mit einem Deckel fest verschließen und mehrmals kräftig schütteln, so dass alle Zutaten gut vermischt sind. Alles mit einem Schneebesen oder Rührlöffel nochmals sorgfältig durchrühren, damit trockene Zutaten vom Rand mit untergerührt werden.

2. Den Teig auf ein Backblech (30 x 40 cm, gefettet, mit Backpapier belegt) streichen und das Backblech in den vorgeheizten Backofen schieben.

Ober-/Unterhitze: etwa 200 °C
Heißluft: etwa 180 °C
Backzeit: etwa 20 Minuten.

3. Das Gebäck auf dem Backblech auf einem Kuchenrost erkalten lassen.

4. Für die Orangencreme Gelatine nach Packungsanleitung einweichen. Aus Saft, Zucker und Pudding-Pulver nach Packungsanleitung einen Pudding kochen (bei Verwendung von Buttermilch ständig rühren).

5. Topf von der Kochstelle nehmen, Gelatine ausdrücken, in dem heißen Pudding auflösen und saure Sahne unterrühren. Creme erkalten lassen, dabei gelegentlich umrühren.

6. Gebäckplatte auf eine Arbeitsfläche stürzen und das Backpapier abziehen. Von der längeren Seite einen 5 cm breiten und 40 cm langen Streifen abschneiden. Restliche Platte so halbieren, dass zwei Rechtecke (20 x 25 cm) entstehen.

7. Einen Boden auf eine Tortenplatte legen, die Hälfte der erkalteten Creme darauf streichen und den zweiten Boden darauf legen. Restliche Creme auf der Oberfläche glatt streichen. Torte 12 Stunden kalt stellen.

8. Zum Garnieren und Verzieren den zurückgelassenen Teigstreifen in unterschiedlich große Rechtecke schneiden und mit Puderzucker bestäuben. Sahne steif schlagen, in einen Spritzbeutel mit Sterntülle füllen, Tuffs auf die Tortenoberfläche spritzen und die Gebäckstücke dekorativ darauf verteilen.

Orangen-Gitterkuchen | Leicht

Insgesamt:
E: 102 g, F: 244 g, Kh: 514 g, kJ: 19525, kcal: 4675

Für den All-in-Teig:
200 g Weizenmehl
75 g Speisestärke
½ Pck. Dr. Oetker Backin
125 g Zucker
1 Pck. Dr. Oetker Finesse Orangenfrucht
3 Eier (Größe M), 125 g weiche Butter
5 EL Orangensaft

Für die Quarkcreme:
2 Eiweiß (Größe M)
500 g Vanillequark
2 Becher (je 150 g) Crème fraîche
1 Pck. Saucenpulver Vanille-Geschmack zum Kochen
2 Eigelb (Größe M)
2 EL Zucker, 3 EL Orangensaft

Zum Bestäuben:
2 EL Puderzucker

Zubereitungszeit: 30 Minuten, ohne Abkühlzeit

1. Für den Teig Mehl mit Speisestärke und Backpulver mischen und in eine Rührschüssel sieben. Zucker, Orangenfrucht, Eier, Butter und Orangensaft hinzufügen. Die Zutaten mit Handrührgerät mit Rührbesen zunächst kurz auf niedrigster, dann auf höchster Stufe in etwa 2 Minuten zu einem Teig verarbeiten. Den Teig auf ein Backblech (30 x 40 cm, gefettet) geben und glatt streichen.

2. Für die Quarkcreme Eiweiß steif schlagen und beiseite stellen. Quark mit Crème fraîche, Saucenpulver, Eigelb, Zucker und Orangensaft in einer Schüssel zu einer glatten Masse verrühren. Eischnee vorsichtig unterheben. Die Creme portionsweise in einen Spritzbeutel mit Sterntülle füllen.

3. In den Teig mit einem Kochlöffelstiel ein Karomuster ziehen. Die Quarkcreme in die Vertiefungen des Teiges spritzen. Das Backblech in den vorgeheizten Backofen schieben.

Ober-/Unterhitze: etwa 180 °C
Heißluft: etwa 160 °C
Backzeit: 35–40 Minuten.

4. Das Backblech auf einen Kuchenrost stellen. Den Kuchen darauf erkalten lassen und mit Puderzucker bestäuben.

Orangenkuchen, bitter | Für Gäste

Insgesamt:
E: 71 g, F: 292 g, Kh: 769 g, kJ: 25102, kcal: 5993

Für den All-in-Teig:
250 g Weizenmehl
1 Pck. Dr. Oetker Backin
2 Pck. Dr. Oetker Finesse Orangenfrucht
200 g Zucker
2 Pck. Dr. Oetker Vanillin-Zucker
3 Eier (Größe M)
Saft von
1 Orange
200 ml Speiseöl
100 g gemahlene Haselnusskerne
100 g Rosinen

Für den Belag:
4–5 Orangen
350 g herbe Orangenmarmelade

Zubereitungszeit: 45 Minuten

1. Für den Teig Mehl mit Backpulver mischen und in eine Rührschüssel sieben. Orangenfrucht, Zucker, Vanillin-Zucker, Eier, Orangensaft und Speiseöl hinzufügen. Die Zutaten mit Handrührgerät mit Rührbesen zunächst kurz auf niedrigster, dann auf höchster Stufe in etwa 1 Minute zu einem Teig verarbeiten.

2. Haselnusskerne und Rosinen kurz unterheben. Den Teig auf ein Backblech (30 x 40 cm, gefettet) geben und glatt streichen.

3. Für den Belag Orangen gründlich waschen, abtrocknen und so schälen, dass die weiße Haut mitentfernt wird. Orangen in Scheiben schneiden, evtl. die Kerne dabei entfernen. Orangenscheiben auf dem Teig verteilen. Das Backblech in den vorgeheizten Backofen schieben.

Ober-/Unterhitze: etwa 180 °C
Heißluft: etwa 160 °C
Backzeit: etwa 35 Minuten.

4. Das Backblech auf einen Kuchenrost stellen. Marmelade gut verrühren. Den heißen Kuchen sofort damit bestreichen. Kuchen erkalten lassen.

Tipp: Statt Rosinen können Sie auch 100 g klein gehackte Zartbitter-Schokolade unter den Teig heben.

Orangenkuchen mit weißer Schokolade | Einfach

Insgesamt:
E: 76 g, F: 351 g, Kh: 755 g, kJ: 27458, kcal: 6562

Für den Rührteig:
300 g Butter oder Margarine
300 g Zucker
1 Pck. Dr. Oetker Vanillin-Zucker
1 Prise Salz
5 Eier (Größe M)
300 g Weizenmehl
2 gestr. TL Dr. Oetker Backin
2 Pck. Dr. Oetker Finesse Orangenfrucht

Zum Tränken:
200 ml Orangensaft
Saft von
1 Zitrone
75 g Zucker
1 Pck. Dr. Oetker Finesse Orangenfrucht oder abgeriebene Schale von
1 Bio-Orange (unbehandelt)

Für den Guss:
200 g Citrus-Buttermilch-Schokolade oder andere weiße Schokolade mit Lemon- oder Orangengeschmack (gibt es im Sommer)

Zubereitungszeit: 35 Minuten

1. Für den Teig Butter oder Margarine mit Handrührgerät mit Rührbesen auf höchster Stufe geschmeidig rühren. Nach und nach Zucker, Vanillin-Zucker und Salz unterrühren. Anschließend so lange rühren, bis eine gebundene Masse entstanden ist.

2. Eier nach und nach unterrühren (jedes Ei etwa ½ Minute). Mehl mit Backpulver mischen, sieben und in 2 Portionen auf mittlerer Stufe unterrühren. Orangenfrucht unterrühren.

3. Teig auf einem Backblech (30 x 40 cm, gefettet) verteilen und glatt streichen. Das Backblech in den vorgeheizten Backofen schieben.

Ober-/Unterhitze: etwa 180 °C
Heißluft: etwa 160 °C
Backzeit: etwa 25 Minuten.

4. Das Backblech auf einen Kuchenrost stellen. Zum Tränken alle Zutaten verrühren. Den noch warmen Kuchen mehrmals mit einem Holzstäbchen einstechen. Die Tränke darüber verteilen und den Kuchen erkalten lassen.

5. Für den Guss Schokolade in Stücke brechen und in einem kleinen Topf im Wasserbad bei schwacher Hitze unter Rühren schmelzen lassen. Schokolade in einen kleinen Gefrierbeutel geben, eine kleine Ecke davon abschneiden und den Kuchen dick damit besprenkeln. Nach Belieben den Kuchen mit Orangenschale garnieren.

Tipp: Kuchen portionsweise einfrieren, hält sich gut verpackt auch 1–2 Tage.

Orangen-Marzipan-Gebäck | Beliebt

Insgesamt:
E: 90 g, F: 240 g, Kh: 632 g, kJ: 21945, kcal: 5240

Für den Knetteig:
120 g Butter oder Margarine
100 g Marzipan-Rohmasse
50 g Zucker
1 Ei (Größe M)
250 g Weizenmehl
1 Msp. Dr. Oetker Backin
80 g gemahlene Haselnusskerne

Für den Brandteig:
125 ml (1/8 l) Wasser
25 g Butter oder Margarine
1 Prise Salz
80 g Weizenmehl
2 Eier (Größe M)
1 Msp. Dr. Oetker Backin

Für den Belag:
1 Glas
(450 g) Orangenmarmelade
20 g gehobelte Haselnusskerne

Zubereitungszeit: 90 Minuten, ohne Kühlzeit

1. Für den Knetteig Butter oder Margarine mit klein geschnittener Marzipan-Rohmasse, Zucker und Ei mit Handrührgerät mit Rührbesen cremig rühren. Mehl und Backpulver mischen, sieben, mit den Haselnusskernen hinzufügen und mit den Händen zu einem Teig verkneten. Teig in Folie wickeln und 30 Minuten kalt stellen.

2. Für den Brandteig Wasser mit Butter oder Margarine und Salz am besten in einem Stieltopf zum Kochen bringen. Mehl sieben, auf einmal in die von der Kochstelle genommene Flüssigkeit schütten, zu einem glatten Kloß rühren und unter Rühren etwa 1 Minute erhitzen.

3. Den heißen Kloß sofort in eine Schüssel geben. Nach und nach Eier mit Handrührgerät mit Knethaken auf höchster Stufe unterarbeiten. Backpulver in den erkalteten Teig arbeiten.

4. Knetteig mit Mehl bestäuben und auf einem Backblech (30 x 40 cm, gefettet) ausrollen. Teig mehrmals mit einer Gabel einstechen. Brandteig in einen Spritzbeutel mit kleiner Sterntülle füllen und mit etwa 2 cm Abstand lange Streifen auf den Knetteig spritzen.

5. Für den Belag Orangenmarmelade erwärmen und zwischen die Brandteigstreifen geben. Das Backblech in den vorgeheizten Backofen schieben.

Ober-/Unterhitze: etwa 200 °C
Heißluft: etwa 180 °C
Backzeit: etwa 25 Minuten.

6. Haselnusskerne in einer Pfanne ohne Fett goldbraun rösten. Das heiße Gebäck damit bestreuen und auf einem Kuchenrost vollständig erkalten lassen.

7. Das Gebäck zunächst längs (am besten auf den Brandteigstreifen) in 5 Streifen, anschließend die Streifen in etwa 6 cm lange Stücke schneiden.

Orangen-Puddingkuchen | Für Kinder

Insgesamt:
E: 101 g, F: 392 g, Kh: 580 g, kJ: 26187, kcal: 6248

Für den Rührteig:
200 g Butter oder Margarine
150 g Zucker
1 Pck. Dr. Oetker Vanillin-Zucker
4 Eier (Größe M)
250 g Weizenmehl
3 gestr. TL Dr. Oetker Backin

Für die Füllung:
2 Eiweiß (Größe M)
2 Pck. Dr. Oetker Pudding-Pulver Vanille-Geschmack
50 g Zucker
250 ml (¼ l) Orangensaft
2 Eigelb (Größe M)
500 ml (½ l) Milch

Für den Belag:
500 g Schlagsahne
40 g Zucker
1 Pck. Dr. Oetker Vanillin-Zucker
2 Pck. Dr. Oetker Sahnesteif
3 EL Orangensaft

Nach Belieben zum Garnieren:
einige Orangenfilets
Zitronenmelisseblättchen

Zubereitungszeit: 45 Minuten, ohne Kühlzeit

1. Für den Teig Butter oder Margarine mit Handrührgerät mit Rührbesen auf höchster Stufe geschmeidig rühren. Nach und nach Zucker und Vanillin-Zucker unterrühren. So lange rühren, bis eine gebundene Masse entstanden ist.

2. Eier nach und nach unterrühren (jedes Ei etwa ½ Minute). Mehl mit Backpulver mischen, sieben und portionsweise auf mittlerer Stufe unterrühren. Teig auf ein Backblech (30 x 40 cm, gefettet) geben und glatt streichen. Das Backblech in den vorgeheizten Backofen schieben.

Ober-/Unterhitze: etwa 180 °C
Heißluft: etwa 160 °C
Backzeit: 15–20 Minuten.

3. Das Backblech auf einen Kuchenrost stellen und den Gebäckboden darauf erkalten lassen.

4. Für die Füllung Eiweiß so steif schlagen, dass ein Messerschnitt sichtbar bleibt. Pudding-Pulver mit Zucker mischen und mit Orangensaft und Eigelb glatt rühren. Milch in einem Topf zum Kochen bringen, von der Kochstelle nehmen und angerührtes Pudding-Pulver einrühren. Den Pudding unter Rühren zum Kochen bringen, 1 Minute unter Rühren aufkochen lassen und von der Kochstelle nehmen. Eischnee sofort unter den heißen Pudding heben. Die Puddingmasse auf dem Gebäckboden glatt streichen und erkalten lassen.

5. Für den Belag Sahne mit Zucker, Vanillin-Zucker und Sahnesteif steif schlagen. Orangensaft unterrühren und die Sahnemasse wellenartig auf die Puddingmasse streichen. Den Kuchen nach Belieben mit Orangenfilets und Zitronenmelisseblättchen garnieren.

Tipp: Den Kuchen kann gut am Vortag zubereitet werden. Die Kuchenoberfläche mit kleinen Schoko-Butterkeksen garnieren.

Orangen-Schmand-Kuchen | Beliebt

Insgesamt:
E: 83 g, F: 415 g, Kh: 711 g, kJ: 29510, kcal: 6946

Für den Biskuitteig:
4 Eier (Größe M)
2 EL heißes Wasser
125 g Zucker
1 Pck. Dr. Oetker Vanillin-Zucker
125 g Weizenmehl
25 g Speisestärke
1 TL Dr. Oetker Backin

Zum Bestreichen:
3 geh. EL Orangenmarmelade
2 EL Wasser

Für die Creme:
10 Blatt weiße Gelatine
800 g Schmand (Sauerrahm)
100 g Zucker
100 g Fruchtgetränkepulver Orangen-Geschmack
600 g Schlagsahne

Für den Belag:
2 Dosen Fruchtcocktail (Abtropfgewicht je 400 g)
6 Blatt weiße Gelatine
500 ml (½ l) Fruchtsaft aus den Dosen

Zubereitungszeit: 60 Minuten, ohne Kühlzeit

1. Für den Teig Eier und Wasser mit Handrührgerät mit Rührbesen auf höchster Stufe in 1 Minute schaumig schlagen. Zucker mit Vanillin-Zucker mischen, in 1 Minute unter Rühren einstreuen und noch 2 Minuten weiterschlagen.

2. Mehl mit Speisestärke und Backpulver mischen, auf die Eiercreme sieben und kurz auf niedrigster Stufe unterrühren. Einen Backrahmen auf ein Backblech (30 x 40 cm, gefettet, gemehlt) stellen. Den Teig darin verteilen und verstreichen. Das Backblech in den vorgeheizten Backofen schieben.

Ober-/Unterhitze: etwa 200 °C
Heißluft: etwa 180 °C
Backzeit: etwa 12 Minuten.

3. Das Backblech auf einen Kuchenrost stellen und den Boden darauf etwas abkühlen lassen.

4. Zum Bestreichen Orangenmarmelade nach Belieben durch ein Sieb streichen, mit Wasser gut aufkochen lassen und auf den vorgebackenen Boden streichen.

5. Für die Creme Gelatine nach Packungsanleitung einweichen. Schmand mit Zucker und Getränkepulver verrühren. Gelatine leicht ausdrücken und in einem kleinen Topf bei schwacher Hitze auflösen. Gelatine mit 2–3 Esslöffeln von der Schmandmasse verrühren, dann die Mischung unter die restliche Schmandmasse rühren und die Masse kalt stellen. Sahne steif schlagen und unterheben. Dann die Schmandcreme gleichmäßig auf den Boden verteilen und den Kuchen etwa 2 Stunden kalt stellen.

6. Für den Belag Fruchtcocktail in einem Sieb abtropfen lassen, den Saft dabei auffangen und 500 ml (½ l) abmessen. Die Früchte auf der fest gewordenen Creme verteilen. Gelatine nach Packungsanleitung einweichen, dann ausdrücken und auflösen. Den Saft mit der Gelatine verrühren und kalt stellen. Wenn der Saft beginnt dicklich zu werden, ihn auf den Früchten verteilen und den Kuchen nochmals 1–2 Stunden kalt stellen. Dann den Backrahmen vorsichtig mit einem Messer lösen und entfernen.

Orangenschnitten, leicht | Fettarm

Insgesamt:
E: 43 g, F: 58 g, Kh: 372 g, kJ: 9482, kcal: 2265

Für den Biskuitteig:
2 Eier (Größe M)
2 EL Orangensaft
75 g Zucker
1 Pck. Dr. Oetker Vanillin-Zucker
75 g Weizenmehl
25 g Speisestärke
1 gestr. TL Dr. Oetker Backin
1 Pck. Dr. Oetker Finesse Orangenfrucht

Für die Füllung:
250 ml (¼ l) Orangensaft
50 g Zucker
30 g Speisestärke
2 Eigelb (Größe M)
5 EL Wasser
2 Eiweiß (Größe M)

Für den Belag und Guss:
3 Orangen
1 Pck. Tortenguss, klar
250 ml (¼ l) Apfelsaft

Zum Verzieren und Bestreuen:
100 g Schlagsahne
feine Orangenschalenstreifen

Zubereitungszeit: 30 Minuten, ohne Abkühlzeit

1. Für den Teig Eier und Orangensaft mit Handrührgerät mit Rührbesen auf höchster Stufe in 1 Minute schaumig schlagen. Zucker mit Vanillin-Zucker mischen, in 1 Minute unter Rühren einstreuen, dann noch 2 Minuten weiterschlagen. Mehl mit Speisestärke und Backpulver mischen, auf die Eiercreme sieben und kurz auf niedrigster Stufe unterrühren. Orangenfrucht kurz unterrühren.

2. Teig auf ein Backblech (30 x 40 cm, gefettet, mit Backpapier belegt) streichen. Das Backblech in den vorgeheizten Backofen schieben.

Ober-/Unterhitze: etwa 200 °C
Heißluft: etwa 180 °C
Backzeit: etwa 10 Minuten.

3. Die Gebäckplatte sofort nach dem Backen auf mit Zucker bestreutes Backpapier stürzen und mitgebackenes Backpapier vorsichtig abziehen. Die Gebäckplatte erkalten lassen.

4. Für die Füllung Orangensaft mit Zucker in einem kleinen Topf zum Kochen bringen. Speisestärke mit Eigelb und Wasser verrühren, Topf von der Kochstelle nehmen, Speisestärke einrühren und nochmals gut aufkochen lassen. Eiweiß steif schlagen und sofort unter die heiße Masse rühren. Die Biskuitplatte senkrecht halbieren, ein Gebäckstück auf eine Platte legen und einen Backrahmen darumstellen. Die Creme auf den unteren Boden streichen, mit dem oberen Boden bedecken und leicht andrücken.

5. Für Belag und Guss die Orangen so schälen, dass die weiße Haut mitentfernt wird und die Orangen in dünne Scheiben schneiden. Orangenscheiben auf den oberen Boden legen. Tortengusspulver mit Apfelsaft nach Packungsanleitung zubereiten und auf den Orangenscheiben verteilen.

6. Den Gebäckrand mit steif geschlagener Sahne verzieren und mit den Orangenschalenstreifen bestreuen.

Osterzopf | Dauert länger

Insgesamt:
E: 82 g, F: 172 g, Kh: 633 g, kJ: 19081, kcal: 4561

Zum Vorbereiten:
50 g Orangeat
50 g Zitronat (Sukkade)
125 g Rosinen
50 g abgezogene, gehackte Mandeln
2–3 EL Rum

Für den Teig:
250 ml (¼ l) Milch
500 g Weizenmehl
½ Pck.
(21 g) frische Hefe
50 g gesiebter Puderzucker
1 Ei (Größe M)
1 Prise Salz
abgeriebene Schale von
½ Bio-Zitrone (unbehandelt)
100 g weiche Butter

Zum Bestreichen und Bestäuben:
50 g Butter
50 g Puderzucker

Zubereitungszeit: 50 Minuten, ohne Teiggehzeit

1. Zum Vorbereiten Orangeat und Zitronat fein hacken. Rosinen mit Orangeat, Zitronat und Mandeln vermengen, mit Rum beträufeln und etwa 20 Minuten durchziehen lassen.

2. Für den Teig Milch in einem Topf erwärmen. Mehl in eine große Rührschüssel sieben und in die Mitte eine Vertiefung eindrücken. Die Hefe zerbröckeln, in die Vertiefung geben, mit etwas warmer Milch, etwas Puderzucker und etwas Mehl vom Rand verrühren. Vorteig mit Mehl bestäuben und an einem warmen Ort so lange gehen lassen, bis das auf die Hefe gestäubte Mehl rissig wird.

3. Restlichen Puderzucker, Ei, Salz, Zitronenschale, Butter und warme Milch dazugeben. Alle Zutaten mit Handrührgerät mit Knethaken erst kurz auf niedrigster, dann auf höchster Stufe in etwa 5 Minuten zu einem glatten Teig verarbeiten. Teig an einem warmen Ort so lange gehen lassen, bis er sich sichtbar vergrößert hat.

4. Teig auf der leicht bemehlten Arbeitsfläche gut durchkneten und die Rumfrüchte kurz unterkneten. Teig in 3 gleiche Teile teilen, auf der leicht bemehlten Arbeitsfläche zu Rollen formen und sie zu einem Zopf flechten.

5. Den Zopf auf ein mit Backpapier belegtes Backblech legen und die Enden unterschlagen. Den Zopf nochmals so lange an einem warmen Ort gehen lassen, bis er sich sichtbar vergrößert hat. Zopf mit etwas zerlassener Butter bestreichen und das Backblech in den vorgeheizten Backofen schieben.

Ober-/Unterhitze: etwa 180 °C
Heißluft: etwa 160 °C
Backzeit: 35–40 Minuten.

6. Das fertige Gebäck mit der restlichen Butter bestreichen und mit Puderzucker bestäuben.

Ovomaltine-Kuchen | Für Kinder

Insgesamt:
E: 97 g, F: 287 g, Kh: 769 g, kJ: 26064, kcal: 6222

Für den All-in-Teig:
300 g Weizenmehl
1 Pck. Dr. Oetker Backin
120 g Ovomaltine (Kakao-Malz-Getränkepulver)
120 g Zucker
4 Eier (Größe M)
250 g Butter oder Margarine
125 ml (1/8 l) Milch

Für den Belag:
100 g gehackte Cashewkerne
3 EL Zitronensaft
150 g Zucker
2 EL (60 g) flüssiger Honig
70 g knusprig gerösteter Weizen (Frühstückscerealien)

50 g Aprikosenkonfitüre

Zubereitungszeit: 45 Minuten

1. Für den Teig Mehl mit Backpulver mischen und in eine Rührschüssel sieben. Ovomaltine, Zucker, Eier, Butter oder Margarine und Milch hinzufügen. Die Zutaten mit Handrührgerät mit Rührbesen auf höchster Stufe in etwa 2 Minuten zu einem Teig verarbeiten. Den Teig auf ein Backblech (30 x 40 cm, gefettet) geben und glatt streichen. Das Backblech in den vorgeheizten Backofen schieben.

Ober-/Unterhitze: etwa 200 °C
Heißluft: etwa 180 °C
Backzeit: 20–25 Minuten.

2. Das Backblech auf einen Kuchenrost stellen und den Kuchen erkalten lassen.

3. Für den Belag die Cashewkerne in einer Pfanne ohne Fett goldbraun rösten und auf einem Teller erkalten lassen. Den Kuchen in Stücke schneiden oder die Stücke auf der Kuchenoberfläche nur markieren.

4. Zitronensaft mit Zucker und Honig in einen weiten Topf geben, zum Kochen bringen und bei mittlerer Hitze hellbraun karamellisieren lassen. Cashewkerne und gerösteten Weizen unterheben. Die Hälfte der heißen Karamell-Nuss-Masse mit zwei geölten Löffeln möglichst schnell auf die Kuchenstücke verteilen, dabei den Topf bei schwacher Hitze auf der Kochstelle stehen lassen, damit der Karamell nicht zu schnell fest wird.

5. Die restliche heiße Karamell-Nuss-Masse auf einem Stück Backpapier verteilen und abkühlen lassen. Aprikosenkonfitüre erhitzen, die Karamellmasse in Stücke brechen und mit der Konfitüre auf die Kuchenstücke kleben.

Peanutbutter-Brownies | Für Kinder

Insgesamt:
E: 116 g, F: 291 g, Kh: 584 g, kJ: 22564, kcal: 5403

Für den Rührteig:
150 ml Wasser
50 g Kakaopulver
2 Schoko-Erdnussriegel (je 54 g)
150 g feine Erdnusscreme („creamy")
100 ml Sonnenblumen- oder Rapsöl
200 g Zucker
1 Prise Salz
3 Eier (Größe M)
300 g Weizenmehl
2 geh. TL Dr. Oetker Backin

Für den Guss:
25 g Butter
100 g Puderzucker
30 g Kakaopulver
3–4 EL Kondensmilch (4 % Fett)

Zubereitungszeit: 40 Minuten, ohne Abkühlzeit

1. Für den Teig Wasser mit Kakao verrühren und unter Rühren zum Kochen bringen. Topf von der Kochstelle nehmen. Schokoriegel der Länge nach halbieren, dann quer in kleine Stücke schneiden.

2. Erdnusscreme mit Öl, Zucker, Salz und Eiern mit Handrührgerät mit Rührbesen etwa 2 Minuten geschmeidig rühren. Mehl mit Backpulver mischen und abwechselnd mit der Kakaoflüssigkeit in 2 Portionen kurz auf mittlerer Stufe unterrühren. Zum Schluss Schokoriegelstückchen unterheben.

3. Den Teig in eine quadratische Backform (25 x 25 cm, gefettet) geben und glatt streichen (oder einen Backrahmen in der Größe 25 x 25 cm auf ein gefettetes, mit Backpapier belegtes Backblech stellen und den Teig hineingeben). Die Form auf dem Rost oder das Backblech in den vorgeheizten Backofen schieben.

Ober-/Unterhitze: etwa 180 °C
Heißluft: etwa 160 °C
Backzeit: etwa 40 Minuten.

4. Den Kuchen aus der Form lösen und auf einen mit Backpapier belegten Kuchenrost stürzen oder den Kuchen mit dem Backpapier vom Backblech auf einen Kuchenrost ziehen. Kuchen erkalten lassen.

5. Für den Guss Butter zerlassen und etwas abkühlen lassen. Puderzucker mit Kakao mischen und in eine Rührschüssel sieben. Butter und Kondensmilch mit einem Rührlöffel gut unterrühren. Den Guss auf dem Kuchen verteilen und kalt stellen. Kuchen etwa ½ Stunde vor dem Servieren aus dem Kühlschrank nehmen und in Stücke schneiden.

Pekannuss-Strudel | Raffiniert

Insgesamt:
E: 88 g, F: 320 g, Kh: 461 g, kJ: 21895, kcal: 5227

Für den Strudelteig:
250 g Weizenmehl
1 Prise Salz
100 ml lauwarmes Wasser
1 Ei (Größe M)
1 EL Speiseöl

Für die Füllung:
400 g gemahlene Pecannusskerne
250 g flüssiger Honig
1 Ei (Größe M)
1 Eiweiß (Größe M)
6–8 EL weißer Rum
1 geh. TL gemahlener Zimt
100 g fein gewürfelte kandierte Ananasstücke

Zum Bestreichen und Bestäuben:
1 Eigelb
1 EL Milch
Puderzucker

Zubereitungszeit: 50 Minuten, ohne Ruhezeit

1. Für den Teig Mehl in eine Rührschüssel sieben, Salz, Wasser, Ei und Öl hinzufügen. Die Zutaten mit Handrührgerät mit Knethaken zunächst kurz auf niedrigster, dann auf höchster Stufe gut durcharbeiten. Anschließend den Teig auf der Arbeitsfläche glatt verkneten, ihn auf Backpapier in einen heißen, trockenen Kochtopf (vorher Wasser darin kochen) legen, mit einem Deckel verschließen und etwa 30 Minuten ruhen lassen.

2. Für die Füllung Pecannusskerne mit Honig, Ei, Eiweiß, Rum, Zimt und Ananas mit Handrührgerät mit Rührbesen zu einer geschmeidigen Masse verrühren. Den Strudelteig auf einem bemehlten großen Küchentuch dünn ausrollen, ihn dann mit den Händen zu einem Rechteck von etwa 50 x 70 cm ausziehen (er muss durchsichtig sein). Die Ränder, wenn sie dicker sind, abschneiden.

3. Zwei Drittel des Strudelteiges mit der Füllung bestreichen (an den kürzeren Seiten etwa 3 cm Teig frei lassen). Die frei gebliebenen Teigränder auf die Füllung schlagen. Dann den Teig mit Hilfe des Tuches, mit der Füllung beginnend, aufrollen und an den Enden gut zusammendrücken. Den Strudel auf ein mit Backpapier belegtes Backblech legen.

4. Zum Bestreichen Eigelb mit Milch verschlagen und den Strudel damit bestreichen. Das Backblech in den vorgeheizten Backofen schieben.

Ober-/Unterhitze: 180–200 °C
Heißluft: 160–180 °C
Backzeit: etwa 45 Minuten.

5. Nach dem Backen den heißen Strudel mit Puderzucker bestäuben und anschließend auf einem Kuchenrost erkalten lassen.

Tipp: Anstelle von Pecannusskernen können Sie auch Walnusskerne verwenden.

Pfirsich-Nougat-Kuchen | Einfach

Insgesamt:
E: 55 g, F: 193 g, Kh: 616 g, kJ: 18689, kcal: 4464

Zum Vorbereiten:
1 Dose Pfirsichhälften (Abtropfgewicht 500 g)
200 g Nuss-Nougat

Für den Schüttelteig:
150 g Butter oder Margarine
250 g Weizenmehl
2 gestr. TL Dr. Oetker Backin
150 g Zucker
2 Eier (Größe M)
6 EL Milch

Zum Bestreichen:
100 g Aprikosenkonfitüre

Zubereitungszeit: 40 Minuten

1. Zum Vorbereiten Pfirsichhälften in einem Sieb abtropfen lassen. Nougat in einem Topf im Wasserbad unter Rühren schmelzen lassen.

2. Für den Teig Butter oder Margarine zerlassen und abkühlen lassen. Mehl mit Backpulver mischen, in eine verschließbare Schüssel (etwa 3 l) sieben und mit Zucker mischen. Butter oder Margarine, Eier und Milch hinzufügen und die Schüssel mit einem Deckel fest verschließen.

3. Schüssel mehrmals kräftig schütteln (insgesamt 15–30 Sekunden), so dass alle Zutaten gut vermischt sind. Alles mit einem Schneebesen oder Rührlöffel nochmals sorgfältig durchrühren, damit trockene Zutaten vom Rand mit untergerührt werden.

4. Den Teig auf ein Backblech (30 x 40 cm, gefettet) geben und glatt streichen. Pfirsichhälften in Spalten schneiden und auf den Teig legen. Danach Nougat mit einem Teelöffel kleckseweise zwischen den Pfirsichhälften verteilen. Das Backblech in den vorgeheizten Backofen schieben.

Ober-/Unterhitze: etwa 200 °C
Heißluft: etwa 180 °C
Backzeit: 20–25 Minuten.

5. Backblech auf einen Kuchenrost stellen. Zum Bestreichen Konfitüre durch ein Sieb streichen und mit Hilfe eines Pinsels auf dem heißen Kuchen verteilen. Den Kuchen erkalten lassen.

Pfirsich-Schokoladen-Kuchen I

Für Kinder

Insgesamt:
E: 67 g, F: 242 g, Kh: 537 g, kJ: 19914, kcal: 4755

Für den Rührteig:
100 g Zartbitter-Schokolade
250 g Butter oder Margarine
150 g Zucker
6 Eigelb (Größe M)
250 g Weizenmehl
3 gestr. TL Dr. Oetker Backin
6 Eiweiß (Größe M)

Für den Belag:
1,5 kg Pfirsiche oder
2 Dosen Pfirsichhälften (Abtropfgewicht je 500 g)

Zum Bestäuben:
3 EL Puderzucker

Zubereitungszeit: 55 Minuten, ohne Abkühlzeit

1. Für den Teig Schokolade in kleine Stücke brechen, in einem kleinen Topf im Wasserbad bei schwacher Hitze zu einer geschmeidigen Masse verrühren, etwas abkühlen lassen.

2. Butter oder Margarine mit Handrührgerät mit Rührbesen auf höchster Stufe geschmeidig rühren. Nach und nach Zucker unterrühren und so lange rühren, bis eine gebundene Masse entstanden ist.

3. Eigelb nach und nach unterrühren (jedes Eigelb knapp ½ Minute). Mehl mit Backpulver mischen, sieben und portionsweise auf mittlerer Stufe unterrühren. Aufgelöste Schokolade untermengen. Eiweiß steif schlagen und unterheben. Den Teig in eine Fettfangschale (30 x 40 cm, gefettet, bemehlt) füllen und glatt streichen.

4. Für den Belag Pfirsiche kurz in kochendes Wasser legen (nicht kochen lassen), in kaltem Wasser abschrecken, enthäuten, halbieren und entsteinen. Pfirsichhälften aus der Dose in einem Sieb abtropfen lassen. Pfirsichhälften mit der Schnittfläche nach unten dicht an dicht auf den Teig legen.

5. Die Fettfangschale in den vorgeheizten Backofen schieben.

Ober-/Unterhitze: etwa 180 °C
Heißluft: etwa 160 °C
Backzeit: etwa 40 Minuten.

6. Die Fettfangschale auf einen Kuchenrost stellen. Den Kuchen erkalten lassen und mit Puderzucker bestäuben.

Abwandlung: Der Pfirsich-Schokoladen-Kuchen kann auch mit Streuseln zubereitet werden. Dafür 300 g Weizenmehl, 150 g Zucker und 150–200 g Butter oder Margarine mit Handrührgerät mit Rührbesen zu Streuseln von gewünschter Größe verarbeiten. Einen Backrahmen um den Teig stellen. Die Streusel auf den Pfirsichhälften verteilen. Die Fettfangschale in den Backofen schieben und den Kuchen wie oben angegeben backen. Anstelle der Pfirsichhälften 2 Dosen Aprikosenhälften (Abtropfgewicht je 480 g) verwenden.

Pfirsichschnitten | Beliebt

Insgesamt:
E: 80 g, F: 400 g, Kh: 640 g, kJ: 20920, kcal: 5000

Für den Belag:
2 Dosen Pfirsichhälften (Abtropfgewicht je 500 g)

Für den Rührteig:
150 g Butter oder Margarine
150 g Zucker
1 Pck. Dr. Oetker Vanillin-Zucker
1 Prise Salz
5 Tropfen Zitronen-Aroma
4 Eier (Größe M)
250 g Weizenmehl
3 gestr. TL Dr. Oetker Backin

Für die Streusel:
150 g Weizenmehl
75 g Zucker
1 Pck. Dr. Oetker Vanillin-Zucker
100 g weiche Butter

Für den Guss:
100 g Puderzucker
3 EL Zitronensaft

Zubereitungszeit: 35 Minuten

1. Für den Belag Pfirsichhälften in einem Sieb gut abtropfen lassen.

2. Für den Teig Butter oder Margarine in einer Rührschüssel mit Handrührgerät mit Rührbesen geschmeidig rühren. Nach und nach Zucker, Vanillin-Zucker, Salz und Zitronen-Aroma unterrühren. So lange rühren, bis eine gebundene Masse entstanden ist. Eier nach und nach unterrühren (jedes Ei etwa ½ Minute).

3. Mehl mit Backpulver mischen, sieben und in 2 Portionen kurz auf mittlerer Stufe unterrühren. Den Teig auf ein Backblech (30 x 40 cm, gefettet) geben, glatt streichen und vor den Teig einen mehrfach geknickten Streifen Alufolie legen. Pfirsichhälften in Scheiben schneiden und auf dem Teig verteilen.

4. Für die Streusel Mehl in eine Schüssel sieben, Zucker, Vanillin-Zucker und Butter hinzufügen. Alles mit Handrührgerät mit Rührbesen zu Streuseln verarbeiten und auf den Pfirsichen verteilen. Das Backblech in den vorgeheizten Backofen schieben.

Ober-/Unterhitze: etwa 180 °C
Heißluft: etwa 160 °C
Backzeit: etwa 25 Minuten.

5. Für den Guss Puderzucker sieben, mit Zitronensaft verrühren und sofort nach dem Backen den Guss mit einem Backpinsel auf dem Gebäck verteilen. Pfirsichschnitten auf dem Backblech auf einem Kuchenrost erkalten lassen.

Tipp: Anstelle von Pfirsichhälften können Sie auch 2 Dosen Tortenpfirsiche in Schnitten (Abtropfgewicht je 500 g) für das Gebäck verwenden.

Pfirsich-Tassenkuchen I

Fruchtig (1 Tasse = 150 ml)

Insgesamt:
E: 68 g, F: 373 g, Kh: 550 g, kJ: 25164, kcal: 6013

Für den All-in-Teig:

4	*Eier (Größe M)*
1 Tasse (150 ml)	*Speiseöl*
1 Tasse (150 g)	*Zucker*
2 Pck.	*Dr. Oetker Pudding-Pulver Vanille-Geschmack*
½ Tasse (50 g)	*Weizenmehl*
2 gestr. TL	*Dr. Oetker Backin*

Für den Belag:

1 Becher (200–250 g)	*Pfirsichjoghurt*
1 Dose	*Pfirsichhälften (Abtropfgewicht 500 g)*
1 kleine Dose	*Pfirsichhälften (Abtropfgewicht 250 g)*
3 Becher (je 200 g)	*Schlagsahne*
2 Pck.	*Dr. Oetker Sahnesteif*

Für den Guss:

375 ml (3/8 l)	*Pfirsichsaft*
2 Pck.	*Galetta Vanille-Geschmack (Pudding-Pulver ohne Kochen)*

Zubereitungszeit: 25 Minuten

1. Für den Teig alle Zutaten in eine Rührschüssel geben und mit Handrührgerät mit Rührbesen erst kurz auf niedrigster, dann auf höchster Stufe in etwa 2 Minuten zu einem Teig rühren. Teig in eine Fettpfanne (30 x 40 cm, gefettet, gemehlt) geben, verstreichen und die Fettpfanne in den vorgeheizten Backofen schieben.

Ober-/Unterhitze: etwa 180 °C
Heißluft: etwa 160 °C
Backzeit: 20–25 Minuten.

2. Den Boden in der Fettpfanne auf einem Kuchenrost erkalten lassen.

3. Für den Belag Fruchtjoghurt verrühren und dünn auf dem Kuchen verstreichen. Pfirsiche in einem Sieb abtropfen lassen, den Saft dabei auffangen. Pfirsiche in Spalten schneiden und auf dem Kuchen verteilen. Sahne mit Sahnesteif steif schlagen und auf den Pfirsichen verstreichen.

4. Für den Guss vom Pfirsichsaft 375 ml (3/8 l) abmessen und mit Galetta nach Packungsanleitung, aber mit den hier angegebenen Mengen verrühren. Guss in einen Spritzbeutel mit kleiner Lochtülle oder einen Gefrierbeutel füllen, zügig ein Gitter auf den Kuchen spritzen und den Kuchen bis zum Servieren kalt stellen.

Tipp: Am besten schmeckt der Kuchen, wenn er am Vortag zubereitet wurde.

Pflaumen-Grieß-Kuchen I

Klassisch – für Kinder

Insgesamt:
E: 121 g, F: 454 g, Kh: 1021 g, kJ: 36409, kcal: 8675

Für den Streuselteig:
350 g Weizenmehl
1 TL Dr. Oetker Backin
150 g Zucker
2 Pck. Dr. Oetker Vanillin-Zucker
2 Eier (Größe M)
100 g weiche Butter oder Margarine

Für den Belag:
2 Gläser Pflaumenhälften (Abtropfgewicht je 385 g)
200 g Pflaumenmus
1 l Milch
1 kg Schlagsahne
4 Pck. Creme Pudding Garant Grieß

Zubereitungszeit: 40 Minuten

1. Für den Teig Mehl mit Backpulver mischen und in eine Rührschüssel sieben. Zucker, Vanillin-Zucker, Eier und Butter oder Margarine hinzufügen und die Zutaten mit Handrührgerät mit Knethaken zu Streuseln verarbeiten. Die Streusel in eine Fettfangschale geben und zu einem Boden andrücken.

2. Für den Belag Pflaumenhälften auf einem Sieb gut abtropfen lassen. Den Teigboden gleichmäßig mit Pflaumenmus bestreichen, dabei einen etwa 1 cm breiten Rand frei lassen. Die Pflaumenhälften auf dem Pflaumenmus verteilen.

3. Milch und Sahne in einem Topf zum Kochen bringen, Topf von der Kochstelle nehmen und Garant Pudding-Pulver hinzufügen, mit einem Schneebesen in etwa 1 Minute zu einer Creme verrühren. Die Grießcreme vom Rand aus auf die Pflaumenhälften geben und glatt streichen. Die Fettfangschale in den vorgeheizten Backofen schieben.

Ober-/Unterhitze: etwa 180 °C
Heißluft: etwa 160 °C
Backzeit: etwa 45 Minuten.

4. Den Kuchen noch etwa 10 Minuten im ausgeschalteten Backofen stehen lassen, dann die Fettfangschale auf einen Kuchenrost stellen, den Kuchen erkalten lassen.

Pflaumenkuchen mit zwei Böden |

Preiswert

Insgesamt:
E: 75 g, F: 296 g, Kh: 780 g, kJ: 25559, kcal: 6102

Für den Knetteig:
180 g Weizenmehl
1 TL Dr. Oetker Backin
75 g Zucker
125 g weiche Butter oder Margarine

Für den Belag:
1½–2 kg Zwetschen (Pflaumen)

Für den Rührteig:
200 g Butter oder Margarine
200 g Zucker
1 Pck. Dr. Oetker Vanillin-Zucker
3 Eier (Größe M)
200 g Weizenmehl
2 TL Dr. Oetker Backin

Zum Bestreuen:
50 g Zucker

Zubereitungszeit: 45 Minuten

1. Für den Knetteig Mehl mit Backpulver mischen und in eine Rührschüssel sieben. Zucker und Butter oder Margarine hinzufügen und die Zutaten mit Handrührgerät mit Knethaken zunächst kurz auf niedrigster, dann auf höchster Stufe gut durcharbeiten. Anschließend auf der leicht bemehlten Arbeitsfläche zu einem glatten Teig verkneten. Sollte er kleben, ihn in Folie gewickelt eine Zeit lang kalt stellen.

2. Den Teig auf einem Backblech (30 x 40 cm, gefettet) ausrollen. Das Backblech in den vorgeheizten Backofen schieben.

Ober-/Unterhitze: etwa 200 °C
Heißluft: etwa 180 °C
Backzeit: etwa 12 Minuten.

3. Für den Belag Zwetschen (Pflaumen) putzen, waschen, trockenreiben, halbieren und entsteinen. Nach Beendigung der Backzeit das Backblech auf einen Kuchenrost stellen und das Gebäck darauf etwas abkühlen lassen.

4. Für den Rührteig Butter oder Margarine mit Handrührgerät mit Rührbesen auf höchster Stufe geschmeidig rühren. Nach und nach Zucker und Vanillin-Zucker unterrühren und so lange rühren, bis eine gebundene Masse entstanden ist. Eier nach und nach unterrühren (jedes Ei etwa ½ Minute).

5. Mehl mit Backpulver mischen, sieben und portionsweise auf mittlerer Stufe unterrühren. Den Rührteig auf dem Knetteigboden verteilen und die Zwetschen (Pflaumen) in Reihen auf dem Rührteig verteilen.

6. Das Backblech wieder in den Backofen schieben und den Kuchen **bei der oben angegebenen Backofeneinstellung noch 50 Minuten backen.**

7. Das Backblech auf einen Kuchenrost stellen, den Kuchen mit Zucker bestreuen und erkalten lassen.

Pflaumen-Marzipan-Schnitten I

Einfach – für Gäste

Insgesamt:
E: 61 g, F: 196 g, Kh: 324 g, kJ: 14388, kcal: 3440

Für den Teig:
1 Pck.
(300 g) TK-Blätterteig

Für die Krokantmasse:
30 g gesiebter Puderzucker
10 g Butter
50 g abgezogene, gehobelte Mandeln

Für den Belag:
750 g Zwetschen

Für die Creme:
200 g Marzipan-Rohmasse
1 Eiweiß (Größe M)
2 EL Kirschkonfitüre

Zum Bestreichen:
1 Eigelb
1 EL Milch

Zubereitungszeit: 45 Minuten, ohne Auftau- und Abkühlzeit

1. Für den Teig Blätterteigplatten nebeneinander zugedeckt bei Zimmertemperatur auftauen lassen.

2. Für die Krokantmasse Puderzucker in einem kleinen Topf goldgelb karamellisieren lassen. Butter und Mandeln unterrühren. Die Masse auf einem mit Speiseöl bestrichenen Stück Alufolie gleichmäßig verteilen und erkalten lassen.

3. Für den Belag Zwetschen waschen, abtropfen lassen und entsteinen. Zwetschen in Spalten schneiden. Für die Creme Marzipan klein schneiden und mit Eiweiß und Konfitüre zu einer glatten Creme verrühren (evtl. mit dem Pürierstab zu einer glatten Creme pürieren).

4. Teigplatten aufeinander legen und auf der leicht bemehlten Arbeitsfläche zu einem Rechteck (etwa 35 x 40 cm) ausrollen. Das Teigstück auf ein Backblech (mit Backpapier belegt) legen. Marzipancreme auf dem Teig verteilen, dabei auf jeder Seite 5 cm frei lassen. Zwetschenspalten auf der Marzipanmasse verteilen. Freie Teigstreifen zur Mitte klappen.

5. Zum Bestreichen Eigelb mit Milch verschlagen. Die Teigstreifen damit bestreichen und mit dem Mandelkrokant bestreuen. Das Backblech in den vorgeheizten Backofen schieben.

Ober-/Unterhitze: etwa 200 °C
Heißluft: etwa 180 °C
Backzeit: etwa 35 Minuten.

6. Das Backblech auf einen Kuchenrost stellen und das Gebäck erkalten lassen.

Tipp: Früchte mit heißer Sauerkirschkonfitüre bestreichen und erkalten lassen. Pflaumen-Marzipan-Schnitten am gleichen Tag verzehren, da Blätterteig frisch am besten schmeckt. Das Gebäck mit Zimt-Sahne servieren. Statt Zwetschen können auch entsteinte Sauerkirschen verwendet werden.

Pflaumenmuskuchen mit Schmand | Beliebt – für Kinder

Insgesamt:
E: 67 g, F: 459 g, Kh: 759 g, kJ: 31393, kcal: 7415

Für den Teig:
4 *Eier (Größe M)*
225 g *Zucker*
1 Pck. *Dr. Oetker Vanillin-Zucker*
125 ml ($^1/_8$ l) *Speiseöl*
150 ml *Orangenlimonade*
250 g *Weizenmehl*
3 gestr. TL *Dr. Oetker Backin*

Für den Belag:
1 Glas
(450 g) *Pflaumenmus*
500 g *Schlagsahne*
3 Pck. *Dr. Oetker Sahnesteif*
3 Pck. *Dr. Oetker Vanillin-Zucker*
600 g *Schmand (Sauerrahm)*

Zum Bestreuen:
Zimt-Zucker-Gemisch

Zubereitungszeit: 30 Minuten

1. Für den Teig Eier, Zucker und Vanillin-Zucker mit Handrührgerät mit Rührbesen auf höchster Stufe gut 1 Minute schaumig schlagen. Öl und Orangenlimonade unterrühren.

2. Mehl und Backpulver mischen, sieben und in 2 Portionen auf mittlerer Stufe kurz unterrühren. Einen Backrahmen auf ein Backblech (30 x 40 cm, gefettet) stellen und den Teig darin verstreichen. Das Backblech in den vorgeheizten Backofen schieben.

Ober-/Unterhitze: etwa 180 °C
Heißluft: etwa 160 °C
Backzeit: etwa 25 Minuten.

3. Backblech auf einen Kuchenrost stellen und Kuchen darauf erkalten lassen.

4. Für den Belag Pflaumenmus gleichmäßig auf dem Kuchen verteilen. Sahne mit Sahnesteif und Vanillin-Zucker steif schlagen. Den Schmand in einer Schüssel verrühren und die Sahne unterheben.

5. Die Creme auf dem Pflaumenmus verstreichen, mit Hilfe einer Gabel verzieren und mit dem Zimt-Zucker-Gemisch bestreuen. Den Kuchen bis zum Servieren kalt stellen. Dann den Backrahmen vorsichtig mit Hilfe eines Messers lösen und entfernen.

Pflaumen-Streuselkuchen | Klassisch

Insgesamt:
E: 98 g, F: 260 g, Kh: 950 g, kJ: 27852, kcal: 6656

Für den Hefeteig:
200 ml Milch
75 g Butter oder Margarine
375 g Weizenmehl
1 Pck. Dr. Oetker Trockenbackhefe
50 g Zucker
1 Pck. Dr. Oetker Vanillin-Zucker
1 Prise Salz
1 Ei (Größe M)

Für den Belag:
2 ½ kg Pflaumen oder Zwetschen

Für die Streusel:
300 g Weizenmehl
150 g Zucker
1 Pck. Dr. Oetker Vanillin-Zucker
200 g weiche Butter oder Margarine

Zubereitungszeit: 50 Minuten, ohne Teiggehzeit

1. Für den Teig Milch in einem Topf erwärmen und Butter oder Margarine darin zerlassen. Mehl in eine Rührschüssel sieben und mit Hefe sorgfältig vermischen. Zucker, Vanillin-Zucker, Salz, Ei und die warme Milch-Fett-Mischung hinzufügen.

2. Die Zutaten mit Handrührgerät mit Knethaken zunächst kurz auf niedrigster, dann auf höchster Stufe in etwa 5 Minuten zu einem glatten Teig verarbeiten. Den Teig zugedeckt so lange an einem warmen Ort gehen lassen, bis er sich sichtbar vergrößert hat (etwa 20 Minuten).

3. Für den Belag in der Zwischenzeit Pflaumen oder Zwetschen waschen, in einem Sieb gut abtropfen lassen, entstielen, trockentupfen, halbieren und entsteinen. Für die Streusel Mehl in eine Rührschüssel sieben. Zucker, Vanillin-Zucker und Butter oder Margarine hinzufügen. Die Zutaten mit Handrührgerät mit Rührbesen zu Streuseln verarbeiten.

4. Den Teig aus der Schüssel nehmen, auf der leicht bemehlten Arbeitsfläche gut durchkneten und in einer Fettpfanne (30 x 40 cm, gefettet) ausrollen. Teig dachziegelartig mit Pflaumen oder Zwetschen (Innenseiten nach oben) belegen.

5. Die Streusel gleichmäßig darauf verteilen. Den Teig nochmals so lange gehen lassen, bis er sich sichtbar vergrößert hat (etwa 20 Minuten). Dann die Fettpfanne in den vorgeheizten Backofen schieben.

Ober-/Unterhitze: etwa 200 °C
Heißluft: etwa 180 °C
Backzeit: 25–30 Minuten.

6. Die Fettpfanne auf einen Kuchenrost stellen und den Kuchen darauf erkalten lassen.

Physalis-Pfirsich-Kuchen | Exotisch

Insgesamt:
E: 74 g, F: 187 g, Kh: 539 g, kJ: 17954, kcal: 4285

Für den Schüttelteig:
250 g Weizenmehl
2 gestr. TL Dr. Oetker Backin
200 g Puderzucker
3 Eier (Größe M)
200 ml Multivitaminsaft
125 ml (1/8 l) Speiseöl

Für die Creme:
2 Pck. Paradiescreme Zitronen-Geschmack (Dessertpulver)
400 ml Milch
250 g griechischer Sahnejoghurt

Für den Belag:
20 Physalis ohne Hüllen (Kapstachelbeeren)
4 reife Pfirsiche

Für den Guss:
2 Pck. Tortenguss, klar
4 EL Zucker
500 ml (½ l) Wasser oder Apfelsaft

Zubereitungszeit: 35 Minuten, ohne Kühlzeit

1. Für den Teig Mehl mit Backpulver und Puderzucker mischen und in eine verschließbare Schüssel (etwa 3 l) sieben. Eier, Multivitaminsaft und Speiseöl hinzufügen. Die Schüssel mit dem Deckel fest verschließen.

2. Schüssel mehrmals kräftig schütteln (insgesamt 15–30 Sekunden), so dass alle Zutaten gut vermischt sind. Alles mit einem Schneebesen oder Rührlöffel nochmals sorgfältig durchrühren, damit trockene Zutaten vom Rand mit untergerührt werden.

3. Teig in eine Fettpfanne (30 x 40 cm, gefettet, gemehlt) geben und glatt streichen. Die Fettpfanne in den vorgeheizten Backofen schieben.

Ober-/Unterhitze: etwa 180 °C
Heißluft: etwa 160 °C
Backzeit: 15–20 Minuten.

4. Die Fettpfanne auf einen Kuchenrost stellen und die Gebäckplatte darauf erkalten lassen.

5. Für die Creme Dessertpulver mit Milch nach Packungsanleitung, aber nur mit insgesamt 400 ml Milch zubereiten. Joghurt unterrühren. Die Creme auf der Gebäckplatte verteilen. Den Kuchen etwa 1 Stunde kalt stellen, bis die Creme fest geworden ist.

6. Für den Belag Physalis waschen, trockentupfen und halbieren. Pfirsiche waschen, trockentupfen, halbieren, entsteinen und in feine Spalten schneiden. Physalis und Pfirsichspalten auf der Creme verteilen.

7. Für den Guss Tortengusspulver mit Zucker und Wasser oder Apfelsaft nach Packungsanleitung zubereiten. Den Guss vorsichtig auf den Früchten verteilen. Guss fest werden lassen.

Tipp: Griechischer Joghurt ist sehr stichfest.

Picasso-Rolle | Raffiniert

Insgesamt:
E: 42 g, F: 29 g, Kh: 623 g, kJ: 12404, kcal: 2962

Für den Biskuitteig:
4 Eier (Größe M)
5 EL heißes Wasser
150 g Zucker
1 Pck. Dr. Oetker Vanillin-Zucker
100 g Weizenmehl
50 g Speisestärke
1 gestr. TL Dr. Oetker Backin
1 EL Kakaopulver

Für die Füllung:
250 g Erdbeerkonfitüre
250 g Kiwikonfitüre

Zubereitungszeit: 20 Minuten

1. Für den Teig Eier und Wasser mit Handrührgerät mit Rührbesen auf höchster Stufe in 1 Minute schaumig schlagen. Zucker und Vanillin-Zucker mischen, in 1 Minute unter Rühren einstreuen, dann noch 2 Minuten weiterschlagen. Mehl mit Speisestärke und Backpulver mischen, auf die Eiercreme sieben und kurz auf niedrigster Stufe unterrühren.

2. Zwei Drittel des Teiges gleichmäßig auf ein Backblech (30 x 40 cm, gefettet, mit Backpapier belegt) streichen. Kakaopulver sieben und vorsichtig unter den restlichen Teig rühren. Dunklen Teig in Klecksen auf dem hellen Teig verteilen und mit einer Gabel nach Belieben Muster in den Teig ziehen. Das Backblech in den vorgeheizten Backofen schieben.

Ober-/Unterhitze: etwa 200 °C
Heißluft: etwa 180 °C
Backzeit: etwa 12 Minuten.

3. Nach dem Backen den Biskuit sofort auf ein mit Zucker bestreutes Backpapier stürzen. Das mitgebackene Backpapier mit kaltem Wasser bestreichen und vorsichtig, aber schnell abziehen.

4. Die Biskuitplatte sofort gleichmäßig mit Konfitüre bestreichen (Konfitüre vorher gut durchrühren, evtl. pürieren). Dazu im Wechsel rote und grüne Längsstreifen auf die Biskuitplatte streichen. Die Platte von der längeren Seite aus aufrollen und erkalten lassen.

Prasselschnitten | Schnell – einfach

Insgesamt:
E: 59 g, F: 275 g, Kh: 739 g, kJ: 23705, kcal: 5663

1 Pck. (10 quadratische Platten, 450 g) TK-Blätterteig

Zum Bestreichen:
75–100 g Aprikosen- oder Kirschkonfitüre

Für die Streusel:
300 g Weizenmehl
150 g Zucker
1 Pck. Dr. Oetker Vanillin-Zucker
1 Msp. gemahlener Zimt
200 g weiche Butter

Für den Guss:
150 g gesiebter Puderzucker
2 EL Zitronensaft

Zubereitungszeit: 25 Minuten, ohne Antauzeit

1. Blätterteigplatten nebeneinander nach Packungsanleitung antauen lassen. Die Platten auf einem Backblech (gefettet, mit Wasser besprenkelt) verteilen, mit einer Gabel mehrmals einstechen und mit Konfitüre bestreichen. Teigplatten 15 Minuten ruhen lassen.

2. Für die Streusel Mehl in eine Rührschüssel sieben und Zucker, Vanillin-Zucker, Zimt und Butter hinzufügen. Die Zutaten mit Handrührgerät mit Rührbesen zunächst kurz auf niedrigster, dann auf höchster Stufe zu Streuseln von gewünschter Größe verarbeiten.

3. Den bestrichenen Blätterteigboden mit den Streuseln bestreuen. Das Backblech in den vorgeheizten Backofen schieben.

Ober-/Unterhitze: etwa 200 °C
Heißluft: etwa 180 °C
Backzeit: etwa 20 Minuten.

4. Das Gebäck auf einen Kuchenrost legen und erkalten lassen.

5. Für den Guss Puderzucker und Zitronensaft zu einer dickflüssigen Masse verrühren. Das Gebäck mit dem Guss besprenkeln. Guss trocknen lassen und das Gebäck in Quadrate schneiden.

Preiselbeer-Pudding-Kuchen

Raffiniert

Insgesamt:
E: 158 g, F: 358 g, Kh: 829 g, kJ: 30007, kcal: 7181

Zum Vorbereiten:
300 g Zwieback

Für den Biskuitteig:
8 Eier (Größe M)
2 EL heißes Wasser
200 g Zucker
1 Pck. Dr. Oetker Vanillin-Zucker
5 Tropfen Bittermandel-Aroma
1 TL Dr. Oetker Backin
200 g gemahlene Haselnusskerne

Für den Belag:
6 Blatt weiße Gelatine
2 Pck. Dr. Oetker Pudding-Pulver Vanille-Geschmack
3 EL Zucker
800 ml Milch
2 Becher (je 125 g) Crème double
1 Glas Wild-Preiselbeeren (Einwaage 400 g)

Zum Garnieren:
100 g Schokoriegel mit Joghurt-Erdbeer-Füllung

Zubereitungszeit: 45 Minuten, ohne Kühlzeit

1. Zwiebäcke auf einer Haushaltsreibe fein reiben.

2. Für den Teig Eier und Wasser mit Handrührgerät mit Rührbesen auf höchster Stufe in 1 Minute schaumig schlagen. Zucker und Vanillin-Zucker mischen, in 1 Minute einstreuen und noch etwa 2 Minuten schlagen. Aroma unterrühren.

3. Zwiebackbrösel mit Backpulver mischen und kurz auf niedrigster Stufe unterrühren, Haselnusskerne unterheben. Den Teig auf ein Backblech (30 x 40 cm, gefettet mit Backpapier belegt) geben und glatt streichen. Das Backpapier an der offenen Seite des Backblechs so zur Falte knicken, dass ein Rand entsteht. Das Backblech in den vorgeheizten Backofen schieben.

Ober-/Unterhitze: etwa 180 °C
(mittlere Einschubleiste)
Heißluft: etwa 160 °C
Backzeit: etwa 30 Minuten.

4. Die Biskuitplatte vorsichtig lösen und auf ein Tablett oder ein Backblech stürzen. Biskuitplatte mit dem Backpapier erkalten lassen. Dann mitgebackenes Backpapier abziehen und einen Backrahmen darumstellen.

5. Für den Belag Gelatine nach Packungsanleitung einweichen. Aus Pudding-Pulver, Zucker und Milch nach Packungsanleitung, aber nur mit 800 ml Milch und 3 Esslöffeln Zucker einen Pudding zubereiten. Den Topf von der Kochstelle nehmen, zuerst Crème double, dann die ausgedrückte Gelatine unter den heißen Pudding rühren.

6. Zwei Drittel der Puddingcreme auf der Biskuitplatte verteilen. Restliche Puddingcreme und Preiselbeeren mit Handrührgerät mit Rührbesen verrühren und vorsichtig auf die helle Puddingcreme geben.

7. Zum Garnieren Schokoriegel mit einem Sparschäler in dünne Späne schneiden. Den Kuchen mit der Schokoladenspäne garnieren. Den Kuchen mindestens 2 Stunden kalt stellen. Den Backrahmen vorsichtig lösen und entfernen.

Preiselbeerrolle | Für Gäste

Insgesamt:
E: 66 g, F: 220 g, Kh: 355 g, kJ: 15719, kcal: 3753

Für den Biskuitteig:

- 4 *Eier (Größe M)*
- 1 *Eigelb (Größe M)*
- 4 EL *heißes Wasser*
- 125 g *Zucker*
- 1 Pck. *Dr. Oetker Vanillin-Zucker*
- 100 g *Weizenmehl*
- 25 g *Speisestärke*
- 1 Msp. *Dr. Oetker Backin*

Für die Füllung:

- 8 Blatt *weiße Gelatine*
- 2 Gläser *Wild-Preiselbeer-Dessert (Abtropfgewicht je 175 g)*
- 200 ml *Preiselbeerflüssigkeit aus dem Glas*
- 600 g *Schlagsahne*
- 2 Pck. *Dr. Oetker Vanillin-Zucker*

Zubereitungszeit: 50 Minuten, ohne Kühlzeit

1. Für den Teig Eier, Eigelb und Wasser mit Handrührgerät mit Rührbesen auf höchster Stufe in 1 Minute schaumig schlagen. Zucker mit Vanillin-Zucker in 1 Minute unter Rühren einstreuen, noch 2 Minuten weiterschlagen.

2. Mehl mit Speisestärke und Backpulver mischen, auf die Eiercreme sieben und kurz auf niedrigster Stufe unterrühren. Teig auf ein Backblech (30 x 40 cm, gefettet, mit Backpapier belegt) streichen. Das Backpapier vor dem Teig zur Falte knicken, so dass ein Rand entsteht. Das Backblech in den vorgeheizten Backofen schieben.

Ober-/Unterhitze: etwa 200 °C
Heißluft: etwa 180 °C
Backzeit: etwa 12 Minuten.

3. Die Biskuitplatte sofort vom Rand lösen, auf ein mit Zucker bestreutes Backpapier stürzen und mit dem Backpapier erkalten lassen.

4. Für die Füllung Gelatine nach Packungsanleitung einweichen. Die Preiselbeeren zum Abtropfen in ein Sieb geben (evtl. danach auf Küchenpapier legen), den Saft dabei auffangen und 200 ml davon abmessen. Gelatine leicht ausdrücken und in einem Topf bei schwacher Hitze auflösen. Topf von der Kochstelle nehmen und den Preiselbeersaft nach und nach unterrühren. Saftmischung kalt stellen.

5. Wenn die Mischung beginnt dicklich zu werden, Sahne mit Vanillin-Zucker steif schlagen und unterheben. Die abgetropften Preiselbeeren unter gut die Hälfte der Sahnemasse heben. Die Biskuitplatte mit der Preiselbeersahne bestreichen und von der längeren Seite aus aufrollen.

6. Die Rolle mit der restlichen Sahnecreme bestreichen und kurz kalt stellen. Mit Hilfe einer Gabel wellenförmige Längsstriche durch die Sahne ziehen. Die Rolle 2–3 Stunden kalt stellen.

Pritzelkuchen | Für Kinder

Insgesamt:
E: 75 g, F: 253 g, Kh: 540 g, kJ: 20084, kcal: 4800

Für den Rührteig:

250 g	Butter oder Margarine
200 g	Zucker
1 Pck.	Dr. Oetker Vanillin-Zucker
1 Prise	Salz
5	Eier (Größe M)
2 Beutel (je 6 g)	Brausepulver Orange
350 g	Weizenmehl
3 gestr. TL	Dr. Oetker Backin
etwa 50 ml	Milch

Zum Tränken und Bestreuen:

2 Beutel (je 6 g)	Brausepulver Orange
200 ml	Orangensaft
	bunter Knusperpuffreis

Zubereitungszeit: 20 Minuten

1. Für den Teig Butter oder Margarine mit Handrührgerät mit Rührbesen auf höchster Stufe geschmeidig rühren. Nach und nach Zucker, Vanillin-Zucker und Salz unterrühren. So lange rühren, bis eine gebundene Masse entstanden ist. Eier nach und nach unterrühren (jedes Ei etwa ½ Minute). Brausepulver unterrühren.

2. Mehl mit Backpulver mischen, sieben und in 2 Portionen abwechselnd mit der Milch auf mittlerer Stufe kurz unterrühren. Den Teig auf ein Backblech (30 x 40 cm, gefettet) geben und glatt streichen. Das Backblech in den vorgeheizten Backofen schieben.

Ober-/Unterhitze: etwa 180 °C
Heißluft: etwa 160 °C
Backzeit: etwa 25 Minuten.

3. Nach dem Backen das Backblech auf einen Kuchenrost stellen und den Kuchen 10 Minuten abkühlen lassen. Zum Tränken das Brausepulver mit dem Saft verrühren. Den warmen Kuchen mit Hilfe eines Pinsels mit dem angerührten Brausepulver gleichmäßig tränken und mit dem Knusperpuffreis bestreuen.

Prosecco-Erfrischungs-Ecken

Für Gäste

Insgesamt:
E: 115 g, F: 438 g, Kh: 730 g, kJ: 31348, kcal: 7476

Für den Rührteig:
175 g Butter oder Margarine
150 g Zucker
1 Pck. Dr. Oetker Finesse Geriebene Zitronenschale
1 Prise Salz
5 Eier (Größe M)
350 g Weizenmehl
1 Pck. Dr. Oetker Backin
etwa 6 EL Milch

Für den Belag:
2 Dosen Mandarinen (Abtropfgewicht je 175 g)
1 Pck. Käse-Sahne-Tortencreme (Cremepulver)
200 ml Prosecco
500 g Schlagsahne
250 g Zitronenjoghurt

Zum Verzieren und Garnieren:
250 g Schlagsahne
1 Pck. Dr. Oetker Vanillin-Zucker
1 Pck. (75 g) Erfrischungsstäbchen

Zubereitungszeit: 45 Minuten, ohne Kühlzeit

1. Für den Teig Butter oder Margarine mit Handrührgerät mit Rührbesen auf höchster Stufe geschmeidig rühren. Nach und nach Zucker, Zitronenschale und Salz unterrühren. So lange rühren, bis eine gebundene Masse entstanden ist. Eier nach und nach unterrühren (jedes Ei etwa ½ Minute).

2. Mehl mit Backpulver mischen und in 2 Portionen abwechselnd mit der Milch auf mittlerer Stufe kurz unterrühren. Den Teig auf ein Backblech (30 x 40 cm, gefettet, gemehlt) geben und glatt streichen. Das Backblech in den vorgeheizten Backofen schieben.

Ober-/Unterhitze: etwa 200 °C
Heißluft: etwa 180 °C
Backzeit: 20–25 Minuten.

3. Das Backblech auf einen Kuchenrost stellen. Den Gebäckboden erkalten lassen und einen Backrahmen darumstellen.

4. Für den Belag Mandarinen in einem Sieb gut abtropfen lassen und auf dem Gebäckboden verteilen. Tortencreme nach Packungsanleitung, aber mit 200 ml Prosecco, 500 g Sahne und 250 g Zitronenjoghurt zubereiten. Die Creme auf die Mandarinen geben und glatt streichen. Den Kuchen 2–3 Stunden kalt stellen.

5. Den Backrahmen lösen und entfernen. Den Kuchen in etwa 15 x 15 cm große Quadrate schneiden, diese diagonal halbieren, so dass Dreiecke entstehen, und auf einer Kuchenplatte anrichten.

6. Zum Verzieren und Garnieren Sahne mit Vanillin-Zucker steif schlagen und in einen Spritzbeutel mit Lochtülle füllen. Tuffs auf die Dreiecke spritzen und die Schnitten mit Erfrischungsstäbchen garnieren.

Quark-Apfel-Kuchen mit Streuseln | Beliebt

Insgesamt:
E: 240 g, F: 440 g, Kh: 940 g, kJ: 36080, kcal: 8620

Für den Quark-Öl-Teig:
300 g Weizenmehl
3 gestr. TL Dr. Oetker Backin
75 g Zucker
1 Pck. Dr. Oetker Vanillin-Zucker
1 Prise Salz
150 g Magerquark
100 ml Milch
100 ml Speiseöl (z.B. Sonnenblumenöl)

Für den Belag:
1 ½ kg säuerliche Äpfel
4 Eiweiß (Größe M)
150 g weiche Butter oder Margarine
100 g Zucker
½ Fläschchen Zitronen-Aroma
4 Eigelb (Größe M)
850 g Magerquark
50 g Weizengrieß

Für die Streusel:
200 g Weizenmehl
70 g abgezogene, gemahlene Mandeln
150 g Zucker
½ TL gemahlener Zimt
150 g weiche Butter oder Margarine

Zubereitungszeit: etwa 45 Minuten

1. Für den Teig Mehl mit Backpulver mischen und in eine Rührschüssel sieben. Restliche Zutaten für den Teig hinzufügen und alles mit Handrührgerät mit Knethaken erst kurz auf niedrigster, dann auf höchster Stufe zu einem glatten Teig verarbeiten (nicht zu lange kneten, Teig klebt sonst).

2. Anschließend den Teig auf der leicht bemehlten Arbeitsfläche zu einer Rolle formen. Teig auf einem Backblech (30 x 40 cm, gefettet) ausrollen und vor den Teig einen mehrfach geknickten Streifen Alufolie legen.

3. Für den Belag Äpfel schälen, vierteln, entkernen und in dünne Spalten schneiden. Die Apfelspalten dachziegelartig auf den Teig legen. Eiweiß mit Handrührgerät mit Rührbesen sehr steif schlagen und beiseite stellen. Butter oder Margarine in einer Rührschüssel mit Handrührgerät mit Rührbesen geschmeidig rühren. Nach und nach Zucker, Zitronen-Aroma, Eigelb, Quark und Grieß unterrühren. Eischnee unter die Quarkmasse ziehen und die Masse auf den Äpfeln verstreichen.

4. Für die Streusel Mehl sieben, mit Mandeln, Zucker, Zimt und weicher Butter oder Margarine in eine Schüssel geben und mit Handrührgerät mit Rührbesen zu Streuseln von gewünschter Größe verarbeiten. Die Streusel gleichmäßig auf der Quarkmasse verteilen und das Backblech in den vorgeheizten Backofen schieben.

Ober-/Unterhitze: etwa 180 °C
Heißluft: etwa 160 °C
Backzeit: etwa 60 Minuten.

5. Das Backblech auf einen Kuchenrost stellen und den Kuchen darauf erkalten lassen.

Tipp: Gut schmeckt es auch, wenn Sie anstelle der Streusel 50 g abgezogene, gehobelte Mandeln und 50 g Rosinen auf der Quarkmasse verteilen.

Quark-Aprikosen-Kuchen I

Gut vorzubereiten

Insgesamt:
E: 235 g, F: 352 g, Kh: 746 g, kJ: 29929, kcal: 7143

Für den Knetteig:

300 g Weizenmehl
2 gestr. TL Dr. Oetker Backin
100 g Zucker
1 Prise Salz
2 Eier (Größe M)
100 g Butter oder Margarine

Für den Belag:

je 1 große und kleine Dose Aprikosenhälften (Abtropfgewicht 380 g und 240 g)

Für die Füllung:

50 g Löffelbiskuits oder Amarettini (ital. Mandelmakronen)
50 g abgezogene, gemahlene Mandeln
1 kg Magerquark
4 Eigelb (Größe M)
150 g Zucker
3–4 EL Zitronensaft
2 Pck. Dr. Oetker Finesse Geriebene Zitronenschale
2 Pck. Saucenpulver Vanille-Geschmack zum Kochen
500 g Schlagsahne

Zum Bestreichen und Bestreuen:

2 EL Aprikosenkonfitüre
50 g abgezogene, gebräunte, gehobelte Mandeln

Zubereitungszeit: 50 Minuten

1. Für den Teig Mehl mit Backpulver mischen und in eine Rührschüssel sieben. Zucker, Salz, Eier und Butter oder Margarine hinzufügen. Die Zutaten mit Handrührgerät mit Knethaken zunächst kurz auf niedrigster, dann auf höchster Stufe gut durcharbeiten.

2. Anschließend den Teig auf der leicht bemehlten Arbeitsfläche kurz verkneten. Sollte er kleben, ihn in Folie gewickelt eine Zeit lang kalt stellen. Den Teig auf einem Backblech (30 x 40 cm, gefettet) ausrollen.

3. Für den Belag Aprikosenhälften in einem Sieb abtropfen lassen. Für die Füllung Löffelbiskuits oder Amarettini in einen Gefrierbeutel geben und den Beutel verschließen. Löffelbiskuits oder Amarettini mit einer Teigrolle zerbröseln. Gebäckbrösel mit den Mandeln vermischen und auf den Teigboden streuen. Einen Backrahmen darumstellen.

4. Quark mit Eigelb, Zucker, Zitronensaft und -schale und Saucenpulver gut verrühren. Sahne steif schlagen und unterheben. Die Quark-Sahne-Masse auf den Teig geben und glatt streichen. Aprikosenhälften mit der Wölbung nach oben darauf verteilen. Das Backblech in den vorgeheizten Backofen schieben.

Ober-/Unterhitze: etwa 200 °C
Heißluft: etwa 180 °C
Backzeit: etwa 45 Minuten.

5. Das Backblech auf einen Kuchenrost stellen. Konfitüre durch ein Sieb streichen. Den noch heißen Kuchen damit bestreichen und mit Mandeln bestreuen. Kuchen erkalten lassen. Dann Backrahmen lösen und entfernen.

Quarkkuchen mit Johannisbeergelee | Beliebt

Insgesamt:
E: 218 g, F: 124 g, Kh: 969 g, kJ: 25524, kcal: 6094

Für den Knetteig:
350 g Weizenmehl
2 gestr. TL Dr. Oetker Backin
100 g Zucker
1 Pck. Dr. Oetker Vanillin-Zucker
1 Prise Salz
2 Eier (Größe M)
100 g Butter oder Margarine

Für den Belag:
1 kg Magerquark
4 Eigelb (Größe M)
40 g Hartweizengrieß
150 g Zucker
2 Pck. Dr. Oetker Vanillin-Zucker
abgeriebene Schale von
½ Bio-Zitrone (unbehandelt)
2 EL Zitronensaft
4 Eiweiß (Größe M)
350 g Johannisbeergelee

Zum Verzieren:
150 g Puderzucker
2–3 EL Zitronensaft

Zubereitungszeit: 60 Minuten, ohne Kühlzeit

1. Für den Teig Mehl mit Backpulver mischen und in eine Rührschüssel sieben. Zucker, Vanillin-Zucker, Salz, Eier und Butter oder Margarine hinzufügen. Die Zutaten mit Handrührgerät mit Knethaken zunächst kurz auf niedrigster, dann auf höchster Stufe gut durcharbeiten.

2. Anschließend den Teig auf der leicht bemehlten Arbeitsfläche kurz verkneten. Sollte der Knetteig kleben, ihn in Folie gewickelt 20–30 Minuten kalt stellen.

3. Teig in einer Fettpfanne (30 x 40 cm, gefettet) ausrollen, dabei den Rand etwas hochdrücken. Das Backblech in den vorgeheizten Backofen schieben und den Teig vorbacken.

Ober-/Unterhitze: etwa 180 °C
Heißluft: etwa 160 °C
Backzeit: etwa 15 Minuten.

4. Für den Belag Quark mit Eigelb, Grieß, Zucker, Vanillin-Zucker, Zitronenschale und Zitonensaft gut verrühren. Eiweiß steif schlagen und unterheben. Die Masse auf den vorgebackenen Boden streichen. Die Fettpfanne wieder in den Backofen schieben und den Kuchen bei gleicher Backofeneinstellung in etwa 30 Minuten fertig backen.

5. Das Backblech auf einen Kuchenrost stellen und den Kuchen erkalten lassen.

6. Johannisbeergelee unter Rühren gut aufkochen lassen, auf den Belag streichen und fest werden lassen.

7. Zum Verzieren Puderzucker mit Zitronensaft verrühren, in einen kleinen Gefrierbeutel füllen, einen Ecke abschneiden und anschließend Streifen auf das Gelee spritzen.

Raspelkuchen mit Kirschen I

Schnell – einfach

Insgesamt:
E: 98 g, F: 506 g, Kh: 842 g, kJ: 34884, kcal: 8326

Zum Vorbereiten:
2 Gläser Sauerkirschen (Abtropfgewicht je 370 g)

Für den Rührteig:
250 g Butter oder Margarine
200 g Zucker
1 Pck. Dr. Oetker Vanillin-Zucker
1 Prise Salz
5 Eier (Größe M)
375 g Weizenmehl
3 gestr. TL Dr. Oetker Backin
2 EL Milch

Für den Belag:
150 g Butter, 200 g Zucker
1 Pck. Dr. Oetker Vanillin-Zucker
200 g Kokosraspel
2–3 EL Milch

Zubereitungszeit: 25 Minuten, ohne Abkühlzeit

1. Zum Vorbereiten Sauerkirschen in einem Sieb gut abtropfen lassen.

2. Für den Teig Butter oder Margarine mit Handrührgerät mit Rührbesen auf höchster Stufe geschmeidig rühren. Nach und nach Zucker, Vanillin-Zucker und Salz unterrühren. So lange rühren, bis eine gebundene Masse entstanden ist.

3. Eier nach und nach unterrühren (jedes Ei etwa ½ Minute). Mehl mit Backpulver mischen, sieben und abwechselnd mit der Milch in 2 Portionen kurz auf mittlerer Stufe unterrühren. Den Teig auf ein Backblech (30 x 40 cm, gefettet) geben und glatt streichen. Sauerkirschen darauf verteilen.

4. Für den Belag Butter in einem Topf zerlassen. Nach und nach Zucker und Vanillin-Zucker hinzufügen und unter Rühren schmelzen lassen. Den Topf von der Kochstelle nehmen und Kokosraspel und Milch unterrühren. Die Kokosmasse auf dem mit Sauerkirschen belegten Teig verteilen. Das Backblech in den vorgeheizten Backofen schieben.

Ober-/Unterhitze: etwa 180 °C
Heißluft: etwa 160 °C
Backzeit: etwa 40 Minuten.

5. Das Backblech auf einen Kuchenrost stellen. Den Kuchen darauf erkalten lassen und in Stücke schneiden.

Reiskuchen, fruchtig | Für Kinder

Insgesamt:
E: 119 g, F: 204 g, Kh: 725 g, kJ: 22454, kcal: 5365

Für den Belag:
1 Dose Ananasscheiben (Abtropfgewicht 245 g)
1 Glas Kaiser- oder Sauerkirschen (Abtropfgewicht 370 g)

Für die Füllung:
150 g Milchreis (Rundkornreis)
600 ml Milch
50 g Zucker
1 Pck. Dr. Oetker Vanillin-Zucker
1 Pck. Dr. Oetker Finesse Geriebene Zitronenschale

Für den Quark-Öl-Teig:
400 g Weizenmehl
1 Pck. Dr. Oetker Backin
75 g Zucker
1 Pck. Dr. Oetker Vanillin-Zucker
1 Prise Salz
250 g Magerquark
75 ml Milch
100 ml Speiseöl (z.B. Sonnenblumenöl)

Zum Bestreichen:
1 Eigelb (Größe M)
2 EL Milch

Außerdem:
200 g Schlagsahne
1 Eiweiß (Größe M)

Zubereitungszeit: 45 Minuten

1. Für den Belag Ananas und Kirschen getrennt in Sieben abtropfen lassen.

2. Für die Füllung Reis mit Milch nach Packungsanleitung gar kochen. Zucker, Vanillin-Zucker und Zitronenschale unterrühren und den Milchreis erkalten lassen.

3. Für den Teig in der Zwischenzeit Mehl mit Backpulver mischen und in eine Rührschüssel sieben. Restliche Zutaten für den Teig hinzufügen und alles mit Handrührgerät mit Knethaken erst kurz auf niedrigster, dann auf höchster Stufe zu einem glatten Teig verarbeiten (nicht zu lange kneten, Teig klebt sonst). Teig auf der leicht bemehlten Arbeitsfläche zu einer Rolle formen.

4. Die Hälfte des Teiges auf einem Backblech (30 x 40 cm, gefettet) ausrollen. Drei Viertel des restlichen Teiges zu einer langen Rolle formen und sie als Rand um den Boden legen, aber nicht andrücken. Zum Bestreichen Eigelb mit Milch verschlagen. Die Rolle damit bestreichen und mit einer Küchenschere mehrmals im Abstand von 1–2 cm etwas einschneiden.

5. Sahne und Eiweiß getrennt steif schlagen und unter den erkalteten Reis heben. Die Reismasse auf dem Teig verteilen. Ananasscheiben darauf legen, Kirschen in die Mitte der Scheiben und dazwischen legen. Restlichen Teig ausrollen, Motive (z.B. Halbmonde) ausstechen, auf den Belag legen und mit der restlichen Eigelbmilch bestreichen. Das Backblech in den vorgeheizten Backofen schieben.

Ober-/Unterhitze: etwa 180 °C
Heißluft: etwa 160 °C
Backzeit: etwa 40 Minuten.

6. Das Backblech auf einen Kuchenrost stellen und den Kuchen darauf erkalten lassen.

Reis-Pflaumen-Kuchen | Für Kinder

Insgesamt:
E: 115 g, F: 420 g, Kh: 850 g, kJ: 32940, kcal: 7873

Für den Rührteig:
200 g Butter oder Margarine
150 g Zucker
1 Pck. Dr. Oetker Vanillin-Zucker
1 Prise Salz
4 Eier (Größe M)
200 g Weizenmehl
40 g Speisestärke
4 gestr. TL Dr. Oetker Backin

Für den Belag:
2 Gläser Pflaumen (je 385 g Abtropfgewicht)
500 ml (½ l) Pflaumensaft aus den Gläsern
2 Pck. Tortenguss, klar
1 l Milch
1 Prise Salz
100 g Zucker
1 Pck. Dr. Oetker Finesse Geriebene Zitronenschale
150 g Milchreis (Rundkornreis)
6 Blatt weiße Gelatine
600 g Schlagsahne

Zum Bestreuen:
Zimt-Zucker oder Puderzucker

Zubereitungszeit: 60 Minuten, ohne Kühlzeit

1. Für den Teig Butter oder Margarine mit Handrührgerät mit Rührbesen auf höchster Stufe geschmeidig rühren. Nach und nach Zucker, Vanillin-Zucker und Salz unterrühren. So lange rühren, bis eine gebundene Masse entstanden ist. Eier nach und nach unterrühren (jedes Ei etwa ½ Minute).

2. Mehl mit Speisestärke und Backpulver mischen, sieben und in 2 Portionen auf mittlerer Stufe unterrühren. Einen Backrahmen auf ein Backblech (30 x 40 cm, gefettet) stellen und den Teig darin verstreichen. Das Backblech in den vorgeheizten Backofen schieben.

Ober-/Unterhitze: etwa 180 °C
Heißluft: etwa 160 °C
Backzeit: etwa 20 Minuten.

3. Das Backblech auf einen Kuchenrost stellen und den Boden darauf erkalten lassen.

4. Für den Belag Pflaumen in einem Sieb abtropfen lassen, dabei den Saft auffangen und 500 ml (½ l) abmessen. Pflaumen evtl. etwas kleiner schneiden. Aus Tortenguss und Pflaumensaft nach Packungsanleitung einen Guss zubereiten und die Pflaumen unterheben. Die Masse etwas abkühlen lassen und auf dem Boden verteilen.

5. Milch mit Salz, Zucker und Zitronenschale in einem Topf zum Kochen bringen. Den Milchreis unter Rühren einstreuen, kurz aufkochen lassen und nach Packungsanleitung ausquellen lassen. Gelatine nach Packungsanleitung einweichen, dann leicht ausdrücken und im heißen Milchreis unter Rühren auflösen. Die Reismasse etwas abkühlen lassen, dabei gelegentlich umrühren.

6. Sahne steif schlagen und unter die erkaltete Reismasse heben. Die Reiscreme auf den Pflaumen verteilen und glatt streichen. Den Kuchen etwa 2 Stunden kalt stellen. Dann den Backrahmen vorsichtig lösen und entfernen. Den Kuchen mit Zimt-Zucker oder Puderzucker bestreuen.

Rhabarber-Himbeer-Kuchen | Fettarm

Insgesamt:
E: 83 g, F: 105 g, Kh: 497 g, kJ: 13912, kcal: 3323

Für den Quark-Öl-Teig:
300 g Weizenmehl
4 gestr. TL Dr. Oetker Backin
150 g Magerquark
75 ml fettarme Milch (1,5 % Fett)
75 ml Speiseöl
60 g Zucker
1 Pck. Dr. Oetker Vanillin-Zucker
1 Prise Salz

Zum Bestreuen:
3 EL Semmelbrösel

Für den Belag:
500 g frischer junger Rhabarber
250 g frische oder TK-Himbeeren

Für das Baiser:
4 Eiweiß (Größe M)
150 g Zucker
30 g abgezogene, gehobelte Mandeln

Zubereitungszeit: 50 Minuten

1. Für den Teig Mehl mit Backpulver mischen und in eine Rührschüssel sieben. Quark, Milch, Speiseöl, Zucker, Vanillin-Zucker und Salz hinzufügen. Die Zutaten mit Handrührgerät mit Knethaken auf höchster Stufe in etwa 1 Minute zu einem Teig verarbeiten (nicht zu lange, Teig klebt sonst).

2. Anschließend den Teig auf der leicht bemehlten Arbeitsfläche zu einer Rolle formen. Den Teig auf einem Backblech (gefettet) zu einem Quadrat (etwa 30 x 30 cm) ausrollen und mit Semmelbröseln bestreuen.

3. Für den Belag Rhabarber waschen, Stielenden und Blattansätze entfernen, Stangen in etwa 3 cm lange Stücke schneiden. Himbeeren verlesen. Rhabarberstücke und Himbeeren (TK-Himbeeren gefroren) auf dem Teig verteilen. Das Backblech in den vorgeheizten Backofen schieben.

Ober-/Unterhitze: etwa 180 °C
Heißluft: etwa 160 °C
Backzeit: etwa 15 Minuten.

4. Für das Baiser Eiweiß mit Handrührgerät mit Rührbesen auf höchster Stufe so steif schlagen, dass ein Messerschnitt sichtbar bleibt. Zucker unterschlagen.

5. Das Backblech auf einen Kuchenrost stellen. Die Baisermasse auf den Kuchen streichen und mit Mandeln bestreuen. Das Backblech wieder in den Backofen schieben und den Kuchen **bei gleicher Backofeneinstellung weitere 8–10 Minuten backen.**

6. Das Backblech auf einen Kuchenrost stellen und den Kuchen darauf erkalten lassen.

Tipp: Der Rhabarber-Himbeer-Kuchen schmeckt frisch am besten.

Rhabarberkuchen mit Baiser I

Klassisch

Insgesamt:
E: 79 g, F: 141 g, Kh: 478 g, kJ: 14933, kcal: 3566

Für den Quark-Öl-Teig:
300 g Weizenmehl
1 Pck. Dr. Oetker Backin
150 g Magerquark
100 ml Milch
100 ml Speiseöl
75 g Zucker
1 Pck. Dr. Oetker Vanillin-Zucker
1 Prise Salz

Für den Belag:
1,5 kg frischer junger Rhabarber

Für die Baisermasse:
3 Eiweiß (Größe M)
150 g Zucker
50 g abgezogene, gemahlene Mandeln

Zubereitungszeit: 45 Minuten

1. Für den Teig Mehl mit Backpulver mischen und in eine Rührschüssel sieben. Quark, Milch, Öl, Zucker, Vanillin-Zucker und Salz hinzufügen. Die Zutaten mit Handrührgerät mit Knethaken auf höchster Stufe in etwa 1 Minute zu einem Teig verarbeiten (nicht zu lange, Teig klebt sonst). Anschließend den Teig auf der leicht bemehlten Arbeitsfläche zu einer Rolle formen.

2. Den Teig auf einem Backblech (30 x 40 cm, gefettet) ausrollen. Rhabarber waschen, putzen (nicht abziehen) und in etwa 2 cm lange Stücke schneiden. Den Teig mit dem Rhabarber belegen. Das Backblech in den vorgeheizten Backofen schieben.

Ober-/Unterhitze: etwa 180 °C
Heißluft: etwa 160 °C
Backzeit: 30–35 Minuten.

3. Den Kuchen herausnehmen und den Backofen auf 220 °C (Heißluft 200 °C) heraufschalten.

4. Für die Baisermasse das Eiweiß sehr steif schlagen. Nach und nach Zucker einrieseln lassen und so lange schlagen, bis der Zucker gelöst ist. Mandeln unterheben. Die Masse in einen Spritzbeutel mit großer Sterntülle geben und auf den Kuchen spritzen.

5. Den Kuchen nochmals in den Backofen schieben und den Baiser **bei gleicher Backofeneinstellung weitere 5–10 Minuten überbacken,** bis die Baisermasse goldbraune Spitzen hat.

Tipp: Schmeckt auch gut mit Stachelbeeren.

Rhabarberkuchen mit Guss I

Für Gäste

Insgesamt:
E: 110 g, F: 415 g, Kh: 540 g, kJ: 26600, kcal: 6361

Für den Rührteig:
250 g Butter oder Margarine
150 g Zucker
2 Pck. Dr. Oetker Vanillin-Zucker
1 Prise Salz
abgeriebene Schale von
1 Bio-Zitrone (unbehandelt, ungewachst)
2 Eier (Größe M)
250 g Weizenmehl
2 gestr. TL Dr. Oetker Backin
100 g abgezogene, gemahlene Mandeln

Für den Belag:
1–1 ½ kg frischer junger Rhabarber

Für den Guss:
4 Eiweiß (Größe M)
4 Eigelb (Größe M)
150 g Zucker
1 TL gemahlener Zimt
2 Becher (je 150 g) Crème fraîche

Zum Bestäuben:
Puderzucker

Zubereitungszeit: 60 Minuten

1. Für den Teig Butter oder Margarine mit Handrührgerät mit Rührbesen auf höchster Stufe geschmeidig rühren. Nach und nach Zucker, Vanillin-Zucker, Salz und Zitronenschale unterrühren. So lange rühren, bis eine gebundene Masse entstanden ist. Eier nach und nach unterrühren (jedes Ei etwa ½ Minute).

2. Mehl mit Backpulver mischen, sieben und abwechselnd mit den Mandeln in 2 Portionen kurz auf mittlerer Stufe unterrühren. Den Teig in eine Fettpfanne (30 x 40 cm, gefettet) geben und glatt streichen.

3. Für den Belag Rhabarber waschen und abtropfen lassen, Stielenden und Blattansätze entfernen. Stangen in etwa 2 cm lange Stücke schneiden und auf dem Teig verteilen. Die Fettpfanne in den vorgeheizten Backofen schieben.

Ober-/Unterhitze: 180–200 °C (unteres Drittel)
Heißluft: 160–180 °C
Backzeit: etwa 35 Minuten.

4. Für den Guss Eiweiß steif schlagen und beiseite stellen. Eigelb mit Zucker cremig schlagen und Zimt und Crème fraîche unterrühren. Eiweiß unterheben. Den Kuchen aus dem Backofen nehmen, Guss auf dem Rhabarber verteilen und den Kuchen bei gleicher Backofeneinstellung in etwa 25 Minuten fertig backen.

5. Die Fettpfanne auf einen Kuchenrost stellen und den Kuchen darauf erkalten lassen. Kuchen vor dem Servieren mit Puderzucker bestäuben.

Rhabarber-Pfirsich-Kuchen I

Für Gäste

Insgesamt:
E: 95 g, F: 241 g, Kh: 673 g, kJ: 22033, kcal: 5257

Für den Hefeteig:

375 g Weizenmehl
1 Pck. Dr. Oetker Trockenbackhefe
50 g Zucker
1 Pck. Dr. Oetker Vanillin-Zucker
1 Prise Salz
1 Ei (Größe M)
125 ml (1/8 l) lauwarme Milch
75 g zerlassene, abgekühlte Butter oder Margarine

Für den Streuselteig:

150 g Weizenmehl
100 g Haferflocken
100 g Zucker
etwas gemahlener Zimt
1 Prise Salz
175 g weiche Butter oder Margarine

Für den Belag:

4 reife Pfirsiche (etwa 700 g)
1 kg Rhabarber

Zubereitungszeit: 65 Minuten, ohne Teiggehzeit

1. Für den Hefeteig Mehl in eine Rührschüssel sieben und mit der Hefe sorgfältig vermischen. Zucker, Vanillin-Zucker, Salz, Ei, Milch und Butter oder Margarine hinzufügen und die Zutaten mit Handrührgerät mit Knethaken zunächst kurz auf niedrigster, dann auf höchster Stufe in etwa 5 Minuten zu einem Teig verarbeiten. Den Teig zugedeckt so lange an einem warmen Ort gehen lassen, bis er sich sichtbar vergrößert hat.

2. Für den Streuselteig Mehl in eine Rührschüssel sieben, mit Haferflocken, Zucker, Zimt und Salz mischen und Butter oder Margarine hinzufügen. Die Zutaten mit Handrührgerät mit Knethaken zu Streuseln von gewünschter Größe verarbeiten. Streuselteig beiseite stellen.

3. Für den Belag Pfirsiche in kochendes Wasser legen (nicht kochen lassen), kurz in kaltem Wasser abschrecken und Pfirsiche enthäuten. Pfirsiche halbieren, entsteinen und das Fruchtfleisch in Spalten schneiden. Rhabarber waschen, abtropfen lassen, Stielenden und Blattansätze entfernen und Stangen in etwa 2 cm lange Stücke schneiden.

4. Den Hefeteig leicht mit Mehl bestäuben, aus der Schüssel nehmen und auf der bemehlten Arbeitsfläche nochmals kurz durchkneten. Den Hefeteig auf einem Backblech (30 x 40 cm, gefettet) ausrollen. Einen Backrahmen darumstellen. Pfirsichspalten und Rhabarberstückchen gleichmäßig auf dem Teig verteilen und die beiseite gestellten Streusel darauf streuen. Den Teig zugedeckt nochmals so lange an einem warmen Ort gehen lassen, bis er sich sichtbar vergrößert hat. Das Backblech in den vorgeheizten Backofen schieben.

Ober-/Unterhitze: etwa 180 °C
Heißluft: etwa 160 °C
Backzeit: etwa 35 Minuten.

5. Das Backblech auf einen Kuchenrost stellen und den Kuchen erkalten lassen. Den Backrahmen lösen und entfernen.

Tipp: Schneller geht es mit 1 Dose Pfirsichhälften (Abtropfgewicht 500 g). Dann Pfirsichhälften auf einem Sieb gut abtropfen lassen.

Rote-Grütze-Eierlikörkuchen |

Einfach – beliebt

Insgesamt:
E: 78 g, F: 428 g, Kh: 859 g, kJ: 32924, kcal: 7837

Für den Teig:

4	*Eier (Größe M)*
200 g	*Puderzucker*
1 Pck.	*Dr. Oetker Vanillin-Zucker*
1 Prise	*Salz*
150 ml	*Speiseöl*
150 ml	*Eierlikör*
100 g	*Weizenmehl*
100 g	*Speisestärke*
2 gestr. TL	*Dr. Oetker Backin*

Für den Belag:

8 Blatt	*weiße Gelatine*
3 Becher (je 500 g)	*Rote Grütze (aus dem Kühlregal)*

Zum Garnieren:

750 g	*Schlagsahne*
3 Pck.	*Dr. Oetker Vanillin-Zucker*
3 Pck.	*Dr. Oetker Sahnesteif*

Zubereitungszeit: 40 Minuten

1. Für den Teig Eier mit Puderzucker, Vanillin-Zucker und Salz mit Handrührgerät mit Rührbesen auf höchster Stufe in 1 Minute schaumig rühren. Öl und Eierlikör unterrühren. Mehl mit Speisestärke und Backpulver mischen, sieben und auf mittlerer Stufe kurz unterrühren.

2. Einen Backrahmen auf ein Backblech (30 x 40 cm, gefettet) stellen und den Teig auf das Backblech streichen. Das Backblech in den vorgeheizten Backofen schieben.

Ober-/Unterhitze: etwa 180 °C
Heißluft: etwa 160 °C
Backzeit: etwa 20 Minuten.

3. Das Backblech auf einen Kuchenrost stellen und den Kuchen darauf erkalten lassen.

4. Für den Belag Gelatine nach Packungsanleitung einweichen. Rote Grütze in eine Schüssel geben. Gelatine leicht ausdrücken, in einem Topf bei schwacher Hitze auflösen und mit 2 Esslöffeln von der Roten Grütze verrühren. Dann die Mischung nach und nach unter die Rote Grütze rühren. Die Masse auf dem Boden verteilen und den Kuchen 2–3 Stunden kalt stellen.

5. Zum Garnieren den Backrahmen vorsichtig mit Hilfe eines Messers lösen und entfernen. Sahne 1 Minute schlagen, Vanillin-Zucker und Sahnesteif mischen, unterrühren und die Sahne ganz steif schlagen. Sahne in einen Spritzbeutel mit Lochtülle füllen und vorsichtig auf die Rote Grütze spritzen.

Tipp: Die Sahne zusätzlich mit 3–4 Esslöffeln Eierlikör abschmecken. Oder die Sahne auf die Rote Grütze streichen, mit einem Teelöffel Vertiefungen eindrücken und mit Eierlikör füllen. Statt Rote Grütze und Gelatine können Sie ebenfalls 2 Gläser Heidelbeeren (Abtropfgewicht je 205 g) und Tortenguss verwenden, und den Saft (evtl. mit Wasser auf 450 ml ergänzen) mit 2 Päckchen klarem Tortenguss andicken. Heidelbeeren unterheben und die Masse auf den Boden streichen.

Rote-Grütze-Tiramisu-Ecken I

Raffiniert

Insgesamt:
E: 142 g, F: 221 g, Kh: 795 g, kJ: 24600, kcal: 5865

Für den Biskuitteig:

4 TL Instant-Kaffeepulver
3 EL heißes Wasser
4 Eier (Größe M)
125 g Zucker
1 Pck. Dr. Oetker Vanillin-Zucker
100 g Weizenmehl
2 gestr. TL Dr. Oetker Backin
40 g Speisestärke

Für die Himbeer-Grütze:

600 g TK-Himbeeren
6 Blatt rote Gelatine
2 Pck. Dr. Oetker Pudding-Pulver Rote Grütze
80 g Zucker
750 ml (¾ l) Apfelsaft

Für die Quarkcreme:

200–250 g Schlagsahne
3 Pck. Dr. Oetker Sahnesteif
500 g Speisequark (Magerstufe)
250 g Mascarpone (italienischer Frischkäse)
200 g Zucker
2 Pck. Dr. Oetker Vanillin-Zucker
2 Pck. Dr. Oetker Finesse Amaretto-Bittermandel-Aroma

Zubereitungszeit: 60 Minuten, ohne Antau- und Kühlzeit

1. Für den Teig Kaffeepulver in dem heißen Wasser unter Rühren auflösen. Eier mit der Kaffeelösung in einer Rührschüssel mit Handrührgerät mit Rührbesen auf höchster Stufe 1 Minute schaumig schlagen. Zucker mit Vanillin-Zucker mischen, unter Rühren in 1 Minute einstreuen, dann noch etwa 2 Minuten schlagen.

2. Mehl mit Backpulver und Speisestärke mischen, sieben und kurz auf niedrigster Stufe unterrühren. Einen Backrahmen auf ein Backblech (30 x 40 cm, gefettet) stellen. Den Teig in den Backrahmen geben und glatt streichen. Das Backblech in den vorgeheizten Backofen schieben.

Ober-/Unterhitze: etwa 200 °C
Heißluft: etwa 180 °C
Backzeit: etwa 10 Minuten.

3. Das Backblech auf einen Kuchenrost stellen und die Biskuitplatte erkalten lassen.

4. Für die Grütze Himbeeren etwas antauen lassen (etwa 100 g Himbeeren zum Garnieren beiseite stellen). Gelatine nach Packungsanleitung einweichen. Beide Päckchen Rote Grütze mit nur 80 g Zucker und 750 ml (¾ l) Apfelsaft nach Packungsanleitung zubereiten. Topf von der Kochstelle nehmen. Eingeweichte Gelatine ausdrücken und unter Rühren in der heißen Puddingmasse auflösen. Angetaute Himbeeren vorsichtig unterrühren. Die Himbeergrütze auf der Biskuitplatte verteilen.

5. Für die Creme Sahne mit 1 Päckchen Sahnesteif steif schlagen. Quark in einer Rührschüssel mit Mascarpone, Zucker, Vanillin-Zucker, Aroma und restlichem Sahnesteif mit Handrührgerät mit Rührbesen verrühren. Sahne vorsichtig unterheben. Die Creme auf der Himbeergrütze so verstreichen, dass sie sich etwas mit der Himbeergrütze vermischt und somit eine Marmorierung entsteht. Den Kuchen mindestens 1 Stunde kalt stellen.

6. Den Backrahmen lösen und entfernen. Kuchen in Stücke (etwa 8 x 10 cm) schneiden, diagonal halbieren, so dass Ecken entstehen. Die Tiramisu-Ecken mit den beiseite gelegten Himbeeren garnieren.

Rotweinschnitten | Raffiniert

Insgesamt:
E: 80 g, F: 420 g, Kh: 1080 g, kJ: 36020, kcal: 8560

Für den All-in-Teig:
200 g Weizenmehl
50 g Speisestärke
3 gestr. TL Dr. Oetker Backin
250 g Zucker
1 Pck. Dr. Oetker Vanillin-Zucker
250 g weiche Butter oder Margarine
5 Eier (Größe M)
75 g Raspelschokolade

Für den Belag:
2 Pck. Rotweincreme (Dessertpulver)
500 g Schlagsahne
3 Pck. Dr. Oetker Sahnesteif

Zum Verzieren und Garnieren:
500 g Schlagsahne
2 Pck. Dr. Oetker Sahnesteif
25 g Raspelschokolade

Zubereitungszeit: 35 Minuten, ohne Kühlzeit

1. Für den Teig Mehl mit Speisestärke und Backpulver mischen und in eine Rührschüssel sieben. Restliche Zutaten für den Teig, bis auf die Raspelschokolade, hinzufügen und alles mit Handrührgerät mit Rührbesen erst kurz auf niedrigster, dann auf höchster Stufe in etwa 2 Minuten zu einem Teig verarbeiten. Die Raspelschokolade kurz unterrühren.

2. Einen Backrahmen auf ein Backblech (30 x 40 cm, gefettet) stellen. Den Teig hineingeben und gleichmäßig verstreichen. Das Backblech in den vorgeheizten Backofen schieben.

Ober-/Unterhitze: etwa 180 °C
Heißluft: etwa 160 °C
Backzeit: etwa 25 Minuten.

3. Den Boden mit dem Backrahmen auf dem Backblech auf einen Kuchenrost stellen und erkalten lassen.

4. Für den Belag die Rotweincreme mit dem Rotwein aus der Packung nach Packungsanleitung, aber mit insgesamt 500 g Sahne, die mit Sahnesteif steif geschlagen wurde, zubereiten. Creme auf dem Boden verteilen, glatt streichen und dann den Kuchen etwa 2 Stunden kalt stellen.

5. Den Backrahmen mit Hilfe eines Messers lösen und entfernen. Sahne mit Sahnesteif steif schlagen und ein Drittel der Sahne in einem Spritzbeutel (mit Stern- oder Streifentülle) beiseite legen. Restliche Sahne vorsichtig dünn auf der Rotweincreme verstreichen. Zum Verzieren den Kuchen in Schnitten teilen. Die Schnitten dekorativ mit der Sahne aus dem Spritzbeutel verzieren und mit Raspelschokolade garnieren.

Rotwein-Trauben-Kuchen | Für Gäste

Insgesamt:
E: 69 g, F: 272 g, Kh: 599 g, kJ: 22522, kcal: 5379

Zum Vorbereiten:
100 g Zartbitter-Kuvertüre
250 g Butter oder Margarine

Für den Schüttelteig:
250 g Weizenmehl
1 Pck. Dr. Oetker Backin
200 g Zucker
1 Pck. Dr. Oetker Vanillin-Zucker
1 Pck. Dr. Oetker Finesse Orangenfrucht
4 Eier (Größe M)
125 ml (1/8 l) Rotwein

Für den Belag:
750 g blaue und grüne Weintrauben
1 Pck. Tortenguss, klar
250 ml (1/4 l) Wasser
125 ml (1/8 l) Traubensaft, rot

Zubereitungszeit: 50 Minuten, ohne Abkühlzeit

1. Zum Vorbereiten Kuvertüre in Stücke hacken und in einem kleinen Topf im Wasserbad bei schwacher Hitze unter Rühren schmelzen lassen. Butter oder Margarine zerlassen und abkühlen lassen.

2. Für den Teig Mehl mit Backpulver mischen, in eine verschließbare Schüssel (etwa 3 l) sieben und mit Zucker, Vanillin-Zucker und Orangenfrucht mischen. Eier, Rotwein, flüssige Kuvertüre und Butter oder Margarine hinzufügen. Die Schüssel mit dem Deckel fest verschließen.

3. Die Schüssel mehrmals (insgesamt 15–30 Sekunden) kräftig schütteln, so dass alle Zutaten gut vermischt sind. Alles mit einem Schneebesen oder Rührlöffel nochmals sorgfältig durchrühren, damit auch trockene Zutaten vom Rand mit untergerührt werden.

4. Einen Backrahmen (26 x 26 cm) auf ein Backblech (gefettet, mit Backpapier belegt) stellen. Den Teig in den Backrahmen füllen und glatt streichen. Das Backblech in den vorgeheizten Backofen schieben.

Ober-/Unterhitze: etwa 180 °C
Heißluft: etwa 160 °C
Backzeit: etwa 30 Minuten.

5. Das Backblech auf einen Kuchenrost stellen und den Kuchen darauf erkalten lassen.

6. Für den Belag Weintrauben waschen, entstielen, halbieren und entkernen. Weintraubenhälften auf dem Kuchen verteilen.

7. Für den Guss das Tortengusspulver mit Wasser und Traubensaft nach Packungsanleitung zubereiten. Den Guss auf den Weintraubenhälften verteilen. Guss anschließend fest werden lassen. Den Backrahmen entfernen und den Kuchen in Quadrate schneiden.

Ruck-Zuck-Hefekuchen | Einfach

Insgesamt:
E: 65 g, F: 235 g, Kh: 434 g, kJ: 17095, kcal: 4084

Für den Hefeteig:
- *75 g Butter oder Margarine*
- *375 g Weizenmehl*
- *1 Pck. Dr. Oetker Trockenbackhefe*
- *100 g Zucker*
- *1 Pck. Dr. Oetker Vanillin-Zucker*
- *1 Pck. Dr. Oetker Finesse Geriebene Zitronenschale*
- *200 g Schmand (Sauerrahm)*

Zum Bestreichen und Bestreuen:
- *200 g Schmand (Sauerrahm)*
- *100 g Kokosraspel*

Zum Verzieren:
- *50 g Halbbitter-Kuvertüre oder Schokoladenglasur*

Zubereitungszeit: 20 Minuten, ohne Teiggeh- und Abkühlzeit

1. Für den Teig Butter oder Margarine zerlassen. Mehl in eine Rührschüssel sieben und sorgfältig mit Trockenbackhefe vermischen. Zucker, Vanillin-Zucker, Zitronenschale, flüssige Butter oder Margarine und Schmand hinzufügen. Die Zutaten mit Handrührgerät mit Knethaken zunächst kurz auf niedrigster, dann auf höchster Stufe in etwa 5 Minuten zu einem glatten Teig verarbeiten. Den Teig zugedeckt so lange an einem warmen Ort gehen lassen, bis er sich sichtbar vergrößert hat.

2. Den Teig leicht mit Mehl bestäuben, aus der Schüssel nehmen, auf der leicht bemehlten Arbeitsfläche nochmals gut durchkneten und auf einem Backblech (30 x 40 cm, gefettet) ausrollen. Den Teigboden mit Schmand bestreichen und mit Kokosraspeln bestreuen. Den Teig nochmals zugedeckt so lange an einem warmen Ort gehen lassen, bis er sich sichtbar vergrößert hat. Das Backblech in den vorgeheizten Backofen schieben.

Ober-/Unterhitze: etwa 200 °C
Heißluft: etwa 180 °C
Backzeit: etwa 20 Minuten.

3. Das Backblech auf einen Kuchenrost stellen und den Kuchen darauf erkalten lassen.

4. Zum Verzieren Kuvertüre klein hacken, in einem kleinen Topf im Wasserbad bei schwacher Hitze unter Rühren schmelzen lassen oder Schokoladenglasur nach Packungsanleitung auflösen. Den Kuchen mit der Kuvertüre oder Glasur besprenkeln. Guss fest werden lassen. Den Kuchen in Dreiecke schneiden.

Ruck-Zuck-Orangenrolle I

Schnell zubereitet

Insgesamt:
E: 65 g, F: 218 g, Kh: 517 g, kJ: 18100, kcal: 4319

Für den Biskuitteig:
50 g Butter
4 Eier (Größe M)
1 Eigelb (Größe M)
75 g Zucker
1 Pck. Dr. Oetker Vanillin-Zucker
125 g Weizenmehl
knapp ½ TL Dr. Oetker Backin

Für die Füllung:
3–4 Orangen
1 Glas (340 g) Orangenmarmelade
½ Pck. Dr. Oetker Finesse Orangenfrucht

Zum Bestreichen:
400 g Schlagsahne
1 Pck. Saucenpulver Vanille-Geschmack ohne Kochen

Zum Garnieren:
50 g Orangenschokolade

Zubereitungszeit: 40 Minuten, ohne Kühlzeit

1. Für den Teig Butter zerlassen und abkühlen lassen. Eier und Eigelb mit Handrührgerät mit Rührbesen auf höchster Stufe in 1 Minute schaumig schlagen. Zucker und Vanillin-Zucker mischen, in 1 Minute einstreuen, dann noch etwa 2 Minuten weiterschlagen.

2. Mehl mit Backpulver mischen, auf die Eiercreme sieben und kurz auf niedrigster Stufe unterrühren. Zuletzt die flüssige Butter kurz unterrühren. Den Teig auf ein Backblech (30 x 40 cm, gefettet, mit Backpapier belegt) streichen und das Backblech in den vorgeheizten Backofen schieben.

Ober-/Unterhitze: etwa 200 °C
Heißluft: etwa 180 °C
Backzeit: etwa 10 Minuten.

3. Den Gebäckrand mit einem Messer vom Backblech lösen. Gebäckplatte auf ein mit wenig Zucker bestreutes Backpapier stürzen und mitgebackenes Backpapier abziehen.

4. Für die Füllung Orangen so schälen, dass die weiße Haut mit entfernt wird und die Orangen filetieren. Orangenmarmelade mit Orangenfrucht verrühren, auf die Gebäckplatte streichen und mit den abgetropften Filets belegen. Die Rolle mit Hilfe des Backpapiers aufrollen und kalt stellen.

5. Zum Bestreichen Schlagsahne mit Saucenpulver steif schlagen und die Biskuitrolle damit bestreichen. Zum Garnieren Schokolade mit einem Sparschäler schaben und die Rolle damit garnieren. Die Rolle bis zum Servieren kalt stellen.

Rum-Pflaumen-Brownies mit Pinienkernen | Einfach – mit Alkohol

Insgesamt:
E: 70 g, F: 250 g, Kh: 458 g, kJ: 18812, kcal: 4491

Zum Vorbereiten:
200 g Trockenpflaumen
3 EL Rum

Für den Rührteig:
200 g Zartbitter-Schokolade
125 ml (1/8 l) Speiseöl, z. B. Sonnenblumenöl
125 g Zucker
1 Pck. Dr. Oetker Bourbon-Vanille-Zucker
1 Msp. Salz
3 Eier (Größe M)
150 g Weizenmehl
2 gestr. TL Dr. Oetker Backin
60 g Pinienkerne

Für den Guss:
30 g gesiebter Puderzucker
1–2 EL Rum

Zubereitungszeit: 30 Minuten, ohne Durchzieh- und Abkühlzeit

1. Zum Vorbereiten Trockenpflaumen in kleine Stücke schneiden, in eine Schale geben und mit Rum beträufeln. Pflaumenstückchen etwa 1 Stunde durchziehen lassen.

2. Für den Teig Schokolade in Stücke brechen, in einem kleinen Topf im Wasserbad bei schwacher Hitze schmelzen.

3. Schokolade in eine Rührschüssel geben. Speiseöl, Zucker, Vanille-Zucker, Salz und Eier hinzufügen und die Zutaten mit Handrührgerät mit Rührbesen zunächst kurz auf niedrigster, dann auf höchster Stufe geschmeidig rühren. Mehl mit Backpulver mischen, sieben und kurz auf mittlerer Stufe unterrühren. Zuletzt Pflaumenstückchen und Pinienkerne kurz auf niedrigster Stufe unterrühren.

4. Den Teig auf die hintere Hälfte eines Backblechs (15 x 40 cm, gefettet) geben und glatt verstreichen. Vor den Teig einen mehrfach geknickten Streifen Alufolie legen. Das Backblech in den vorgeheizten Backofen schieben.

Ober-/Unterhitze: etwa 180 °C
(mittlere Einschubleiste)
Heißluft: etwa 160 °C
Backzeit: etwa 25 Minuten.

5. Das Backblech auf einen Kuchenrost stellen und Brownies erkalten lassen.

6. Für den Guss Puderzucker mit so viel Rum verrühren, dass eine dickflüssige Masse entsteht. Den Guss in einen Gefrierbeutel geben und eine kleine Ecke abschneiden. Die Brownies mit dem Guss besprenkeln und den Guss trocknen lassen.

7. Die Brownies vor dem Servieren in 24 Quadrate (etwa 5 x 5 cm) schneiden.

Tipp: Sie können die Trockenpflaumen auch über Nacht einlegen. Statt Rum können Sie auch Apfelsaft verwenden. Als Dessert können Sie die noch warmen Brownies zusammen mit einer Dessert-Sauce Vanille-Geschmack servieren.

Rumschnitten | Mit Alkohol – raffiniert

Insgesamt:
E: 137 g, F: 420 g, Kh: 664 g, kJ: 29502, kcal: 7041

Zum Vorbereiten:
2 Pck. Dr. Oetker Pudding-Pulver Vanille-Geschmack
4 EL Zucker
1 l Milch

Für den Biskuitteig:
7 Eier (Größe M)
150 g Zucker
1 Pck. Dr. Oetker Vanillin-Zucker
150 g Weizenmehl
2 ½ gestr. TL Dr. Oetker Backin

Für die Füllung:
250 g weiche Butter
50 ml Eierlikör

Für den Belag:
1 Pck. (200 g) Butterkekse
2 Pck. Dr. Oetker Finesse Jamaica-Rum-Aroma
50 ml lauwarmes Wasser

Für den Guss:
200 g Zartbitter-Schokolade
3 TL Speiseöl

Zubereitungszeit: 60 Minuten, ohne Abkühlzeit

1. Zum Vorbereiten einen Pudding aus Pudding-Pulver, Zucker und Milch nach Packungsanleitung zubereiten. Pudding in eine Rührschüssel geben und erkalten lassen, dabei ab und zu umrühren.

2. Für den Teig Eier in einer Rührschüssel mit Handrührgerät mit Rührbesen auf höchster Stufe in 1 Minute schaumig schlagen. Zucker mit Vanillin-Zucker mischen, unter Rühren in 1 Minute einstreuen und noch etwa 2 Minuten schlagen. Mehl mit Backpulver mischen, sieben und kurz auf niedrigster Stufe unterrühren.

3. Einen Backrahmen auf ein Backblech (30 x 40 cm, gefettet) stellen. Den Teig in den Backrahmen geben und glatt streichen. Das Backblech in den vorgeheizten Backofen schieben.

Ober-/Unterhitze: etwa 200 °C (mittlere Einschubleiste)
Heißluft: etwa 180 °C
Backzeit: etwa 20 Minuten.

4. Das Backblech auf einen Kuchenrost stellen und die Biskuitplatte erkalten lassen.

5. Für die Füllung Butter mit Handrührgerät mit Rührbesen schaumig rühren. Erkaltete Puddingmasse esslöffelweise unterrühren (darauf achten, dass Butter und Pudding Zimmertemperatur haben, da die Creme sonst gerinnt). Eierlikör hinzufügen und auf mittlerer Stufe unterrühren. Die Buttercreme auf der Biskuitplatte verteilen.

6. Für den Belag Butterkekse auf die Buttercreme legen. Rum-Aroma mit Wasser verrühren, die Butterkekse damit (mit einem Backpinsel) bestreichen.

7. Für den Guss Schokolade in Stücke brechen und mit Speiseöl in einem kleinen Topf im Wasserbad bei schwacher Hitze schmelzen. Die Butterkekse mit dem Guss überziehen. Guss fest werden lassen.

Russischer Honigkuchen

Gut vorzubereiten

Insgesamt:
E: 86 g, F: 332 g, Kh: 919 g, kJ: 30703, kcal: 7334

Zum Vorbereiten:
75 g Rosinen
75 g Korinthen
4 EL Wodka

Für den Teig:
250 g Honig
80 g Zucker
1 Pck. Dr. Oetker Vanillin-Zucker
125 g Butter oder Margarine
100 g Butterschmalz
2 Eier (Größe M)
je 1 gestr. TL Zimt, Nelken, Kardamom (alles gemahlen)
6 Tropfen Bittermandel-Aroma
1 Fläschchen Rum-Aroma
375 g Weizenmehl
20 g Kakaopulver
4 gestr. TL Dr. Oetker Backin
125 ml (1/8 l) Milch
je 50 g Zitronat (Sukkade) und Orangeat
100 g gehackte Walnusskerne

Zum Tränken:
100 ml Wasser
80 g Zucker
3 EL Wodka

Für den Guss:
100 g Puderzucker
2–3 EL Wodka

Walnusskernhälften

Zubereitungszeit: 60 Minuten, ohne Einweichzeit

1. Zum Vorbereiten Rosinen und Korinthen mehrere Stunden in Wodka einweichen (am besten über Nacht).

2. Für den Teig den Honig mit Zucker, Vanillin-Zucker, Butter oder Margarine und Schmalz unter Rühren langsam erwärmen, zerlassen, in eine Schüssel geben und kalt stellen. Unter die fast erkaltete Masse Eier, Zimt, Nelken, Kardamom und Aromen rühren. Mehl mit Kakao und Backpulver mischen, sieben und in 2 Portionen abwechselnd mit der Milch unterrühren.

3. Zitronat und Orangeat feiner hacken. Eingeweichte Rosinen und Korinthen mit Walnusskernen, Zitronat und Orangeat unter den Teig rühren. Teig auf ein Backblech (30 x 40 cm, gefettet) streichen. Das Backblech in den vorgeheizten Backofen schieben.

Ober-/Unterhitze: etwa 180 °C
Heißluft: etwa 160 °C
Backzeit: etwa 30 Minuten.

4. Den Honigkuchen sofort nach dem Backen tränken. Dazu Wasser mit Zucker unter Rühren etwas einkochen lassen. Topf von der Kochstelle nehmen und Wodka unterrühren. Den heißen Honigkuchen mit Hilfe eines Pinsels damit bestreichen und abkühlen lassen.

5. Für den Guss Puderzucker mit Wodka zu einer dünnflüssigen Masse verrühren. Das Gebäck damit bestreichen und zum Schluss mit Walnusskernhälften garnieren.

Tipp: Russischer Honigkuchen hält sich in Alufolie verpackt etwa 2 Wochen.

Russischer Zupfkuchen vom Blech | Beliebt

Insgesamt:
E: 223 g, F: 578 g, Kh: 889 g, kJ: 40939, kcal: 9779

Für den Knetteig:
425 g Weizenmehl
40 g Kakaopulver
3 gestr. TL Dr. Oetker Backin
200 g Zucker
2 Pck. Dr. Oetker Vanillin-Zucker
2 Eier (Größe M)
250 g Butter oder Margarine

Für die Füllung:
375 g Butter oder Margarine
1 kg Magerquark
250 g Zucker
2 Pck. Dr. Oetker Vanillin-Zucker
2 Pck. Dr. Oetker Pudding-Pulver Vanille-Geschmack
4 Eier (Größe M)

Zubereitungszeit: 40 Minuten

1. Für den Teig Mehl mit Kakaopulver und Backpulver mischen und in eine Rührschüssel sieben. Zucker, Vanillin-Zucker, Eier und Butter oder Margarine hinzufügen. Die Zutaten mit Handrührgerät mit Knethaken zunächst kurz auf niedrigster, dann auf höchster Stufe gut durcharbeiten.

2. Anschließend den Teig auf der leicht bemehlten Arbeitsfläche kurz verkneten. Zwei Drittel des Teiges auf einem Backblech (30 x 40 cm, gefettet) ausrollen. Einen Backrahmen darumstellen.

3. Für die Füllung Butter oder Margarine zerlassen und abkühlen lassen. Quark mit Zucker, Vanillin-Zucker, Pudding-Pulver und Eiern in einer Schüssel mit Handrührgerät mit Rührbesen verrühren. Flüssige Butter oder Margarine unterrühren. Alles zu einer einheitlichen Masse verrühren, auf dem Teig verteilen und glatt streichen.

4. Den restlichen Teig in kleine Stücke zupfen und auf der Füllung verteilen. Das Backblech in den vorgeheizten Backofen schieben.

Ober-/Unterhitze: 160–180 °C
Heißluft: 140–160 °C
Backzeit: etwa 45 Minuten.

5. Das Backblech auf einen Kuchenrost stellen und den Kuchen darauf erkalten lassen. Den Backrahmen mit einem Messer vorsichtig lösen und entfernen.

Abwandlung: Fruchtiger wird das Gebäck mit einer dünnen Schicht Preiselbeeren auf dem Boden.

Sächsischer Heidelbeerkuchen |

Klassisch

Insgesamt:
E: 76 g, F: 157 g, Kh: 686 g, kJ: 19556, kcal: 4669

Für den Hefeteig:
200 ml Milch
50 g Butter oder Margarine
375 g Weizenmehl
1 Pck. Dr. Oetker Trockenbackhefe
50 g Zucker
1 Pck. Dr. Oetker Vanillin-Zucker
1 Ei (Größe M)
2 Eigelb (Größe M)

Für den Belag:
1 kg Heidelbeeren
50 g Butter
5 EL Semmelbrösel
100 g Zucker
1 TL gemahlener Zimt
50 g Butterflöckchen

Zum Bestäuben:
Puderzucker

Zubereitungszeit: 60 Minuten, ohne Teiggehzeit

1. Für den Teig Milch in einem Topf erwärmen und Butter oder Margarine darin zerlassen. Mehl in eine Rührschüssel sieben und sorgfältig mit der Hefe vermischen. Zucker, Vanillin-Zucker, Ei, Eigelb und die Milch-Fett-Mischung hinzufügen.

2. Die Zutaten mit Handrührgerät mit Knethaken zunächst kurz auf niedrigster, dann auf höchster Stufe in etwa 5 Minuten zu einem glatten Teig verarbeiten. Den Teig zugedeckt an einem warmen Ort so lange gehen lassen, bis er sich sichtbar vergrößert hat.

3. Den gegangenen Teig aus der Schüssel nehmen, auf der Arbeitsfläche nochmals gut durchkneten und auf einem Backblech (30 x 40 cm, gefettet) ausrollen.

4. Für den Belag Heidelbeeren verlesen, evtl. waschen und gut abtropfen lassen. Butter zerlassen und den Teig damit bestreichen. Den Teig mit 3 Esslöffeln Semmelbröseln bestreuen und die Heidelbeeren gleichmäßig darauf verteilen.

5. Zucker mit Zimt mischen und über die Heidelbeeren streuen. Butterflöckchen darauf verteilen und die restlichen Semmelbrösel darüber streuen. Den Teig nochmals 15 Minuten gehen lassen. Das Backblech in den vorgeheizten Backofen schieben.

Ober-/Unterhitze: etwa 200 °C
Heißluft: etwa 180 °C
Backzeit: etwa 30 Minuten.

6. Das Backblech auf einen Kuchenrost stellen und den Kuchen erkalten lassen. Den Kuchen vor dem Servieren mit Puderzucker bestäuben.

Sägespänekuchen | Für Kinder

Insgesamt:
E: 81 g, F: 579 g, Kh: 607 g, kJ: 33248, kcal: 7937

Für den All-in-Teig:
150 g Weizenmehl
50 g Speisestärke
15 g Kakaopulver
4 gestr. TL Dr. Oetker Backin
200 g Zucker
1 Pck. Dr. Oetker Vanillin-Zucker
1 Prise Salz
4 Eier (Größe M)
200 g weiche Butter oder Margarine
2–3 EL Milch

Für die Buttercreme:
1 Pck. Dr. Oetker Pudding-Pulver Vanille-Geschmack
500 ml (½ l) Milch
75 g Zucker
200 g weiche Butter

Für den Belag:
75 g Butter
100 g Zucker
200 g Kokosraspel

Zubereitungszeit: 45 Minuten, ohne Kühlzeit

1. Für den Teig Mehl mit Speisestärke, Kakao und Backpulver mischen und in eine Rührschüssel sieben. Zucker, Vanillin-Zucker, Salz, Eier, Butter oder Margarine und Milch hinzufügen. Die Zutaten mit Handrührgerät mit Rührbesen zunächst kurz auf niedrigster, dann auf höchster Stufe in etwa 2 Minuten zu einem Teig verarbeiten.

2. Den Teig auf ein Backblech (30 x 40 cm, gefettet) geben und glatt streichen. Das Backblech in den vorgeheizten Backofen schieben.

Ober-/Unterhitze: etwa 180 °C
Heißluft: etwa 160 °C
Backzeit: etwa 20 Minuten.

3. Das Backblech auf einen Kuchenrost stellen und den Boden darauf erkalten lassen.

4. Für die Buttercreme einen Pudding nach Packungsanleitung mit Pudding-Pulver und Milch, aber mit nur 75 g Zucker zubereiten und sofort in eine Schüssel geben. Frischhaltefolie direkt auf den Pudding geben, damit sich keine Haut bildet, und den Pudding bei Zimmertemperatur erkalten lassen.

5. Butter mit Handrührgerät mit Rührbesen geschmeidig rühren, anschließend den Pudding esslöffelweise unterrühren, dabei darauf achten, dass Pudding und Butter Zimmertemperatur haben, da die Creme sonst gerinnt. Die Buttercreme auf den Kuchen geben, glatt streichen und kalt stellen.

6. Für den Belag „Sägespäne" zubereiten. Dazu Butter in einem Topf zerlassen, Zucker und Kokosraspel hinzufügen und danach unter Rühren leicht bräunen. „Sägespäne" etwas abkühlen lassen und lauwarm gleichmäßig auf die Buttercreme streuen, evtl. leicht andrücken.

Sanddornkuchen mit Baiser | Beliebt

Insgesamt:
E: 88 g, F: 299 g, Kh: 603 g, kJ: 23483, kcal: 5608

Für den Streuselteig:
250 g Weizenmehl
½ gestr. TL Dr. Oetker Backin
100 g Zucker
1 Pck. Dr. Oetker Vanillin-Zucker
1 Prise Salz
2 Eigelb (Größe M)
½ Pck.
(125 g) Butter oder Margarine

Für den Belag:
2 Pck. Dr. Oetker Pudding-Pulver Sahne-Geschmack
250 g Schlagsahne
2 Eigelb (Größe M)
30 g Zucker
300 ml Sanddorn-Vollfrucht mit Rohrzucker
450 ml Wasser

Zum Bestreuen:
130 g gehobelte Haselnusskerne

Für das Baiser:
6 Eiweiß (Größe M)
180 g Zucker

Zubereitungszeit: 60 Minuten, ohne Abkühlzeit

1. Für den Streuselteig Mehl mit Backpulver mischen und in eine Rührschüssel sieben, mit Zucker, Vanillin-Zucker und Salz mischen. Eigelb und Butter oder Margarine hinzufügen. Die Zutaten mit Handrührgerät mit Rührbesen zu feinen Streuseln verarbeiten. Streusel auf einem Backblech (30 x 40 cm, gefettet) verteilen und andrücken. Das Backblech in den vorgeheizten Backofen schieben und den Boden vorbacken.

Ober/Unterhitze: etwa 200 °C
Heißluft: etwa 180 °C
Backzeit: 10–15 Minuten.

2. Das Backblech auf einen Kuchenrost stellen und etwas abkühlen lassen.

3. Für den Belag Pudding-Pulver mit Sahne, Eigelb und Zucker verrühren. Sanddorn-Vollfrucht mit Wasser zum Kochen bringen. Angerührtes Pudding-Pulver unter Rühren in die von der Kochstelle genommene Flüssigkeit geben, aufkochen lassen und etwa 1 Minute unter Rühren kochen lassen. Den Pudding gleichmäßig auf den vorgebackenen Boden verteilen und glatt streichen. 100 g von den Haselnusskernen darauf streuen. Die Puddingmasse lauwarm abkühlen lassen.

4. Für das Baiser Eiweiß mit Handrührgerät mit Rührbesen auf höchster Stufe so steif schlagen, dass ein Messerschnitt sichtbar bleibt. Nach und nach Zucker unterschlagen. Die Eischneemasse wellenartig auf den Pudding streichen. Die restlichen Haselnusskerne darauf streuen. Das Backblech in den heißen Backofen schieben und den Kuchen **bei gleicher Backofeneinstellung in 20–25 Minuten fertig backen.**

5. Backblech auf einen Kuchenrost stellen und den Kuchen darauf erkalten lassen.

Sanddorn-Orangen-Schnitten I

Raffiniert

Insgesamt:
E: 75 g, F: 303 g, Kh: 527 g, kJ: 21545, kcal: 5134

Für den Biskuitteig:

50 g Daim Minis (etwa 10 Stück)
4 Eier (Größe M)
2 EL heißes Wasser
125 g Zucker
1 Pck. Dr. Oetker Vanillin-Zucker
25 g Weizenmehl
1 TL Dr. Oetker Backin
100 g gemahlene Haselnusskerne
8–10 EL Orangensaft

Für die Sanddorn-Orangen-Creme:

6 Blatt weiße Gelatine
300 ml Sanddorn mit Honig (aus der Flasche, Reformhaus)
125 ml (1/8 l) Orangensaft
500 g Schlagsahne

Zum Garnieren:

100 g Daim Minis (etwa 20 Stück)
2 TL Kakaopulver

Zubereitungszeit: 45 Minuten, ohne Kühlzeit

1. Für den Teig Daim Minis klein schneiden oder hacken. Eier und Wasser mit Handrührgerät mit Rührbesen auf höchster Stufe in 1 Minute schaumig schlagen. Zucker mit Vanillin-Zucker mischen, in 1 Minute unter Rühren einstreuen, dann noch 2 Minuten weiterschlagen.

2. Mehl mit Backpulver mischen, auf die Eiercreme sieben und auf niedrigster Stufe unterrühren. Haselnusskerne und Daim-Stücke unterheben. Einen Backrahmen auf ein Backblech (30 x 40 cm, gefettet, gemehlt) stellen. Den Teig hineingeben und glatt streichen. Das Backblech sofort in den vorgeheizten Backofen schieben.

Ober-/Unterhitze: etwa 200 °C
Heißluft: etwa 180 °C
Backzeit: etwa 12 Minuten.

3. Das Backblech auf einen Kuchenrost stellen und den Biskuitboden erkalten lassen. Backrahmen lösen und entfernen. Den Biskuitboden senkrecht halbieren und den gesäuberten Backrahmen um eine Biskuithälfte stellen. Die Biskuithälfte mit der Hälfte des Orangensafts tränken.

4. Für die Sanddorn-Orangen-Creme Gelatine nach Packungsanleitung einweichen. Sanddorn in eine Rührschüssel geben. Gelatine leicht ausdrücken und in einem kleinen Topf mit etwas von dem Orangensaft unter Rühren auflösen.

5. Aufgelöste Gelatine mit dem restlichen Orangensaft verrühren, dann die Mischung mit dem Sanddorn verrühren und kalt stellen. Wenn die Sanddornmasse beginnt dicklich zu werden, Sahne steif schlagen und unterheben.

6. Die Hälfte der Sanddorn-Orangen-Creme auf den getränkten Biskuitboden streichen. Creme mit dem zweiten Biskuitboden belegen und diesen mit dem restlichen Orangensaft tränken. Restliche Sanddorn-Orangen-Creme darauf geben und glatt streichen. Den Kuchen kalt stellen.

7. Zum Garnieren Backrahmen lösen und entfernen. Kuchenoberfläche mit den Daim Minis belegen und dick mit Kakaopulver bestäuben.

Sauerkirschkuchen mit Kokosbröseln | Fettarm

Insgesamt:
E: 69 g, F: 45 g, Kh: 593 g, kJ: 13044, kcal: 3111

Zum Vorbereiten für den Belag:
400 g frische, entsteinte Sauerkirschen
oder 1 Glas Sauerkirschen (Abtropfgewicht 350 g)
100 g Kokos-Zwieback

Für den All-in-Teig:
300 g Weizenmehl
2 Pck. Dr. Oetker Pudding-Pulver Sahne-Geschmack
1 Pck. Dr. Oetker Backin
175 g Zucker
1 Fläschchen Butter-Vanille-Aroma
abgeriebene Schale von 1 Bio-Zitrone (unbehandelt, ungewachst)
3 Eier (Größe M)
250 ml (¼ l) Buttermilch

Nach Belieben zum Bestäuben:
Puderzucker

Zubereitungszeit: 30 Minuten

1. Zum Vorbereiten Sauerkirschen waschen, gut abtropfen lassen, entstielen und entsteinen oder Sauerkirschen aus dem Glas in einem Sieb gut abtropfen lassen. Zwieback in einen Gefrierbeutel geben. Beutel fest verschließen. Zwieback mit einer Teigrolle grob zerbröseln.

2. Für den Teig Mehl mit Pudding-Pulver und Backpulver mischen und in eine Rührschüssel sieben. Zucker, Aroma, Zitronenschale, Eier und Buttermilch hinzufügen. Die Zutaten in etwa 2 Minuten mit Handrührgerät mit Rührbesen auf höchster Stufe zu einem Teig verarbeiten. Den Teig auf ein Backblech (30 x 40 cm, gefettet) geben und glatt streichen.

3. Erst die Hälfte der Zwiebackbrösel, dann die Sauerkirschen auf dem Teig verteilen. Die restlichen Zwiebackbrösel darauf streuen. Das Backblech in den vorgeheizten Backofen schieben.

Ober-/Unterhitze: etwa 200 °C
Heißluft: etwa 180 °C
Backzeit: 30–35 Minuten.

4. Das Backblech auf einen Kuchenrost stellen. Den Kuchen erkalten lassen und nach Belieben mit Puderzucker bestäuben.

Saure-Sahne-Schnitten, fruchtig I

Beliebt

Insgesamt:
E: 99 g, F: 386 g, Kh: 702 g, kJ: 28779, kcal: 6883

Für den Schüttelteig:

300 g Weizenmehl
3 gestr. TL Dr. Oetker Backin
200 g Zucker
1 Pck. Dr. Oetker Vanillin-Zucker
1 Pck. Dr. Oetker Finesse Geriebene Zitronenschale
4 Eier (Größe M)
150 ml Speiseöl (z.B. Rapsöl)
150 ml Mineralwasser

Für die Saure-Sahne-Creme:

6 Blatt weiße Gelatine
450 g saure Sahne
50 g Zucker
500 g Schlagsahne

Für den Belag:

1 kg vorbereitetes Beerenobst (Him-, Brom-, Heidel- und rote Johannisbeeren)
einige Minzeblätter
2 Pck. Tortenguss, klar
2 EL Zucker
500 ml (½ l) Flüssigkeit (Apfelsaft und/oder Wein)

Zubereitungszeit: 35 Minuten

1. Für den Teig Mehl mit Backpulver mischen, in eine verschließbare Schüssel (etwa 3 l) sieben und mit Zucker, Vanillin-Zucker und Zitronenschale mischen. Eier, Öl und Mineralwasser hinzufügen und die Schüssel mit dem Deckel fest verschließen. Schüssel mehrmals kräftig schütteln (insgesamt 15–30 Sekunden), so dass alle Zutaten gut vermischt sind.

2. Alles mit einem Schneebesen oder Rührlöffel nochmals sorgfältig durchrühren, damit trockene Zutaten vom Rand mit untergerührt werden. Teig auf ein Backblech (30 x 40 cm, gefettet, gemehlt) geben und glatt streichen. Das Backblech in den vorgeheizten Backofen schieben.

Ober-/Unterhitze: etwa 180 °C
Heißluft: etwa 160 °C
Backzeit: etwa 20 Minuten.

3. Gebäck auf einem Kuchenrost erkalten lassen und einen Backrahmen darumstellen.

4. Für die Saure-Sahne-Creme Gelatine nach Packungsanleitung einweichen. Saure Sahne mit Zucker verrühren. Gelatine in einem Topf bei schwacher Hitze auflösen, mit etwas von der Saure-Sahne-Masse verrühren, dann Mischung unter die restliche Saure-Sahne-Masse rühren und kalt stellen. Sobald die Masse beginnt dicklich zu werden, Sahne steif schlagen und unterheben. Creme auf das erkaltete Gebäck streichen und den Kuchen etwa 2 Stunden kalt stellen.

5. Für den Belag vorbereitetes Obst auf dem Kuchen verteilen und einige Minzeblätter darauf legen. Aus Tortenguss, Zucker und Flüssigkeit nach Packungsanleitung einen Guss zubereiten, kurz abkühlen lassen, auf den Früchten verteilen und fest werden lassen.

Schichtkäse-Krümelkuchen mit Äpfeln | Einfach

Insgesamt:
E: 177 g, F: 410 g, Kh: 806 g, kJ: 32039, kcal: 7652

Für die Krümel:

400 g Weizenmehl
225 g Zucker
2 Pck. Dr. Oetker Vanillin-Zucker
1 Prise Salz
250 g weiche Butter

Für die Schichtkäse-Füllung:

1 kg Schichtkäse
2 Pck. Saucenpulver Vanille-Geschmack, zum Kochen
1 Pck. Dr. Oetker Finesse Geriebene Zitronenschale
3 Eier (Größe M)
125 g Zucker
150 g zerlassene, abgekühlte Butter

4 Äpfel, z. B. Cox Orange
50 g Rosinen

Zubereitungszeit: 45 Minuten, ohne Kühlzeit

1. Für die Krümel Mehl in eine Rührschüssel sieben und mit Zucker, Vanillin-Zucker und Salz mischen. Butter hinzufügen. Die Zutaten mit Handrührgerät mit Rührbesen zunächst kurz auf niedrigster, dann auf höchster Stufe zu Krümeln verarbeiten.

2. Gut die Hälfte der Krümel auf ein Backblech (30 x 40 cm, gefettet) geben und mit bemehlten Händen zu einem Boden andrücken. Einen Backrahmen darumstellen.

3. Für die Füllung Schichtkäse in eine Rührschüssel geben und Saucenpulver, Zitronenschale, Eier und Zucker hinzufügen. Die Zutaten mit Handrührgerät mit Rührbesen geschmeidig rühren. Butter unterrühren.

4. Äpfel schälen, vierteln und entkernen. Apfelviertel in kleine Würfel schneiden und mit den Rosinen unter die Schichtkäsemasse heben. Die Masse auf dem Teig verteilen und glatt streichen. Restliche Krümel darauf verteilen. Das Backblech in den vorgeheizten Backofen schieben.

Ober-/Unterhitze: etwa 180 °C
Heißluft: etwa 160 °C
Backzeit: etwa 40 Minuten.

5. Das Backblech auf einen Kuchenrost stellen und den Kuchen erkalten lassen. Backrahmen vorsichtig lösen und entfernen.

Abwandlung: Unter die Krümel zusätzlich noch 100 g abgezogene, gemahlene Mandeln heben. Statt Schichtkäse Magerquark verwenden, dann zusätzlich ein Päckchen Pudding-Pulver Vanille-Geschmack unter die Quarkmasse rühren, da Quark feuchter als Schichtkäse ist. Sie können die Rosinen zusätzlich in Calvados einweichen.

Schlesischer Streuselkuchen

Für Kinder

Insgesamt:
E: 117 g, F: 323 g, Kh: 756 g, kJ: 26678, kcal: 6371

Für den Hefeteig:
200 ml Milch
50 g Butter oder Margarine
375 g Weizenmehl
1 Pck. Dr. Oetker Trockenbackhefe
1 Prise Salz
75 g Zucker
1 Pck. Dr. Oetker Vanillin-Zucker
1 Ei (Größe M)

Für den Streuselteig:
200 g Weizenmehl
200 g abgezogene, gehackte Mandeln
175 g Zucker
175 g weiche Butter

Außerdem:
3–4 EL Johannisbeergelee

Zubereitungszeit: 40 Minuten, ohne Teiggehzeit

1. Für den Hefeteig Milch in einem Topf erwärmen und Butter oder Margarine darin zerlassen. Mehl in eine Rührschüssel sieben und sorgfältig mit Trockenbackhefe vermischen. Salz, Zucker, Vanillin-Zucker, Ei und die warme Milch-Fett-Mischung hinzufügen.

2. Die Zutaten mit Handrührgerät mit Knethaken zunächst kurz auf niedrigster, dann auf höchster Stufe in etwa 5 Minuten zu einem glatten Teig verarbeiten. Den Teig zugedeckt so lange an einem warmen Ort gehen lassen, bis er sich sichtbar vergrößert hat.

3. Den Teig leicht mit Mehl bestäuben, aus der Schüssel nehmen, auf der leicht bemehlten Arbeitsfläche nochmals gut durchkneten und auf einem Backblech (30 x 40 cm, gefettet) ausrollen.

4. Für den Streuselteig Mehl in eine Rührschüssel sieben und mit Mandeln und Zucker mischen. Butter hinzufügen. Die Zutaten mit Handrührgerät mit Rührbesen zu Streuseln von gewünschter Größe verarbeiten. Die Streusel auf dem Hefeteigboden verteilen. Gelee glatt rühren und mit einem Teelöffel Kleckse auf die Streusel geben.

5. Den Teig nochmals zugedeckt so lange an einem warmen Ort gehen lassen, bis er sich sichtbar vergrößert hat. Das Backblech in den vorgeheizten Backofen schieben.

Ober-/Unterhitze: etwa 200 °C
Heißluft: etwa 180 °C
Backzeit: etwa 20 Minuten.

6. Das Backblech auf einen Kuchenrost stellen und den Kuchen darauf erkalten lassen.

Schneckenkuchen vom Blech |

Klassisch

Insgesamt:
E: 97 g, F: 136 g, Kh: 824 g, kJ: 21149, kcal: 5053

Für den Hefeteig:
125 ml (1/8 l) Milch
100 g Butter oder Margarine
500 g Weizenmehl
1 Pck. Dr. Oetker Trockenbackhefe
50 g Zucker
1 Pck. Dr. Oetker Vanillin-Zucker
1 Prise Salz
2 Eier (Größe M)

Für die Füllung:
2 Pck. Dr. Oetker Pudding-Pulver Vanille-Geschmack
750 ml (¾ l) Milch
80 g Zucker
100 g Rosinen

Zum Aprikotieren:
3 EL Aprikosenkonfitüre
2 EL Wasser

Für den Guss:
100 g Puderzucker
1–2 EL Wasser

Zubereitungszeit: 60 Minuten, ohne Teiggehzeit

1. Für den Teig Milch in einem Topf erwärmen und Butter oder Margarine darin zerlassen. Mehl in eine Rührschüssel sieben und sorgfältig mit der Trockenbackhefe vermischen. Alle übrigen Zutaten und die warme Milch-Fett-Mischung hinzufügen.

2. Die Zutaten mit Handrührgerät mit Knethaken zunächst kurz auf niedrigster, dann auf höchster Stufe in etwa 5 Minuten zu einem glatten Teig verarbeiten. Danach den Teig zugedeckt so lange an einem warmen Ort gehen lassen, bis er sich sichtbar vergrößert hat.

3. Für die Füllung den Pudding nach Packungsanleitung, aber nur mit 750 ml Milch und 80 g Zucker zubereiten und während des Erkaltens gelegentlich durchrühren. Rosinen unterrühren.

4. Den Teig leicht mit Mehl bestäuben, aus der Schüssel nehmen, auf der Arbeitsfläche nochmals gut durchkneten und zu einem Rechteck (40 x 60 cm) ausrollen.

5. Teig mit dem Pudding bestreichen. Den Teig von der längeren Seite aus aufrollen, in knapp 1,5 cm breite Scheiben schneiden und dachziegelartig auf ein Backblech (30 x 40 cm, gefettet) legen. Teig nochmals so lange gehen lassen, bis er sich sichtbar vergrößert hat. Dann das Backblech in den vorgeheizten Backofen schieben.

Ober-/Unterhitze: etwa 200 °C
Heißluft: etwa 180 °C
Backzeit: etwa 20 Minuten.

6. Zum Aprikotieren Konfitüre durch ein Sieb streichen und mit Wasser etwas einkochen lassen. Das Gebäck sofort nach dem Backen damit bestreichen und auf einem Kuchenrost erkalten lassen.

7. Für den Guss Puderzucker mit Wasser verrühren. Den Guss über den erkalteten Kuchen sprenkeln.

Schokino-Heidelbeer-Kuchen I

Einfach

Insgesamt:
E: 48 g, F: 171 g, Kh: 414 g, kJ: 14443, kcal: 3433

Für den Rührteig:

1 Glas	*Heidelbeeren (Abtropfgewicht 220 g)*
1 Pck. (480 g)	*Backmischung Schokinokuchen*
125 g	*weiche Butter oder Margarine*
3	*Eier (Größe M)*
50 ml	*Milch*

Für den Guss:

1 Pck.	*Tortenguss, klar*
1 EL	*Zitronensaft*
1 EL	*Zucker*
250 ml (¼ l)	*Heidelbeersaft aus dem Glas*

Zum Garnieren:

75 g	*Fettglasur (ist in der Backmischung enthalten)*

Zubereitungszeit: 20 Minuten

1. Die Heidelbeeren auf einem Sieb gut abtropfen lassen, den Saft dabei auffangen.

2. Für den Teig die Backmischung nach Packungsanleitung mit Butter oder Margarine, Eiern und Milch zubereiten, aber alle Schokoladenflocken (sind in der Packung) in den Teig geben. Einen Backrahmen (28 x 30 cm) auf ein mit Backpapier belegtes Backblech stellen, Teig darin glatt streichen. Heidelbeeren gleichmäßig darauf verteilen und das Backblech in den vorgeheizten Backofen schieben.

Ober-/Unterhitze: etwa 200 °C
Heißluft: etwa 180 °C
Backzeit: etwa 25 Minuten.

3. Das Gebäck auf dem Backblech auf einen Kuchenrost stellen und erkalten lassen.

4. Den Guss aus Tortengusspulver, Zitronensaft, Zucker und Heidelbeersaft nach Packungsanleitung zubereiten und sofort mit Hilfe eines Pinsels über den erkalteten Kuchen geben. Guss fest werden lassen.

5. Zum Garnieren den Fettglasur-Beutel einige Minuten in heißes Wasser legen, dann herausnehmen, trockentupfen, etwas durchkneten und eine sehr kleine Ecke abschneiden. Ornamente auf Backpapier spritzen und erstarren lassen. Das Gebäck vor dem Servieren mit den Ornamenten garnieren.

Variante: Statt die Backmischung zu verwenden, können Sie den Teig auch selbst herstellen. Dazu 150 g Butter oder Margarine mit Handrührgerät mit Rührbesen auf höchster Stufe geschmeidig rühren. Nach und nach 150 g Zucker, 1 Päckchen Vanillin-Zucker und 1 Prise Salz unterrühren. So lange rühren, bis eine gebundene Masse entstanden ist. 4 Eier (Größe M) nach und nach unterrühren (jedes Ei etwa ½ Minute). 300 g Weizenmehl mit 2 gestrichenen Teelöffeln Backpulver mischen, sieben und in 2 Portionen abwechselnd mit 2–3 Esslöffeln Milch auf mittlerer Stufe kurz unterrühren. Zuletzt kurz 50 g Schokoladenflocken unterrühren und den Teig wie oben angegeben weiterverarbeiten und backen.

Schoko-Birnen-Kuchen mit Schmand | Für Gäste

Insgesamt:
E: 71 g, F: 514 g, Kh: 765 g, kJ: 33746, kcal: 7984

Für den All-in-Teig:
150 g Weizenmehl
50 g Speisestärke
15 g Kakaopulver
4 gestr. TL Dr. Oetker Backin
200 g Zucker
1 Pck. Dr. Oetker Vanillin-Zucker
1 Prise Salz
4 Eier (Größe M)
200 g weiche Butter oder Margarine
100 g Raspelschokolade
2 Dosen Birnen (Abtropfgewicht je 460 g)

Für den Belag:
400 g Schlagsahne
30 g gesiebter Puderzucker
2 Pck. Dr. Oetker Vanillin-Zucker
3 Pck. Dr. Oetker Sahnesteif
600 g Schmand (Sauerrahm)
50 ml Birnensaft aus den Dosen

Zum Verzieren und Garnieren:
Puderzucker
Kakaopulver
Schokoladenornamente

Zubereitungszeit: 40 Minuten

1. Für den Teig Mehl mit Speisestärke, Kakao und Backpulver mischen und in eine Rührschüssel sieben. Zucker, Vanillin-Zucker, Salz, Eier und Butter oder Margarine dazugeben und in etwa 2 Minuten mit Handrührgerät mit Rührbesen erst kurz auf niedrigster, dann auf höchster Stufe zu einem Teig verarbeiten.

2. Raspelschokolade kurz unterrühren. Einen Backrahmen auf ein Backblech (30 x 40 cm, gefettet) stellen, den Teig hineingeben und verstreichen.

3. Die Birnen in einem Sieb abtropfen lassen, dabei den Saft auffangen und 50 ml für den Belag abmessen. Die Birnen in feine Spalten schneiden und auf dem Teig verteilen. Backblech in den vorgeheizten Backofen schieben.

Ober-/Unterhitze: etwa 180 °C
Heißluft: etwa 160 °C
Backzeit: etwa 25 Minuten.

4. Das Backblech auf einen Kuchenrost stellen. Boden darauf erkalten lassen.

5. Für den Belag Sahne ½ Minute aufschlagen. Puderzucker mit Vanillin-Zucker und Sahnesteif mischen, unter Rühren hinzufügen und die Sahne vollkommen steif schlagen.

6. Schmand mit Birnensaft verrühren, Sahne unterheben und auf dem Boden verteilen. Den Belag mit Hilfe eines Löffels verzieren. Den Backrahmen vorsichtig mit Hilfe eines Messers lösen und entfernen.

7. Vor dem Servieren Puderzucker mit Kakao mischen, auf den Kuchen sieben und den Kuchen mit den Schokoladenornamenten garnieren. Kuchen in Stücke schneiden.

Schoko-Birnen-Kuchen, schnell I

Fruchtig

Insgesamt:
E: 70 g, F: 241 g, Kh: 579 g, kJ: 20498, kcal: 4897

Für den Belag:
1 Dose Birnenhälften (Abtropfgewicht 460 g)

Für den Schüttelteig:
120 g Zartbitter-Kuvertüre
125 g Butter oder Margarine
250 g Weizenmehl
4 gestr. TL Dr. Oetker Backin
200 g Zucker
4 Eier (Größe M)
125 g Schlagsahne

Zum Besprenkeln:
80 g Zartbitter-Kuvertüre

Zubereitungszeit: 30 Minuten

1. Für den Belag Birnenhälften in ein Sieb geben, gut abtropfen lassen und mit Küchenpapier abtupfen. Für den Teig Kuvertüre in Stücke hacken, mit Butter oder Margarine in einem kleinen Topf bei schwacher Hitze unter Rühren schmelzen und etwas abkühlen lassen.

2. Mehl mit Backpulver mischen, in eine verschließbare Schüssel (etwa 3 l) sieben und mit Zucker mischen. Eier, Sahne, Kuvertüre und Butter oder Margarine hinzufügen. Die Schüssel mit dem Deckel fest verschließen und mehrmals kräftig schütteln (insgesamt 15–30 Sekunden), so dass alle Zutaten gut vermischt sind.

3. Alles mit einem Rührlöffel oder einem Schneebesen nochmals sorgfältig verrühren, damit trockene Zutaten vom Rand mit untergerührt werden. Den Teig auf ein Backblech (30 x 40 cm, gefettet) geben und glatt streichen. Birnen in dünne Spalten schneiden und dachziegelartig auf den Teig legen. Das Backblech in den vorgeheizten Backofen schieben.

Ober-/Unterhitze: etwa 180 °C
Heißluft: etwa 160 °C
Backzeit: etwa 30 Minuten.

4. Das Backblech auf einen Kuchenrost stellen und den Kuchen darauf erkalten lassen.

5. Zum Besprenkeln Kuvertüre klein hacken, in einen Gefrierbeutel geben und ihn verschließen. Kuvertüre in einem kleinen Topf im Wasserbad schmelzen lassen. Beutel abtrocknen, etwas durchkneten, eine kleine Ecke abschneiden und den erkalteten Kuchen damit besprenkeln.

Tipp: Der Schoko-Birnen-Kuchen kann bereits 1–2 Tage vor dem Verzehr zubereitet werden. Anstelle der Birnen können Sie auch Sauerkirschen oder Aprikosen verwenden. Das schmeckt auch sehr lecker.

Schoko-Blechkuchen | Raffiniert

Insgesamt:
E: 105 g, F: 360 g, Kh: 591 g, kJ: 25214, kcal: 6025

450 g (6 Platten) TK-Blätterteig

Zum Vorbereiten:
150 g Edelbitter-Schokolade (60 % Kakaoanteil)

Für den Schüttelteig:
250 g Weizenmehl
3 gestr. TL Dr. Oetker Backin
170 g Zucker
1 Pck. Dr. Oetker Bourbon-Vanille-Zucker
4 Eier (Größe M)
125 ml (1/8 l) Speiseöl
125 ml (1/8 l) Buttermilch

Zum Bestreichen:
1 Eigelb
1 EL Milch

Für den Guss:
50 g Edelbitter-Schokolade (60 % Kakaoanteil)
10 g Butter

Zubereitungszeit: etwa 40 Minuten, ohne Auftau- und Abkühlzeit

1. Blätterteigplatten zugedeckt nebeneinander auftauen lassen. Zum Vorbereiten Schokolade in kleine Stücke brechen, in einem kleinen Topf im Wasserbad bei schwacher Hitze unter Rühren schmelzen und abkühlen lassen.

2. Für den Teig Mehl mit Backpulver mischen, in eine verschließbare Schüssel (etwa 3 l) sieben und mit Zucker und Vanille-Zucker mischen. Eier, Speiseöl, aufgelöste Schokolade und Buttermilch hinzufügen. Die Schüssel mit dem Deckel fest verschließen.

3. Schüssel mehrmals kräftig schütteln (insgesamt 15–30 Sekunden), so dass alle Zutaten gut vermischt sind. Alles mit einem Schneebesen oder Rührlöffel nochmals sorgfältig durchrühren, damit trockene Zutaten vom Rand mit untergerührt werden. Den Teig auf ein Backblech oder in eine Fettpfanne (30 x 40 cm, gefettet, bemehlt) geben und glatt streichen. Einen Backrahmen darumstellen.

4. Zum Bestreichen Eigelb und Milch verschlagen. Die Ränder der Blätterteigplatten rundherum gerade schneiden. Platten mit einer Gabel mehrfach einstechen. Jede Platte in Rechtecke (etwa 2 x 6 cm) schneiden. Die Blätterteig-Rechtecke mit der Eigelbmilch bestreichen und dicht aneinander auf den Teig legen. Das Backblech oder die Fettpanne in den vorgeheizten Backofen schieben.

Ober-/Unterhitze: etwa 200 °C
Heißluft: etwa 180 °C
Backzeit: etwa 25 Minuten.

5. Das Backblech oder die Fettpfanne auf einen Kuchenrost stellen und den Schoko-Blechkuchen darauf erkalten lassen.

6. Für den Guss Schokolade in kleine Stücke brechen und mit der Butter in einem kleinen Topf im Wasserbad bei schwacher Hitze unter Rühren schmelzen lassen. Den Guss in einen Gefrierbeutel füllen und eine kleine Ecke abschneiden. Den Kuchen mit dem Guss besprenkeln. Den Backrahmen lösen und entfernen und den Kuchen in Schnitten teilen.

Schokokeks-Schnitten | Für Kinder

Insgesamt:
E: 136 g, F: 538 g, Kh: 1012 g, kJ: 40323, kcal: 9628

Für den All-in-Teig:
150 g Weizenmehl
1 Pck. Dr. Oetker Backin
125 g Zucker
1 Pck. Dr. Oetker Vanillin-Zucker
5 Eier (Größe M)
4 EL Speiseöl
2 EL Essig

Für den Belag:
2 Dosen Mandarinen (Abtropfgewicht je 420 g)
375 ml (3/8 l) Mandarinensaft aus den Dosen
4 Blatt weiße Gelatine
2 Pck. Dr. Oetker Pudding-Pulver Vanille-Geschmack
100 g Zucker
500 ml (1/2 l) Milch

1 kg Schlagsahne
3 Pck. Dr. Oetker Vanillin-Zucker
3 Pck. Dr. Oetker Sahnesteif
2–3 EL Zitronensaft
36 Butterkekse mit Schokoladenguss

Zubereitungszeit: 50 Minuten

1. Für den Teig Mehl mit Backpulver Zucker, Vanillin-Zucker, Eier, Öl und Essig in eine Rührschüssel geben, mit Handrührgerät mit Rührbesen alles in 1 Minute schaumig schlagen.

2. Einen Backrahmen auf ein Backblech (30 x 40 cm, gefettet) stellen und den Teig auf das Backblech streichen. Das Backblech in den vorgeheizten Backofen schieben.

Ober-/Unterhitze: etwa 180 °C
Heißluft: etwa 160 °C
Backzeit: etwa 15 Minuten.

3. Das Backblech auf einen Kuchenrost stellen und den Boden im Backrahmen erkalten lassen.

4. Für den Belag Mandarinen auf ein Sieb geben, abtropfen lassen, Saft auffangen und 375 ml (3/8 l) davon abmessen. Gelatine nach Packungsanleitung einweichen. Pudding-Pulver mit Zucker und Saft anrühren, Milch hinzugeben, alles unter Rühren zum Kochen bringen und gut aufkochen lassen. Die eingeweichte, ausgedrückte Gelatine darin unter Rühren auflösen.

5. Die Mandarinen auf dem Boden verteilen (einige zum Garnieren zurücklassen). Den Pudding lauwarm darüber geben, glatt streichen und etwa 2 Stunden kalt stellen.

6. Sahne mit Vanillin-Zucker, Sahnesteif und Zitronensaft steif schlagen und gut die Hälfte auf der Puddingmasse verstreichen (den Rest zum Verzieren zurücklassen). Butterkekse mit der Schokoladenseite nach oben darauf verteilen. Die Kuchenstücke mit Sahne und Mandarinen garnieren. Backrahmen vorsichtig mit Hilfe eines Messers lösen und entfernen.

Schoko-Knusper-Schnitten

Schnell – einfach

Insgesamt:
E: 120 g, F: 470 g, Kh: 841 g, kJ: 33725, kcal: 8053

Für die Streusel:

100 g Weizenmehl
100 g Zucker
1 Pck. Dr. Oetker Bourbon-Vanille-Zucker
150 g weiche Butter oder Margarine
300 g Vitalis Knusper-Schoko

Für den Rührteig:

250 g Butter oder Margarine
1 Becher (150 g) Crème fraîche
200 g Zucker
1 Pck. Dr. Oetker Bourbon-Vanille-Zucker
1 Prise Salz
5 Eier (Größe M)
350 g Weizenmehl
4 gestr. TL Dr. Oetker Backin
25 g Kakaopulver

Zubereitungszeit: 35 Minuten

1. Für die Streusel Mehl in eine Rührschüssel sieben und mit Zucker und Vanille-Zucker mischen. Butter oder Margarine hinzufügen und die Zutaten mit Handrührgerät mit Rührbesen kurz verrühren, zuletzt Müsli hinzugeben und zu Streuseln verarbeiten.

2. Für den Rührteig Butter oder Margarine und Crème fraîche in einer Rührschüssel mit Handrührgerät mit Rührbesen geschmeidig rühren. Nach und nach Zucker, Vanille-Zucker und Salz unter Rühren hinzufügen. So lange rühren, bis eine gebundene Masse entstanden ist. Eier nach und nach unterrühren (jedes Ei etwa ½ Minute).

3. Mehl mit Backpulver und Kakao mischen, sieben und in 2 Portionen kurz auf mittlerer Stufe unterrühren. Den Teig auf ein Backblech oder in eine Fettfangschale (30 x 40 cm, gefettet) geben und glatt streichen. Die Streusel auf dem Teig verteilen und leicht andrücken. Das Backblech oder die Fettfangschale in den vorgeheizten Backofen schieben.

Ober-/Unterhitze: etwa 180 °C
Heißluft: etwa 160 °C
Backzeit: etwa 30 Minuten.

4. Das Backblech oder die Fettfangschale auf einen Kuchenrost stellen und den Kuchen erkalten lassen.

Schoko-Kokos-Rauten | Für Kinder

Insgesamt:
E: 61 g, F: 521 g, Kh: 623 g, kJ: 30966, kcal: 7395

Für den Streuselteig:

250 g Butter oder Margarine
300 g Weizenmehl
2 EL Kakaopulver
150 g Zucker
1 Pck. Dr. Oetker Vanillin-Zucker
50 g Kokosraspel

Für den Belag:

150 g Butter
2 EL gesiebtes Kakaopulver
200 g Puderzucker
150 g Kokosraspel
100 g Schlagsahne

Zum Garnieren:

weiße Schokoladen-Blütenblätter

Zubereitungszeit: 40 Minuten, ohne Kühlzeit

1. Für den Teig Butter oder Margarine in einem kleinen Topf zerlassen und abkühlen lassen. Einen Backrahmen auf ein Backblech (30 x 40 cm, gefettet, mit Backpapier belegt) stellen.

2. Mehl mit Kakao mischen und in eine Rührschüssel sieben. Zucker, Vanillin-Zucker und Kokosraspel untermischen. Butter oder Margarine hinzufügen. Die Zutaten mit Handrührgerät mit Rührbesen erst kurz auf niedrigster, dann auf höchster Stufe zu Streuseln verarbeiten. Teigstreusel auf das Backblech in den Backrahmen geben und andrücken. Das Backblech in den vorgeheizten Backofen schieben.

Ober-/Unterhitze: etwa 180 °C
Heißluft: etwa 160 °C
Backzeit: etwa 25 Minuten.

3. Backblech auf einen Kuchenrost stellen und Boden etwas abkühlen lassen.

4. Für den Belag Butter zerlassen und abkühlen lassen. Kakao mit Puderzucker und Kokosraspel in einer Rührschüssel mischen und Butter und Sahne unterrühren. Masse sofort auf den Kuchen geben und glatt streichen. Kuchen kalt stellen und Belag fest werden lassen. Backrahmen lösen und entfernen.

5. Den Kuchen vor dem Servieren in Rauten schneiden und nach Belieben mit Blütenblättern garnieren.

Schokokuss-Kuchen

Einfach – für Kinder

Insgesamt:
E: 119 g, F: 333 g, Kh: 804 g, kJ: 28409, kcal: 6762

Zum Vorbereiten:

18 Schokoküsse (450 g)

Für den All-in-Teig:

300 g Weizenmehl
3 gestr. TL Dr. Oetker Backin
170 g Zucker
1 Pck. Dr. Oetker Vanillin-Zucker
1 Prise Salz
4 Eier (Größe M)
100 ml Zitronenlimonade
180 g weiche Butter oder Margarine

1 Glas Wild-Preiselbeeren (Einwaage 210 g)

Für den Belag:

250 g Mascarpone (ital. Frischkäse)
250 g Magerquark
2 Pck. Dr. Oetker Sahnesteif

Zubereitungszeit: 40 Minuten, ohne Abkühlzeit

1. Zum Vorbereiten die Waffelböden von den Schokoküssen ablösen und beiseite legen. Die Schaummasse der Schokoküsse in eine Schüssel geben und beiseite stellen.

2. Für den Teig Mehl mit Backpulver mischen und in eine Rührschüssel sieben. Zucker, Vanillin-Zucker, Salz, Eier, Limonade und Butter oder Margarine hinzufügen. Die Zutaten mit Handrührgerät mit Rührbesen zunächst kurz auf niedrigster, dann auf höchster Stufe in etwa 2 Minuten zu einem Teig verarbeiten.

3. Den Teig auf ein Backblech (30 x 40 cm, gefettet) geben und glatt streichen. Die beiseite gelegten Waffeln mit der Gitterseite nach oben auf dem Teig verteilen. Auf jede Waffel 1 Teelöffel von den Preiselbeeren geben. Das Backblech in den vorgeheizten Backofen schieben.

Ober-/Unterhitze: etwa 180 °C
Heißluft: etwa 160 °C
Backzeit: 20–25 Minuten.

4. Das Backblech auf einen Kuchenrost stellen. Den Kuchen erkalten lassen und dann in 18 gleich große Stücke schneiden.

5. Für den Belag Mascarpone mit Quark und Sahnesteif in eine Rührschüssel geben und mit Handrührgerät mit Rührbesen auf höchster Stufe verrühren. Die beiseite gestellte Schaummasse der Schokoküsse unterheben.

6. Die Creme in einen Spritzbeutel mit großer Lochtülle füllen und je einen großen hohen Tupfen auf die Waffeln spritzen oder mit einem Esslöffel auf die Waffeln geben. Restliche Preiselbeeren als Spitze darauf geben. Den Kuchen bis zum Servieren kalt stellen.

Schokoladencreme-Buttermilch-Schnitten | Für Gäste – etwas aufwändiger

Insgesamt:
E: 90 g, F: 622 g, Kh: 766 g, kJ: 37887, kcal: 9056

Für den Rührteig:
250 g Butter oder Margarine
250 g Zucker
1 Pck. Dr. Oetker Bourbon-Vanille-Zucker
4 Eier (Größe M)
250 g Weizenmehl
2 gestr. TL Dr. Oetker Backin
35 g Kakaopulver
etwa 150 ml Buttermilch

Für die Karamellsplitter:
200 g Zucker
50 g abgezogene, gehobelte Mandeln

Für die Cremefüllung:
2 EL Orangenmarmelade
250 g weiche Butter
1 Becher (500 g) Schokoladenpudding (Zimmertemperatur)
100 g Kokosfett

Zubereitungszeit: 60 Minuten

1. Für den Teig Butter oder Margarine mit Handrührgerät mit Rührbesen auf höchster Stufe geschmeidig rühren. Nach und nach Zucker und Vanille-Zucker unterrühren. So lange rühren, bis eine gebundene Masse entstanden ist. Eier nach und nach unterrühren (jedes Ei etwa ½ Minute).

2. Mehl mit Backpulver und Kakao mischen, sieben und in 2 Portionen abwechselnd mit der Buttermilch auf mittlerer Stufe unterrühren (nur so viel Buttermilch verwenden, dass der Teig schwer reißend vom Löffel fällt).

3. Den Teig auf einem Backblech (30 x 40 cm, gefettet, mit Backpapier belegt) verteilen und glatt streichen. Das Backblech in den vorgeheizten Backofen schieben.

Ober-/Unterhitze: etwa 180 °C
Heißluft: etwa 160 °C
Backzeit: etwa 20 Minuten.

4. Sofort nach dem Backen den Kuchen am Rand lösen, auf die Arbeitsfläche oder auf Backpapier stürzen, das mitgebackene Backpapier abziehen und den Kuchen erkalten lassen. Den Kuchen der Länge nach halbieren.

5. Für die Karamellsplitter Zucker in einem weiten Topf bei schwacher Hitze schmelzen und hellbraun karamellisieren lassen. Mandeln unterrühren. Die Masse auf Alufolie verteilen, auseinander streichen und fest werden lassen.

6. Für die Cremefüllung eine Kuchenhälfte mit der Orangenmarmelade bestreichen. Butter mit Handrührgerät mit Rührbesen geschmeidig rühren und nach und nach den Schokoladenpudding (Zimmertemperatur) unterrühren. Das Kokosfett erhitzen und sofort unterschlagen.

7. Die Hälfte der Creme auf die mit Orangenmarmelade bestrichene Kuchenhälfte streichen. Die andere Kuchenhälfte darauf geben und etwas andrücken. Den Rest der Creme auf den oberen Kuchen streichen und nach Belieben auch die Seiten dünn bestreichen. Kuchen kalt stellen.

8. Zum Garnieren das Gebäck in Schnitten teilen. Karamellplatte in beliebig große Stücke brechen und die Schnitten damit garnieren.

Schokoladen-Kakao-Kuchen I

Für Kinder

Insgesamt:
E: 113 g, F: 442 g, Kh: 465 g, kJ: 26276, kcal: 6273

Zum Vorbereiten:
100 g Vollmilch-Schokolade

Für den Rührteig:
150 g weiche Butter oder Margarine
150 g Zucker
1 Pck. Dr. Oetker Vanillin-Zucker
1 Prise Salz
3 Eier (Größe M)
200 g Weizenmehl
2 gestr. TL Dr. Oetker Backin
50 g Kakaopulver (ungezuckert)
100 ml Milch
100 g abgezogene, gemahlene Mandeln

Zum Tränken:
125 ml (1/8 l) Milch
2 TL Instant-Kakaopulver

Für den Belag:
2 EL weiche Nuss-Nougat-Creme
400 g Schlagsahne
2 Pck. Dr. Oetker Sahnesteif

Zum Bestreuen und Garnieren:
50 g abgezogene, gehackte Mandeln
Schoko-Ornamente, z. B. Tiermotive

Zubereitungszeit: 30 Minuten, ohne Abkühlzeit

1. Zum Vorbereiten Schokolade zuerst in Stücke brechen, dann klein hacken.

2. Für den Teig Butter oder Margarine in einer Rührschüssel mit Handrührgerät mit Rührbesen auf höchster Stufe geschmeidig rühren. Nach und nach Zucker, Vanillin-Zucker und Salz unterrühren und so lange rühren, bis eine gebundene Masse entstanden ist. Eier nach und nach unterrühren (jedes Ei etwa ½ Minute).

3. Mehl mit Backpulver und Kakao mischen, sieben und abwechselnd mit der Milch in 2 Portionen kurz auf mittlerer Stufe unterrühren. Zuletzt Mandeln und Schokoladenstückchen unterheben.

4. Den Teig auf ein Backblech (30 x 40 cm, gefettet) geben und glatt streichen. Das Backblech in den vorgeheizten Backofen schieben.

Ober-/Unterhitze: etwa 180 °C
(mittlere Einschubleiste)
Heißluft: etwa 160 °C
Backzeit: etwa 20 Minuten.

5. Das Backblech auf einen Kuchenrost stellen. Zum Tränken Milch mit Kakao verrühren und den heißen Kuchen mit einem Backpinsel mit dem Kakao bestreichen. Den Gebäckboden erkalten lassen.

6. Für den Belag Nougat-Creme in einem kleinen Topf unter Rühren leicht erwärmen. Sahne mit Sahnesteif steif schlagen. Die weiche Nougat-Creme so unter die Sahne rühren, dass eine Marmorierung entsteht. Die marmorierte Sahne auf dem Gebäckboden verteilen. Den Kuchen mit Mandeln bestreuen und mit Schoko-Ornamenten garnieren.

Tipp: Die Schokolade vor dem Hacken gut kühlen.

Schoko-Marzipan-Kissen | Für Gäste

Insgesamt:
E: 110 g, F: 502 g, Kh: 579 g, kJ: 30472, kcal: 7272

Zum Vorbereiten:
2 Pck. Gala Pudding-Pulver Schokolade
120 g Zucker
450 ml Milch
250 g Schlagsahne

Für den Rührteig:
200 g Marzipan-Rohmasse
250 g weiche Butter oder Margarine
150 g Zucker
1 Pck. Dr. Oetker Vanillin-Zucker
1 Prise Salz
4 Eier (Größe M)
125 g Weizenmehl
2 gestr. TL Dr. Oetker Backin
50 g Kakaopulver (ungezuckert)

Für die Füllung:
250 g Schlagsahne
1 Pck. Dr. Oetker Sahnesteif
1 EL Zucker
1 Pck. Dr. Oetker Finesse Amaretto-Bittermandel-Aroma

Zubereitungszeit: 50 Minuten, ohne Abkühlzeit

1. Zum Vorbereiten aus Pudding-Pulver, Zucker, Milch und Sahne einen Pudding nach Packungsanleitung, aber mit der hier angegebenen Menge Zucker, Milch und Sahne zubereiten. Den heißen Pudding in eine Schüssel geben, Puddingoberfläche direkt mit Frischhaltefolie belegen und erkalten lassen.

2. Für den Teig Marzipan klein schneiden und in eine Rührschüssel geben. Butter oder Margarine hinzufügen und mit Handrührgerät mit Rührbesen auf höchster Stufe geschmeidig rühren. Nach und nach Zucker, Vanillin-Zucker und Salz unterrühren. So lange rühren, bis eine gebundene Masse entstanden ist.

3. Eier nach und nach unterrühren (jedes Ei etwa ½ Minute). Mehl mit Backpulver und Kakao mischen, sieben und in 2 Portionen auf mittlerer Stufe unterrühren.

4. Den Teig auf ein Backblech (30 x 40 cm, gefettet) geben und glatt streichen. Das Backblech in den vorgeheizten Backofen schieben.

Ober-/Unterhitze: etwa 180 °C
(mittlere Einschubleiste)
Heißluft: etwa 160 °C
Backzeit: etwa 15 Minuten.

5. Das Backblech auf einen Kuchenrost stellen und den Gebäckboden erkalten lassen.

6. Den Gebäckboden so halbieren, dass 2 Rechtecke (20 x 30 cm) entstehen. Eine Gebäckhälfte in 12 Rechtecke (etwa 5 x 10 cm) schneiden und beiseite legen. Zweite Gebäckhälfte auf eine Tortenplatte oder auf das gesäuberte Backblech legen.

7. Für die Füllung Sahne mit Sahnesteif und Zucker steif schlagen. Den erkalteten Pudding mit Handrührgerät mit Rührbesen cremig rühren, Aroma unterrühren. Sahne mit einem Teigschaber so unter den Pudding heben, dass ein Marmormuster entsteht. 4 Esslöffel der Creme in einen Spritzbeutel mit Loch- oder Sterntülle füllen. Restliche Creme auf dem Gebäckboden verteilen. Beiseite gelegte Gebäckstücke darauf legen und mit der Creme aus dem Spritzbeutel verzieren.

Schoko-Minz-Kuchen | Raffiniert

Insgesamt:
E: 102 g, F: 582 g, Kh: 779 g, kJ: 36629, kcal: 8746

Für den Rührteig:
200 g *Pfefferminzschokolade*
350 g *weiche Butter oder Margarine*
300 g *Zucker*
1 Pck. *Dr. Oetker Vanillin-Zucker*
1 Prise *Salz*
6 *Eier (Größe M)*
280 g *Weizenmehl*
100 g *Speisestärke*
30 g *Kakaopulver*
3 gestr. TL *Dr. Oetker Backin*
3 EL *Milch*

Für den Belag:
600 g *Schlagsahne*
2 Pck. *Dr. Oetker Vanillin-Zucker*
3 Pck. *Dr. Oetker Sahnesteif*

Zum Garnieren:
frische Minze
einige *Minz-Täfelchen*

Zubereitungszeit: 45 Minuten, ohne Kühlzeit

1. Für den Teig Schokolade hacken und 50 g davon für den Belag beiseite stellen. Butter oder Margarine in einer Rührschüssel mit Handrührgerät mit Rührbesen geschmeidig rühren. Nach und nach Zucker, Vanillin-Zucker und Salz unterrühren. So lange rühren, bis eine gebundene Masse entstanden ist. Eier nach und nach auf höchster Stufe unterrühren (jedes Ei etwa ½ Minute).

2. Mehl mit Speisestärke, Kakao und Backpulver sieben und in 2 Portionen abwechselnd mit der Milch auf mittlerer Stufe kurz unterrühren. Zuletzt die gehackte Schokolade kurz unterrühren. Einen Backrahmen (30 x 40 cm) auf ein Backblech (gefettet, mit Backpapier belegt) stellen. Den Teig hineingeben, glatt streichen und das Backblech in den vorgeheizten Backofen schieben.

Ober-/Unterhitze: etwa 180 °C
Heißluft: etwa 160 °C
Backzeit: etwa 25 Minuten.

3. Den Boden nach dem Backen aus dem Backrahmen lösen, direkt auf eine Arbeitsfläche stürzen und erkalten lassen. Anschließend mitgebackenes Backpapier abziehen und Boden von der Arbeitsfläche lösen, so dass die Backhaut entfernt wird. Den Boden auf ein Backblech legen und den Backrahmen wieder darumstellen.

4. Für den Belag Sahne mit Vanillin-Zucker und Sahnesteif steif schlagen. Beiseite gestellte gehackte Schokolade unterheben und die Creme auf dem gebackenen Boden glatt streichen. Mit einem Löffel ein Muster in die Oberfläche ziehen. Den Kuchen bis zum Servieren kalt stellen.

5. Zum Garnieren Backrahmen lösen und entfernen. Den Kuchen in Rechtecke schneiden und mit Minzeblättchen und nach Belieben mit Minz-Täfelchen garnieren.

Tipp: Der Boden kann bereits am Vortag gebacken werden oder auch eingefroren werden.

Schoko-Schmand-Kuchen mit Himbeerbrocken | Beliebt

Insgesamt:
E: 81 g, F: 464 g, Kh: 581 g, kJ: 28551, kcal: 6735

Zum Vorbereiten:
3 Becher (je 200 g) Schmand (24 % Fett)
1 Pck. Dr. Oetker Bourbon-Vanille-Zucker

Für den Schüttelteig:
250 g Kokosfett
100 g Edelbitter-Schokolade (60 % Kakao)
300 g Weizenmehl
4 gestr. TL Dr. Oetker Backin
200 g brauner Zucker
1 Pck. Dr. Oetker Bourbon-Vanille-Zucker
4 Eier (Größe M)
200 ml Buttermilch

Für den Belag:
3 Becher (je 125 g) Götterspeise Himbeer-Geschmack (aus dem Kühlregal)

Zubereitungszeit: 20 Minuten

1. Zum Vorbereiten Schmand in eine Rührschüssel geben, mit Vanille-Zucker verrühren und kalt stellen.

2. Für den Teig Kokosfett in einem Topf zerlassen, Topf von der Kochstelle nehmen, Schokolade in Stücke brechen und darin unter Rühren schmelzen lassen. Die Masse abkühlen lassen.

3. Mehl mit Backpulver mischen, in eine verschließbare Schüssel (etwa 3 l) sieben und mit Zucker und Vanille-Zucker mischen. Eier, Buttermilch und die Fett-Schoko-Masse hinzufügen und die Schüssel mit dem Deckel fest verschließen.

4. Schüssel mehrmals kräftig schütteln (insgesamt 15–30 Sekunden), so dass alle Zutaten gut vermischt sind. Alles mit einem Schneebesen oder Rührlöffel nochmals sorgfältig durchrühren, damit trockene Zutaten vom Rand mit untergerührt werden.

5. Den Teig auf ein Backblech (30 x 40 cm, gefettet) geben und glatt streichen. Das Backblech in den vorgeheizten Backofen schieben.

Ober-/Unterhitze: etwa 200 °C
Heißluft: etwa 180 °C
Backzeit: 25–30 Minuten.

6. Das Backblech nach dem Backen auf einen Kuchenrost stellen. Für den Belag die vorbereitete Schmandcreme auf den heißen Kuchen streichen und den Kuchen erkalten lassen.

7. Vor dem Servieren den Kuchen auf dem Backblech in Stücke schneiden. Götterspeise mit einem Messer in den Bechern zerkleinern, dann als kleine Brocken auf den Kuchenstücken verteilen.

Schüttelkuchen mit Zwieback I

Raffiniert

Insgesamt:
E: 74 g, F: 211 g, Kh: 672 g, kJ: 21152, kcal: 5052

Zum Vorbereiten:
200 g Zwieback
250 g getrocknete Früchte (z.B. Pflaumen, Apfelringe, Aprikosen)

Für den Schüttelteig:
200 g Butter oder Margarine
2 EL Weizenmehl
1 Pck. Dr. Oetker Backin
200 g Puderzucker
4 Eier (Größe M)
250 ml (¼ l) Buttermilch

Für den Guss:
150 g Puderzucker
2–3 EL Zitronensaft

Zubereitungszeit: 30 Minuten, ohne Abkühlzeit

1. Zum Vorbereiten Zwieback in einen Gefrierbeutel geben, ihn verschließen und die Zwiebäcke mit einer Teigrolle fein zerbröseln. Die getrockneten Früchte klein schneiden.

2. Für den Teig Butter oder Margarine zerlassen und abkühlen lassen. Mehl mit Backpulver und Puderzucker mischen und in eine verschließbare Schüssel (etwa 3 l) sieben. Eier, Butter oder Margarine und Buttermilch hinzufügen und die Schüssel mit dem Deckel fest verschließen.

3. Schüssel mehrmals kräftig schütteln (insgesamt 15–30 Sekunden), so dass alle Zutaten gut vermischt sind. Zwiebackbrösel und Früchte hinzugeben und alles mit einem Schneebesen oder Rührlöffel nochmals sorgfältig durchrühren, damit trockene Zutaten vom Rand mit untergerührt werden. Den Teig auf ein Backblech (30 x 40 cm, gefettet) streichen. Das Backblech in den vorgeheizten Backofen schieben.

Ober-/Unterhitze: etwa 180 °C
Heißluft: etwa 160 °C
Backzeit: etwa 25 Minuten.

4. Das Backblech auf einen Kuchenrost stellen und den Kuchen darauf erkalten lassen.

5. Für den Guss Puderzucker mit Zitronensaft zu einer dickflüssigen Masse verrühren. Das Gebäck damit überziehen.

Tipp: Statt den Kuchen mit Guss zu überziehen können Sie ihn auch mit Puderzucker bestäuben.

Schwarzwälder Kirschrolle | Klassisch

Insgesamt:
E: 67 g, F: 365 g, Kh: 238 g, kJ: 16031, kcal: 3822

Für den Biskuitteig:
4 Eier (Größe M)
1 Eigelb (Größe M)
4 EL heißes Wasser
125 g Zucker
1 Pck. Dr. Oetker Vanillin-Zucker
75 g Weizenmehl
25 g Speisestärke
25 g Kakaopulver
1 gestr. TL Dr. Oetker Backin

Für die Füllung:
3 Blatt weiße Gelatine
600 g Schlagsahne
1 geh. EL Zucker
1 Pck. Dr. Oetker Vanillin-Zucker
250 g Kirschgrütze (aus dem Kühlregal)

Zum Garnieren:
25 g Vollmilch-Schokolade
25 g weiße Schokolade

Zubereitungszeit: 50 Minuten, ohne Kühlzeit

1. Für den Teig Eier, Eigelb und Wasser mit Handrührgerät mit Rührbesen auf höchster Stufe in 1 Minute schaumig schlagen. Zucker und Vanillin-Zucker mischen, in 1 Minute unter Rühren einstreuen, dann noch 2 Minuten weiterschlagen. Mehl mit Speisestärke, Kakao und Backpulver mischen, auf die Eiercreme sieben und kurz auf niedrigster Stufe unterrühren.

2. Den Teig auf ein Backblech (30 x 40 cm, gefettet, mit Backpapier belegt) streichen. Das Backblech in den vorgeheizten Backofen schieben.

Ober-/Unterhitze: etwa 200 °C
Heißluft: etwa 180 °C
Backzeit: 10–12 Minuten.

3. Den Biskuit sofort nach dem Backen vom Rand lösen, auf ein mit Zucker bestreutes Backpapier stürzen und mit Backpapier erkalten lassen.

4. Für die Füllung Gelatine nach Packungsanleitung einweichen. Sahne mit Zucker und Vanillin-Zucker steif schlagen. Gelatine leicht ausdrücken und in einem kleinen Topf bei schwacher Hitze unter Rühren auflösen. Von der Sahne 2 Esslöffel abnehmen und mit der Gelatine verrühren. Die Gelatinemasse dann zügig unter die restliche Sahne rühren. Vom Biskuit vorsichtig das mitgebackene Backpapier abziehen und den Biskuit mit knapp zwei Dritteln der Sahnemasse bestreichen.

5. Von der Kirschgrütze 1 Esslöffel abnehmen und zum Garnieren zurücklassen, die restliche Grütze vorsichtig auf der Sahne verteilen (nicht bis an den Rand streichen) und die Biskuitplatte von der längeren Seite aus aufrollen. Die Rolle mit der restlichen Sahnecreme bestreichen und mit einem Tortengarnierkamm ein Muster in die Sahne ziehen. Die Schwarzwälder Kirschrolle 2–3 Stunden kalt stellen.

6. Zum Garnieren die restliche Kirschgrütze mit Hilfe eines Teelöffels auf die Rolle klecksen. Beide Schokoladensorten raspeln (am besten mit einem Sparschäler) und die Rolle vor dem Servieren damit bestreuen.

Schwedenrolle | Raffiniert

Insgesamt:
E: 88 g, F: 117 g, Kh: 405 g, kJ: 13033, kcal: 3111

Für den Biskuitteig:

4	*Eier (Größe M)*
1	*Eigelb (Größe M)*
125 g	*Zucker*
1 Pck.	*Dr. Oetker Vanillin-Zucker*
125 g	*Weizenmehl*
½ gestr. TL	*Dr. Oetker Backin*
60 g	*abgezogene, gehobelte Mandeln*

Für die Füllung:

8 Blatt	*weiße Gelatine*
1 Glas	
(360 g)	*Apfelkompott*
1 Becher	
(500 g)	*Sahne-Pudding Vanille-Geschmack (aus dem Kühlregal)*
100 ml	*Eierlikör*

Zum Bestäuben:
Puderzucker

Zubereitungszeit: 40 Minuten, ohne Kühlzeit

1. Für den Teig Eier und Eigelb mit Handrührgerät mit Rührbesen auf höchster Stufe in 1 Minute schaumig schlagen. Zucker und Vanillin-Zucker mischen, in 1 Minute unter Rühren einstreuen, dann noch 2 Minuten weiterschlagen.

2. Mehl mit Backpulver mischen, auf die Eiercreme sieben und kurz auf niedrigster Stufe unterrühren. Den Teig auf ein mit Backpapier belegtes Backblech (30 x 40 cm, gefettet, mit Backpapier belegt) geben, glatt streichen und mit den Mandeln bestreuen. Das Backblech in den vorgeheizten Backofen schieben.

Ober-/Unterhitze: etwa 200 °C
Heißluft: etwa 180 °C
Backzeit: 8–10 Minuten.

3. Den Biskuit nach dem Backen vom Rand lösen, auf ein mit Zucker bestreutes Backpapier stürzen und den Biskuit erkalten lassen. Mitgebackenes Backpapier abziehen.

4. Für die Füllung die Gelatine nach Packungsanleitung einweichen. Apfelkompott mit einer Gabel etwas zerdrücken. Gelatine leicht ausdrücken und in einem kleinen Topf bei schwacher Hitze unter Rühren auflösen. Etwa ein Viertel der Gelatineflüssigkeit in das Apfelkompott rühren, übrige Gelatineflüssigkeit mit dem Vanille-Sahne-Pudding verrühren und Eierlikör unterrühren. Creme kalt stellen, bis sie beginnt dicklich zu werden.

5. In der Zwischenzeit das Apfelkompott gleichmäßig auf dem Biskuit verstreichen. Anschließend den Pudding auf die Apfelschicht streichen. Die Platte von der längeren Seite aus aufrollen und 2–3 Stunden kalt stellen.

6. Vor dem Servieren die Rolle mit Puderzucker bestäuben.

Sirupkuchen mit Pekannusskernen | Einfach

Insgesamt:
E: 84 g, F: 275 g, Kh: 545 g, kJ: 21589, kcal: 5156

Für den All-in-Teig:

250 g Weizenmehl
3 gestr. TL Dr. Oetker Backin
75 g Zucker
1 Fläschchen Rum-Aroma
125 g Zuckerrübensirup (Rübenkraut)
125 g heller Sirup
3 Eier (Größe M)
100 ml Speiseöl (z.B. Rapsöl)
75 ml Milch

200 g Pekannusskerne
100 g Weinbeeren (große Rosinen)

Für den Guss:

50 g Zartbitter-Kuvertüre

Zubereitungszeit: 30 Minuten, ohne Abkühlzeit

1. Für den Teig Mehl mit Backpulver mischen und in eine Rührschüssel sieben. Restliche Zutaten hinzufügen und alles mit Handrührgerät mit Rührbesen erst kurz auf niedrigster, dann auf höchster Stufe in etwa 1 Minute zu einem Teig verarbeiten.

2. Pekannusskerne (16 Nusskerne zum Garnieren beiseite legen) und Weinbeeren grob hacken. Zwei Drittel der Nuss-Weinbeeren-Mischung unter den Teig rühren. Den Teig auf ein Backblech (30 x 40 cm, gefettet, gemehlt) streichen. Vor den Teig einen mehrfach umgeknickten Streifen Alufolie legen. Teig mit der restlichen Nuss-Weinbeeren-Mischung bestreuen. Backblech in den vorgeheizten Backofen schieben.

Ober-/Unterhitze: etwa 180 °C
Heißluft: etwa 160 °C
Backzeit: etwa 25 Minuten.

3. Das Backblech auf einen Kuchenrost stellen und den Kuchen darauf erkalten lassen. Anschließend den Kuchen in 16 Rechtecke schneiden. Die Rechtecke diagonal halbieren, so dass 32 Dreiecke entstehen.

4. Für den Guss Kuvertüre in kleine Stücke hacken und in einem kleinen Topf im Wasserbad bei schwacher Hitze unter Rühren schmelzen lassen. Kuvertüre in ein Papiertütchen füllen und eine kleine Spitze abschneiden. Die Dreiecke mit der Kuvertüre verzieren. Dreiecke mit je einer halbierten Nuss belegen.

Spanischer Streuselkuchen | Beliebt

Insgesamt:
E: 124 g, F: 466 g, Kh: 756 g, kJ: 32206, kcal: 7703

Für den Hefeteig:
250 g Schlagsahne
375 g Weizenmehl (Type 550)
1 Pck. (42 g) frische Hefe
100 g Zucker
100 g Butter oder Margarine
½ TL gemahlener Zimt
½ Pck. Dr. Oetker Finesse Geriebene Zitronenschale
1 Msp. geriebene Muskatblüte (Macis)
2 Eier (Größe M)
75 g Rosinen
100 g abgezogene, gemahlene Mandeln

Zum Bestreichen:
1 großer Becher (250 g) Crème fraîche

Für die Streusel:
250 g Weizenmehl
125 g Zucker
1 Pck. Dr. Oetker Vanillin-Zucker
175 g weiche Butter

Zubereitungszeit: 45 Minuten, ohne Teiggehzeit

1. Für den Teig Sahne in einem Topf etwas erwärmen. Mehl in eine Rührschüssel sieben und in die Mitte eine Vertiefung drücken. Hefe hineinbröckeln und etwas von dem Zucker und der Sahne hinzufügen. Alles mit einer Gabel vorsichtig verrühren und etwa 10 Minuten gehen lassen.

2. Butter oder Margarine zerlassen und leicht abkühlen lassen, dann mit Zimt, Zitronenschale, Muskatblüte, Eiern, Mandeln, dem restlichen Zucker und der restlichen warmen Sahne zum Vorteig geben. Die Zutaten mit Handrührgerät mit Knethaken zunächst kurz auf niedrigster, dann auf höchster Stufe in etwa 5 Minuten zu einem glatten Teig verarbeiten (der Teig ist etwas weich). Den Teig zugedeckt so lange an einem warmen Ort gehen lassen, bis er sich sichtbar vergrößert hat.

3. Den Teig leicht mit Mehl bestäuben, aus der Schüssel nehmen und auf der leicht bemehlten Arbeitsfläche nochmals gut durchkneten, Rosinen kurz unterkneten. Teig auf einem Backblech (30 x 40 cm, gefettet) ausrollen. Crème fraîche darauf verstreichen.

4. Für die Streusel Mehl in eine Rührschüssel sieben, mit Zucker und Vanillin-Zucker mischen und Butter hinzufügen. Die Zutaten mit Handrührgerät mit Rührbesen zu Streuseln von gewünschter Größe verarbeiten.

5. Die Streusel auf der Crème-fraîche-Masse verteilen. Den Teig zugedeckt nochmals so lange an einem warmen Ort gehen lassen, bis er sich sichtbar vergrößert hat. Das Backblech in den vorgeheizten Backofen schieben.

Ober-/Unterhitze: etwa 180 °C
Heißluft: etwa 160 °C
Backzeit: etwa 30 Minuten.

6. Backblech auf einen Kuchenrost stellen. Kuchen darauf erkalten lassen.

Stachelbeer-Schmand-Kuchen |

Beliebt

Insgesamt:
E: 88 g, F: 494 g, Kh: 855 g, kJ: 36096, kcal: 8624

Für den All-in-Teig:

100 g	*Zartbitter-Schokolade*
375 g	*Weizenmehl*
3 gestr. TL	*Dr. Oetker Backin*
200 g	*Zucker*
1 Pck.	*Dr. Oetker Finesse Amaretto-Bittermandel-Aroma*
1	*Ei (Größe M)*
250 g	*weiche Butter oder Margarine*
100 ml	*Amaretto-Likör*

Für den Belag:

1 Glas	*Stachelbeeren (Abtropfgewicht 390 g)*
50 g	*Amarettini (ital. Mandelgebäck)*

Für die Creme:

400 g	*Schmand (Sauerrahm)*
150 g	*Gelierzucker (1:1-Produkt)*
	Saft von
1	*Zitrone*
500 g	*Schlagsahne*

Zum Verzieren:

Zartbitter-Schokolade

Zubereitungszeit: 35 Minuten, ohne Kühlzeit

1. Für den Teig Schokolade hacken und beiseite stellen. Mehl mit Backpulver mischen und in eine Rührschüssel sieben. Restliche Zutaten hinzufügen und alles mit Handrührgerät mit Rührbesen erst kurz auf niedrigster, dann auf höchster Stufe in etwa 2 Minuten zu einem Teig verarbeiten. Schokolade zuletzt kurz unterrühren. Den Teig auf ein Backblech (30 x 40 cm, gefettet, mit Backpapier belegt) geben und glatt streichen.

2. Für den Belag Stachelbeeren in einem Sieb gut abtropfen lassen. Stachelbeeren und Amarettini gleichmäßig auf dem Teig verteilen und leicht andrücken. Das Backblech in den vorgeheizten Backofen schieben.

Ober-/Unterhitze: 180–200 °C
Heißluft: 160–180 °C
Backzeit: 20–25 Minuten.

3. Backblech auf einen Kuchenrost stellen. Kuchen darauf erkalten lassen.

4. Für die Creme Schmand mit Gelierzucker und Zitronensaft gut verrühren. Sahne steif schlagen und unter die Schmandmasse heben. Die Hälfte der Creme in einen Spritzbeutel mit kleiner Lochtülle füllen. Restliche Creme auf die Stachelbeeren geben und glatt streichen. Die Creme aus dem Spritzbeutel in Streifen auf den Kuchen spritzen und den Kuchen 2–3 Stunden kalt stellen.

5. Schokolade in einem kleinen Topf im Wasserbad bei schwacher Hitze unter Rühren schmelzen lassen und den Kuchen damit besprenkeln.

Stracciatella-Bananen-Rolle I

Für Kinder

Insgesamt:
E: 99 g, F: 162 g, Kh: 352 g, kJ: 13724, kcal: 3277

Für den Biskuitteig:
20 g Bananenchips
5 Eier (Größe 1M)
100 g Zucker
1 Pck. Dr. Oetker Bourbon-Vanille-Zucker
75 g Weizenmehl
10 g Kakaopulver
½ gestr. TL Dr. Oetker Backin

Für die Füllung:
1 Pck. Mousse à la Vanille (Dessertpulver)
125 ml (⅛ l) Bananennektar
200 g Schlagsahne
250 g Magerquark
2 EL Zartbitter-Raspelschokolade
2–3 Bananen, möglichst gerade gewachsen
1 EL Zitronensaft

Zum Verzieren:
100 g Schlagsahne
50 g Zartbitter-Kuvertüre
1 TL Speiseöl

Zubereitungszeit: 35 Minuten, ohne Kühlzeit

1. Für den Teig Bananenchips grob hacken. Eier mit Handrührgerät mit Rührbesen auf höchster Stufe in 1 Minute schaumig schlagen. Zucker und Vanille-Zucker mischen, in 1 Minute unter Rühren einstreuen, dann noch 2 Minuten weiterschlagen.

2. Mehl mit Kakaopulver und Backpulver mischen, auf die Eiercreme sieben und kurz auf niedrigster Stufe unterrühren. Den Teig auf ein Backblech (30 x 40 cm, gefettet, mit Backpapier belegt) geben, glatt streichen und mit den gehackten Bananenchips bestreuen. Das Backblech in den vorgeheizten Backofen schieben.

Ober-/Unterhitze: etwa 200 °C
Heißluft: etwa 180 °C
Backzeit: 8–10 Minuten

3. Nach dem Backen Gebäckrand mit einem Messer vom Backblech lösen, danach auf ein mit wenig Zucker bestreutes Backpapier stürzen, mitgebackenes Backpapier abziehen und Gebäck erkalten lassen.

4. Für die Füllung Mousse à la Vanille nach Packungsanleitung, aber mit Bananennektar und Sahne zubereiten. Quark unterrühren und Raspelschokolade unterheben. Die Creme auf die erkaltete Gebäckplatte streichen. Bananen schälen, mit Zitronensaft bestreichen und an die untere lange Gebäckkante auf die Creme legen. Die Biskuitplatte mit Hilfe des Backpapiers von der längeren Seite aus aufrollen (bei den Bananen beginnend) und etwa 30 Minuten kalt stellen.

5. Zum Garnieren die Schlagsahne steif schlagen und mit einem Teelöffel kleine Hügel auf die Rolle setzen. Kuvertüre grob hacken, mit Öl in einem kleinen Topf im Wasserbad unter Rühren schmelzen lassen und in einen kleinen Gefrierbeutel oder ein Papiertütchen füllen. Eine kleine Spitze abschneiden und die Rolle damit verzieren.

Streusel-Aprikosen-Kuchen

Klassisch

Insgesamt:
E: 112 g, F: 373 g, Kh: 993 g, kJ: 32590, kcal: 7780

Zum Vorbereiten:

1 Dose Aprikosenhälften (Abtropfgewicht 480 g)

Für den Rührteig:

200 g Butter oder Margarine
200 g Zucker
1 Pck. Dr. Oetker Vanillin-Zucker
1 Prise Salz
1 Fläschchen Butter-Vanille-Aroma
4 Eier (Größe M)
375 g Weizenmehl
2 gestr. TL Dr. Oetker Backin

Für die Streusel:

350 g Weizenmehl
175 g Zucker
1 Pck. Dr. Oetker Vanillin-Zucker
½ TL gemahlener Zimt
200 g weiche Butter oder Margarine

Zubereitungszeit: 30 Minuten

1. Zum Vorbereiten Aprikosenhälften auf einem Sieb gut abtropfen lassen.

2. Für den Teig Butter oder Margarine mit Handrührgerät mit Rührbesen auf höchster Stufe geschmeidig rühren. Nach und nach Zucker, Vanillin-Zucker, Salz und Aroma unterrühren und so lange rühren, bis eine gebundene Masse entstanden ist.

3. Eier nach und nach unterrühren (jedes Ei etwa ½ Minute). Mehl mit Backpulver mischen, sieben und in 2 Portionen auf mittlerer Stufe unterrühren. Den Teig auf ein Backblech (30 x 40 cm, gefettet) geben und glatt streichen. Einen Backrahmen darumstellen oder vor den Teig einen mehrfach geknickten Streifen Alufolie legen.

4. Abgetropfte Aprikosenhälften mit der Wölbung nach oben auf den Teig legen.

5. Für die Streusel Mehl in eine Rührschüssel sieben, mit Zucker, Vanillin-Zucker und Zimt mischen. Butter oder Margarine hinzufügen und die Zutaten mit Handrührgerät mit Rührbesen zu Streuseln von gewünschter Größe verarbeiten. Die Streusel auf den Aprikosenhälften verteilen. Das Backblech in den vorgeheizten Backofen schieben.

Ober-/Unterhitze: etwa 180 °C
Heißluft: etwa 160 °C
Backzeit: etwa 30 Minuten.

6. Das Backblech auf einen Kuchenrost stellen und den Kuchen erkalten lassen. Backrahmen lösen und entfernen. Kuchen in Schnitten schneiden.

Tipp: Anstelle von Aprikosen kann auch Apfelkompott (mit Stücken, aus dem Glas) verwendet werden. Die Streusel schmecken besonders gut, wenn Sie statt 350 g Weizenmehl 275 g Weizenmehl und 50 g abgezogene, gemahlene Mandeln verwenden.

Streuselkuchen aus Thüringen I

Klassisch

Insgesamt:
E: 100 g, F: 380 g, Kh: 760 g, kJ: 28860, kcal: 6900

Für den Hefeteig:
200 ml Milch
50 g Butter oder Margarine
375 g Weizenmehl
1 Pck. Dr. Oetker Trockenbackhefe
50 g Zucker
1 Pck. Dr. Oetker Vanillin-Zucker
1 Ei (Größe M)

Zum Bestreichen:
20 g Butter

Für die Streusel:
300 g Weizenmehl
150 g Zucker
1 Pck. Dr. Oetker Vanillin-Zucker
200 g weiche Butter oder Margarine
10 g Kakaopulver

Zum Beträufeln:
125 ml (1/8 l) Milch
60 g Butter

Zum Bestreichen und Bestäuben:
100 g Butter
50 g Puderzucker

Zubereitungszeit: 35 Minuten, ohne Teiggeh- und Kühlzeit

1. Zum Vorbereiten für den Teig Milch in einem Topf erwärmen und Butter oder Margarine darin zerlassen.

2. Für den Teig Mehl in eine Rührschüssel sieben und mit Trockenbackhefe sorgfältig vermischen. Restliche Zutaten und die warme Milch-Fett-Mischung hinzufügen und die Zutaten mit Handrührgerät mit Knethaken kurz auf niedrigster, dann auf höchster Stufe in etwa 5 Minuten zu einem glatten Teig verarbeiten. Den Teig zugedeckt so lange an einem warmen Ort gehen lassen, bis er sich sichtbar vergrößert hat.

3. Den Teig leicht mit Mehl bestäuben, aus der Schüssel nehmen und auf der leicht bemehlten Arbeitsfläche nochmals gut durchkneten. Den Teig auf einem Backblech (30 x 40 cm, gefettet) ausrollen. Butter zerlassen und den Teig damit bestreichen.

4. Für die Streusel Mehl mit Zucker, Vanillin-Zucker und Butter oder Margarine in eine Rührschüssel geben. Die Zutaten mit Handrührgerät mit Rührbesen zu Streuseln von gewünschter Größe verarbeiten. Die Hälfte der Streusel großzügig auf dem Teig verteilen. Unter die restlichen Streusel Kakaopulver arbeiten und die Lücken damit füllen, so dass ein schwarz-weißes Muster entsteht. Den Teig nochmals an einem warmen Ort gehen lassen, bis er sich sichtbar vergrößert hat. Das Backblech in den vorgeheizten Backofen schieben.

Ober-/Unterhitze: etwa 200 °C
Heißluft: etwa 180 °C
Backzeit: etwa 20 Minuten.

5. Zum Beträufeln Milch erhitzen und Butter darin zerlassen. Den noch heißen Kuchen damit beträufeln und den Kuchen auf dem Backblech auf einem Kuchenrost erkalten lassen.

6. Zum Bestreichen Butter zerlassen, den erkalteten Kuchen damit bestreichen und zum Schluss mit Puderzucker bestäuben.

Streuselkuchen mit Apfelmus I

Einfach

Insgesamt:
E: 68 g, F: 255 g, Kh: 919, kJ: 26530, kcal: 6343

Für den Streuselteig:

500 g Weizenmehl
1 Pck. Dr. Oetker Backin
200 g Zucker
1 Pck. Dr. Oetker Vanillin-Zucker
1 TL gemahlener Zimt
1 Ei (Größe M)
250 g weiche Butter oder Margarine
50 g abgezogene, gehackte Mandeln

Für die Füllung:

4 Gläser Apfelmus (Einwaage je 370 g)
1 Pck. Dr. Oetker Finesse Geriebene Zitronenschale
evtl. 100 g Rosinen

Zubereitungszeit: 30 Minuten

1. Für den Teig Mehl mit Backpulver mischen und in eine Rührschüssel sieben. Zucker, Vanillin-Zucker, Zimt, Ei und Butter oder Margarine hinzufügen und die Zutaten mit Handrührgerät mit Rührbesen zunächst kurz auf niedrigster, dann auf höchster Stufe zu Streuseln verarbeiten.

2. Die Hälfte der Streusel auf ein Backblech (30 x 40 cm, gefettet) geben und zu einem Boden andrücken.

3. Für die Füllung Apfelmus evtl. mit Rosinen und Zitronenschale verrühren und auf dem Teig verteilen. Restliche Teigstreusel mit den Mandeln vermengen und darauf streuen. Das Backblech in den vorgeheizten Backofen schieben.

Ober-/Unterhitze: 180–200 °C
Heißluft: 160–180 °C
Backzeit: 45–55 Minuten.

4. Das Backblech auf einen Kuchenrost stellen. Den Kuchen erkalten lassen und in Stücke schneiden.

Tipp: Streuselkuchen mit steif geschlagener Schlagsahne servieren. Der Kuchen kann bereits 1 Tag vor dem Verzehr gebacken werden. Dann nochmals kurz aufbacken, damit die Streusel knusprig sind.

Streuselkuchen mit Zwieback und Pudding | Einfach

Insgesamt:
E: 74 g, F: 282 g, Kh: 473 g, kJ: 20444, kcal: 4885

Für den Hefeteig:
150 ml Milch
1 Pck.
(357 g) Grundmischung Hefeteig
1 Ei (Größe M)
50 g weiche Butter oder Margarine

Zum Bestreichen:
etwas Milch

Für die Streusel:
75 g Weizenmehl
100 g Zucker
½ TL gemahlener Zimt
100 g geriebener Zwieback
100 g abgezogene, gemahlene Mandeln
150 g Butter oder Margarine

Für den Belag:
1 Pck. Backfeste Pudding-Creme (Puddingcremepulver ohne Kochen)
250 ml (¼ l) Milch

Zum Bestreichen:
Aprikosenkonfitüre oder Apfelgelee

Zubereitungszeit: 40 Minuten, ohne Teiggehzeit

1. Für den Teig Milch in einem Topf erwärmen. Die Grundmischung mit der Milch, Ei und Butter oder Margarine nach Packungsanleitung zubereiten. Den Teig zugedeckt an einem warmen Ort etwa 30 Minuten gehen lassen. Den Teig leicht mit Mehl bestäuben, mit Hilfe einer Teigkarte aus der Schüssel nehmen und auf der leicht bemehlten Arbeitsfläche gut durchkneten.

2. Teig auf einem Backblech (30 x 40 cm, gefettet) ausrollen und mit der Milch bestreichen. Vor den Teig einen mehrfach geknickten Streifen Alufolie legen.

3. Für die Streusel Mehl in eine Rührschüssel sieben. Zucker, Zimt, Zwieback, Mandeln und Butter oder Margarine hinzufügen. Die Zutaten mit Handrührgerät mit Rührbesen zu Streuseln von gewünschter Größe verarbeiten. Die Streusel auf dem Teigboden verteilen.

4. Für den Belag Pudding-Creme mit Milch nach Packungsanleitung zubereiten. Mit einem Esslöffel kleine Vertiefungen in den Teig drücken. Die Pudding-Creme mit Hilfe eines Teelöffels (etwa walnussgroße Häufchen) hineingeben.

5. Den Teig zugedeckt nochmals so lange an einem warmen Ort gehen lassen, bis er sich sichtbar vergrößert hat. Das Backblech in den vorgeheizten Backofen schieben.

Ober-/Unterhitze: etwa 200 °C
Heißluft: etwa 180 °C
Backzeit: etwa 25 Minuten.

6. Das Backblech auf einen Kuchenrost stellen. Zum Bestreichen Aprikosenkonfitüre oder Apfelgelee gut verrühren. Die Puddinghäufchen sofort damit bestreichen. Kuchen erkalten lassen und in beliebig große Stücke schneiden.

Streusel-Mandel-Kuchen mit Stachelbeeren | Fruchtig – einfach

Insgesamt:
E: 112 g, F: 419 g, Kh: 906 g, kJ: 32950, kcal: 7862

Zum Vorbereiten:
2 Gläser Stachelbeeren (Abtropfgewicht je 390 g)

Für den Streuselteig:
500 g Weizenmehl
1 Pck. Dr. Oetker Backin
200 g Zucker
1 Pck. Dr. Oetker Vanillin-Zucker
1 Ei (Größe M)
250 g weiche Butter oder Margarine

Für den Belag:
2 Pck. Dr. Oetker Pudding-Pulver Vanille-Geschmack
100 g Zucker
500 ml (½ l) Milch
400 g Schlagsahne

Zum Bestreuen:
100 g abgezogene, gestiftelte Mandeln

Zubereitungszeit: 35 Minuten, ohne Abkühlzeit

1. Zum Vorbereiten Stachelbeeren auf einem Sieb gut abtropfen lassen.

2. Für den Streuselteig Mehl mit Backpulver mischen und in eine Rührschüssel sieben. Zucker, Vanillin-Zucker, Ei und Butter oder Margarine hinzufügen und die Zutaten mit Handrührgerät mit Rührbesen zunächst kurz auf niedrigster, dann auf höchster Stufe zu feinen Streuseln verarbeiten.

3. Zwei Drittel der Streusel in einer Fettfangschale (30 x 40 cm, gefettet) verteilen und leicht andrücken. Die Fettfangschale in den vorgeheizten Backofen schieben und den Boden vorbacken.

Ober-/Unterhitze: etwa 180 °C
Heißluft: etwa 160 °C
Backzeit: etwa 10 Minuten.

4. Für den Belag aus Pudding-Pulver, Zucker, Milch und Sahne nach Packungsanleitung (aber mit den hier angegebenen Zutaten) einen Pudding zubereiten. Pudding etwas abkühlen lassen.

5. Die Fettfangschale auf einen Kuchenrost stellen und den vorgebackenen Boden etwas abkühlen lassen. Dann den lauwarmen Pudding darauf geben und glatt streichen. Stachelbeeren auf den Pudding geben und mit Mandeln bestreuen. Restliche Streusel darauf verteilen. Die Fettfangschale in den heißen Backofen schieben.

Ober-/Unterhitze: etwa 180 °C
Heißluft: etwa 160 °C
Backzeit: etwa 45 Minuten.

6. Die Fettfangschale auf einen Kuchenrost stellen und den Kuchen erkalten lassen.

Strudel mit Birnen und Preiselbeeren | Für Gäste

Insgesamt:
E: 34 g, F: 105 g, Kh: 290 g, kJ: 9319, kcal: 2224

Für den Strudelteig:
125 g Weizenmehl
1 Prise Salz
2 EL lauwarmes Wasser
1 Ei (Größe M)
knapp 2 EL Speiseöl

Für die Füllung:
600 g Birnen
2–3 EL Zitronensaft
1 Glas Wild-Preiselbeerdessert (Abtropfgewicht 175 g)
50 g gehackte Walnusskerne
1 EL abgezogene, gestiftelte Mandeln
50 g Zucker
1 gestr. EL gemahlener Zimt

Zum Bestreichen:
50 g zerlassene Butter oder
4 EL Speiseöl

Zum Bestäuben:
Puderzucker

Zubereitungszeit: 60 Minuten, ohne Ruhezeit

1. Für den Teig Mehl in eine Rührschüssel sieben, Salz, Wasser, Ei und Öl hinzufügen. Die Zutaten mit Handrührgerät mit Knethaken zunächst kurz auf niedrigster, dann auf höchster Stufe gut durcharbeiten. Anschließend den Teig auf einer Arbeitsfläche verkneten, ihn auf Backpapier in einen heißen, trockenen Kochtopf (vorher Wasser darin kochen) legen, mit einem Deckel verschließen und etwa 30 Minuten ruhen lassen.

2. Für die Füllung Birnen schälen, vierteln, entkernen, in feine Scheiben schneiden und mit Zitronensaft vermengen. Preiselbeeren in einem Sieb gut abtropfen lassen. Birnenscheiben mit Preiselbeeren, Walnusskernen, Mandeln, Zucker und Zimt mischen.

3. Den Strudelteig auf einem bemehlten großen Geschirrtuch dünn ausrollen und ihn dann mit den Händen zu einem Rechteck von etwa 50 x 70 cm ausziehen (er muss durchsichtig sein). Die Ränder, wenn sie dicker sind, abschneiden. Den Teig mit etwas von der Butter oder dem Öl bestreichen.

4. Auf zwei Drittel des Teiges die Füllung verteilen (an den kürzeren Seiten etwa 3 cm Teig frei lassen). Den Teig mit Hilfe des Tuches, mit der Füllung beginnend, aufrollen und an den Enden gut zusammendrücken. Den Teigstrudel auf ein Backblech (mit Backpapier belegt) legen und mit etwas von der Butter oder dem Öl bestreichen. Das Backblech in den Backofen schieben.

Ober-/Unterhitze: etwa 180 °C
Heißluft: etwa 160 °C
Backzeit: etwa 45 Minuten.

5. Während des Backens den Strudel mit der restlichen Butter oder dem restlichen Öl bestreichen. Den Strudel mit dem Backpapier vom Backblech auf einen Kuchenrost ziehen und erkalten lassen. Vor dem Servieren den Strudel mit Puderzucker bestäuben.

Tipp: Anstelle des großen Strudels können Sie wie auf dem Foto 2–3 kleine Strudel backen, dann reduziert sich die Backzeit auf etwa 30 Minuten.

Süße Flammkuchen | Raffiniert

Insgesamt:
E: 60 g, F: 233 g, Kh: 351 g, kJ: 16418, kcal: 3925

Für den Hefeteig:
250 g Weizenmehl (Type 550)
1/3 Würfel
(14 g) frische Hefe
100 ml lauwarmes Wasser
1 TL flüssiger Honig
100 g zerlassenes, lauwarmes Butterschmalz

Für den Belag:
4 mittelgroße Birnen
2 EL Zitronensaft
1 Becher
(250 g) Crème fraîche
100 g Korinthen
100 g abgezogene, gehobelte Mandeln

Zum Bestreuen:
2 EL Zucker

Zubereitungszeit: 45 Minuten, ohne Teiggehzeit

1. Für den Teig Mehl in eine Rührschüssel sieben. In die Mitte eine Vertiefung drücken. Hefe hineinbröckeln und etwas von dem Wasser und Honig hinzufügen. Mit einer Gabel vorsichtig verrühren und etwa 10 Minuten gehen lassen.

2. Restliches Wasser und Butterschmalz hinzufügen. Die Zutaten mit Handrührgerät mit Knethaken zunächst auf niedrigster, dann auf höchster Stufe in etwa 5 Minuten zu einem Teig verarbeiten. Den Teig zugedeckt so lange an einem warmen Ort stehen lassen, bis er sich sichtbar vergrößert hat.

3. Den gegangenen Teig leicht mit Mehl bestäuben, aus der Schüssel nehmen und auf der bemehlten Arbeitsfläche nochmals kurz durchkneten. Den Teig halbieren. Eine Teighälfte beiseite legen. Die zweite Teighälfte auf einem Backblech (30 x 40 cm, gefettet) sehr dünn ausrollen. Den ausgerollten Teig zugedeckt etwa 10 Minuten an einem warmen Ort stehen lassen.

4. Für den Belag Birnen schälen, vierteln, entkernen und in Spalten schneiden. Birnenspalten mit Zitronensaft beträufeln.

5. Die Hälfte der Crème fraîche auf den Teigboden streichen. Nacheinander jeweils die Hälfte der Birnen, Korinthen und Mandeln darauf verteilen. Mit der Hälfte des Zuckers bestreuen. Das Backblech in den vorgeheizten Backofen schieben.

Ober-/Unterhitze: etwa 220 °C
Heißluft: etwa 200 °C
Backzeit: 10–15 Minuten.

6. Das Backblech auf einen Kuchenrost stellen und den Kuchen erkalten lassen.

7. Den beiseite gelegten Teig auf die gleiche Weise ausrollen, mit den restlichen Zutaten belegen, mit Zucker bestreuen und bei gleicher Backofeneinstellung fertig backen.

Tipp: Den Kuchen anstelle von Birnen mit Äpfeln zubereiten. Mit halb steif geschlagener Sahne servieren.

Süßes Streuselbrot | Für Kinder

Insgesamt:
E: 82 g, F: 207 g, Kh: 594 g, kJ: 19061, kcal: 4551

Für den Hefeteig:
375 g Weizenmehl
1 Pck. Dr. Oetker Trockenbackhefe
50 g Zucker
1 Pck. Dr. Oetker Vanillin-Zucker
1 Prise Salz
1 Ei (Größe M)
200 ml lauwarme Milch
50 g zerlassene, abgekühlte Butter oder Margarine

Für die Streusel:
200 g Weizenmehl
100 g Zucker
1 Pck. Dr. Oetker Vanillin-Zucker
125 g weiche Butter

Zum Bestreichen:
50 g zerlassene Butter
2 EL Milch

Zubereitungszeit: 35 Minuten, ohne Teiggehzeit

1. Für den Teig Mehl in eine Rührschüssel sieben und mit Trockenbackhefe sorgfältig vermischen. Zucker, Vanillin-Zucker, Salz, Ei, Milch und Butter oder Margarine hinzufügen.

2. Die Zutaten mit Handrührgerät mit Knethaken zunächst kurz auf niedrigster, dann auf höchster Stufe in etwa 5 Minuten zu einem Teig verarbeiten. Den Teig zugedeckt so lange an einem warmen Ort gehen lassen, bis er sich sichtbar vergrößert hat (etwa 20 Minuten).

3. Für die Streusel Mehl in eine Rührschüssel sieben. Zucker, Vanillin-Zucker und Butter hinzufügen. Die Zutaten mit Handrührgerät mit Rührbesen zunächst kurz auf niedrigster, dann auf höchster Stufe zu feinen Streuseln verarbeiten.

4. Den Hefeteig leicht mit Mehl bestäuben, aus der Schüssel nehmen, auf der leicht bemehlten Arbeitsfläche nochmals kurz durchkneten und zu einem Quadrat (etwa 30 x 30 cm) ausrollen. Den Teig mit Butter bestreichen und die Teigstreusel darauf verteilen.

5. Den Teig locker aufrollen und auf ein Backblech (mit Backpapier belegt) legen. Teigoberfläche mit einem scharfen Messer der Länge nach (etwa 25 cm) etwa 2½ cm tief einschneiden.

6. Teigbrot nochmals zugedeckt so lange an einem warmen Ort gehen lassen, bis es sich sichtbar vergrößert hat. Teigbrot mit Milch bestreichen. Das Backblech in den vorgeheizten Backofen schieben.

Ober-/Unterhitze: 180–200 °C
Heißluft: 160–180 °C
Backzeit: 25–35 Minuten.

7. Das Streuselbrot mit dem Backpapier vom Backblech auf einen Kuchenrost ziehen. Streuselbrot erkalten lassen.

Tassen-Walnuss-Schnitten I

Tassenkuchen (1 Tasse = 150 ml)

Insgesamt:
E: 73 g, F: 446 g, Kh: 487 g, kJ: 26315, kcal: 6789

Für den Rührteig:

1 Pck. (250 g) weiche Butter
1 Tasse (150 g) Zucker
2 Pck. Dr. Oetker Vanillin-Zucker
1 Prise Salz
4 Eier (Größe M)
2 Tassen (200 g) Weizenmehl
1 geh. EL Kakaopulver
2 gestr. TL Dr. Oetker Backin
1 gestr. TL gemahlener Zimt
1 Tasse (80 g) gehackte Walnusskerne

Für Glasur und Verzierung:

2 Becher (je 150 g) Nuss-Kuchenglasur
20 Walnusskernhälften

Zubereitungszeit: 20 Minuten

1. Für den Teig die Butter mit Handrührgerät mit Rührbesen auf höchster Stufe geschmeidig rühren. Nach und nach Zucker, Vanillin-Zucker und Salz unterrühren. So lange rühren, bis eine gebundene Masse entstanden ist. Die Eier nach und nach unterrühren (jedes Ei etwa ½ Minute).

2. Mehl mit Kakaopulver, Backpulver und Zimt mischen, sieben und auf mittlerer Stufe kurz unterrühren. Die gehackten Walnusskerne unterheben. Den Teig auf ein Backblech (30 x 40 cm, gefettet) streichen und das Backblech in den vorgeheizten Backofen schieben.

Ober-/Unterhitze: etwa 180 °C
Heißluft: etwa 160 °C
Backzeit: etwa 25 Minuten.

3. Nach dem Backen das Backblech auf einen Kuchenrost stellen und den Kuchen erkalten lassen.

4. Kuchenglasur nach Packungsanleitung auflösen und den Kuchen damit bestreichen. Kuchen in 20 Schnitten einteilen und mit den Walnusskernen garnieren.

Tiger-Schnitten | Raffiniert

Insgesamt:
E: 66 g, F: 411 g, Kh: 551 g, kJ: 26029, kcal: 6231

Für den Rührteig:
250 g Butter oder Margarine
150 g Zucker
1 Prise Salz
4 Eier (Größe M)
250 g Weizenmehl
50 g Speisestärke
2 gestr. TL Dr. Oetker Backin

Für den Belag:
100 g Orangenmarmelade
2 Becher (je 150 g) Crème fraîche
250 g Schlagsahne
1 TL Puderzucker
2 Pck. Dr. Oetker Sahnesteif
1–2 TL Dr. Oetker Finesse Orangenfrucht

Zum Verzieren:
100 g Heidelbeerkonfitüre
1 Pck. Dr. Oetker Sahnesteif

Zubereitungszeit: 40 Minuten, ohne Kühlzeit

1. Für den Teig Butter oder Margarine mit Handrührgerät mit Rührbesen auf höchster Stufe geschmeidig rühren. Nach und nach Zucker und Salz unterrühren. So lange rühren, bis eine gebundene Masse entstanden ist. Eier nach und nach unterrühren (jedes Ei etwa ½ Minute).

2. Mehl mit Speisestärke und Backpulver mischen, sieben und in 2 Portionen auf mittlerer Stufe unterrühren. Den Teig auf ein Backblech (30 x 40 cm, gefettet) geben und glatt streichen. Das Backblech in den vorgeheizten Backofen schieben.

Ober-/Unterhitze: etwa 200 °C
Heißluft: etwa 180 °C
Backzeit: 20–25 Minuten.

3. Das Backblech auf einen Kuchenrost stellen und den Kuchen darauf erkalten lassen.

4. Für den Belag Marmelade mit dem Pürierstab pürieren. Von der Crème fraîche ½ Becher (75 g) zum Verzieren abnehmen und beiseite stellen. Restliche Crème fraîche (225 g) mit Handrührgerät mit Rührbesen kurz aufschlagen. Sahne mit Puderzucker und Sahnesteif steif schlagen. Marmelade, Orangenfrucht und Crème fraîche kurz unterrühren. Die Masse auf den Kuchen geben und glatt streichen.

5. Zum Verzieren Konfitüre mit dem Pürierstab pürieren. Sahnesteif und beiseite gestellte Crème fraîche unterrühren. Die Masse in einen Gefrierbeutel geben und eine Ecke abschneiden. Mit einem Holzstäbchen tigerfellähnliche Streifen in die Orangencreme ziehen. Die Heidelbeermasse in die Streifen spritzen. Den Kuchen etwa 1 Stunde kalt stellen.

Traubenschnitten I

Für Gäste

Insgesamt:
E: 79 g, F: 326 g, Kh: 467 g, kJ: 21686, kcal: 5176

Für den All-in-Teig:

100 g Weizenmehl, 25 g Speisestärke
3 gestr. TL Dr. Oetker Backin
125 g Zucker
1 Pck. Dr. Oetker Vanillin-Zucker
1 Prise Salz
125 g weiche Butter oder Margarine
3 Eier (Größe M)
1 Pck. Dr. Oetker Finesse Orangenfrucht

Für die Creme:

250 g Mascarpone (ital. Frischkäse)
250 g Sahnequark
50 g Zucker
1 Pck. Dr. Oetker Bourbon-Vanille-Zucker
2–3 EL Zitronensaft
200 g Schlagsahne
1 Pck. Dr. Oetker Sahnesteif
500 g kernlose grüne, rote und blaue Weintrauben

Für den Guss:

2 Pck. Tortenguss, klar
500 ml (½ l) weißer Traubensaft
1 EL Zucker

Zubereitungszeit: 40 Minuten, ohne Kühlzeit

1. Für den Teig Mehl mit Speisestärke und Backpulver mischen und in eine Rührschüssel sieben. Zucker, Vanillin-Zucker, Salz, Butter oder Margarine, Eier und Orangenfrucht hinzufügen. Die Zutaten mit Handrührgerät mit Rührbesen auf höchster Stufe in etwa 2 Minuten zu einem Teig verarbeiten.

2. Teig auf ein Backblech (30 x 40 cm, gefettet) geben und glatt streichen. Das Backblech auf dem Rost in den vorgeheizten Backofen schieben.

Ober-/Unterhitze: etwa 180 °C
Heißluft: etwa 160 °C
Backzeit: etwa 25 Minuten.

3. Das Backblech auf einen Kuchenrost stellen und den Gebäckboden darauf erkalten lassen.

4. Für die Creme Mascarpone mit Quark, Zucker, Vanille-Zucker und Zitronensaft verrühren. Sahne mit Sahnesteif steif schlagen und vorsichtig unterheben. Weintrauben abspülen, trockentupfen und halbieren. Die Creme auf dem Gebäckboden verstreichen und mit den Weintrauben belegen. Den Kuchen kalt stellen.

5. Für den Guss das Tortengusspulver mit Traubensaft und Zucker nach Packungsanleitung zubereiten. Den Guss etwa 1 Minute abkühlen lassen und vorsichtig auf den Weintrauben verteilen. Guss fest werden lassen. Den Kuchen in Schnitten teilen und bis zum Servieren kalt stellen.

Vanillemousse-Johannisbeer-Schnitten | Raffiniert

Insgesamt:
E: 63 g, F: 117 g, Kh: 404 g, kJ: 12879, kcal: 3072

Für den Biskuitteig:

3	*Eier (Größe M)*
3 EL	*heißes Wasser*
150 g	*Zucker*
1 Pck.	*Dr. Oetker Vanillin-Zucker*
1 Prise	*Salz*
75 g	*Weizenmehl*
25 g	*Speisestärke*
1 gestr. TL	*Dr. Oetker Backin*
25 g	*Kakaopulver*

Für die Füllung:

2 Pck.	*Dr. Oetker Mousse à la Vanille (Dessertpulver)*
250 ml (¼ l)	*Milch*
200 g	*Schlagsahne*
250 g	*rote Johannisbeeren*

Zum Tränken:

4 EL	*Johannisbeerlikör*
3 EL	*Raspelschokolade*

Zubereitungszeit: 30 Minuten

1. Für den Teig Eier und Wasser mit Handrührgerät mit Rührbesen auf höchster Stufe in 1 Minute schaumig schlagen. Zucker, Vanillin-Zucker und Salz mischen, in 1 Minute unter Rühren einstreuen, dann noch 2 Minuten weiterschlagen.

2. Mehl mit Speisestärke, Backpulver und Kakao mischen, auf die Eiercreme sieben und kurz auf niedrigster Stufe unterrühren. Den Teig auf ein Backblech (gefettet, mit Backpapier belegt) streichen. Das Backblech sofort in den vorgeheizten Backofen schieben.

Ober-/Unterhitze: etwa 200 °C
Heißluft: etwa 180 °C
Backzeit: etwa 12 Minuten.

3. Die Biskuitplatte auf eine mit Backpapier belegte Arbeitsfläche stürzen und das Gebäck erkalten lassen. Anschließend mitgebackenes Backpapier vorsichtig abziehen.

4. Für die Füllung die Mousse nach Packungsanleitung, aber mit insgesamt 250 ml Milch und 200 g Sahne zubereiten und im Kühlschrank etwas fest werden lassen. Johannisbeeren waschen, gut abtropfen lassen, von den Rispen streifen und unter die Mousse rühren.

5. Die erkaltete Biskuitplatte senkrecht halbieren und mit Johannisbeerlikör beträufeln. Die Hälfte der Creme auf die eine Biskuitplatte streichen, die zweite Biskuitplatte darauf legen und mit der restlichen Creme bestreichen.

6. Die Oberfläche mit Schokoladenraspeln garnieren und den Kuchen bis zum Servieren kalt stellen.

Wachschüttelkuchen | Einfach

Insgesamt:
E: 86 g, F: 342 g, Kh: 510 g, kJ: 22878, kcal: 5467

Für den Schüttelteig:

200 g Butter oder Margarine
300 g Weizenmehl
1 Pck. Dr. Oetker Backin
200 g Puderzucker
200 g gemahlene Haselnusskerne
1 Msp. gemahlener Zimt
4 Eier (Größe M)
250 ml (¼ l) kalter starker Kaffee

50 g Puderzucker
50 g Zartbitter-Schokolade

Zubereitungszeit: 20 Minuten

1. Für den Teig Butter oder Margarine zerlassen und abkühlen lassen. Mehl mit Backpulver und Puderzucker mischen und in eine verschließbare Schüssel (etwa 3 l) sieben. Restliche Zutaten für den Teig und das Fett dazugeben und die Schüssel mit dem Deckel fest verschließen.

2. Schüssel mehrmals kräftig schütteln (insgesamt 15–30 Sekunden), so dass alle Zutaten gut vermischt sind. Alles mit einem Schneebesen oder Rührlöffel nochmals sorgfältig durchrühren, damit trockene Zutaten vom Rand mit untergerührt werden.

3. Den Teig auf ein Backblech (30 x 40 cm, gefettet) geben und glatt streichen. Das Backblech in den vorgeheizten Backofen schieben.

Ober-/Unterhitze: etwa 180 °C
Heißluft: etwa 160 °C
Backzeit: etwa 25 Minuten.

4. Das Backblech auf einen Kuchenrost stellen und den Kuchen darauf erkalten lassen. Kuchen mit Puderzucker bestäuben und mit geschmolzener Schokolade besprenkeln.

Wackelschnitten | Für Kinder

Insgesamt:
E: 101 g, F: 307 g, Kh: 759 g, kJ: 26197, kcal: 6251

Für den Rührteig:

1 Dose Ananasstücke oder -scheiben (Abtropfgewicht 340 g)
250 g Butter oder Margarine
250 g Zucker
1 Pck. Dr. Oetker Vanillin-Zucker
4 Eier (Größe M)
250 g Weizenmehl
3 gestr. TL Dr. Oetker Backin

Für den Belag:

8 Blatt weiße Gelatine
200 g Schlagsahne
500 g Kefir oder Dickmilch
100 g Zucker
100 ml Ananassaft aus der Dose

Zum Garnieren:

2–3 Becher (je 125 g) Götterspeise Himbeer-Geschmack (aus dem Kühlregal)
2–3 Becher (je 125 g) Götterspeise Waldmeister-Geschmack (aus dem Kühlregal)

Zubereitungszeit: 50 Minuten, ohne Kühlzeit

1. Für den Teig die Ananasstücke oder -scheiben in einem Sieb gut abtropfen lassen, den Saft dabei auffangen. Ananasscheiben klein schneiden. Butter oder Margarine mit Handrührgerät mit Rührbesen auf höchster Stufe geschmeidig rühren. Nach und nach Zucker und Vanillin-Zucker unterrühren. So lange rühren, bis eine gebundene Masse entstanden ist.

2. Eier nach und nach unterrühren (jedes Ei etwa ½ Minute). Mehl mit Backpulver mischen, sieben und in 2 Portionen auf mittlerer Stufe kurz unterrühren. Einen Backrahmen (30 x 40 cm) auf ein gefettetes Backblech stellen und den Teig gleichmäßig darin verstreichen. Abgetropfte Ananasstücke auf dem Teig verteilen, leicht andrücken und das Backblech in den vorgeheizten Backofen schieben.

Ober-/Unterhitze: etwa 180 °C
Heißluft: etwa 160 °C
Backzeit: etwa 30 Minuten.

3. Den Boden mit dem Backrahmen auf dem Backblech auf einen Kuchenrost stellen und erkalten lassen.

4. Für den Belag Gelatine nach Packungsanleitung einweichen. Sahne steif schlagen. Kefir oder Dickmilch mit Zucker in eine Rührschüssel geben und verrühren. Gelatine leicht ausdrücken und mit dem Ananassaft in einem kleinen Topf bei schwacher Hitze unter Rühren auflösen. Gelatine-Ananas-Flüssigkeit unter den Kefir oder die Dickmilch rühren und die Sahne in 2 Portionen mit Hilfe eines Schneebesens unterrühren. Die Creme auf den erkalteten Boden im Backrahmen geben, gleichmäßig verteilen und den Kuchen 2–3 Stunden kalt stellen.

5. Zum Garnieren vor dem Servieren Götterspeise mit Hilfe eines Messers aus den Bechern lösen, stürzen und vorsichtig in runde Scheiben schneiden. Die meisten Scheiben halbieren und als „Schmetterlingsflügel" dekorativ auf dem Kuchen verteilen. Von einer Scheibe Götterspeise schmale Streifen für die „Fühler" schneiden und anlegen. Restliche Scheiben Götterspeise in kleine Würfel schneiden und auf die Kuchenoberfläche streuen. Den Backrahmen mit Hilfe eines Messers lösen und entfernen.

Waldmeister-Apfel-Kuchen I

Für Kinder

Insgesamt:
E: 71 g, F: 159 g, Kh: 870 g, kJ: 22381, kcal: 5340

Für den Rührteig:
150 g Butter oder Margarine
100 g Zucker
1 Prise Salz
½ Fläschchen Zitronen-Aroma
3 Eier (Größe M)
300 g Weizenmehl
2 gestr. TL Dr. Oetker Backin
150 ml Waldmeister-Sirup

Für den Belag:
8 mittelgroße Äpfel (etwa 1,5 kg)
350 ml Waldmeister-Sirup
4–5 EL Zitronensaft

Für den Guss:
2 Pck. Tortenguss, klar
1–2 EL Zucker
500 ml (½ l) Flüssigkeit (Waldmeistersud und Wasser)

Zubereitungszeit: 60 Minuten, ohne Abkühlzeit

1. Für den Teig Butter oder Margarine mit Handrührgerät mit Rührbesen auf höchster Stufe geschmeidig rühren. Nach und nach Zucker, Salz und Aroma unterrühren. So lange rühren, bis eine gebundene Masse entstanden ist. Eier nach und nach unterrühren (jedes Ei etwa ½ Minute).

2. Mehl und Backpulver mischen, sieben und in 2 Portionen abwechselnd mit dem Sirup auf mittlerer Stufe unterrühren. Den Teig auf ein Backblech (30 x 40 cm, gefettet) geben und glatt streichen. Das Backblech in den vorgeheizten Backofen schieben.

Ober/Unterhitze: etwa 200 °C
Heißluft: etwa 180 °C
Backzeit: etwa 20 Minuten.

3. Das Backblech auf einen Kuchenrost stellen und den Kuchen darauf erkalten lassen. Einen Backrahmen darumstellen.

4. Für den Belag Äpfel schälen, mit einem Apfelausstecher das Kerngehäuse entfernen und die Äpfel in gut 1 cm dicke Scheiben schneiden. Sirup mit Zitronensaft in einem weiten Topf zum Kochen bringen und Apfelscheiben portionsweise bei schwacher Hitze zugedeckt 5–8 Minuten darin dünsten.

5. Apfelringe mit dem Schaumlöffel herausnehmen und in einem Sieb abtropfen lassen. Den Waldmeistersud auffangen und mit Wasser auf 500 ml (½ l) auffüllen. Die Apfelringe auf dem Kuchen verteilen und erkalten lassen.

6. Für den Guss aus Tortengusspulver, Zucker, dem aufgefangenen Waldmeistersud und Wasser nach Packungsanleitung einen Guss zubereiten. Den Guss gleichmäßig auf den Apfelscheiben verteilen und fest werden lassen.

Wattekuchen

Tassenkuchen (1 Tasse = 200 ml)

Insgesamt:
E: 63 g, F: 179 g, Kh: 672 g, kJ: 19548, kcal: 4670

Für den All-in-Teig:

3 Tassen
(300 g) Weizenmehl
4 gestr. TL Dr. Oetker Backin
knapp
2 Tassen
(300 g) Zucker
1 Pck. Dr. Oetker Finesse Geriebene Zitronenschale
1 EL Zitronensaft
4 Eier (Größe M)
¾ Tasse
(150 ml) Speiseöl
¾ Tasse
(150 ml) Mineralwasser mit Kohlensäure

Für den Guss:

1 Tasse
(125 g) Puderzucker
1–2 EL Zitronensaft

Zubereitungszeit: 20 Minuten

1. Für den Teig Mehl mit Backpulver mischen und in eine Rührschüssel sieben. Zucker, Zitronenschale und -saft, Eier, Speiseöl und Mineralwasser hinzufügen. Die Zutaten in 1 Minute mit Handrührgerät mit Rührbesen auf höchster Stufe zu einem glatten Teig verarbeiten.

2. Den Teig auf ein Backblech (30 x 40 cm, gefettet, gemehlt) geben und glatt streichen. Das Backblech in den vorgeheizten Backofen schieben.

Ober-/Unterhitze: etwa 180 °C
Heißluft: etwa 160 °C
Backzeit: etwa 20 Minuten.

3. Das Backblech auf einen Kuchenrost stellen. Für den Guss Puderzucker mit Zitronensaft zu einer dickflüssigen Masse verrühren. Den Guss sofort mit Hilfe eines Pinsels auf dem heißen Kuchen verteilen. Den Kuchen auf dem Backblech auf dem Kuchenrost erkalten lassen.

Weihnachtshappen | Beliebt

Insgesamt:
E: 84 g, F: 292 g, Kh: 673 g, kJ: 24525, kcal: 5858

Für den Rührteig:
100 g Zartbitter-Schokolade
125 g abgezogene, ganze Mandeln
200 g Butter oder Margarine
200 g Zucker
1 Prise Salz
2 Eier (Größe M)
1 gestr. EL gemahlener Zimt
1 Msp. gemahlene Nelken
250 g Weizenmehl
1 gestr. TL Dr. Oetker Backin
100 g Grümmel (gestoßener brauner Kandis)

Für Guss und Garnierung:
150 g dunkle Kuchenglasur
50 g Raspelschokolade

Zubereitungszeit: 50 Minuten, ohne Kühlzeit

1. Für den Teig Schokolade auf einer Küchenreibe fein reiben oder sehr fein hacken. Mandeln grob hacken. Butter oder Margarine mit Handrührgerät mit Rührbesen auf höchster Stufe geschmeidig rühren. Nach und nach Zucker und Salz dazugeben. So lange rühren, bis eine gebundene Masse entstanden ist. Eier nach und nach unterrühren (jedes Ei etwa ½ Minute). Zimt und Nelken hinzufügen.

2. Mehl mit Backpulver mischen, sieben und in 2 Portionen auf mittlerer Stufe kurz unter die Eiermasse rühren. Zuletzt Schokolade, Grümmel und Mandeln unterrühren. Den Teig auf ein Backblech (30 x 40 cm, gefettet, mit Backpapier belegt) geben, verstreichen und vor den Teig einen mehrfach umgeknickten Streifen Alufolie legen. Das Backblech in den vorgeheizten Backofen schieben.

Ober-/Unterhitze: etwa 180 °C
Heißluft: etwa 160 °C
Backzeit: etwa 20 Minuten.

3. Das Backblech auf einen Kuchenrost stellen und das Gebäck darauf erkalten lassen.

4. Für den Guss die Kuchenglasur nach Packungsanleitung auflösen und das erkaltete Gebäck damit bestreichen. Den Kuchen mit Raspelschokolade bestreuen und den Guss fest werden lassen. Das Gebäck mit einem scharfen Messer in Quadrate schneiden.

Tipp: Statt der dunklen Kuchenglasur 150 g Zartbitter-Kuvertüre in Stücke hacken und mit 1 Esslöffel Speiseöl in einem kleinen Topf im Wasserbad unter Rühren schmelzen lassen. Die Weihnachtshappen damit überziehen und erkalten lassen. Nach Belieben etwas weiße Kuvertüre wie oben angegeben schmelzen und die Weihnachtshappen damit besprenkeln.

Wellenschnitten | Gut vorzubereiten

Insgesamt:
E: 74 g, F: 422 g, Kh: 372 g, kJ: 23499, kcal: 5614

Für den Rührteig:

200 g	*Butter oder Margarine*
150 g	*Zucker*
1 Pck.	*Dr. Oetker Vanillin-Zucker*
1 Prise	*Salz*
4	*Eier (Größe M)*
200 g	*Weizenmehl*
4 EL	*Kakaopulver*
2 gestr. TL	*Dr. Oetker Backin*
3 EL	*Milch*

Für die Trüffelcreme:

200 g	*weiche Butter*
2 EL	*Kakaopulver*
1	*frisches Eigelb (Größe M)*
1 Pck.	*Dr. Oetker Bourbon-Vanille-Zucker*
½ Fläsch-chen	*Rum-Aroma*
100 g	*Vollmilch-Schokolade*
	Kakao zum Bestäuben

Zubereitungszeit: 30 Minuten, ohne Kühlzeit

1. Für den Teig Butter oder Margarine mit Handrührgerät mit Rührbesen auf höchster Stufe geschmeidig rühren. Nach und nach Zucker, Vanillin-Zucker und Salz unterrühren. So lange rühren, bis eine gebundene Masse entstanden ist. Eier nach und nach unterrühren (jedes Ei etwa ½ Minute).

2. Das Mehl mit Kakao und Backpulver mischen, sieben und abwechselnd mit Milch auf mittlerer Stufe unterrühren. Den Teig auf ein Backblech (30 x 40 cm, gefettet) streichen. Das Backblech in den vorgeheizten Backofen schieben.

Ober-/Unterhitze: etwa 180 °C
Heißluft: etwa 160 °C
Backzeit: 20–25 Minuten.

3. Das Backblech auf einen Kuchenrost stellen. Kuchen erkalten lassen.

4. Für die Trüffelcreme Butter mit Handrührgerät mit Rührbesen schaumig rühren. Gesiebten Kakao, Eigelb, Vanillezucker und Rum-Aroma unterrühren. Schokolade in Stücke brechen, in einem kleinen Topf im Wasserbad bei schwacher Hitze unter Rühren schmelzen und etwas abkühlen lassen.

5. Schokolade vorsichtig mit einem Teigschaber unter die Buttermasse ziehen. Die Creme auf den Kuchen streichen und etwas fest werden lassen. Mit einem Tortenkamm oder einer Gabel Wellen in die Oberfläche ziehen und den Kuchen kalt stellen.

6. Vor dem Servieren den Kuchen mit Kakao bestäuben und in Schnitten oder Rauten von gewünschter Größe schneiden.

Tipp: Die Wellen gut gekühlt servieren und wegen des frischen Eigelbs innerhalb von 24 Stunden verzehren.

Westfälische Kaffeeschnitten I

Einfach

Insgesamt:
E: 93 g, F: 266 g, Kh: 856 g, kJ: 26898, kcal: 6426

Für den Rührteig:

250 g weiche Butter oder Margarine
200 g Zucker
1 Pck. Dr. Oetker Vanillin-Zucker
½ Fläschchen Zitronen-Aroma oder 1 Fläschchen Rum-Aroma
1 Prise Salz
4 Eier (Größe M)
375 g Weizenmehl
3 TL Dr. Oetker Backin
4 EL Milch

Für den Belag:

125 g Korinthen
250 g Rosinen
100 g fein gewürfeltes Zitronat (Sukkade)
50 g Hagelzucker
50 g abgezogene, gehobelte Mandeln

Zubereitungszeit: etwa 45 Minuten

1. Für den Teig Butter oder Margarine mit Handrührgerät mit Rührbesen auf höchster Stufe geschmeidig rühren. Nach und nach Zucker, Vanillin-Zucker, Aroma und Salz unterrühren und so lange rühren, bis eine gebundene Masse entstanden ist.

2. Eier nach und nach unterrühren (jedes Ei etwa ½ Minute). Mehl und Backpulver mischen, sieben und abwechselnd portionsweise mit der Milch auf mittlerer Stufe unterrühren. Nur so viel Milch verwenden, dass der Teig schwer reißend vom Löffel fällt.

3. Den Teig in eine Fettfangschale (30 x 40 cm, gefettet) geben und glatt streichen.

4. Für den Belag Korinthen, Rosinen, Zitronat, Hagelzucker und Mandeln vermischen und gleichmäßig auf dem Teig verteilen. Die Fettfangschale in dcn vorgeheizten Backofen schieben.

Ober-/Unterhitze: etwa 180 °C
Heißluft: etwa 160 °C
Backzeit: etwa 35 Minuten.

5. Die Fettfangschale auf einen Kuchenrost stellen. Den Kuchen erkalten lassen und in Stücke schneiden.

„White Russian“ | Mit Alkohol – für Gäste

Insgesamt:
E: 86 g, F: 359 g, Kh: 535 g, kJ: 25854, kcal: 6169

Für den Rührteig:
150 g weiche Butter oder Margarine
150 g Zucker
1 Pck. Dr. Oetker Vanillin-Zucker
1 Prise Salz
4 Eier (Größe M)
250 g Weizenmehl
3 gestr. TL Dr. Oetker Backin
3 EL Kakaopulver (ungezuckert)
75 ml Kaffeelikör

50 g Raspelschokolade

Für den Belag:
500 g Schlagsahne
100 ml Wodka
2 Pck. Paradies Creme Vanille (Dessertpulver)
25 g Raspelschokolade

Zum Verzieren:
1 Blatt weiße Gelatine
50 ml Wodka
50 ml Milch
2 TL Zucker

Zubereitungszeit: 40 Minuten, ohne Kühlzeit

1. Für den Teig Butter oder Margarine in einer Rührschüssel mit Handrührgerät mit Rührbesen auf höchster Stufe geschmeidig rühren. Nach und nach Zucker, Vanillin-Zucker und Salz unterrühren und so lange rühren, bis eine gebundene Masse entstanden ist. Eier nach und nach unterrühren (jedes Ei etwa ½ Minute).

2. Mehl mit Backpulver und Kakao mischen, sieben und mit dem Likör in 2 Portionen auf mittlerer Stufe unterrühren. Den Teig auf ein Backblech (30 x 40 cm, gefettet) geben und glatt streichen. Vor den Teig einen mehrfach geknickten Streifen Alufolie legen. Raspelschokolade auf den Teig streuen. Das Backblech in den vorgeheizten Backofen schieben.

Ober-/Unterhitze: etwa 180 °C
(mittlere Einschubleiste)
Heißluft: etwa 160 °C
Backzeit: etwa 20 Minuten.

3. Das Backblech auf einen Kuchenrost stellen und den Gebäckboden erkalten lassen.

4. Für den Belag Sahne und Wodka in eine Rührschüssel geben. Cremepulver hinzufügen und mit Handrührgerät mit Rührbesen zunächst kurz auf niedrigster, dann auf höchster Stufe etwa 3 Minuten cremig aufschlagen. Etwa 4 Esslöffel der Creme in einen Spritzbeutel mit Lochtülle (Ø 7 mm) füllen und beiseite legen. Restliche Creme auf den Gebäckboden geben und glatt streichen. Mit der Creme aus dem Spritzbeutel Quadrate aufspritzen. In die Zwischenräume Raspelschokolade streuen.

5. Zum Verzieren Gelatine nach Packungsanleitung einweichen und in einem kleinen Topf bei schwacher Hitze unter Rühren auflösen. Wodka mit Milch und Zucker mischen, Gelatine gut unterrühren und die Wodka-Milch-Flüssigkeit in die gespritzten Quadrate gießen. Den Kuchen mindestens 30 Minuten kalt stellen.

Zimtkuchen mit Reiscreme |

Raffiniert

Insgesamt:
E: 116 g, F: 335 g, Kh: 769 g, kJ: 30067, kcal: 7185

Für den Knetteig:
300 g Weizenmehl
50 g Speisestärke
1 gestr. TL Dr. Oetker Backin
150 g Zucker
1 Pck. Dr. Oetker Vanillin-Zucker
1 gestr. TL gemahlener Zimt
2 Eier (Größe M)
150 g Butter oder Margarine

Für den Belag:
10 Blatt weiße Gelatine
3 EL Pfirsichlikör
2 Becher (je 500 g) Milchreis klassische Art
2 Becher (je 200 g) Zitronenjoghurt
500 g Schlagsahne
2 Dosen Fruchtcocktail (Abtropfgewicht je 340 g)

Für den Guss:
2 Pck. Tortenguss, klar
500 ml (½ l) Fruchtcocktailsaft aus den Dosen

Zubereitungszeit: 50 Minuten, ohne Kühlzeit

1. Für den Teig Mehl mit Speisestärke und Backpulver mischen und in eine Rührschüssel sieben. Zucker, Vanillin-Zucker, Zimt, Eier und Butter oder Margarine hinzufügen. Die Zutaten mit Handrührgerät mit Knethaken zunächst kurz auf niedrigster, dann auf höchster Stufe gut durcharbeiten.

2. Anschließend den Teig auf der leicht bemehlten Arbeitsfläche kurz verkneten. Sollte er kleben, ihn in Folie gewickelt eine Zeit lang kalt stellen. Den Teig auf einem Backblech (30 x 40 cm, gefettet) ausrollen und mehrfach mit einer Gabel einstechen. Das Backblech in den vorgeheizten Backofen schieben.

Ober-/Unterhitze: 180–200 °C
Heißluft: 160–180 °C
Backzeit: etwa 25 Minuten.

3. Das Backblech auf einen Kuchenrost stellen und den Gebäckboden darauf erkalten lassen. Einen Backrahmen darumstellen.

4. Für den Belag Gelatine nach Packungsanleitung einweichen und leicht ausdrücken. Die ausgedrückte Gelatine in einem kleinen Topf bei schwacher Hitze auflösen. Den Likör unterrühren. Milchreis in eine Schüssel geben und mit Joghurt verrühren. Gelatinemischung unterrühren. Die Reis-Joghurt-Masse kalt stellen.

5. Sahne steif schlagen. Wenn die Reis-Joghurt-Masse beginnt dicklich zu werden, Sahne unterheben. Die Creme auf den Gebäckboden streichen. Den Kuchen anschließend etwa 2 Stunden kalt stellen.

6. Fruchtcocktail in einem Sieb gut abtropfen lassen, den Saft dabei auffangen und 500 ml (½ l) abmessen. Die Früchte auf der fest gewordenen Reiscreme verteilen.

7. Für den Guss aus Tortengusspulver und Fruchtcocktailsaft nach Packungsanleitung, aber ohne Zucker einen Guss zubereiten und auf dem Obst verteilen. Den Kuchen etwa 1 Stunde kalt stellen und den Guss fest werden lassen. Dann den Backrahmen vorsichtig lösen und entfernen.

Zimt-Zucker-Kuchen mit Pflaumen | Einfach

Insgesamt:
E: 80 g, F: 310 g, Kh: 284 g, kJ: 18226, kcal: 4358

Für den Teig:

1 Pck.	
(450 g)	*TK-Blätterteig*

Zum Bestreichen und Bestreuen:

1–2 EL	*Wasser*
2 EL	*Zucker*
½ gestr. TL	*gemahlener Zimt*

Für die Füllung:

4 Blatt	*weiße Gelatine*
2 EL	*Zitronensaft*
250 g	*Mascarpone (italienischer Frischkäse)*
250 g	*Magerquark*
2 Pck.	*Dr. Oetker Vanillin-Zucker*
250 g	*Schlagsahne*
1 Pck.	*Dr. Oetker Sahnesteif*
250 g	*reife, gewürfelte Pflaumen oder Zwetschen*
3 EL	*Pflaumenmus*

Zubereitungszeit: 35 Minuten, ohne Auftau- und Kühlzeit

1. Für den Teig die Blätterteigplatten zugedeckt nebeneinander nach Packungsanleitung auftauen lassen. Die Platten anschließend übereinander legen, zu einem Rechteck von etwa 30 x 40 cm ausrollen und auf ein Backblech (30 x 40 cm, mit Backpapier belegt) legen. Die Teigplatte mehrmals mit einer Gabel einstechen, mit Wasser bestreichen und mit Zucker und Zimt bestreuen.

2. Das Backblech in den vorgeheizten Backofen schieben.

Ober-/Unterhitze: etwa 200 °C
Heißluft: etwa 180 °C
Backzeit: etwa 15 Minuten.

3. Die Gebäckplatte mit dem Backpapier vom Backblech ziehen und auf einem Kuchenrost erkalten lassen. Gebäckplatte zuerst quer halbieren, dann einmal waagerecht durchschneiden.

4. Für die Füllung Gelatine nach Packungsanleitung einweichen. Gelatine leicht ausdrücken und in einem kleinen Topf mit dem Zitronensaft bei schwacher Hitze auflösen.

5. Mascarpone, Quark und Vanillin-Zucker in einer Rührschüssel verrühren. Gelatine mit einigen Löffeln von der Mascarponemasse verrühren, dann mit der restlichen Mascarponemasse verrühren. Sahne mit Sahnesteif steif schlagen und mit den Pflaumen- oder Zwetschenwürfeln unterheben.

6. Die Creme auf die unteren Blätterteigböden streichen. Pflaumenmus darauf geben und mit einer Gabel marmorartig durchziehen. Die oberen Blätterteigböden darauf legen. Kuchen kalt stellen.

Tipp: Nach Belieben den Kuchen mit Puderzucker bestäuben.

Zitronen-Butterkeks-Kuchen

Für Kinder – einfach

Insgesamt:
E: 98 g, F: 414 g, Kh: 818 g, kJ: 31556, kcal: 7542

Für den Rührteig:
200 g Butter oder Margarine
200 g Zucker
1 Pck. Dr. Oetker Vanillin-Zucker
4 Eier (Größe M)
250 g Weizenmehl
½ Pck. Dr. Oetker Backin
Saft von
1 ½ Zitronen

Für den Belag:
1 Pck. Dr. Oetker Pudding-Pulver Vanille-Geschmack
40 g Zucker
500 ml (½ l) Milch
500 g Schlagsahne
30 Butterkekse

Für den Guss:
200 g Puderzucker
1–2 EL Wasser
Saft von
½ Zitrone

Zubereitungszeit: 35 Minuten, ohne Durchziehzeit

1. Für den Rührteig Butter oder Margarine mit Handrührgerät mit Rührbesen auf höchster Stufe geschmeidig rühren. Nach und nach Zucker und Vanillin-Zucker unterrühren. So lange rühren, bis eine gebundene Masse entstanden ist. Eier nach und nach unterrühren (jedes Ei etwa ½ Minute).

2. Mehl mit Backpulver mischen, sieben und in 2 Portionen abwechselnd mit Zitronensaft auf mittlerer Stufe kurz unterrühren. Den Teig auf ein Backblech (30 x 40 cm, gefettet) streichen und in den vorgeheizten Backofen schieben.

Ober-/Unterhitze: etwa 200 °C
Heißluft: etwa 180 °C
Backzeit: etwa 30 Minuten.

3. Für den Belag aus Pudding-Pulver, Zucker und Milch nach Packungsanleitung einen Pudding zubereiten. Pudding auf den noch warmen Kuchen streichen und Boden und Pudding auf dem Backblech gut abkühlen lassen.

4. Dann Sahne steif schlagen, auf dem Pudding verstreichen und die Oberfläche mit den Butterkeksen belegen.

5. Für den Guss Puderzucker mit Wasser und Zitronensaft verrühren. Den Guss auf den Butterkeksen verteilen. Den Kuchen mindestens 4 Stunden durchziehen lassen.

Zitronencreme-Schnitten | Fruchtig

Insgesamt:
E: 128 g, F: 372 g, Kh: 598 g, kJ: 27033, kcal: 6462

Für den Rührteig:
125 g Butter oder Margarine
150 g Zucker
1 Pck. Dr. Oetker Vanillin-Zucker
3 Eier (Größe M)
250 g Weizenmehl
1 Pck. Dr. Oetker Backin
1 Pck. Saucenpulver Vanille-Geschmack zum Kochen
1 Töpfchen Zitronenmelisse, gehackt

Für den Belag:
1 Beutel aus 1 Pck. Götterspeise Zitronen-Geschmack
250 ml (¼ l) Orangensaft
Saft von 1 Zitrone
150 g Zucker
400 g Doppelrahm-Frischkäse
400 g Schlagsahne

Zum Verzieren:
75 g Zartbitter-Kuvertüre

Zum Garnieren:
Orangen- und Zitronen-Geleespalten

Zubereitungszeit: 40 Minuten, ohne Kühlzeit

1. Für den Teig Butter oder Margarine mit Handrührgerät mit Rührbesen auf höchster Stufe geschmeidig rühren. Nach und nach Zucker und Vanillin-Zucker unterrühren. So lange rühren, bis eine gebundene Masse entstanden ist. Eier nach und nach unterrühren (jedes Ei etwa ½ Minute).

2. Mehl mit Backpulver und Saucenpulver mischen, sieben und in 2 Portionen abwechselnd mit der Zitronenmelisse auf mittlerer Stufe kurz unterrühren. Einen Backrahmen auf ein Backblech (30 x 40 cm, mit Backpapier belegt) stellen. Den Teig darin verteilen und glatt streichen. Das Backblech in den vorgeheizten Backofen schieben.

Ober-/Unterhitze: etwa 180 °C
Heißluft: etwa 160 °C
Backzeit: etwa 40 Minuten.

3. Das Backblech auf einen Kuchenrost stellen und den Kuchen mit Backrahmen darauf erkalten lassen.

4. Für den Belag Götterspeise mit Orangen-, Zitronensaft und Zucker nach Packungsanleitung zubereiten. Götterspeiseflüssigkeit kalt stellen.

5. Frischkäse mit Handrührgerät mit Rührbesen auf höchster Stufe geschmeidig rühren. Sahne steif schlagen. Wenn die Götterspeise beginnt dicklich zu werden, erst Frischkäsecreme unterrühren, dann die steif geschlagene Sahne unterheben. Den Boden mit der Creme bestreichen, mit einem Esslöffel ein Muster durch die Creme ziehen. Kuchen 2–3 Stunden kalt stellen.

6. Zum Verzieren Kuvertüre in kleine Stücke hacken und in einem kleinen Topf im Wasserbad bei schwacher Hitze unter Rühren schmelzen lassen. Die Masse in ein Papiertütchen geben, eine kleine Spitze abschneiden und Spiralen auf den Kuchen spritzen. Den Kuchen in Stücke schneiden und nach Belieben mit Geleefrüchten garnieren.

Zitronenjoghurt-Kuchen | Erfrischend

Insgesamt:
E: 96 g, F: 374 g, Kh: 349 g, kJ: 27023, kcal: 6460

Für den Rührteig:

200 g Butter oder Margarine
200 g Zucker
1 Pck. Dr. Oetker Vanillin-Zucker
1 Pck. Dr. Oetker Finesse Geriebene Zitronenschale
4 Eier (Größe M)
150 g Weizenmehl
50 g Speisestärke
3 gestr. TL Dr. Oetker Backin
200 g Zitronenjoghurt

Für den Belag:

8 Blatt weiße Gelatine
800 g Zitronenjoghurt
75 g Zucker
400 g Schlagsahne

Zum Garnieren und Verzieren:

1 Zitrone
75 ml Zitronensaft
½ Pck. Saucenpulver Vanille-Geschmack ohne Kochen
50 g Zartbitter-Kuvertüre

Zubereitungszeit: 25 Minuten, ohne Kühlzeit

1. Für den Teig Butter oder Margarine mit Handrührgerät mit Rührbesen geschmeidig rühren. Nach und nach Zucker, Vanillin-Zucker und Zitronenschale unterrühren. So lange rühren, bis eine gebundene Masse entstanden ist. Eier nach und nach unterrühren (jedes Ei etwa ½ Minute).

2. Mehl, Speisestärke und Backpulver mischen, sieben und kurz auf mittlerer Stufe unterrühren. Zuletzt Joghurt kurz unterrühren. Einen Backrahmen auf ein Backblech (30 x 40 cm, gefettet, gemehlt) stellen. Den Teig hineingeben und glatt streichen. Das Backblech in den vorgeheizten Backofen schieben.

Ober-/Unterhitze: etwa 180 °C
Heißluft: etwa 160 °C
Backzeit: etwa 20 Minuten.

3. Das Backblech auf einen Kuchenrost stellen und den Boden mit Backrahmen darauf erkalten lassen.

4. Für den Belag Gelatine nach Packungsanleitung einweichen. Joghurt mit Zucker in einer Schüssel gut verrühren. Gelatine ausdrücken, in einem Topf bei schwacher Hitze auflösen und mit 2 Esslöffeln von der Joghurtmasse verrühren, dann die Mischung mit der gesamten Joghurtmasse verrühren und kalt stellen. Sobald die Masse beginnt dicklich zu werden, Sahne steif schlagen und unterheben. Die Creme auf dem Boden verstreichen und den Kuchen 2–3 Stunden kalt stellen.

5. Zum Garnieren Zitrone so schälen, dass die weiße Haut mitentfernt wird, in dünne Scheiben schneiden und dekorativ auf der Oberfläche verteilen. Zitronensaft mit Saucenpulver zu einer dicklichen Masse verrühren, in einen Gefrierbeutel oder ein Papiertütchen füllen, eine kleine Ecke abschneiden und den Kuchen damit verzieren.

6. Kuvertüre in einem kleinen Topf im Wasserbad bei schwacher Hitze unter Rühren schmelzen lassen, ebenfalls in einen Gefrierbeutel oder ein Papiertütchen füllen, eine kleine Ecke abschneiden und den Kuchen damit besprenkeln. Backrahmen lösen und entfernen.

Zitronen-Kokos-Streuselschnitten I

Einfach

Insgesamt:
E: 79 g, F: 380 g, Kh: 709 g, kJ: 28248, kcal: 6749

Für die Füllung:

100 g Butter
1 Dose
(400 g) gezuckerte Kondensmilch
2 TL Dr. Oetker Finesse Geriebene Zitronenschale
125 ml (1/8 l) Zitronensaft
20 g Speisestärke

Für den Streuselteig:

400 g Weizenmehl
1 TL Dr. Oetker Backin, 150 g Zucker
1 Pck. Dr. Oetker Vanillin-Zucker
1 Prise Salz
½ gestr. TL gemahlener Zimt
50 g Kokosraspel
300 g weiche Butter oder Margarine

Zubereitungszeit: 40 Minuten, ohne Abkühlzeit

1. Für die Füllung Butter mit Kondensmilch, Zitronenschale, -saft und Speisestärke in einem kleinen Topf verrühren und unter Rühren aufkochen lassen. Masse abkühlen lassen.

2. Für den Teig Mehl mit Backpulver mischen und in eine Rührschüssel sieben. Zucker, Vanillin-Zucker, Salz, Zimt, Kokosraspel und Butter oder Margarine hinzufügen. Die Zutaten mit Handrührgerät mit Rührbesen zu Streuseln von gewünschter Größe verarbeiten.

3. Die Hälfte der Streusel auf einem Backblech (30 x 40 cm, gefettet) verteilen und zu einem Boden andrücken. Die Füllung darauf streichen. Die restlichen Streusel darauf verteilen. Das Backblech in den vorgeheizten Backofen schieben.

Ober-/Unterhitze: etwa 200 °C
Heißluft: etwa 180 °C
Backzeit: etwa 30 Minuten.

4. Das Backblech auf einen Kuchenrost stellen und den Kuchen darauf erkalten lassen.

Zitronen-Mallow-Schnitten I

Raffiniert – ohne backen

Insgesamt:
E: 35 g, F: 266 g, Kh: 372 g, kJ: 17281, kcal: 4129

Für den Boden:

40 g	*geschälte Sesamsamen*
150 g	*Butterkekse*
150 g	*Butter*

Für die Creme I:

150 ml	*Zitronensaft*
120 g	*Zucker*
20 g	*Speisestärke*
70 g	*Butter*

Für die Creme II:

6 Blatt	*weiße Gelatine*
100 ml	*Zitronensaft*
1 TL	*Dr. Oetker Finesse Geriebene Zitronenschale*
100 ml	*Wasser*
120 g	*Zucker*
1 Pck.	*Dr. Oetker Sahnesteif*

Für den Guss:

1–2 EL	*Maracujanektar*
1 geh. EL	*Puderzucker*
50 g	*Butter*

Zubereitungszeit: 50 Minuten, ohne Kühlzeit

1. Zum Vorbereiten einen Backrahmen (25 x 25 cm) fetten, auf ein mit Backpapier belegtes Brett oder eine Platte setzen. Für den Boden Sesam in einer Pfanne ohne Fett leicht bräunen und auf einem Teller erkalten lassen.

2. Butterkekse in einen Gefrierbeutel füllen, Beutel fest verschließen und die Kekse mit einer Teigrolle zerbröseln. Keksbrösel mit Sesam mischen. Butter zerlassen und mit der Bröselmasse mischen. Die Masse im Backrahmen verteilen, zu einem Boden andrücken und kalt stellen.

3. Für die Creme I Zitronensaft mit Zucker und Speisestärke verrühren. Butter in einem kleinen Topf zerlassen, das Zitronensaft-Gemisch unterrühren, unter Rühren aufkochen und etwa 5 Minuten abkühlen lassen. Die Zitronencreme auf den fest gewordenen Boden streichen, kalt stellen und fest werden lassen.

4. Für die Creme II die Gelatine nach Packungsanleitung einweichen. Zitronensaft mit Zitronenschale und Wasser in einem kleinen Topf erhitzen. Die leicht ausgedrückte Gelatine unter Rühren darin auflösen und die Flüssigkeit etwas abkühlen lassen.

5. Zucker und Sahnesteif in einer Rührschüssel mischen. Nach und nach die Zitronen-Gelatine-Flüssigkeit mit Handrührgerät mit Rührbesen auf höchster Stufe unterrühren und etwa 2 Minuten weiterschlagen, bis eine weiße, schaumige Creme entstanden ist. Die Creme 5 Minuten kalt stellen. Anschließend wieder 1–2 Minuten aufschlagen. Diesen Vorgang noch zweimal wiederholen, bis die Creme halb fest ist. Die Creme auf der Zitronencreme verstreichen, kalt stellen und fest werden lassen.

6. Für den Guss Nektar mit Puderzucker in einem kleinen Topf erhitzen. Butter in kleinen Stücken mit einem Schneebesen darunter schlagen. Den Guss kalt stellen. Wenn der Guss beginnt dicklich zu werden, ihn in einen Gefrierbeutel füllen und eine kleine Ecke abschneiden. Den Guss in Streifen auf die Creme sprenkeln und fest werden lassen.

Zitronenmousse-Biskuitrolle I

Für Gäste

Insgesamt:
E: 55 g, F: 231 g, Kh: 186 g, kJ: 13121, kcal: 3136

Für den Biskuitteig:
3 Eier (Größe M)
1 Eigelb (Größe M)
75 g Zucker
1 Pck. Dr. Oetker Vanillin-Zucker
50 g Weizenmehl
15 g Speisestärke
½ gestr. TL Dr. Oetker Backin

Für die Füllung:
1 Pck. Mousse Zitrone
250 ml (¼ l) Flüssigkeit (halb Milch, halb Schlagsahne)
375 g Schlagsahne
1 Pck. Dr. Oetker Sahnesteif
1 Schälchen (100 g) Kapstachelbeeren (Physalis)

Zum Bestäuben:
Puderzucker

Zubereitungszeit: 30 Minuten, ohne Abkühlzeit

1. Für den Teig Eier und Eigelb mit Handrührgerät mit Rührbesen auf höchster Stufe in 1 Minute schaumig schlagen. Zucker und Vanillin-Zucker mischen, in 1 Minute einstreuen, dann noch etwa 2 Minuten schlagen.

2. Mehl mit Speisestärke und Backpulver mischen, auf die Eiercreme sieben und kurz auf niedrigster Stufe unterrühren.

3. Den Teig auf ein Backblech (30 x 40 cm, gefettet, mit Backpapier belegt) streichen, an der offenen Seite des Backbleches das Papier unmittelbar vor dem Teig zur Falte knicken, so dass ein Rand entsteht. Das Backblech in den vorgeheizten Backofen schieben.

Ober-/Unterhitze: 200–220 °C
Heißluft: 180–200 °C
Backzeit: 8–10 Minuten.

4. Die Biskuitplatte mit dem Backpapier vom Backblech ziehen und auf die Arbeitsfläche stürzen. Das mitgebackene Backpapier abziehen. Biskuitplatte erkalten lassen.

5. Für die Füllung Mousse nach Packungsanleitung, aber mit 250 ml (¼ l) Flüssigkeit zubereiten. Mousse auf die Biskuitplatte streichen. Sahne mit Sahnesteif steif schlagen und auf die Moussecreme streichen (1 cm Rand frei lassen).

6. Kapstachelbeeren aus der Blätterhülle lösen, waschen, trockentupfen, in Scheiben schneiden und auf der Sahne verteilen.

7. Die Biskuitplatte von der längeren Seite her aufrollen. Die Biskuitrolle vor dem Servieren mit Puderzucker bestäuben.

Zitronen-Passionsfrucht-Kuchen I
Für Gäste

Insgesamt:
E: 78 g, F: 475 g, Kh: 769 g, kJ: 33025, kcal: 7810

Für den Knetteig:
250 g Weizenmehl
2 gestr. TL Dr. Oetker Backin
100 g Zucker
1 Prise Salz
1 Pck. Dr. Oetker Vanillin-Zucker
1 Pck. Dr. Oetker Finesse Geriebene Zitronenschale
1 Ei (Größe M)
150 g Butter oder Margarine

Für Belag I:
10 Blatt weiße Gelatine
600 g Schmand (Sauerrahm)
100 g Zucker, 100 ml Apfelsaft
600 g Schlagsahne

Für Belag II:
2 Blatt weiße Gelatine
1 Dose Kiwi-Früchte (Einwaage 425 g)
600 ml Passionsfrucht- oder Maracujasaft
75 ml Zitronensaft
2 Pck. Dr. Oetker Pudding-Pulver Vanille-Geschmack
75 g Zucker

Zubereitungszeit: 50 Minuten, ohne Kühlzeit

1. Für den Teig Mehl mit Backpulver mischen und in eine Rührschüssel sieben. Zucker, Salz, Vanillin-Zucker, Zitronenschale, Ei und Butter oder Margarine hinzufügen. Die Zutaten mit Handrührgerät mit Knethaken zunächst kurz auf niedrigster, dann auf höchster Stufe gut durcharbeiten. Anschließend den Teig auf der leicht bemehlten Arbeitsfläche kurz verkneten. Sollte er kleben, ihn eine Zeit lang kalt stellen.

2. Teig auf einem Backblech (30 x 40 cm, gefettet) ausrollen. Das Backblech in den vorgeheizten Backofen schieben.

Ober-/Unterhitze: etwa 200 °C
Heißluft: etwa 180 °C
Backzeit: etwa 10 Minuten.

3. Das Backblech auf einen Kuchenrost stellen und den Boden darauf erkalten lassen. Einen Backrahmen darumstellen.

4. Für den Belag I die Gelatine nach Packungsanleitung einweichen. Schmand mit Zucker verrühren. Die ausgedrückte Gelatine im erwärmten Apfelsaft unter Rühren auflösen. Die Mischung unter den Schmand rühren und kalt stellen. Sahne steif schlagen und unterheben. Die Masse auf dem Knetteigboden verteilen und den Boden kalt stellen.

5. Für den Belag II die Gelatine nach Packungsanleitung einweichen. Die Kiwifrüchte mit Dosensaft pürieren. Den Passionsfruchtsaft mit Zitronensaft, Pudding-Pulver und Zucker anrühren, unter Rühren zum Kochen bringen und gut aufkochen lassen. Die ausgedrückte Gelatine im noch heißen Pudding auflösen.

6. Die Masse etwa 10 Minuten unter Rühren abkühlen lassen, dann das Kiwipüree unterheben und die Masse vorsichtig mit einem Löffel auf der Schmand-Sahne verteilen. Den Kuchen 2–3 Stunden kalt stellen.

7. Den Backrahmen mit Hilfe eines Messers lösen und vorsichtig entfernen. Den Kuchen in Stücke schneiden.

Zitronenrolle | Erfrischend

Insgesamt:
E: 70 g, F: 157 g, Kh: 399 g, kJ: 13846, kcal: 3304

Für den Biskuitteig:
- *4 Eier (Größe M*
- *1 Eigelb (Größe M)*
- *4 EL heißes Wasser*
- *125 g Zucker*
- *1 Pck. Dr. Oetker Vanillin-Zucker*
- *100 g Weizenmehl*
- *25 g Speisestärke*
- *1 Msp. Dr. Oetker Backin*

Für die Füllung:
- *250 g Schlagsahne*
- *400 g Zitronenjoghurt*
- *1 Pck. Paradiescreme Zitronen-Geschmack (Dessertpulver)*

Zum Verzieren und Garnieren:
- *50 g Zartbitter-Schokolade oder Zartbitter-Kuvertüre*
- *einige hauchdünne Schokotäfelchen*

Zubereitungszeit: 45 Minuten, ohne Kühlzeit

1. Für den Teig Eier, Eigelb und Wasser mit Handrührgerät mit Rührbesen auf höchster Stufe in 1 Minute schaumig schlagen. Zucker und Vanillin-Zucker mischen, in 1 Minute unter Rühren einstreuen, dann noch 2 Minuten weiterschlagen.

2. Mehl mit Speisestärke und Backpulver mischen, auf die Eiercreme sieben und kurz auf niedrigster Stufe unterrühren. Den Teig auf ein Backblech (30 x 40 cm, mit Backpapier belegt) streichen. Das Backblech in den vorgeheizten Backofen schieben.

Ober-/Unterhitze: etwa 200 °C
Heißluft: etwa 180 °C
Backzeit: etwa 12 Minuten.

3. Den Biskuit sofort nach dem Backen vom Rand lösen, auf ein mit Zucker bestreutes Backpapier stürzen und mit dem Backpapier erkalten lassen.

4. Für die Füllung Sahne steif schlagen. Joghurt in eine Rührschüssel geben, Dessertpulver hinzufügen und mit Handrührgerät mit Rührbesen nach Packungsanleitung cremig schlagen. Sahne vorsichtig unterheben.

5. Mitgebackenes Backpapier vorsichtig vom Biskuit abziehen. Zwei Drittel der Creme auf der Gebäckplatte verteilen und verstreichen. Biskuit mit der Füllung von der längeren Seite aus aufrollen, die Rolle außen mit der restlichen Creme bestreichen und kalt stellen.

6. Zum Verzieren Schokolade oder Kuvertüre in kleine Stücke brechen oder hacken und in einem kleinen Topf im Wasserbad bei schwacher Hitze unter Rühren schmelzen lassen. Die Schokolade oder Kuvertüre mit Hilfe eines Teelöffels über die Rolle sprenkeln und die Rolle mit zu Dreiecken geschnittenen Schokotäfelchen garnieren.

Tipp: Die Rolle zusätzlich mit Zitronenzesten (Zitronenschalestreifen) garnieren.

Zitronenschnitten | Für Gäste

Insgesamt:
E: 119 g, F: 336 g, Kh: 749 g, kJ: 27978, kcal: 6685

Für den Rührteig:
250 g Butter oder Margarine
250 g Zucker
1 Pck. Dr. Oetker Vanillin-Zucker
1 Prise Salz
5 Eier (Größe M)
250 g Weizenmehl
2 gestr. TL Dr. Oetker Backin

Für die Füllung:
8 Blatt weiße Gelatine
1 kg Zitronenjoghurt
100 g Zucker
200 g Schlagsahne

Für den Belag:
1 Beutel
aus 1 Pck. Götterspeise Zitronen-Geschmack
250 ml (¼ l) Wasser
2 EL Zucker
2 Zitronen
einige Zitronenmelisseblättchen

Zubereitungszeit: 50 Minuten, ohne Kühlzeit

1. Für den Teig Butter oder Margarine mit Handrührgerät mit Rührbesen auf höchster Stufe geschmeidig rühren. Nach und nach Zucker, Vanillin-Zucker und Salz dazugeben. So lange rühren, bis eine gebundene Masse entstanden ist. Eier nach und nach unterrühren (jedes Ei etwa ½ Minute).

2. Mehl mit Backpulver mischen, sieben und in 2 Portionen auf mittlerer kurz Stufe unterrühren. Einen Backrahmen auf ein Backblech (30 x 40 cm, gefettet, mit Backpapier belegt) stellen. Den Teig hineinfüllen, glatt streichen und das Backblech in den vorgeheizten Backofen schieben.

Ober-/Unterhitze: etwa 200 °C
Heißluft: etwa 180 °C
Backzeit: etwa 25 Minuten.

3. Den Backrahmen vorsichtig lösen, den Boden auf ein Stück Backpapier stürzen und abkühlen lassen. Mitgebackenes Backpapier entfernen.

4. Für die Füllung die Gelatine nach Packungsanleitung einweichen und in einem Topf bei schwacher Hitze auflösen. Joghurt mit Zucker verrühren. 3 Esslöffel Joghurtmasse mit der Gelatinelösung verrühren, dann die Mischung zur restlichen Joghurtmasse geben und gut verrühren. Joghurtmasse kalt stellen. Sobald die Creme beginnt dicklich zu werden, Sahne steif schlagen und unterheben.

5. Den Boden senkrecht halbieren. Um den unteren Boden den gesäuberten Backrahmen (20 x 30 cm) stellen. Zwei Drittel der Creme darauf verteilen. Den oberen Boden auflegen. Restliche Creme darauf streichen. Den Kuchen etwa 2 Stunden kalt stellen.

6. Für den Belag Götterspeise mit Wasser und Zucker nach Packungsanleitung zubereiten und die Flüssigkeit kalt stellen. Zitronen so schälen, dass die weiße Haut mitentfernt wird. Zitronen in dünne Scheiben schneiden und mit Küchenpapier trockentupfen. Zitronenscheiben auf der Joghurtcreme verteilen. Kalte, noch flüssige Götterspeise darüber geben und den Kuchen nochmals 1–2 Stunden kalt stellen.

7. Backrahmen vorsichtig lösen und entfernen. Gebäck in 12 Schnitten einteilen und nach Belieben mit Zitronenmelisseblättchen garnieren.

Zucchini-Apfel-Kuchen I

Gut vorzubereiten

Insgesamt:
E: 70 g, F: 276 g, Kh: 600 g, kJ: 22274, kcal: 5323

Für den Schüttelteig:

250 g Weizenmehl
4 gestr. TL Dr. Oetker Backin
100 g Zwiebackbrösel
200 g Rohrzucker (brauner Zucker)
1 Pck. Dr. Oetker Bourbon-Vanille-Zucker
1 Pck. Dr. Oetker Finesse Geriebene Zitronenschale
3 Eier (Größe M)
200 ml Speiseöl
1 Becher (150 g) Crème fraîche
125 ml (1/8 l) Apfelsaft
250 g geraspelte Zucchini
150 g geraspelte Äpfel

Für den Guss:

100 g Puderzucker
1–2 EL Zitronensaft

Zubereitungszeit: 40 Minuten, ohne Abkühlzeit

1. Für den Teig Mehl mit Backpulver mischen, in eine verschließbare Schüssel (etwa 3 l) sieben und mit Zwiebackbröseln, Rohrzucker, Vanille-Zucker und Zitronenschale mischen. Eier, Speiseöl, Crème fraîche und Apfelsaft hinzufügen. Die Schüssel mit dem Deckel fest verschließen. Schüssel mehrmals kräftig schütteln (insgesamt 15–30 Sekunden), so dass alle Zutaten gut vermischt sind.

2. Zuccini- und Apfelraspel evtl. etwas ausdrücken und hinzufügen. Alles mit einem Schneebesen oder Rührlöffel nochmals sorgfältig durchrühren, damit trockene Zutaten vom Rand mit untergerührt werden. Den Teig auf ein Backblech (30 x 40 cm, gefettet) geben und glatt streichen. Das Backblech in den vorgeheizten Backofen schieben.

Ober-/Unterhitze: etwa 180 °C
Heißluft: etwa 160 °C
Backzeit: etwa 35 Minuten.

3. Das Backblech auf einen Kuchenrost stellen und den Kuchen darauf erkalten lassen.

4. Für den Guss Puderzucker mit Zitronensaft zu einer dickflüssigen Masse verrühren. Den Kuchen damit besprenkeln und den Guss fest werden lassen.

Zwetschenkuchen mit Amaretti-Kruste | Klassisch – einfach

Insgesamt:
E: 67 g, F: 66 g, Kh: 535 g, kj: 12982, kcal: 3102

Zum Vorbereiten für den Belag:
1,5–1,75 kg Zwetschen

Für den Quark-Öl-Teig:
300 g Weizenmehl
3 gestr. TL Dr. Oetker Backin
150 g Magerquark
6 EL Magermilch
5 EL Sonnenblumenöl
75 g Zucker
1 Pck. Dr. Oetker Vanillin-Zucker
1 Pck. Dr. Oetker Finesse Orangenfrucht
1 Prise Salz

Zum Bestreuen:
1 Pck.
(100 g) Amaretti-Kekse
1 Pck. Dr. Oetker Vanillin-Zucker

Zubereitungszeit: 40 Minuten

1. Zum Vorbereiten Zwetschen waschen, gut abtropfen lassen und entsteinen. Zwetschen einschneiden, aber nicht durchschneiden.

2. Für den Teig Mehl mit Backpulver mischen und in eine Rührschüssel sieben. Quark, Milch, Sonnenblumenöl, Zucker, Vanillin-Zucker, Orangenfrucht und Salz hinzufügen. Die Zutaten mit Handrührgerät mit Knethaken auf höchster Stufe in etwa 1 Minute zu einem Teig verarbeiten (nicht zu lange, Teig klebt sonst).

3. Anschließend den Teig auf der leicht bemehlten Arbeitsfläche zu einer Rolle formen. Die Teigrolle in einer Fettpfanne oder auf einem Backblech (30 x 40 cm, gefettet) ausrollen. Zwetschen dicht und dachziegelartig auf den Teig legen.

4. Zum Bestreuen Kekse in einen Gefrierbeutel geben und den Beutel fest verschließen. Kekse mit einer Teigrolle zerbröseln. Keksbrösel mit Vanillin-Zucker mischen und auf die Zwetschen streuen. Die Fettpfanne oder das Backblech in den vorgeheizten Backofen schieben.

Ober-/Unterhitze: etwa 180 °C
Heißluft: etwa 160 °C
Backzeit: etwa 30 Minuten.

5. Die Fettpfanne oder das Backblech auf einen Kuchenrost stellen. Den Kuchen erkalten lassen und in Stücke schneiden.

Kuchen mit Sahne und Creme

Kuchen mit Alkohol

Trockene Kuchen

Kuchen mit Schoko und Nüssen

Fruchtige Kuchen

Fettarme Kuchen

Gerollt und gewickelt

Umwelthinweis Dieses Buch wurde auf chlorfrei gebleichtem Papier gedruckt. Die Einschrumpffolie – zum Schutz vor Verschmutzung – ist aus umweltfreundlichem und recyclingfähigem PE-Material.

Bitte beachten Sie bei Gasherden die Gebrauchsanweisung des Herstellers. Wenn Sie Anregungen, Vorschläge oder Fragen zu unseren Büchern haben, rufen Sie uns unter folgender Telefonnummer an (0521) 155-2580 oder 52 06 58 oder schreiben Sie uns: Dr. Oetker Verlag KG, Am Bach 11, 33602 Bielefeld oder besuchen Sie uns im Internet unter: www.oetker.de

Redaktion Jasmin Gromzik, Miriam Krampitz

Innenfotos Walter Cimbal, Hamburg (Seite 30, 31, 44, 52, 68, 75, 93, 94, 97, 116, 133, 167, 187, 192, 204, 230, 245, 250, 251, 272, 273, 302)
Thomas Diercks, Hamburg (Seite 6, 8, 14, 15, 16, 18, 20, 21, 22, 23, 24, 25, 26, 28, 29, 32, 33, 34, 35, 36, 37, 38, 39, 41, 42, 43, 46, 49, 50, 53, 55, 56, 57, 58, 59, 60, 61, 63, 65, 67, 69, 70, 71, 76, 78, 79, 82, 84, 85, 86, 88, 89, 92, 96, 98, 99, 100, 101, 103, 106, 107, 109, 112, 113, 114, 115, 118, 119, 121, 122, 124, 127, 128, 134, 135, 137, 138, 141, 142, 145, 146, 149, 150, 151, 152, 153, 156, 157, 158, 160, 161, 163, 164, 165, 166, 168, 169, 171, 172, 175, 176, 178, 181, 182, 183, 186, 189, 191, 193, 194, 196, 199, 207, 208, 209, 210, 211, 212, 215, 216, 221, 222, 225, 227, 228, 229, 232, 235, 237, 238, 239, 240, 241, 242, 244, 246, 248, 252, 253, 255, 256, 258, 259, 260, 262, 263, 264, 265, 266, 267, 269, 270, 271, 277, 279, 281, 283, 285, 287, 289, 290, 291, 292, 295, 297, 298, 300, 307, 308, 309, 311, 312, 313, 314, 315)
Ulrich Kopp, Sindelfingen (Seite 66, 105, 143, 200, 201, 203, 220, 223, 231, 243)
Bernd Lippert (Seite 10, 13, 17, 27, 51, 72, 73, 110, 123, 132, 136, 147, 155, 159, 179, 197, 213, 218, 236, 261, 276, 280, 286, 310)
Axel Struwe, Bielefeld (Seite 7, 9, 40, 45, 47, 74, 83, 90, 91, 104, 111, 120, 148, 177, 184, 185, 190, 198, 249, 268, 274, 278, 282, 296)
Norbert Toelle, Bielefeld (Seite 81, 214, 226, 301)
Brigitte Wegner, Bielefeld (Seite 5, 11, 12, 19, 48, 54, 62, 64, 77, 80, 95, 102, 108, 117, 125, 126, 129, 130, 131, 139, 140, 144, 154, 162, 170, 173, 174, 180, 188, 195, 202, 205, 206, 217, 219, 224, 233, 234, 247, 254, 257, 275, 284, 288, 293, 294, 299, 303, 304, 305, 306)

Wir danken für die freundliche Unterstützung
Coca-Cola, Berlin
DIAGEO, Rüdesheim/Rhein
Genuport, Norderstedt
Hosta, Stimpfach-Randenweiler
Kraft Foods, Bremen
Masterfoods, Viersen
Nestlé, Frankfurt am Main
Pico Food GmbH, Tamm
August Storck, Halle/Westf.

Titelgestaltung kontur:design GmbH, Bielefeld
Grafisches Konzept MDH Haselhorst, Bielefeld

Satz MDH Haselhorst, Bielefeld

Druck und Bindung Mohn media Mohndruck GmbH, Gütersloh

ISBN: 978-3-7670-0508-2